Yucatán & Chiapas

Hans-Joachim Aubert

DUMONT
Reise-Taschenbuch

Unterwegs in Yucatán und Chiapas

Auf Entdeckungstour

Karten und Pläne

► Dieses Symbol im Buch verweist auf die Extra-Reisekarte Yucatán und Chiapas

Schnellüberblick

Nordyucatán
Es ist das alte Herz der Halbinsel, wo inmitten des trockenen Buschwaldes die Maya-Reiche blühten und die spanischen Eroberer ihre Spuren in bis heute kolonial geprägten Städten hinterlassen haben. Mérida pflegt sein historisches Erbe, das verschlafene Izamal lockt mit seinem gewaltigen Konvent, Chichén Itzá als Zentrum der maya-toltekischen Kultur mit seinen einzigartigen Pyramiden. S. 154

Entlang der Puuc-Route
Wie an einer Perlenschnur reihen sich hier die verlassenen Städte der Maya. Bekannte Namen wie Uxmal und Kabáh sind darunter, aber auch kleinere sehenswerte Stätten wie Labná, Sayil und Xlapac. Eingebettet in diese präkolumbische Kulturlandschaft finden sich zauberhafte Kolonialkirchen, verwunschene Klöster und ehemals herrschaftliche Haciendas. S. 196

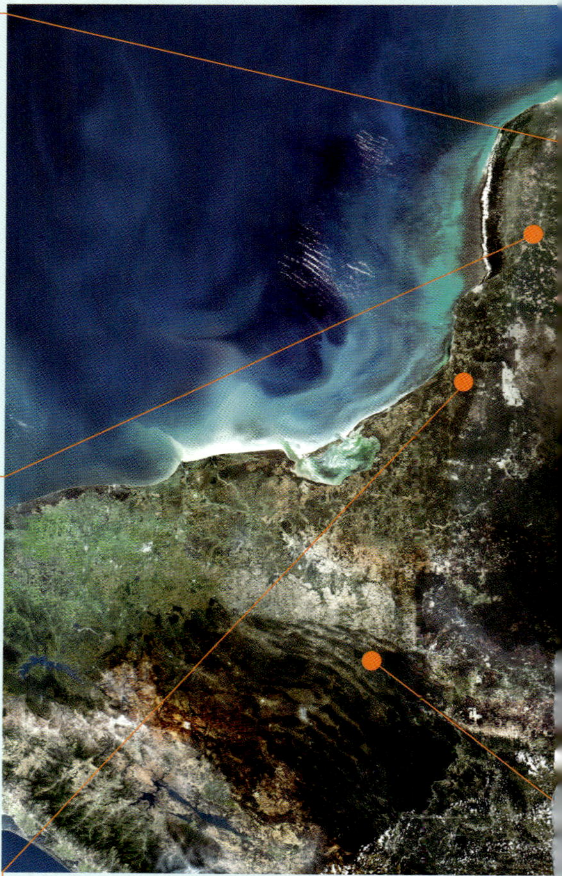

Die Golfregion
Sie ist das touristische Stiefkind der Halbinsel, steht doch hier die Erdölindustrie im Vordergrund. Gleichwohl verdient sie mehr als nur einen flüchtigen Blick. Ein schönes Museum über die Olmeken erwartet den Reisenden in Villahermosa und mit Campeche eine der hübschesten Kolonialstädte der Region. Im Landesinnern bietet sich der Besuch noch nicht überlaufener Ruinenstätten an. S. 212

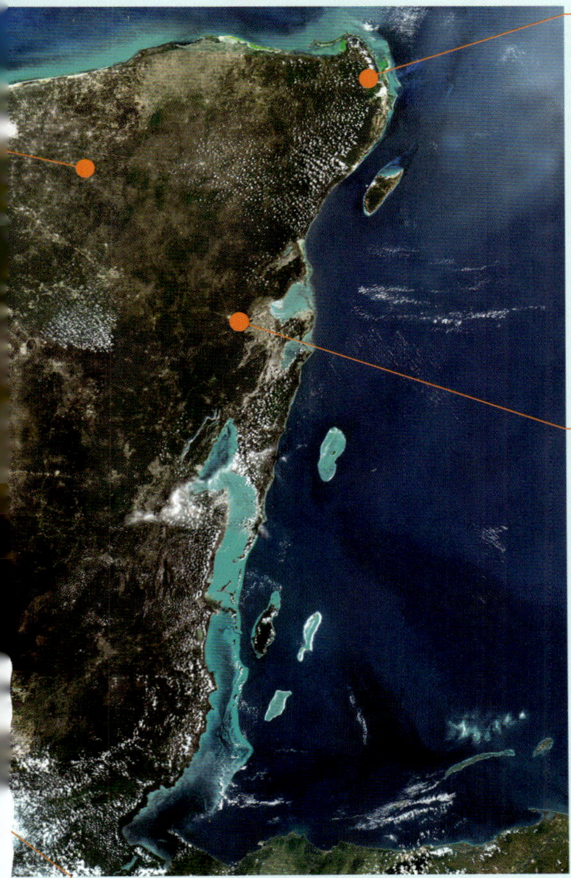

Cancún und Umgebung
Türkisfarbenes Meer, moderne Hotelanlagen mit allem Komfort, hervorragende Restaurants und ein reges Nachtleben zeichnen Cancún aus. Wer es beschaulicher mag, wählt die Isla Mujeres mit ihrem herrlichen Strand und den vorgelagerten Riffs. Ein Erlebnis der besonderen Art ist der Bootsausflug zur Insel Contoy, geschütztes Refugium für Flora und Fauna. S. 76

Entlang der Riviera Maya
Korallenriffe, geheimnisvolle Cenotes und Ruinen der längst vergangenen Maya-Kultur verbinden sich zu dieser einzigartigen Ferienlandschaft. Ob der Reisende den Trubel von Playa del Carmen sucht, mit Delfinen schwimmen möchte, gar die Unterwasserwelt vor Cozumel erkunden will oder einfach in der Hängematte den Sonnenuntergang genießt – hier kann sich jeder seinen Urlaubswunsch erfüllen. S. 104

Chiapas
Wasserfälle rauschen im Tiefland die Berge hinab, und inmitten des tropischen Waldes locken mit Palenque, Bonampak und Yaxchilán herrlich gelegene Maya-Stätten, die noch längst nicht alle ihre Geheimnisse preisgegeben haben. Das Bergland hingegen rings um die Kolonialstadt San Cristóbal ist die Welt der Indios, die in ihren Traditionen verhaftet sind. S. 240

Mit Hans-Joachim Aubert unterwegs
Häufig ist Hans-Joachim Aubert über Monate unterwegs. Eben auch immer wieder in Mexiko, über das er mehrere Bildbände verfasst hat. Vom mexikanischen Fremdenverkehrsverband wurde er für seine Arbeit mit der ›Pluma de la Plata‹, der Silbernen Feder, ausgezeichnet. Aber warum immer wieder Mexiko? Es ist die unglaubliche landschaftliche und kulturelle Vielfalt: schneebedeckte Vulkane, Tropenstrände, Urwälder, geheimnisvolle Ruinen, bezaubernde Kolonialstädte. Persönliches Highlight: die noch wenig erschlossene Region entlang des Usumacinta in Chiapas.

Der Autor

Tropenstrand und Pyramiden

Dem Reisenden unserer Tage geht das Herz auf, wenn sich die Maschine aus dem kalten Winter Europas kommend nach langem Flug über den Atlantik der Halbinsel Yucatán nähert. Auf der einen Seite das Grün der Vegetation wie ein gleichmäßiger Teppich, auf der anderen das tiefe Blau der Karibik, hin und wieder durchbrochen von kleinen Inseln und türkisfarbenen Untiefen. Wie ein schlafender lang gestreckter Fisch liegt die Isla Mujeres im Meer. Unmittelbar vor der Landung dann auf der rechten Seite eine Palisade von Hochhäusern auf schmaler Landzunge – Cancún, das Ferienparadies aus der Retorte, und für viele Erfüllung ihrer Urlaubsträume.

Vom Schiffbrüchigen zum Abenteuertouristen

Die ersten Europäer, die sich vor nicht einmal 500 Jahren der Küste näherten, waren wohl weniger euphorisch. Die zwölf Männer hatten zwar den Schiffbruch überlebt, vor ihnen lag aber eine völlig unbekannte und – wie sich nur zu bald herausstellen sollte – auch bedrohliche Welt. Fünf der ersten Besucher wurden sofort geopfert, den anderen gelang die Flucht zu einem anderen Stamm, der sie ›nur‹ versklavte. Als Cortés, der spätere Eroberer des Aztekenreichs im Hochland von Mexiko, 1518 die Insel Cozumel anlief, traf er auf zwei Überlebende, einer folgte ihm als Dolmetscher, der andere blieb freiwillig bei den Maya.

Noch vor 30 Jahren war der Streifen entlang der Karibik ein vergessenes Stück Mexiko. Mehr als einen halben Tag dauerte die Busfahrt von Mérida nach Puerto Juárez, von wo man mit dem Boot hinüber zur Isla Mujeres tuckerte, dem Geheimtipp mit nur einem Hotel. Hängematte und Moskitonetz waren zu jener Zeit wichtiger als Rasierapparat und Zahnbürste.

Badeurlaub für jeden Geschmack

Heute ist die Küste ›durchorganisiert‹, perfekte Unterkünfte, zuvorkommen-

Inseln wie die Isla Mujeres bieten Entspannung zwischen den Besichtigungstouren

der Service, hervorragende Restaurants, illuminierte Pools, regelmäßige Busverbindungen entlang mehrspuriger Schnellstraßen.

Cancún, am grünen Tisch geplant, hat seinen Zenit erreicht. Derzeit konzentriert sich die touristische Entwicklung auf Playa del Carmen und hat auch schon Tulum fest im Blick.

Die Küste aber ist lang und vermag noch immer jedem Anspruch gerecht zu werden. Über 100 km erstreckt sich der als Riviera Maya bezeichnete Streifen nach Süden – dem zivilisationsmüden Individualtouristen bietet sich hier manches romantische Eckchen, wo nur das Rauschen der Brandung als akustische Kulisse zu vernehmen ist und die traditionelle Hängematte das Bett ersetzt. Mahahual und die Lagune von Bacalar im Süden zählen dazu oder die Insel Holbox vor der Nordküste.

Raum für Entdeckungen

Dennoch – wenigstens für einige Tage sollte man Pool, Bar, Disco und Büfett den Rücken kehren und sich einlassen auf das Abenteuer Mexiko. Der Lust auf Entdeckungen sind kaum Grenzen gesetzt. Schon die nähere Umgebung der Badeorte hat viel zu bieten und ermöglicht erste zaghafte Schritte in die neue Welt – abends ist man wieder in der vertrauten Umgebung des Hotels. So liegen die verschlafene Kolonialstadt Valladolid und die Maya-Ruinen von Chichén Itzá oder Tulum in bequemer Reichweite der Tagesausflügler.

Mexiko jenseits der Strände

Erst allerdings, wenn man sich von den Ferienhotels ›abnabelt‹ und das Land intensiver bereist, wird man mit unvergesslichen Eindrücken belohnt. Man kann organisiert unterwegs sein, mit dem Mietwagen sich den eigenen Weg suchen oder auf das ausgezeichnete Netz öffentlicher Verkehrsmittel zurückgreifen, mit denen zumindest die wichtigsten Sehenswürdigkeiten problemlos erreichbar sind. Dann lassen sich auch so lohnende Ziele wie Palenque, die noch immer geheimnisvolle Maya-Stadt im Urwald, das hoch in den Bergen gelegene San Cristóbal mit seinen Indiodörfern oder die nur wenig besuchten Ruinen von Calakmul ansteuern. Vamos!

Dem Grün ganz nah im 100% natural in Playa del Carmen, S. 112

Im Abendsonnenlicht – Kathedrale in San Cristóbal, S. 258

Lieblingsorte!

Fratzen und Monster – Hormiguero, S. 238

Ein lauschiges Plätzchen in Mahahual, S. 142

Spaziergang am Strand von Holbox, S. 102

Sonntags an der Plaza in Mérida, S. 158

Aus der Vielfalt Yucatáns haben sich einige Wohlfühlorte für den Autor herauskristallisiert: Unter dem Blätterdach tropischer Bäume in Playa del Carmen exotische Säfte schlürfen, in der Hängematte am Strand von Mahahual sich den karibischen Traum erfüllen, von Vögeln umschwärmt den Strand der Insel Holbox entlang wandern. Als Kontrast taucht er ein in den abendlichen Trubel an der Plaza von Mérida, steigt in die mystische Unterwelt des Cenote Samulá hinab, genießt die Einsamkeit der abgelegenen Ruinenstadt Hormiguero wie andererseits in geselliger Runde den Sonnenuntergang vor der Fassade von San Cristóbal oder mit dem Boot im Morgennebel den Usumacinta hinauf.

Wie Rapunzel – Cenote Samulá, S. 192

Morgens auf dem Río Usumacinta, S. 250

Reiseinfos, Adressen, Websites

Gastfreundschaft wird in Yucatán groß geschrieben: Bienvenidos, herzlich willkommen

Informationsquellen

Infos im Internet

Im Internet sind vor allem die Urlaubsorte der Karibikküste mit meist kommerziellen Websites vertreten. Darin geht es hauptsächlich um die Themen Flug, Unterkunft und Mietwagen. Sie sind insbesondere für die US-amerikanischen Touristen gedacht, die den größten Teil der Besucher in dieser Region ausmachen.

Es gibt aber genug Informationen auch zu Land und Leuten, Sehenswürdigkeiten, Märkten, Veranstaltungen, Festen und der Maya-Kultur. Die meisten erscheinen allerdings in Spanisch, teilweise jedoch mit englischer Kurzfassung.

Mexiko allgemein

www.visitmexico.com.mx
Seite des mexikanischen Fremdenverkehrsverbandes mit einführenden Informationen über die einzelnen Urlaubsregionen, Aktivitäten und Events. Gut für einen ersten Überblick (auch auf Deutsch).

www.mexiko-lexikon.de
Hervorragende aktuelle Informationsquelle über alle Aspekte des Landes. Eine Fundgrube in der Art von Wikipedia vor allem für jene, die besonders an sozialem, politischem und ökonomischem Hintergrundwissen interessiert sind.

www.sectur.gob.mx
Sehr ausführliches Portal des Secretaría de Turismo, teilweise auch in Englisch. Die Seite gibt allgemeine Hinweise zur Reiseplanung, zu den Ángeles Verdes, nennt aber auch etwa die kürzesten Verbindungen zwischen Städten.

www.nhc.noaa.gov
Website des US-amerikanischen Hurricane-Center in Florida. Zeigt an, woher der Wind weht. Aber wenn es ernst werden sollte, gibt es auch genügend Informationen und Maßnahmen vor Ort. Zum gleichen Thema informiert darüber hinaus www.wunderground.com/tropical/ mit jeweils aktuellen Sequenzen.

Yucatán – Quintana Roo

www.yucatan.com.mx
Recht gefällig aufgemachtes Portal des Yucatan State Government Tourism Board mit einer kurzen Vorstellung der wichtigsten Sehenswürdigkeiten Zentralyucatáns. Die Seite bietet aber auch gute weiterführende Links (Spanisch und Englisch).

www.inventur.yucatan.gob.mx
Sehr informatives Portal des Staates Yucatán. Die wohl beste Website, um Hotels, Restaurants usw. zu suchen (Englisch und Spanisch).

www.travelyucatan.com
Sehr ausführliches, auf den US-amerikanischen Touristen zugeschnittenes Portal mit Hinweisen zu Sehenswürdigkeiten, Restaurants, Verkehrsverbindungen, Unterhaltung usw. Umfangreiches Hotelverzeichnis mit Preisen, Bildern, teilweise sogar Videos (Englisch).

www.yucatantoday.com
Hervorragendes, besonders umfangreiches Portal für Zentralyucatán, insbesondere Mérida und Umgebung. Viele weiterführende Links. Wer allerdings auf »Hotels in Valladolid« klickt, landet in Spanien! (Spanisch und Englisch).

www.cancunsouth.com
Website für die Riviera Maya mit nützlichen Hinweisen und recht kurzen Beschreibungen der einzelnen Küstenabschnitte. Auf US-amerikanische Urlauber zugeschnitten, darunter Tipps für Taucher sowie für Hochzeitsreisende! (Englisch)

Campeche und Chiapas

www.campechemexico.com
Offizielle Seite des staatlichen Fremdenverkehrsverbandes von Campeche mit interessanten Tipps auch für Routen abseits ausgetretener Pfade, Auflistung einiger Hotels und Restaurants in der Stadt Campeche (Spanisch).

www.turismochiapas.gob.mx
Seite des staatlichen Fremdenverkehrsverbandes von Chiapas mit Hinweisen auf archäologische Stätten, Öko-Tourismus und die wichtigsten Städte (Spanisch).

Fremdenverkehrsämter

... in Deutschland

Mexikanisches Fremdenverkehrsbüro
Taunusanlage 21
60325 Frankfurt/Main
Tel. 069 25 35 09
Fax 069 25 37 55
contacteurope@visitmexico.com

Das Büro ist auch für die Schweiz und Österreich zuständig.

... in Mexiko

Jede größere Stadt besitzt eine Touristeninformation, zuweilen sogar eine staatliche und ein städtische. In den meisten spricht man Englisch.

Telefonisch erhält man Auskünfte rund um die Uhr unter der Telefonnummer 078 oder 01 800 006 88 39. Aus Europa lautet die Nummer 00 52 55 50 89 75 00.

Lesetipps

Rosario Castellanos: Das dunkle Lächeln der Catalina Diaz, Hamburg 2003. Roman aus Chiapas.
Astrid Dinges: Der Ruf des Roten Jaguar. Mythen, Märchen und Geschichten aus Mexiko, Frankfurt 2003. Das richtige Buch, sich auf dem langen Flug auf das Land und seine zuweilen unverständlichen Besonderheiten einzustimmen. Aus der Sicht europäischer Besucherinnen vor allem für Frauen geschrieben.
E. E. Kisch: Entdeckungen in Mexiko, München 1984. Klassiker der Reportage.
Bartolomé de Las Casas: Kurzgefasster Bericht von der Verwüstung der Westindischen Länder, hrsg. v. Hans Magnus Enzensberger, Frankfurt 1981. Originalbericht des spanischen Priesters aus Chiapas, der sich schon früh für die Rechte der Indios einsetzte und nach dem die Stadt San Cristóbal de las Casas ihren Namen erhielt.
Octavio Paz: Labyrinth der Einsamkeit, Frankfurt 1974. Der Literaturnobelpreisträger hat mit dem Essay ein Juwel der lateinamerikanischen Literatur geschaffen, in dessen Mittelpunkt die Analyse der mexikanischen Identität steht.
Cäcilie Seler-Sachs: Auf alten Wegen in Mexiko, Reiseerinnerungen aus den Jahren 1895–1897, Wien 1993. Bericht über die Reisen des Forscherehepaars Caecilie und Eduard Seler durch Mexiko und die Nachbarländer Ende 19. Jh.
Enno Witfeld: Kauderwelsch, Spanisch für Mexiko, Wort für Wort, Bielefeld 2006. Ein nützliches Büchlein für alle, denen *hola* und *gracias* als Grundwortschatz nicht reicht.

Wetter und Reisezeit

Klima

Die Halbinsel Yucatán liegt in den Tropen und ist durch eine relativ geringe Schwankung der Jahrestemperaturen gekennzeichnet. In Cancún bewegt sich die durchschnittliche **Tagestemperatur** nur zwischen 23 und 28 °C mit Maximaltemperaturen von 32 °C im Juli und August. Nur im Januar sinkt das Thermometer nachts unter 20 °C.

In Zentralyucatán rings um Mérida sind die Schwankungen etwas ausgeprägter. Im Mai werden aber auch Maximaltemperaturen von über 35 °C erreicht. Nachts können sie im Januar unter 17 °C sinken.

Durch eine fast stetige **Brise** ist es an der Küste auch im Sommer weitaus erträglicher als im Landesinneren. Aufgrund der sehr hohen UV-Strahlung ist besondere Vorsicht beim Sonnenbaden geboten.

Der meiste **Regen** fällt in den Monaten Juni/Juli und Okt./Nov., oft in Form heftiger Schauer. Mérida empfängt etwa 900 mm pro Jahr, 80 % davon zwischen Juni und Sept. Chiapas empfängt weitaus mehr Niederschlag als Yucatán. Im Norden, wo das Bergland nach Tabasco abfällt, können im Jahr bis zu 3000 mm Regen niedergehen.

Klimadiagramm Yucatán

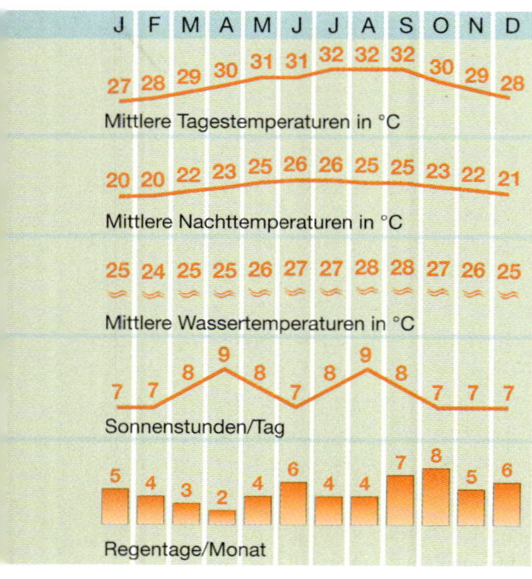

Die Sommermonate zwischen Juni und Ende Oktober sind auch die Zeit der **Hurrikane,** die hin und wieder vor allem die Karibikküste heimsuchen (s. ›Hurrikane …‹, S. 52) und erhebliche Schäden verursachen, begleitet von sintflutartigem Regen.

Die beste Reisezeit

Wer die Wahl hat, sollte das Land im November/Dezember oder zwischen Januar und März bereisen (s. Klimatabelle). Dennoch gelten die Sommermonate wegen der Ferienzeit in Europa und den USA als Hochsaison.

Kleidung

An Kleidung benötigt man nur wenige, dem heißen Klima entsprechende Stücke. Allerdings sollte man nicht nur legere Badesachen im Gepäck haben, sondern auch dezente Kleidung für den Besuch der Städte. Denn in Shorts durch die Innenstadt zu laufen, gilt als unschicklich. Nicht fehlen darf ein Pullover für die oftmals eiskalten Restaurants und Busse, eine Regenjacke und ein Sonnenhut, den man allerdings auch vor Ort preiswert erwerben kann.

Wer in den Wintermonaten San Cristóbal besucht, sollte unbedingt an warme Sachen denken.

Rundreisen planen

Erstklassig per Bus über die Halbinsel

Das Busnetz in Mexiko ist hervorragend ausgebaut. Einer preisgünstigen und dennoch komfortablen Reise durch das Land steht somit nichts im Wege, sofern man sich an die Hauptrouten hält. Sie werden von modernen, klimatisierten Bussen der 1. Klasse befahren. Abgelegene Ortschaften sind hingegen oftmals nur mit klapprigen, überfüllten Bussen der 2. Klasse zu erreichen.

In 11 Tagen über die Halbinsel

1. Tag: Die Fahrt startet in Cancún (oder Playa del Carmen), führt nach Valladolid

2. Tag: Valladolid–Chichén Itzá–Mérida

3. Tag: Mérida

4. Tag: Ausflug von Mérida nach Uxmal und zu den Ruinen der Puuc-Region (Touristenbus, ab 8 Uhr, Rückkehr gehen 16 Uhr)

5. Tag: Mérida–Campeche

6. Tag: Campeche–Palenque

7. Tag: Palenque

8. Tag: Palenque–Xpujil Übernachtung in Xpujil oder auch Chicanná)

9. Tag: Ausflüge von Xpujil zu den Ruinen der Umgebung, hier bietet sich die Fahrt mit einem Taxi an

10. Tag: Xpujil–Chetumal oder Bacalar (es ist nicht einfach einen Platz zu ergattern, da die Busse von der Küste kommen und gut besetzt sind)

11. Tag: Chetumal–Tulum–Cancún (bzw. Playa del Carmen)

Von Palenque in den Süden

Wer seine Rundreise per Bus ausdehnen möchte, kann von Palenque aus einen Trip südöstlich in den Urwald zu den Ruinenstätten von Bonampak und

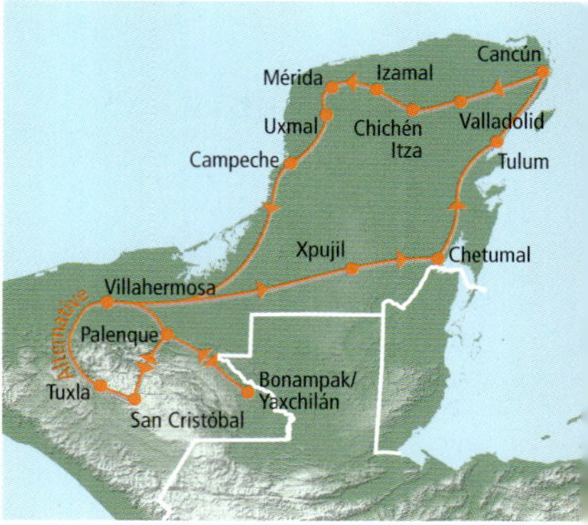

Erstklassig per Bus über die Halbinsel

Yaxchilán unternehmen (organisiert 2 Tage). Oder man fährt sogar bis nach Tikal in Guatemala (mindestens 2 Tage) und von dort direkt weiter nach Chetumal durch Belize (1 Tag ohne Aufenthalt). Alternativ bietet sich von Palenque der Besuch der südlich gelegenen Wasserfälle von Misol-Há an (1 Tag), vor allem jedoch die Fahrt hinauf nach San Cristóbal (2–3 Tage). Zur Rückreise nach Cancún oder Mérida ließe sich von San Cristóbal die Route über Tuxtla Gutiérrez und Villahermosa wählen, wobei man in Tuxtla Gutiérrez darauf achten muss, nicht in einen Bus zu steigen, der über San Cristóbal und Palenque fährt, sondern die wesentlich kürzere Strecke über Teapa nimmt (2 Tage).

Wer mehr Zeit zur Verfügung hat, kann von San Cristóbal aus die Indianerdörfer der Umgebung besuchen, einen Ausflug nach Comitán und zu den Seen von Montebello (südl.) unternehmen (2 Tage) oder per Boot durch den Sumidero Cañón fahren (1 Tag).

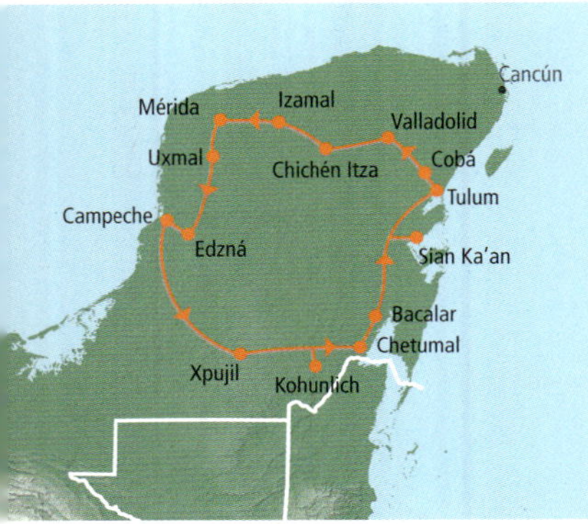

Mit dem Mietwagen zu großartigen Ruinenstätten

Mit dem Mietwagen zu großartigen Ruinenstätten

Bei der Rundreise mit dem Mietwagen sollte man sich, sofern man nicht über sehr viel Zeit (und Geld) verfügt, auf die Sehenswürdigkeiten der Halbinsel Yucatán beschränken. Eine Fahrt bis nach Palenque oder gar San Cristóbal lohnt wegen der großen Entfernungen kaum.

8-tägige Rundfahrt

1. Tag: Von Mérida bis Uxmal und zu den Ruinen der Puuc-Region (Kabáh, Labná, Sayil, Übernachtung in Ticul)

2. Tag: Über Edzná nach Campeche (Übernachtung in Campeche)

3. Tag: Von Campeche nach Xpujil (mit Übernachtung in Chicanná oder Xpujil)

4. Tag: Ausflug nach Calakmul und zu den Ruinen der Umgebung

5. Tag: Weiterfahrt von Xpujil Richtung Chetumal mit Abstecher nach Kohunlich (Übernachtung in Chetumal oder Bacalar, bei ausreichend Zeit Weiterfahrt bis Tulum)

6. Tag: Besichtigung von Tulum und/oder Ausflug in das Biosphärenreservat Sian Ka'an (Übernachtung in Tulum)

7. Tag: Besuch der Ruinen von Cobá, Weiterfahrt nach Valladolid (Übernachtung in Valladolid)

8. Tag: Von Valladolid nach Chichén Itzá, weiter über Izamal und von dort zurück nach Mérida

Eines der sehenswertesten Kultzentren Yucatáns: Edzná

Anreise und Verkehrsmittel

Einreisebestimmungen

Ein noch mindestens 6 Monate gültiger Pass in Verbindung mit einer Touristenkarte, die bei der Einreise ausgefüllt wird, berechtigt zu einem Aufenthalt von maximal 3 Monaten. Bei vorübergehender Ausreise nach Guatemala oder Belize wird die Karte bei Wiedereinreise erneut abgestempelt. Bei einer Ausreise auf dem Landweg zahlt man dann 10 US-$ statt 20 US-$.

Elektronische Reisegenehmigung

Neuerdings müssen sich alle Besucher der USA, auch wenn sie nur als Transitpassagiere den Boden des Landes betreten, eine elektronische Reisegenehmigung von der US-amerikanischen Regierung ausstellen lassen. Das Formular kann nur online unter https://esta.cbp.dhs.gov ausgefüllt werden.

Zollbestimmungen

Neben persönlichen Gebrauchsgegenständen sind bei der Einfuhr Geschenke bis zu einem Wert von 300 US-$, ein Fotoapparat und eine Videokamera, 3 l Spirituosen/Wein und 400 Zigaretten erlaubt. Verboten sind Waffen (auch Harpunen), Narkotika und pornografische Artikel sowie Lebensmittel (s. auch S. 37).

Anreise und Ankunft

Direkte Flüge von Deutschland nach Cancún (11 Std.) bieten derzeit Air Berlin ab Düsseldorf und München sowie Condor ab Frankfurt. Von Amsterdam besteht eine Direktverbindung mit Martinair mit Zubringerflügen der KLM von diversen deutschen Flughäfen. Delta fliegt von Deutschland über Atlanta, American Airlines ab Frankfurt u. a. über Chicago nach Cancún, Iberia über Madrid.

Ankunft in Cancún: Der Flughafen liegt 5–25 km von den Hotels entfernt. Der Transfer erfolgt, sofern man nicht eine Gruppenreise gebucht hat, durch Taxis (teuer), Sammeltaxis (unter Umständen lange Wartezeit) oder einen Flughafenbus (preiswert), der allerdings nicht die Hotelzone bedient. Eine Busverbindung gibt es auch nach Playa del Carmen (siehe auch bei den Orten im Reiseteil).

Verkehrsmittel

Flugzeug

Flugverbindungen bestehen zwischen allen größeren Orten der Region und zum Teil auch mit den Nachbarländern Guatemala und Belize. Auskünfte und Tickets erhält man in den Reisebüros vor Ort. Wichtigste Gesellschaft ist Aeroméxico (www.aeromexico.com). Aerosaab (www.aerosaab.com) bietet private Charterflüge von Cancún, Playa del Carmen und Cozumel zur Insel Holbox und nach Palenque.

Bus

Mexiko unterhält ein sehr effizientes, komfortables und preiswertes Busnetz, das von zahlreichen lokalen und überregionalen Gesellschaften mit mehreren Klassen betrieben wird. Die Luxusbusse *(lujo, ejecutivo)* verfügen über Klimaanlage (oft sehr kalt), breite und bequeme Schlafsitze, kostenlose Getränke- und Kaffeeversorgung, Toilette und Videoanlage. Sie verkehren allerdings nur auf den Langstrecken. Fast den gleichen Standard haben die Busse der **1. Klasse** *(primera clase, 1a)*,

Getränke gibt es hier allerdings nicht. Achtung: Vor Nachtfahrten mit Bussen der 1. Klasse sei gewarnt, da Überfälle recht häufig sind. Besonders gefährdete Strecken werden unter dem Stichwort ›Sicherheit‹ genannt.

Die **2. Klasse** (*secunda clase, 2a*) wird vornehmlich im Lokalverkehr eingesetzt, wobei die Qualität der Fahrzeuge erheblich schwankt. Während sie auf den Hauptrouten – etwa der Strecke Palenque–San Cristóbal – durchaus akzeptabel ist, darf man bei Ausflügen zu abgelegenen Dörfern keinen Luxus erwarten und muss seinen Sitzplatz oft mit Marktfrauen und Hühnern teilen. Informationen zu den wichtigsten Busverbindungen findet man im Internet unter www.Ticketbus.com.mx.

Zwischen Cancún und den Badeorten entlang der Küste werden teilweise **Minibusse** eingesetzt.

Direkte, regelmäßige Verbindungen mit Belize City in Belize und Flores (Tikal) in Guatemala bestehen auch von Chetumal aus.

Taxi

Taxis sind außer in Cancún und Mérida relativ preiswert. Vor allem in Cancún verlangt die Taxifahrerlobby für die Verbindung zur Hotelzone und vom/zum Flughafen jedoch Monopolpreise. Ansonsten gelten feste, entfernungsabhängige Tarife innerhalb eines Ortes. Preiswerter fährt man mit einem Sammeltaxi *(colectivo)*, das zwischen festen Standorten auf bestimmten Routen verkehrt und erst dann losfährt, wenn es voll ist.

Mietwagen

Die Fahrt mit dem Mietwagen ist ohne Zweifel die angenehmste Art, das Land zu erkunden, zumal sich das Verkehrs-

In welchem Gefährt auch immer: Die Fahrt übers Land vermittelt intensive Eindrücke

aufkommen in Grenzen hält, vor allem auf den Landstraßen. Selbst in den großen Städten (außer in Mexico City) wird relativ verhalten gefahren.

Ein preisgünstiges **Mietwagenangebot** zu finden ist nicht einfach, wobei das Anmieten in Mérida generell günstiger ist als in Cancún. Bezüglich der internationalen Mietwagenunternehmen ist eine Buchung über das Internet vor Antritt der Reise unter Umständen günstiger als vor Ort – vor allem in der Hauptsaison lassen sich so Wagen im Rahmen eines Pauschalarrangements bereits zu Hause zu buchen. Zu empfehlen ist der Blick ins Internet und hier beispielsweise holidayautos (www.holidayautos.com). In der Nebensaison beginnen die Preise in Mérida bei ca. 30 US-$/Tag, an der Karibikküste bei ca. 50 US-$.

Um die Strecke Mérida–Valladolid jedoch nicht doppelt befahren zu müssen, könnte man eine Rückgabe des Fahrzeugs in Cancún vereinbaren. Dadurch entstehen allerdings erhebliche zusätzliche Kosten, die deutlich über denen einer Busfahrt zwischen den beiden Orten liegen.

Man sollte auf alle Fälle eine **Vollkaskoversicherung** wählen. Denn nach mexikanischem Recht können bei einem Unfall alle Beteiligten unter Arrest gestellt werden, bis die Versicherungsfrage geklärt ist. Das Mindestalter für den Fahrer beträgt je nach Gesellschaft 21 oder 25 Jahre. Man benötigt eine Kreditkarte, einen Reisepass und einen Führerschein (national oder international).

Geschwindigkeitsbegrenzungen erlauben 30–40 km/h in der Stadt, 100 km/h auf Landstraßen. **Tanken** ist nur gegen Barzahlung in Peso möglich.

Zwischen Cancún und Mérida gibt es eine sehr teure **Autobahn** (*quota*) ohne Abfahrt und Tankstelle auf dem Stück zwischen Cancún und Valladolid (ca. 150 km), die Landstraße ist wesentlich abwechslungsreicher.

Augen auf das Zählwerk!

Man sollte darauf achten, dass das Zählwerk an der Säule auf null gestellt ist und auch beim Tanken den Zähler im Auge behalten. Beliebter Trick z. B. in Xpujil, wo alle Touristen tanken: Ein Tankwart lenkt den Touristen ab, der andere stellt nach dem Tanken den Betrag schnell auf null und gibt einen beliebigen Pesobetrag ein. Diese Eingabe dient normalerweise dazu, für einen festen Betrag zu tanken. Wenn darunter keine entsprechende Literzahl erscheint, liegt ein Betrugsversuch vor.

Es gibt einen **Pannendienst** ähnlich unserem ADAC mit Namen *Ángeles Verdes* (Grüne Engel), erreichbar unter der Tel. 800 903 92 00. Die Straßen, auf denen sie patrouillieren, findet man unter: www.sectur.gob.mx/wb2/sectur/sect_9454_rutas_carreteras.

Verkehrsvorschriften

Peinlich genau sind sie zu beachten, da an fast jeder Kreuzung Polizisten stehen und gerne Strafzettel ausstellen. Üblich ist die direkte Zahlung der Buße, die mit dem Beamten ausgehandelt werden muss und als *mordida* bekannt ist. Teils bessern die Ordnungshüter damit ihr mageres Gehalt auf. Berüchtigt für diese Art der Wegelagerei ist die einsame Strecke von Escárcega nach Chetumal quer über die Halbinsel.

Besondere Aufmerksamkeit ist in Ortschaften geboten, wo **Einbahnstraßen** oftmals nur durch kleine Pfeile an den Häuserwänden gekennzeichnet sind. An Ortseingängen lauern zudem **Schwellen** – sogenannte *topes,* die man auf jeden Fall nur sehr langsam passieren sollte.

Übernachten

Hotels allgemein

Hinsichtlich Preis und Qualität gibt es eine außerordentliche Bandbreite. Das Angebot reicht von der Jugendherberge zu 10 US-$ pro Person und Nacht bis zur Luxusherberge zu 250 US-$ und mehr. Am teuersten in der Übernachtung ist Cancún, am preiswertesten San Cristóbal de las Casas.

Preise

Die im Routenteil angegebenen Preise gelten – wenn nicht anders vermerkt – für ein Doppelzimmer (2 Betten) in der Hauptsaison zwischen Mitte Januar und April. Besonders teuer ist es zwischen Weihnachten und dem 15. Januar sowie um Ostern.

Zimmerkategorien

Einige Hotels unterscheiden zwischen Einzel- *(sencillo)* und Doppelzimmer *(doble)*, wobei der Unterschied nur in der Art der Betten besteht. Im *sencillo* gibt es ein (französisches) Doppelbett, im *doble* zwei Einzelbetten. Zwischen Weihnachten und Neujahr steigen die Preise in den Badeorten um bis zu 30 Prozent. Einzelzimmer werden nur recht selten angeboten. Zumeist muss der Einzeltourist den vollen Preis für ein Doppelzimmer zahlen. Nachfragen lohnt aber. Nicht immer ist im Zimmerpreis auch das Frühstück eingeschlossen.

Einige Hotels bieten zudem **Dormitories** an. Hinter dem Begriff verbirgt sich der gute alte Schlafsaal. Er variiert in seiner Ausstattung erheblich. Es gibt 4-Bett-Zimmer, aber auch solche mit 16 und mehr Betten, oftmals sind die Räume nach Geschlechtern getrennt. Wichtig für alle Traveller ist der verschließbare Spind für das Gepäck.

Große Strandhotels

Die großen internationalen Strandhotels der **4- und 5-Sterne-Kategorie** beschränken sich auf den nördlichen Teil der Karibikküste zwischen der Isla Mujeres und Tulum. Wichtigste Standorte sind Cancún, Playa del Carmen und die Insel Cozumel. Sie werden überwiegend von US-amerikanischen Touristen aufgesucht, die selten länger als eine Woche bleiben und Wert auf Luxus und Unterhaltung legen. Mehrere Restaurants und mindestens eine gut bestückte Bar gehören ebenso dazu wie eine weiträumige Pool-Landschaft. Entsprechend hoch sind die Preise. Günstiger als vor Ort sind die Hotels über das Internet oder im Rahmen eines Pauschalarrangements zu buchen.

Kleinere Strandhotels

Diese bei Europäern recht beliebten Unterkünfte überwiegend in der **3- bis 4-Sterne-Kategorie**, zuweilen aber auch als Boutique-Hotels sehr luxuriös, findet man vor allem in Playa del Carmen und einigen Standorten entlang der Küste, so etwa auf Holbox und auf der Isla Mujeres. Service und Atmosphäre sind meist persönlicher, die Pools dafür kleiner. Im vorliegenden Buch werden bevorzugt Hotels dieser Kategorie vorgestellt.

Historische Stadthotels

In den Kolonialstädten wie Mérida, Valladolid oder Campeche wurden zahlreiche der historischen Bauten mit viel Liebe zum Detail in wunderschöne kleine Hotels mit viel Atmosphäre umgewandelt. Den Komfort eines Neubaus darf man allerdings nicht erwarten. Wer ohne Vorbuchung unterwegs ist, sollte sich die Zimmer vorher zeigen lassen.

Cabañas

Vor allem an der Küste von Tulum lassen sich strohgedeckte Hütten *(palapa)* mieten. Ihre Ausstattung ist sehr unterschiedlich. Oft gibt es weder Klimaanlage noch Strom und statt Betten nur eine Hängematte. Romantische Abende am Strand bei Lagerfeuer und Grillparty sind damit garantiert, weshalb diese Anlagen bei Hochzeitsreisenden aus den USA besonders beliebt sind. Das Preis-Leistungs-Verhältnis könnte allerdings besser sein, denn für diese Naturnähe muss man ordentlich in die Tasche greifen. Auch die Restaurants sind aufgrund ihrer Monopolstellung meist überteuert.

Haciendas

Ähnlich wie die Fincas auf Mallorca wurden etliche ehemalige Landgüter in romantische Hacienda-Hotels umgewandelt. Sie liegen ausschließlich im Landesinnern, meist fern von Ortschaften, und bezaubern durch ihr Ambiente und die sehr persönliche Betreuung. Zunehmend haben sie Wellness-Angebote in ihr Programm aufgenommen. Wie die Hotels lassen sie sich günstiger pauschal oder über das Internet buchen. Für Ausflüge ist ein Mietwagen unerlässlich.

Einige der schönsten Haciendas haben sich in einem Portal zusammengetan: www.haciendamexico.com wie auch bei www.starwood.hotels.com.

Hostels und Herbergen

Sie sind für Reisende mit schmalem Geldbeutel gedacht und werden deshalb von meist jugendlichen Backpackern bevorzugt. Als Kontakt- und Infobörse für Individualtouristen sind sie nicht zu schlagen; viele von ihnen bieten auch Internetzugang für die Mails nach Hause. Ein weltweites Verzeichnis von Hostels mit Beschreibungen, Preisen und Buchungsmöglichkeiten ist www.hostelworld.com.

Tipps zur Online-Buchung

Hotels lassen sich online buchen, wobei es nicht leicht ist, direkt mit der Unterkunft Kontakt aufzunehmen. Zumeist wird man bei der Eingabe des Hotelnamens zunächst auf die Seite eines Vermittlers geführt, dem nicht daran liegt, den Zugang zur Quelle offenzulegen. Die Buchung über eine derartige Hotelsuchmaschine (z.B. www.tripadvisor.de) muss aber nicht unbedingt teurer sein als eine direkt über das Hotel. Ein Vergleich lohnt. Zeigt eine Hotelsuchmaschine ein – meist preiswertes – Hotel als ausgebucht an und macht Vorschläge für teurere Unterkünfte, ist Vorsicht geboten.

Man wird sicherlich fündig bei: www.deutsch-hotel.com oder www.holidaycheck.de. Dort sind auch Bewertungen aufgeführt.

Essen und Trinken

Im Vergleich zu manch europäischem Land, allen voran Frankreich und Italien, lässt sich Mexiko leider nicht als Hochburg verfeinerter Esskultur bezeichnen. Doch auch hier gibt es einige hervorragende Spezialitäten jenseits von Steak, Lasagne und Pizza. Etwa *Conchitina pibil* (Schweinefleisch im Bananenblatt gedämpft) oder *Poc chuc* (gebratenes, in Orangensaft mariniertes Schweinefleisch) als Hauptgerichte und *Gorditas* (gefüllte Tortillas mit Salat) oder *Enchiladas* (gefüllte Teigtaschen) als Appetizer.

Qualität vor Ambiente

Ganz in südländisch extrovertierter Manier lieben es die Mexikaner, sich im Familien- oder Freundeskreis den Genüssen eines ausgiebigen Restaurantbesuchs hinzugeben. So herrscht kein Mangel an Restaurants, die nicht nur die drei täglichen Hauptmahlzeiten bieten, sondern für den kleinen Hunger zwischendurch auch die beliebten ›Häppchen‹ *(antojitos)*. Sie sind zweifellos ein Erbe der Iberischen Halbinsel, wo die Qualität der Leckereien, *tapas* genannt, den Ruf so mancher Kneipe weit über der Ort hinaus begründen.

Auf ein gemütliches Ambiente wird weniger Wert gelegt. Die von Einheimischen bevorzugten Restaurants sind oftmals kahle, in kaltes Neonlicht getauchte Hallen mit Plastikstühlen, einigen Plakaten an den gekalkten Wänden und dem mehr oder minder laut plärrenden Fernseher in der Ecke. Allein die Qualität des Essens und die Gesellschaft zählen. Auch die Kleidung darf leger sein – kurze Hosen allerdings sind in besseren Restaurants tabu.

Küche voller Tradition

Seit präkolumbischer Zeit bilden Mais *(maiz)* und Bohnen *(frijoles)* die Grundpfeiler der Kochkunst und fehlen bis heute bei keiner Mahlzeit. Bei den einfachen Gerichten ersetzen die Tortillas das Brot, die Kartoffeln und nicht selten auch den Löffel. Es handelt sich hierbei um dünne, gekochte oder geröstete Maismehlfladen, die nur in ofenwarmem Zustand recht gut schmecken, ansonsten die Konsistenz von zähem Gummi annehmen. Tortillas kommen, abgedeckt mit einem Tuch, zu allen Gerichten auf den Tisch. Selten fehlen *frijoles* auf dem Teller, zu einem dicken Brei eingekochte Bohnen, die zuweilen schwer im Magen liegen. Mehr oder minder scharfe Chilis gehören ebenfalls zum typisch mexikanischen Essen.

Fleisch und Fisch

Die Mexikaner sind ausgesprochene Fleischesser, obwohl sich seit einigen Jahren auch vegetarische Gerichte zunehmender Beliebtheit erfreuen und entsprechende Restaurants wie Pilze aus dem Boden schießen. Das in einfachen Restaurants angebotene, gebratene Fleisch *(carne asada)* erfüllt nur selten die Erwartungen und erfordert ein gutes Gebiss; hauchdünn, tellergroß und weniger zäh sind panierte Schnitzel *(milanesa)*, recht schmackhaft auch die Brathähnchen *(pollo asado)*. Als Beilage zu den Fleisch- oder Fischgerichten werden meist Salat *(ensalada)* und Gemüse *(verduras)* gereicht.

In der Küstenregion gehört natürlich frischer Fisch zum Standardangebot. Unter der Bezeichnung *frito* kommt Fisch *(pescado)* als komplettes

Exemplar mit Kopf und Schwanz auf den Tisch, Fischfilet heißt hingegen *filete de pescado.*

Tacos, Burritos und Verwandtes

Von den kleinen Gerichten sind Tacos besonders lecker, eine knusprige eingerollte Tortilla mit Fleisch- und Gemüsefüllung. Nicht weniger beliebt sind die ebenfalls mit Fleisch oder Fisch, Käse und Bohnen gefüllten Burritos, bei denen jedoch eine Weizenmehl-Tortilla als ›Behältnis‹ dient. Die mit Sauce angereicherte und überbackene oder gebratene Variante von Burrito und Taco heißt Enchilada.

Klassiker der Maya-Küche

Eine lokale Besonderheit ist die yucatekische Küche, die von einigen Restaurants in Mérida und Cancún gepflegt wird. Nach alter Maya-Tradition stehen hier Truthahn *(pavo)* und Wild *(venado)* auf der Speisekarte, aber auch die höllisch scharfe Chili-Variante *habanero,* die in der yukatekischen Sauce Achiote verarbeitet wird. Als klassisches Gericht der Maya-Küche gilt Pocchuc, in Orangensaft marinierte und gekochte Schweinefleischscheiben mit einer scharfen Sauce und eingelegten Zwiebeln. Die Liste der schmackhaften traditionellen Gerichte ließe sich beliebig fortsetzen – am besten geht man selbst auf die kulinarische Entdeckungsreise abseits der Steakhäuser, Pizzerien und Biergärten Cancúns.

Mahlzeit!

Die Mexikaner essen drei Mal pro Tag. Das **Frühstück** heißt *desayuno* und besteht aus süßen Brötchen *(pan dulce),* Eiern *(huevos)* und Kaffee *(café),* zuweilen ergänzt durch Fruchtsaft *(jugo),* Toast *(pan tostada),* Butter *(mantequilla)* und Marmelade *(mermelada).* Das **Mittagessen** trägt, sofern es aus

Reichlich und deftig: Huevos rancheros

leichteren Fleisch- oder Fischgerichten besteht, den Namen *almuerzo;* wird es hingegen als Hauptmahlzeit eingenommen (zwischen 13 und 15 Uhr), heißt es *comida.*

Viele Restaurants bieten mittags ein Tagesmenü *(comida corrida)* zu besonders günstigen Preisen. Die einfache Variante besteht aus einer Suppe *(sopa del día)*, einem Fleischgericht mit Reis und Gemüsebeilage sowie einem Nachtisch *(postre)*.

Das Abendessen (la cena) besteht in Mexiko üblicherweise aus einer leichteren Mahlzeit. Gegen 20 Uhr füllen sich die Restaurants.

Süßer Saft und scharfer Schnaps

Von fruchtigen Softdrinks ...

Außer den weltweit verbreiteten Softdrinks der allenthalben bekannten Marken sind unter den nicht-alkoholischen Getränken vor allem **Frucht- und Gemüsesäfte** weit verbreitet. Kaum eine Stadt, in der es nicht hygienisch einwandfreie ›Fruchtsaftbars‹ gibt, in denen man aus einer Vielzahl von Drinks unterschiedlichster Mischung wählen kann – wie etwa Grapefruit mit Papaya, Orange mit Mango, Karotte mit Apfel. Die Säfte werden vor den Augen des Kunden auf Bestellung frisch gepresst und sind somit völlig unbedenklich.

... zu Bier, Wein und Tequila

Schon sehr früh haben deutsche Braumeister den Weg nach Mexiko gefunden und der Kunst der Bierherstellung ihren Stempel aufgedrückt, sodass auch der deutsche Bierliebhaber in Mexiko voll auf seine Kosten kommt. Zu den bekannten **Bieren** *(cerveza)* zählen Modelo, Bohemia, Corona und Superior; besonders schmackhaft sind die dunklen Biere wie Modelo Negro oder Léon Negro.

Wein *(vino)* gilt hingegen als Luxusgetränk und wird allein in größeren Restaurants ausgeschenkt. Mexiko hat nur drei größere Weinbaubetriebe. Die Qualität entspricht guten europäischen Tafelweinen. Besonders zu empfehlen ist der Calafia aus Baja California, der als Rot- und Weißwein angeboten wird. Auch Pinot Noir und Cabernet Sauvignon sind vorzüglich, reichen allerdings nicht an die französischen Vorbilder heran.

Unter den harten Getränken ist der **Tequila** als Nationalgetränk des Landes über die Grenzen hinaus bekannt. Gewonnen wird der hochprozentige Schnaps aus einer Agavenart *(agava tequilana)*, die im Hochland nahe der Stadt Guadalajara gedeiht. Bei Touristen besonders beliebt ist der Tequila als Grundlage des Mixgetränks Margarita, einer Mischung aus Tequila, zerstoßenem Eis, Limonensaft und einem Schuss Orangenlikör. Die Besonderheit ist der mit einer Salzkruste versehene Rand des Glases. Tequila pur wird ebenfalls mit Limone und Salz getrunken, wobei man vor jedem Schluck das Salz vom Handrücken leckt und dann an der Limone lutscht – ein Ritual mexikanischer Machos. Leider wird heute in den Touristenrestaurants meist eine Fertigmischung verwendet, die abscheulich schmeckt.

Weniger verbreitet ist **Mesqual,** ein ebenfalls aus der Agave gewonnener Klarer, dessen Markenzeichen der im Schnaps schwimmende Wurm ist. Vorsicht – wer die Flasche leert, muss den Wurm essen! Darüber hinaus haben die mexikanischen Destillen zahlreiche internationale Schnäpse auf der Markt gebracht, die im Geschmack mehr oder weniger an das Original heranreichen. Erwähnt seien Bacardy Rum, Pedro Domecq Brandy und Oso Negro Wodka.

Aktivurlaub, Sport und Wellness

Baden

Sich am Sandstrand dem Badevergnügen hinzugeben, ist die wohl am weitesten verbreitete Form der Urlaubsgestaltung an den Küsten Yucatáns. Der Bogen spannt sich weit von belebten Hotelstränden bis zu einsamen, nur mit dem Boot zu erreichenden Buchten, z. B. bei Río Lagartos oder Holbox. Jeder kann sich hier seinen Traum vom perfekten Badeurlaub erfüllen. Die Strömungen können jedoch recht tückisch sein – z. B. in Cancún und auf der Insel Cozumel –, und man sollte auf eventuelle Warnflaggen an den Badestränden achten.

Hochseeangeln

Hochseeangeln ist vor allem ein bei den US-Amerikanern sehr beliebter Sport, nicht erst seit Hemingways Klassiker »Der alte Mann und das Meer«. Anbieter findet man vor allem in Cancún, auf Cozumel und in Punta Allen.

Kajak fahren

Vor allem die Lagunen und die mit Mangroven gesäumten Buchten eignen sich hervorragend zu Ausflügen mit dem Kanu oder Kajak, wobei man sich nicht nur sportlich betätigt, sondern auch der vielfältigen Tierwelt hautnah kommt. Vielleicht bekommt man sogar eine der seltenen Manatis (Seekühe) zu Gesicht.

Besonders lohnende Ziele sind die Schutzgebiete von Celestún, Punta Allen und Sian Ka'an, aber auch die Buchten von Punta Soliman (bei Akumal). Boote kann man vor Ort mieten, an einigen Orten aber auch unter Anleitung mit einem Führer unterwegs sein (www.ecoyuc.com).

Segeln

Die Karibik ist zwar ein hervorragendes Segelrevier, die Küste Mexikos jedoch hat daran einen recht geringen Anteil. Die wichtigsten Häfen sind Cancún, Playa del Carmen, Cozumel und Puerto Aventuras. Yachtcharter ist dennoch nur sehr beschränkt möglich, dafür gibt es organisierte Ausflüge mit Segelbooten, insbesondere hochseefähigen Katamaranen. Kleinere Boote hingegen lassen sich an vielen Stränden stundenweise mieten.

Tauchen und Schnorcheln

Die Karibikküste ist ein wahres Paradies für Schnorchler und Taucher. Fast der gesamte Abschnitt von der Insel Contoy im Norden bis hinunter nach Belize wird von Riffen gesäumt, die zu den besten Tauchrevieren der Welt

Faszination unter Wasser

Auf **Höhlentauchen** spezialisiert haben sich das Cenote Dive Center (www.cenotedive.com) und Xibalba Dive Center (www.xibalbadivecenter.com, auch Dt.); beide sind in Tulum ansässig.

Das Angebot an Tauchschulen, die sich dem **Flaschentauchen** im Meer verschrieben haben, ist sehr groß. Einen guten Überblick über die einzelnen Reviere und ihre Besonderheit findet man unter www.gooddive.com/diving-mexico/yucatan-diving.htm.

Mein Tipp

Spartipp für das Schnorcheln
Während man in Parks wie Xcaret, Xel Há und Garrafón ordentlich zur Kasse gebeten wird, kann man sich bisher noch an Stränden wie **Punta Soliman** an der Riviera Maya völlig kostenlos zwischen den Korallen tummeln.

Gleiches gilt für die durch einen Kanal verbundenen **Manati Cenotes** an der benachbarten Bucht von Tankah bei Tulum.

zählen (s. zum Beispiel S. 118). Durch die Hurrikane der vergangenen Jahre wurden jedoch viele Korallenbänke nahe der Wasseroberfläche stark in Mitleidenschaft gezogen. Dazu zählt vor allem die ›Banco Chinchorro‹ im Süden der Halbinsel, mit 46 km Länge und 15 km Breite größtes Korallenatoll der nördlichen Hemisphäre, das im Jahr 2003 als Biosphärenreservat von der UNESCO unter Schutz gestellt wurde.

Möglichkeiten zum **Schnorcheln,** ohne ein Boot zu mieten, bieten sich an vielen Stellen, beispielsweise an der Südspitze der Isla Mujeres, vor der Insel Cozumel oder bei Akumal. Auch in den Freizeitparks Yucatáns, etwa in Xcaret und in der Laguna Chankanab auf Cozumel, erschließt sich dem Schnorchler der Zauber der Unterwasserwelt völlig gefahr-, allerdings nicht kostenlos (s. Tipp).

Cenotes

Sehr beliebt wurden in den letzten Jahren Tauchgänge in das weit verzweigte Höhlensystem der Halbinsel, das durch Einbruchbecken (Dolinen), hier Cenotes genannt, zugänglich ist. Zuweilen muss man sich in die Krater abseilen (s. u.), manchmal gibt es auch Leitern. Einen umfassenden Überblick über die Cenotes an der Karibikküste findet man unter www.cenotesoftherivieramaya.com/4caveenvironment.htm und www.caves.org/project/qrss/qrssde.htm (auch Deutsch).

Tierbeobachtungen

Die auf den ersten Blick nicht ins Auge fallende Vielfalt der Flora und vor allem der Fauna zieht immer mehr Naturliebhaber nach Yucatán. Sieht man einmal von der reichen Unterwasserwelt ab, so kommen vor allem Ornithologen auf ihre Kosten. Über 500 Vogelarten gilt es zu entdecken, davon 7 endemische.

Wichtigste Regionen für Tierbeobachtungen sind die Mangrovenwälder entlang der Küste, so etwa in Celestún, in den Landstrichen Río Lagartos und Sian Ka'an, aber auch der tropische Urwald im Biosphärenreservat Calakmul, wo man überdies auf seltene Säugetiere wie Brüllaffen und Leoparden stoßen kann.

Wandern

Schon aufgrund des Klimas sind Wanderungen im Tiefland sehr anstrengend. Umso schöner läuft es sich hingegen in den Bergen von Chiapas, wo sich das Seengebiet von Montebello und der Petén-Urwald für Exkursionen anbieten. Ausgeschilderte Wanderwege wie in Europa sind jedoch ebenso unbekannt wie detaillierte Karten. Bezeichnenderweise haben selbst die bekannten Spezialanbieter von Wanderreisen keine reinen Wandertouren in ihren Programmen.

Wellness

Wellness hat mittlerweile auch den Weg in die Urlaubsregionen von Mexiko gefunden und steht vor allem bei teuren Hotels und Haciendas auf dem Programm. Der Begriff lässt sich nicht genau definieren, umfasst er doch hier auch traditionelle Heilverfahren wie Ayurveda und Sauna. Unter dem Begriff Temazcal gibt es sogar eine yucatekische Variante des Wellnessprogramms.

Yoga

Yogakurse werden oftmals als Teil des Wellnessprogramms angeboten, aber auch als Einzelkurse, vor allem in Playa del Carmen und Tulum. Die Qualität ist sehr unterschiedlich. Die Verlockung ist groß, hier ohne die notwendige langjährige Ausbildung das schnelle Geld als Yogalehrer zu verdienen.

Hilfreich könnte ein Blick auf die folgenden Websites sein: www.abc-of-yoga.com/north-america/mexico/yucatan/ und www. yoga.com/.

Ziplining und Abseiling

Sich an einem Seil über einen Cenote gleiten zu lassen – bekannt unter dem Begriff Ziplining – gehört zu den neuesten Funsportarten mit hohem Adrenalinpotenzial. Dazu steigt der Proband in eine Art Klettergurt, der mit einer Rolle an einem über den Cenote gespannten Seil befestigt ist. Wie weiland Tarzan rast er nun über das Wasser bis zu einer Plattform am jenseitigen Ufer, wo starke Arme den ›Luftfahrer‹ in Empfang nehmen – oder die Fahrt endet in einer feuchten Landung im Cenote. Etliche Unternehmen, insbesondere in Tulum und Playa del Carmen, bieten dieses ein wenig an paramilitärische Übungen erinnernde Vergnügen an, meist in Verbindung mit Bade- und Schnorchelmöglichkeiten.

›Abseiling‹, sich in Bergsteigermanier in einen Canyon abzuseilen, kommt aus dem deutschen Sprachraum und wird in Yucatán für das Abseilen in einen Cenote benutzt. Auch die Bezeichnung ›Rappeling‹ hat sich eingebürgert. Tödliche Springfluten, wie sie bereits in den Alpen und in den Canyons der USA zu verzeichnen gewesen sind, muss man in den ruhigen Gewässern nicht befürchten, vielmehr kann man sich auf ein feucht-fröhliches Vergnügen der besonderen Art freuen. Als einer der führenden Anbieter gilt Hiddenworlds (www.hiddenworlds.com) mit einem eigenen Abenteuerpark einige Kilometer nördlich von Tulum.

Ein Highlight: Tauchen in der Karibik

Feste und Unterhaltung

Katholizismus und Götterglaube

Ohne Übertreibung kann Mexiko als ein Land der Feste bezeichnet werden. Ist nicht die ›Fiesta Mexicana‹ fast zum Synonym für lateinamerikanische Ausgelassenheit geworden? Äußerer Anlass ist zumeist ein katholisches Patronatsfest für einen der vielen lokalen Heiligen. Deren Bildnisse werden unter großer Anteilnahme der Bevölkerung durch die Straßen getragen, begleitet von ohrenbetäubender Musik und dem Krachen der Feuerwerkskörper. Abends finden sich die Bewohner auf der zentrale Plaza ein, auf der Kapellen ihr Können unter Beweis stellen und Folkloregruppen um die Gunst des Publikums buhlen.

Los Reyes Magos

In der Nacht zum 6. Januar verstecken die Heiligen Drei Könige (Los Reyes Magos) die Geschenke für die Kinder im Haus. Am 6. Januar treffen sich die Erwachsenen zu einem gemeinsamen Essen, dem Roscade Reyes im Familien- oder Freundeskreis, wobei ein großer Hefekranz verspeist wird. In ihm wird eine kleine Jesusfigur aus Plastik eingebacken. Wer sie in seinem Stück findet, muss das nächste Fest, Mariä Lichtmess (Candelaria, 2. Febr.), ausrichten.

Fiesta de Santa Cruz

Das dreitägige Fest (1.–3. Mai) wird mit Prozessionen und der Aufstellung von Kreuzen begangen. Gleichzeitig ist es der Tag der Bauarbeiter, an dem diese die Baustellen schmücken.

Einheimischen vorbehalten

Unter dem dünnen Firnis christlicher Religiosität verbergen sich jedoch nicht selten präkolumbische Riten oder auch moderne, auf soziale Ungerechtigkeit begründete Cargo-Kulte. Vor allem in den indianischen Gemeinden rings um San Cristóbal, allen voran in Chamula, führt die Verschwisterung zwischen Katholizismus, Götterglauben und neureligiöser Heilsbewegung zu exzessiven Festen, bei denen Fremde nicht gern gesehen sind.

Festkalender

Februar

Mariä Lichtmess (Dia de la Candelaria): 2.2. Mit Prozessionen und Messen, Abschluss der Weihnachtszeit. Abbau der Weihnachtskrippen in den Kirchen, Tänze der kostümierten ›Vasallos de la Candelaria‹ (Mérida). Besonders ausgiebig wird das Fest in Mérida, Campeche, Izamal und San Cristóbal de las Casas begangen.

März/April

Ostern (Semana Santa): Mit Passionsspielen wird Ostern in Mérida und San Cristóbal de las Casas besonders eindrucksvoll gefeiert.

September

Viva Mexico: Kulturelle Veranstaltungen in Cancún über einen ganzen Monat, Folklore, Ausstellungen, Konzerte.

November

Allerseelen (Dia de los Muertos): 1./2. Nov. Gedenken an die Verstorbenen in einer uns fremdartigen Mischung christlicher und präkolumbischer Rituale (s. S. 70).

Ein Bild mit Seltenheitswert: die Fahnenschwinger von San Juan Chamula

Karneval

Er wird sehr ausgiebig in unterschiedlichen Formen begangen. Am traditionellsten feiert man in Campeche, am farbenprächtigsten mit Paraden, Kostümen und Musikgruppen in Mérida. Auf der Insel Cozumel hat man sich den Mardi Gras aus New Orleans zum Vorbild genommen, in Cancún geht es eher karibisch ausgelassen zu.

Sonnenwende

In **Chichen Itzá** (s. S. 180) zaubert die Sonne am 20./21. März mit ihrem Schatten am Morgen und Nachmittag die Illusion einer Schlange, die die Stufen der großen Pyramide herabkriecht. Die Ruinenstadt ist zu diesem Ereignis, dem Vernal Equinox, allerdings sehr überlaufen. Aber auch an den Tagen davor und danach kann man bei weniger Andrang das Spektakel beobachten, das im Übrigen jeden Abend in der Ton- und Lichtschau mit Scheinwerfern nachgestellt wird.

Ein ähnliches Phänomen findet am selben Tag in **Dzibilchaltún** statt, wenn der Strahl der aufgehenden Sonne den Tempel der Sieben Puppen von innen erstrahlen lässt (s. S. 169).

Lokale Feste

Einige Städte der Halbinsel Yucatán, insbesondere Mérida und Campeche, pflegen mit Hingabe ihre kolonialen Traditionen. Kein Tag vergeht, an dem nicht eine kostenlose Tanz- oder Musikdarbietung das kulturelle Erbe der Region wach hält. Welch ein Unterschied bietet sich hier zu den kommerziellen Unterhaltungsprogrammen in den Touristenhochburgen von Cancún oder Playa del Carmen, die ganz und gar von der amerikanischen Form des ›entertainments‹ beherrscht werden, angereichert mit pseudomexikanischen Zutaten.

Reiseinfos von A bis Z

Apotheken

Die Apotheken selbst in kleineren Orten sind gut sortiert, und das Personal ist sachkundig. Spanischkenntnisse sind jedoch Voraussetzung. Es ist ratsam, Beipackzettel der bei uns üblichen Medikamente dabeizuhaben. Viele bei uns verschreibungspflichtige Medikamente sind frei erhältlich.

Ärztliche Versorgung

Während Touristenorte wie Cancún und Mérida auf Fremde eingestellt sind, bereitet die medizinische Versorgung in kleineren Orten hinsichtlich der Verständigung und der fachlichen Qualifikation Probleme. Im Krankheitsfall wende man sich zunächst an die Hotelrezeption oder die örtliche Reiseleitung. Auch die Botschaften und Konsulate können mit Adressen weiterhelfen.

Diplomatische Vertretungen

Mexikanische Vertretungen

... in Deutschland
Botschaft
Klingelhöferstraße 3
10785 Berlin
Tel. 030 26 93 23-0
mail@embamexa le.de
www.sre.gob.mx/alemania

... in Österreich
Botschaftskanzlei
Operngasse 21, 10. Stock
1040 Wien
Tel. 01 310 73 83 bis 86
embmex@embamex.at

... in der Schweiz
Botschaft/Chancellerie
Weltpoststrasse 20, 3015 Bern
Tel. 031 357 47 47, www.sre.gob.mx/suiza/

Vertretungen in Mexiko

Honorarkonsulate Deutschlands
Punta Conoca 36, SM 24
77509 Cancún, Q. Roo
Tel. 0052 998 884 15 98
konsul_d@yahoo.com.mx

Calle 49, 212 (zwischen 30 und 32)
San Antonio Cucul
97116 Mérida, Yucatán
Tel. 0052 999 944 32 52
konsulat@jerommel.de

Honorarkonsulate Österreichs
(ohne Passbefugnis)
Av. Colón 501-C, Desp. A-309/310
97000 Mérida
Tel. 0052 999 925 63 86
bulnesa@prodigy.net.mx

Konsulat der Schweiz
Av. Cobá 12, local 214
(Rolandi's Restaurant)
Edif. Vénus, SM 5, MZ1
77500 Cancún, Q.Roo
Tel. 0052 998 884 84 46
rolandicancun@rolandi.com

Elektrizität

Meist noch nach US-amerikanischer Norm 110 Volt/60 Hz mit Spezialsteckern; Adapter sind bei deutschen Globetrotterausrüstern oder vor Ort erhältlich. Bei den meisten modernen Ladegeräten für Laptop, Handy und Kamera erfolgt die Umstellung auf die notwendige Spannung automatisch.

Feiertage

1. Januar: Neujahr
5. Februar: Tag der Verfassung
21. März: Geburtstag von Benito Juárez
März/April: Ostern
1. Mai: Tag der Arbeit
5. Mai: Schlacht von Puebla
Mai/Juni: Fronleichnam
1. September: Tag der Nation
16. September: Unabhängigkeitstag
12. Oktober: Tag der Rasse
1. und 2. November: Allerheiligen/Allerseelen
20. November: Tag der Revolution
12. Dezember: Fest der Jungfrau von Guadelupe
25. Dezember: Weihnachten

Frauen unterwegs

Trotz der vor allem in der jüngeren Generation zunehmenden Emanzipation sehen viele Männer – die nach wie vor tief im Machismo verwurzelt sind – in allein reisenden Frauen eine willkommene Gelegenheit zu mehr oder minder plumper Annäherung. Ein klares No und lautes Schimpfen sind probate Abwehrmittel. Dennoch sollten Frauen nicht alleine durch abgelegene Ruinenstätten streifen oder einsame Strände aufsuchen.

›Oben ohne‹ wie in vielen Ländern üblich ist im konservativen Mexiko, aber auch unter den eher prüden US-Amerikanerinnen, nach wie vor die Ausnahme und beschränkt sich zum überwiegenden Teil auf das Sonnenbad am Hotelpool.

Dezente Kleidung bewahrt Frauen vor unliebsamen Annäherungsversuchen und ist vor allem beim Besuch von Kirchen zu tragen, will man nicht am Betreten des Gotteshauses gehindert werden.

Wichtige Nummern
Notruf: 066
Polizei: 060
Information: 040
Pannendienst Ángeles Verdes: 01-800 903 92 (nur auf bestimmten Routen, s. S. 21)
Nottelefon Touristen: 080 903 92
Notrufnummer Auswärtiges Amt: 0049 030 18 17 2000

Geld und Geldwechsel

Währung: Einheimische Währung ist der Peso ($), 100 Centavos sind 1 Peso. In den Badeorten ist auch der US-Dollar als Zahlungsmittel etabliert, wobei man jedoch mit ungünstigen Wechselkursen rechnen muss.
Bankautomaten: In allen größeren Orten kann man mit EC-/Maestro-Karte und Geheimnummer Geld ziehen (gegen Gebühr).
Geldwechsel: Der Umtausch von US-$ und Euro ist in allen Banken und Wechselstuben möglich. Der Tausch an der Rezeption der Hotels ist in der Regel ungünstiger.
Kreditkarten: Die gängigen Karten werden fast überall akzeptiert (nicht von Geldautomaten von BANAMEX). Wegen des zunehmenden Missbrauchs sollte man jedoch vorsichtig sein und sie nicht zum Telefonieren benutzen (s. ›Telefon‹). An Tankstellen werden nur Peso akzeptiert.

Gesundheitsvorsorge

Impfvorschriften gibt es zwar nicht, ein Impfschutz gegen Hepatitis A und B, Tetanus, Diphterie und Tollwut ist aber durchaus ratsam.

In den großen Touristenzentren entspricht der **hygienische Standard** in etwa zwar dem Mitteleuropas, dennoch sind einige Vorsichtsmaßnahmen erforderlich. Dazu gehört vor allem die Hygiene vor Ort.

Die von allen Reisenden gefürchtete ›Rache des Montezuma‹ (Durchfall) geht vor allem auf ungewohnte Speisen und verunreinigtes Wasser zurück. Keinesfalls sollte man Leitungswasser trinken, sondern auf das überall erhältliche Agua Purificada zurückgreifen – auch zum Zähneputzen. Gefahr geht auch von nicht durchgebratenem Fleisch, Schalentieren, kalt gewordenen Speisen, ungeschältem Obst, Salaten und Eis aus.

Als Medikamente haben sich Imodium, Metifex und Loperamid bewährt, die Mexikaner schwören auf Lomotil und Kaopectate. In schweren Fällen kann man auch auf Antibiotika wie Bactrim Forte zurückgreifen. Bei länger anhaltenden Durchfällen sollte man einen Arzt oder eine Krankenstation konsultieren.

Die von der Anopheles-Mücke übertragene Tropenkrankheit **Malaria** ist vor allem im Grenzgebiet zwischen Chiapas und Guatemala verbreitet. Da es kein zu 100 Prozent wirksames Mittel gibt, sollte man in den Abendstunden Beine und Arme bedecken und Mückenschutzmittel benutzen.

Recht häufig ist auch das ebenfalls von Mücken übertragene **Dengue-Fieber,** eine Virusinfektion, die von der Gelbfiebermücke und der tagaktiven Asiatischen Tigermücke übertragen wird. In ihrem Verlauf ähnelt die Krankheit oft einem grippalen Infekt mit Fieberschüben. Da es bisher auch hierfür keinen Impfschutz gibt, ist Schutz vor Stichen oberstes Gebot. Aktuelle Ratschläge zu Impfungen und Malariaprophylaxe findet man im Internet unter www.fitfortravel.de.

Fast überall erhältlich: Hängematten für die kleine Pause zwischendurch

Nicht unterschätzt werden darf die **Sonneneinstrahlung.** Sonnencreme mit hohem Lichtschutzfaktor (mind. LSF 20), Sonnenbrille und Sonnenhut gehören zur Grundausstattung.

Internet

Öffentliche Internetzugänge gibt es in fast jedem Ort. Wer E-Mails abrufen und versenden will, sollte sich eine kostenlose Webmailadresse zulegen, sofern er noch keine besitzt. Einige Internetcafés findet man unter www.cybercafes.com. Viele verfügen auch über Internettelefon (s. ›Telefon‹). Viele Hotels stellen ihren Gästen WLAN-Zugang für den Laptop zur Verfügung. Für diese Nutzer empfiehlt sich, eine Internet-Telefonsoftware wie Skype (www.skype.de) zu installieren und ein Headset mitzunehmen.

Medien

Wichtigstes Medium in Mexiko ist das Fernsehen mit einer Unzahl an Programmen – beliebt sind vor allem Soap-Operas, Fußballspiele und Talkshows. Einzige englischsprachige Zeitung ist der ›Miami Herald‹ (mit Mexiko-Teil). Gute Infos liefert das monatlich erscheinende, kostenlose Magazin ›Yucatan Today‹.

Öffnungszeiten

Banken: Mo–Fr 9–13.30 Uhr. Devisentausch teils nur 10–12 Uhr. Wechselstuben: tgl., überwiegend 8–20 Uhr.
Behörden: Mo–Fr, meist nur 9–14 Uhr.
Geschäfte: Mo–Fr ab 9 Uhr mit längerer Mittagspause (ca. 14–16 Uhr) bis etwa 19 oder 20 Uhr, Sa nur bis mittags. Einige Geschäfte in Cancún haben auch rund um die Uhr geöffnet.
Museen: Mo meist geschlossen, sonst 9/10–17/18 Uhr, So bis 13 Uhr.

Polizei

Man sollte im Umgang mit der Polizei stets einen kühlen Kopf bewahren und nie ausfallend werden. Gegebenenfalls muss man sich von ein paar Dollar trennen und die in Mexiko übliche *mordida* entrichten. Im Allgemeinen werden Mietwagenfahrer als wichtige Devisenbringer von der Polizei jedoch recht zuvorkommend behandelt. Eine Ausnahme bilden einige Gemeinden entlang der MEX 180 zwischen Escárcega und Chetumal. Bittet man die Polizei um Auskunft, so erweist sie sich als ausgesprochen hilfsbereit. Grundsätzlich sollte unterwegs immer der Reisepass mitgeführt werden.

Post

Briefe und Postkarten nach Europa müssen als Luftpost (›por avión‹) gekennzeichnet sein (Laufzeit ca. 10–14 Tage). Mit ca. 10,50 Peso (0,80 €) ist das Porto für eine Postkarte recht hoch. **Öffnungszeiten:** Mo–Fr 9–18 und Sa bis 12 Uhr.

Reisen mit Kindern

Da die Mexikaner Kinder als Geschenk ansehen, nicht als Belastung, genießen diese fast Narrenfreiheit. Vor allem in den Badeorten an der Karibikküste ist man auf die kleinen Gäste eingestellt. Viele Hotels bieten Zustellbetten. In den Supermärkten findet man alles für ihr Wohlergehen. Viele Restaurants halten zudem Kindersitze bereit, und auch Mietwagenfirmen bieten gegen einen geringen Aufpreis Spezialsitze. Besondere Vorsicht ist natürlich vor der intensiven Sonneneinstrahlung am Meer geboten. Aber auch außerhalb der Strände gibt es genügend Abwechslung, etwa bei Ausflügen in den Dschungel, in einen Zoo, ins Aquarium oder auf Piratenfahrten.

Reisen mit Handicap

Vor allem die größeren Hotels sind auf Reisende mit Behinderungen eingestellt und bieten teilweise sogar behindertengerechte Zimmer. Man muss sich hier aber vorher genau erkundigen oder auf Pauschalangebote ausweichen, die speziell auf behinderte Reisende abgestimmt sind. Einen Hinweis im Internet findet man unter: http://www.access-able.com/dBase/results-worldcity.cfm

Mein Tipp

Einkauf im Duty Free
Wer in Cancún noch eine Flasche Tequila kauft und nicht direkt zu seinem Zielflughafen in der EU fliegt, bekommt beim Umsteigen erhebliche Probleme. Man wird am Umsteigeort die Flasche konfiszieren oder den Reisenden auffordern, sie als Gepäck einzuchecken, was ohne zusätzliche Verpackung meist verwehrt wird.

So blieb dem Autor beim Umsteigen in Madrid nichts anderes übrig, als für zwei im Duty Free von Buenos Aires gekaufte Flaschen Whiskey auf dem Flughafen einen Koffer zu kaufen und diesen einzuchecken ...

Sicherheit

Taschendiebstähle sind in den Touristenorten nicht ungewöhnlich. Deshalb ist es ratsam, Pässe und Flugtickets im Hotel zu deponieren.

Gemeldet werden auch hin und wieder nächtliche Überfälle auf Busse der 1. Klasse, vor allem auf der Strecke Mérida–Palenque–San Cristóbal, auf der einsamen Querverbindung Francisco Escárcega–Chetumal (MEX 180) und der Strecke Chetumal–Campeche. Wenn möglich, sollte man Nachtfahrten vermeiden. Die Wertsachen sollten im Hauptgepäck verstaut werden, das im Laderaum untergebracht ist, da die Banditen keine Zeit und keine Möglichkeiten zum Abtransport der schweren Gepäckstücke haben.

Aktuelle Infos zur Sicherheit unter www.auswaertiges-amt.de.

Souvenirs

Das Angebot ist nahezu unübersehbar. Schönes Kunsthandwerk aus Holz oder Stoffen bietet sich an, auch Goldschmuck darf ausgeführt werden.

Telefonieren

Von Mexiko ...
nach Deutschland: 0049 + Ortskennzahl
nach Österreich: 0043 + Ortskennzahl
in die Schweiz: 0041 + Ortskennzahl
(jeweils ohne 0 der Ortskennzahl)

... nach Mexiko
0052 + meist 10-stellige Teilnehmernummer

... innerhalb Mexikos
Bei Ortsgesprächen wählt man die Teilnehmernummer (meist 7-stellig), bei Gesprächen in andere Orte 01+Orts-

vorwahl+Teilnehmernummer, zum Beispiel von Mérida nach Cancún 01-998-[Teilnehmer], in umgekehrter Richtung 01-999-[Teilnehmer]. Die mit 01 800 beginnenden Nummern sind innerhalb Mexikos gebührenfrei.

Telefonieren ins Ausland ist nicht billig. Man muss mit mindestens 1 €/ Minute rechnen. Öffentliche Telefone, von denen man auch ins Ausland telefonieren kann, gibt es an allen Ecken. Zu empfehlen sind Telefonkarten *(tarjeta ladatel)* von Telmex, der größten Gesellschaft Mexikos.

Telefonieren mit Kreditkarte sollte man unter allen Umständen vermeiden, da man zuweilen auf oft extrem teure Unternehmen umgeleitet wird. Fragt ein Operator nach der Kreditkartennummer – aufhängen! Am preiswertesten und ungestörtesten telefoniert man von den überall anzutreffenden Telefonbüros *(locutorios, casas de telefono).* Schilder mit einem Telefonhörer oder der Bezeichnung *lada* oder *larga distancia* weisen den Weg.

Roaming-Gebühren für Handys sind extrem hoch. Man muss mit 5 bis 8 €/ Minute rechnen.

Viele Internetcafés verfügen über Skype, mit dem man sehr preisgünstig oder sogar kostenlos über das Internet telefonieren kann. Dazu muss man sich (am besten schon zu Hause) bei Skype anmelden. Ist der Empfänger auch dort angemeldet, ist die Verbindung kostenlos (dafür muss aber der Computer des Empfängers eingeschaltet sein). Will man in ein Festnetz einwählen, benötigt man ein eigenes Skype-Konto, von dem der sehr geringe Betrag abgebucht wird (www.skype.de).

Trinkgeld

In größeren Restaurants gibt man ca. 10 %, in kleineren Gaststätten weniger oder gar nichts. In den Touristenhotels ist bei gutem Service ein *tip* für Kofferträger und Zimmermädchen angebracht. Taxifahrer erwarten kein Trinkgeld.

Umgangsformen

Die Mexikaner sind nach wie vor tief in den Traditionen verwurzelt und legen auf gepflegte Umgangsformen und eine gewisse Förmlichkeit sowohl in der Sprache als auch im Auftreten großen Wert. Touristen, die lautstark und in Strandbekleidung durch die Straßen einer Kolonialstadt flanieren, dürfen weder Verständnis noch Hilfsbereitschaft erwarten.

Höflichkeit ist einer der wichtigsten Schlüssel zur Seele des Mexikaners, insbesondere eines Staatsdieners. Aus Rücksicht auf den sehr ausgeprägten Nationalstolz sollte man sich mit Kritik an Land und Leuten zurückhalten. Hilfreich ist es, sich als Deutscher, Österreicher bzw. Schweizer zu erkennen zu geben, wird doch jeder ›Gringo‹ zunächst einmal als Besucher aus den wenig geliebten USA angesehen.

Zeitunterschied

Der Zeitunterschied in der gesamten Region (Centro) beträgt –7 Stunden bezogen auf MEZ. Vom ersten Sonntag im April bis zum ersten Sonntag im Oktober herrscht Sommerzeit.

Zoll

Ausfuhr: Bei der Rückkehr in das Heimatland ist das **Artenschutzgesetz** zu beachten. Seit 2006 erhalten ausländische Touristen bei der Ausreise ihre im Land gezahlte **Mehrwertsteuer** zurück.

Panorama – Daten, Essays, Hintergründe

Hoch über der Bucht an der karibischen Küste gelegen: Ruinenstätte Tulum

Steckbrief Yucatán und Chiapas

Daten und Fakten

Lage und Fläche: Yucatán (38 402 km²), Quintana Roo (50 212 km²), Campeche (56 859 km²), Tabasco (25 267 km²), Chiapas (74 200 km²)
Hauptstädte: Mérida (Yucatán), Chetumal (Quintana Roo), Campeche (Campeche), Villahermosa (Tabasco), Tuxtla Gutiérrez (Chiapas).
Amtssprache: Spanisch
Einwohner: Yucatán ca. 1,8 Mio., Quintana Roo ca. 900 000, Campeche ca. 800 000, Tabasco ca. 1,7 Mio., Chiapas ca. 4 Mio.
Währung: Mexikanischer Peso ($)
Zeitzone: –7 Std. gegenüber MEZ, April–Okt. Sommerzeit (+ 1 Std.).

Geografie und Natur

Die Estados Unidos de México, die Vereinigten Staaten von Mexiko, bedecken eine Fläche von über 2 Mio. km² und ragen als Abschluss des nordamerikanischen Kontinents, einem Keil gleich, von der gemäßigten Zone über den Wendekreis bis in die Tropen. Der südöstliche Landesteil, der im Mittelpunkt dieses Buches steht, wird von zwei unterschiedlichen geografischen Räumen geprägt, die streng genommen nicht mehr zu Nordamerika zählen, sondern bereits der mittelamerikanischen Landbrücke angehören.

Der größte Teil der Halbinsel, zu der auch die Staaten Quintana Roo an der Karibikküste sowie Teile Campeches und Tabascos zählen, wird von einer flachen Kalksteinplatte geprägt, die wie ein hochgestreckter Daumen von der mittelamerikanischen Landbrücke nach Norden ragt und den Golf von Mexiko (s. S. 212) von der Karibik (s. S. 104) trennt. Richtung Südwesten geht sie in die Hügel der Puuc-Region über (s. S. 196), an die sich die bis heute schwer zugänglichen Wälder des Petén anschließen. Aus ihnen wächst das Bergland von Chiapas (s. S. 256) bis über 2500 m empor.

Während die Kalkflächen des Nordens nur von schütterer Buschvegetation bestanden sind und und oberirdische Flüsse fehlen, bahnen sich von den mit dichtem tropischem Regenwald bestandenen Hängen des Berglandes von Chiapas Wasserfälle tosend den Weg ins Tiefland (s. S. 242). Trockenzone, Urwald und Küste bieten exotischen Tieren und Pflanzen einen oft durch Naturparks und Biosphärenreservate gesicherten Lebensraum.

Geschichte

Die frühe Geschichte Yucatáns und des angrenzenden Chiapas ist von der Kultur der Maya geprägt, die ihre Blütezeit vom 4. bis zum 10. Jh. erlebte. Ihr Zentrum lag zunächst an den Hängen des Berglandes von Chiapas und im heutigen Guatemala und Belize, verlagerte sich dann aber in die Puuc-Region und verschmolz schließlich in Nordyucatán mit zugewanderten Stämmen.

Nach der Eroberung Mexikos durch die Europäer gelangte die Region 1527 unter spanische Herrschaft. Verwaltet wurde sie abwechselnd von Mexiko-

Stadt und von Guatemala aus. Mit der Unabhängigkeit Mexikos von Spanien (1821) wurden Yucatán und Chiapas Staaten des Landes. Campeche und Quintana Roo entstanden erst später als eigenständige Provinzen. 1841 kam es zu einem Aufstand Yucatáns gegen die Zentralregierung in Mexiko-Stadt, der zur vorübergehenden Unabhängigkeit führte. 1848 erhoben sich die Indios der Halbinsel im sogenannten Kastenkrieg gegen die politische und ökonomische Bevormundung durch die spanischen Bewohner, sie besetzten die ländlichen Regionen und vertrieben alle Europäer. Nur Mérida und Campeche konnten erfolgreich Widerstand leisten. Mit Unterstützung der Zentralregierung wurde der Aufstand niedergeschlagen. Auch in Chiapas ist es wiederholt zu blutigen, bis in unsere Tage reichenden Auseinandersetzungen zwischen der indigenen Bevölkerung und der spanischen oder mexikanischen Zentralregierung gekommen.

Staat und Verwaltung

Mexiko umfasst 31 Staaten, denen jeweils ein Gouverneur vorsteht. Die Lokalpolitik liegt in den Händen eines Kongresses. Die hier beschriebene Region umfasst die Staaten Yucatán, Quintana Roo, Campeche und Teile von Tabasco und Chiapas.

Wirtschaft und Tourismus

Im nördlichen Teil der Halbinsel und entlang der Karibikküste spielt der Tourismus eine zentrale Rolle. Die Golfküste wiederum ist aufgrund der reichen Ölvorkommen eine der führenden Wirtschaftszonen in ganz Mexiko. Chiapas hingegen gehört mit seinem großen Anteil indigener Bevölkerung zu den ärmsten Regionen des Landes. Nur punktuell wie in Palenque oder San Cristóbal de las Casas verhilft der Tourismus zu bescheidenem Wohlstand. Eine immer wichtigere, aber nicht ganz unumstrittene Rolle spielt der Ökotourismus (s. S. 54).

Sprache

Neben Spanisch als Amtssprache sind Maya-Dialekte noch weit verbreitet. Etwa 700 000 Bewohner sprechen noch Yucatán-Maya, 40 000 Chan Santa Cruz Maya, über 200 000 Tzotzil.

Panamahüte, meist in Bécal gefertigt

Religion

Der überwiegende Teil der Bevölkerung bekennt sich zur römisch-katholischen Kirche. Vor allem unter der indigenen Bevölkerung gewinnen aber die US-amerikanischen Missionskirchen zunehmend an Bedeutung, auf dem Lande genießen auch die prä-spanischen Götter nach wie vor Verehrung.

Geschichte im Überblick

Präkolumbische Reiche

Ca. 1500 v. Chr. Entfaltung der olmekischen Kultur an der Golfküste.

Ca. 1200 v. Chr. Besiedlung der Höhlen von Loltún.

990–400. v. Chr. Erste Maya-Siedlungen im südlichen Tiefland (Tikal, v. Chr. Dzibilchaltún, Uaxactún).

156 n. Chr. Erstes datiertes Relief (olmekische La-Mojarra-Inschrift).

Ca. 500 Verlöschen der Olmekenkultur.

500–800 Blütezeit der Maya-Städte bzw. Stadtstaaten im südlichen Tiefland (Tikal, Palenque, Bonampak, Yaxchilán).

Um 600 Gründung von Chichén Itzá Viejo.

700–1000 Blütezeit der Puuc-Städte (Uxmal, Labná, Sayil u. a.).

800–900 Rätselhafter Zusammenbruch der klassischen Maya-Kultur.

Um 900 Kulturaustausch zwischen Yucatán und der Toltekenmetropole Tula.

Um 950 Aufgabe von Chichén Itzá Viejo. Um 980 Neugründung Chichén Itzás, der Legende nach durch den aus Tula vertriebenen (mythischen) Toltekenherrscher Quetzalcóatl.

1185 Zerstörung Chichén Itzás durch die Cocom, Abwanderung der Itzá nach El Petén in Guatemala, Aufstieg Mayapáns zum neuen Zentrum Nordyucatáns.

1325 Die Azteken gründen im Texcoco-See ihre Hauptstadt Tenochtitlán (heutiges Mexico City).

1435 Zerstörung Mayapáns durch den Herrscher des Maya-Reichs Maní.

Kolonialzeit

1518 Erste größere Expedition nach Yucatán unter der Leitung von Juán de Gríjalva.

1520 Hernán Cortés erobert das Reich der Azteken und zerstört deren Hauptstadt Tenochtitlán (13. August 1521).

1528 Eroberung von Chiapas durch Diego de Mazariegos im Auftrag von Cortés; Gründung von San Cristóbal.

1529 Vergeblicher Versuch Montejos des Älteren, eine Kolonie in Yucatán zu gründen. Abzug der Spanier nach der Schlacht von Aké.

1532 Chiapas wird dem Generalkapitanat Guatemala unterstellt.

1542 Erfolgreiche Kolonisierung Yucatáns mit der Gründung von Mérida, Valladolid (1542) und Bacalar (1543) durch Montejo den Jüngeren. Yucatán, Chiapas, Guatemala, Honduras und Nicaragua werden zur Audiencia de Confines zusammengefasst und von Guatemala aus verwaltet.

1543 Bartolomé de Las Casas wird Bischof von Chiapas.

1545 Die ersten acht Franziskaner treffen aus Guatemala und Mexico City in San Cristóbal ein.

1546 Großer Maya-Aufstand im Osten der Halbinsel, ausgelöst durch Unterdrückung der Einheimischen durch die Encomenderos (Großgrundbesitzer).

1549 Ankunft des Franziskaners Diego de Landa in Mérida.

1562 Verbrennung unersetzlicher Maya-Handschriften im Auftrag Diego de Landas vor der Kirche von Maní.

1663 Zerstörung Campeches durch Piraten, die sich in der Karibik festgesetzt hatten, um spanische Schiffe und Städte zu überfallen.

1712 Großer Indioaufstand in Chiapas, ausgelöst durch immer weiter steigende Zwangsabgaben.

1773 Wiederentdeckung der Maya-Stadt Palenque durch den spanischen Pater Ramón de Ordóñez y Aguiar.

Von der Unabhängigkeit bis zur Revolution

1821 Mexiko erklärt am 24. August seine Unabhängigkeit von Spanien, gefolgt von Chiapas (24.8.) und Yucatán (15.9.).

1822 Proklamation Augustíns I. zum Kaiser von Mexiko.

1823 Sturz Augustíns I.

1823	Chiapas erklärt sich als unabhängig von Guatemala und Mexiko, Yucatán schließt sich der neu gegründeten Republik Mexiko an.
1824	Nach einem Referendum wird Chiapas endgültig Teil der Republik Mexiko.
Ab 1840	Auseinandersetzungen zwischen Konservativen und Liberalen in Yucatán, Unabhängigkeitserklärung Yucatáns.
1846–1848	Krieg zwischen Mexiko und den USA.
1847	Beginn des Kastenkriegs in Yucatán. Die ausgebeuteten Maya erhoben sich gegen die Großgrundbesitzer, zunächst in Tepich.
1850	Die Cruzob-Maya gründen einen eigenen Staat an der Karibikküste mit Chan Santa Cruz (heute Felipe Carillo Puerto) als Hauptstadt.
1857	Die Säkularisierung des Kirchenbesitzes und die Abschaffung des Hacienda-Systems spaltet das Land in Liberale und Konservative
1861–1867	Intervention der Franzosen, Engländer und Spanier, die durch die liberale Politik Mexikos ihre Interessen gefährdet sehen. Briten und Spanier ziehen sich bald zurück, die Franzosen erobern Mexico City und setzen mit Zustimmung der Konservativen Maximilian von Habsburg als Marionettenherrscher ein; der Kampf zwischen den Liberalen und Konservativen geht weiter.
1867	Sieg der Liberalen unter Benito Juárez, Hinrichtung Maximilians, endgültiger Anschluss von Yucatán an die Republik Mexiko.
1902	Sieg der Mexikaner über die Cruzob-Maya, Ende des Kastenkriegs, Schaffung des Bundesstaates Quintana Roo.
1910	Beginn der sozialen Revolution unter Francisco Ignacio Madero, Emiliano Zapata und Francisco (Pancho) Villa.
1917	Verkündung einer neuen, bis heute gültigen Verfassung. Die Wiederwahl des Präsidenten wird ausgeschlossen.
	Das moderne Mexiko
1929	Gründung der Nationalrevolutionären Partei PNR (seit 1946 PRI).
1938	Präsident Lázaro Cárdenas verstaatlicht die von amerikanischen und britischen Gesellschaften beherrschte Ölindustrie.

1953	Frauen erhalten das volle Stimmrecht.
1970	Baubeginn des Ferienzentrums Cancún.
1976–1982	Hohe Staatsverschuldung unter José López Portillo.
1982–1988	Wirtschaftskrise mit hoher Arbeitslosigkeit und Inflation.
1988–1994	Wirtschaftsboom, unter Präsident Salinas de Gotari.
1994	Januar: Soziale und wirtschaftliche Benachteiligung führen zum Indianeraufstand in Chiapas. Mexiko, USA und Kanada bilden die Freihandelszone NAFTA. August: Die PRI bleibt auch weiterhin an der Macht. Ernesto Zedillo wird neuer Präsident Mexikos. Dezember: Schwere Wirtschaftskrise, Abwertung des Peso um 40 %.
Anf. 1995	Erneuter Aufstand der Zapatistas in Chiapas, gefolgt von Verhandlungen unter Mitwirkung des Bischofs von Chiapas.
1998	Die Krise um Chiapas schwelt weiter; Auflösung der autonomen Gemeindeverwaltungen.
2000	Nach 71 Jahren verliert die PRI erstmals ihre Macht, Vincente Fox von der PAN (Partido Action National) wird Präsident.
2001	Die Zapatistas unternehmen eine Propagandatour nach Mexico City, lehnen aber die im April erlassenen neuen Indianergesetze ab und künden die Fortsetzung ihrer Guerilla-Aktivitäten an.
2002	Im Herbst richtet ein Hurrikan in Mérida und an der Nordküste Yucatáns schwere Schäden an.
2005	300 indianische Gemeinden Yucatáns fordern Maya als Amtssprache. Herbst: Der Süden Mexikos wird von sintflutartigen Überschwemmungen nach einem Tropensturm heimgesucht.
2006	Felipe Calderón von der PAN gewinnt mit knapper Mehrheit die Wahl zum Präsidenten.
2007	Hurrikan Dean fegt mit 300 km/h über die Küste südlich von Tulum und verwüstet den Badeort Mahahual fast vollständig.
2010	In Cancún findet die 16. Weltklimakonferenz statt.

Vom Korallenriff zum Regenwald

Farbenprächtige Korallenriffe, Vogelkolonien, Schildkröten, Warane und Orchideen – Flora und Fauna sind vielfältiger, als es zunächst den Anschein hat. Vor allem in den zahlreichen Schutzgebieten kann man die Natur hautnah erleben – und natürlich in den glasklaren Gewässern der Karibikküste.

Die vielgestaltige Topografie vom sonnenüberfluteten Sandstrand über trockene Savannen bis zu den regenverhangenen Bergwäldern in Chiapas hat in Verbindung mit der klimatischen Differenzierung zu einer außerordentlich artenreichen Flora und Fauna in Yucatán geführt.

Leben mit der Trockenheit

Die langen Trockenzeiten lassen in Nordyucatán nur einen Buschwald zu. Die dem Reisenden oftmals monoton erscheinende Landschaft täuscht leicht darüber hinweg, welch vielfältiges Leben sie birgt.

Dorniges Unterholz erschwert hier, etwa rings um Chichén Itzá, den Zugang zu dieser aus Opuntien, Euphorbiaceen, Cassia und Mimosen bestehenden Pflanzengemeinschaft, die hin und wieder von der Spanischen Zeder (Cedrela mexicana) überragt wird. Wie graue Bärte hängen Fetzen von Spanischem Moos (Tillandsia) in ihren Ästen.

Während der sommerlichen Regenzeit kann sich der Besucher am leuchtenden Blütenmeer der Flamboyantbäume erfreuen, die gern zur Begrünung von Straßen und Plätzen verwendet werden. Größter Baum der nördlichen Trockenzone Yucatáns und deshalb wohl auch heiliges Symbol der Maya ist der mächtige, Schatten spendende Ceiba, der Kapokbaum (Ceiba pentandra), der heute viele Dorfplätze überragt. Der Mythologie zufolge war er der erste Baum der Welt, Verbindung zwischen Himmel und Erde, zwischen Dies- und Jenseits.

Artenreiche Tierwelt

Vor allem Reptilien fühlen sich auf den von der Sonne aufgeheizten Kalkböden wohl – immer wieder kann man in den Ruinenstädten größere und kleinere Echsen beim Sonnenbad sehen. Von der Vielzahl der Schlangen dürfte man hingegen kaum etwas zu Gesicht bekommen, es sei denn als überfahrenes Exemplar auf der Straße.

Überaus artenreich ist hier auch die Vogelwelt. Über 500 Arten wurden bisher auf der Halbinsel gezählt – ein wahres Paradies für Ornithologen. Dazu zählen der seltene Flötenregenpfeifer (Charadrius melodus) und die bedrohte Gelbkopfamazone (Amazona oratrix). Seevögel wie Kormo-

Undurchdringlich ist der Regenwald

rane, Seeschwalben und Flamingos lassen sich besonders gut in den Lagunden von Celestún und Río Lagartos (Abb. S. 54/55) beobachten.

Der Reichtum des Regenwaldes

Je weiter man nach Süden reist, desto üppiger wird die Vegetation. In den regenreichen Niederungen von Palenque wurden über 70 Orchideenarten registriert. Die tropische Zone Südyucatáns mit dem Peténwald war in der Klassik nicht nur zentrales Siedlungsgebiet der Maya, sondern auch wichtiger Wirtschaftsraum. Seine Produkte waren in ganz Mexiko gefragt. Dazu zählte der Saft des Zapote (Manilkara zapote), ein Naturkautschuk. Bereits die Maya gewannen aus ihm den Gummi für ihre Bälle (s. S. 64), später lieferte er den Rohstoff für die erste Kaugummiproduktion. Aus den Bohnen des hier wachsenden wilden Kakaos (Theobroma bicolor) bereiteten die Azteken den Trank der Götter, aus dem Räucherharzbaum (Protium copal) gewannen sie den Weihrauch für die religiösen Zeremonien, und die mächtigen Mahagonibäume (Swietenia macrophylla) dienten als Baumaterial für die Tempelanlagen. Die feuchte Zone ist auch besonders reich an traditionellen Nahrungsträgern, etwa dem Brotnussbaum (Brosimum alicastrum), der Papaya (Carica papaya) und der Corozo-Palme (Attalea cohune mart.), die ölhaltige Samen liefert.

Noch immer sind die Regenwälder Südyucatáns Heimat des Jaguars (Panthera onca), der in den Flussniederungen den Tapiren (Tapirus bairdii) auflauert. Während man als Tourist diesen beiden scheuen Säugern wohl kaum begegnen dürfte, lassen sich die kleineren Pekaris (Tayassu albirostris), die Wildschweine der Neuen Welt, noch häufiger beobachten. Doch auch sie sind zunehmend gefährdet.

Den Quetzal (Pharomachrus mocinno), den heiligen Vogel der Maya, dessen Federn die Kronen der Häuptlinge schmückten, wird man allerdings hier, in seiner ursprünglichen Heimat, vergeblich suchen.

Vom Tropendschungel in die gemäßigte Zone

Wichtiger vegetationsbestimmender Faktor sind auch die Höhenzüge im Bergland von Chiapas. Die regenreichen Hänge sind in den tieferen Lagen mit undurchdringlichem Urwald überzogen, in dem Baumfarne, Schlinggewächse und wertvolle Tropenbäume ihren Lebensraum haben. Ab einer Höhe von etwa 800 m bestimmen zunehmend Eichen, Stechpalmen und Erlen das Bild, über 1500 m zaubert dichter Nadelwald mit Kiefern und Tannen eine europäisch anmutende Gebirgslandschaft in das Gebiet. Leider wird das natürliche Landschaftsbild durch den verantwortungslosen Raubbau immer weiter zurückgedrängt und durch mehr oder weniger monotone Wirtschaftsflächen ersetzt. Betroffen hiervon ist vor allem der Regenwald des Petén an der nordwestlichen Abdachung des Berglandes von Chiapas, der durch die Holzwirtschaft seiner wertvollen Tropengewächse beraubt wird.

Lagunen und Mangroven

Die Küsten Yucatáns, immerhin über 1800 km lang, bestehen nicht nur aus tropischem Badestrand. Weite Strecken sind mit Lagunen durchsetzt und von Mangroven gesäumt, ein amphibischer Lebensraum von besonderem Reiz. An der Karibikküste kommen alljährlich die vom Aussterben bedrohten Meeresschildkröten zur Eiablage an Land. Ihnen gilt die besondere Aufmerksamkeit der Tierschützer.

Die seichten Mangrovengewässer und die oftmals weit ins Land greifenden Lagunen beherbergen riesige Flamingokolonien und zahlreiche andere Seevögel wie Kormorane, Pelikane, Tropikvögel und Tölpel.

Zauber der Tiefe

Eine völlig fremde Welt tut sich unter der Oberfläche der Karibik auf. Über viele Kilometer erstrecken sich die Korallenriffe vor allem vor der Insel Cozumel, sie sind von unzähligen Fischarten bevölkert – von stromlinienförmigen Haien über majestätisch durchs Wasser gleitende Mantas bis zu bunt leuchtenden Neonfischen, Langusten und Muscheln. Vereinzelt kann man in den warmen Küstengewässern auch noch den behäbigen Manati (Trichechus manatus) beobachten, ein lebendes Fossil, dessen Gutmütigkeit fast zu seiner Ausrottung geführt hat. Vor der Insel Contoy (s. S. 98) im Nordosten Yucatáns finden sich jeden Sommer zahlreiche der mächtigen, aber gutmütigen Walhaie ein.

Naturschutz – großgeschrieben

Der Einzigartigkeit und Schutzbedürftigkeit der Ökosysteme wurde mit Schaffung von zahlreichen Reservaten Rechnung getragen. Zwei von ihnen, das Naturschutzgebiet von Sian Ka'an an der Karibikküste (s. S. 134) und der noch unberührte Urwald rings um die Ruinen von Calakmul (s. S. 232), wurden sogar in die Welterbeliste der UNESCO aufgenommen. Auch die Brutstätten der Seevögel in den Lagunen von Celestún und Río Largatos sind als Naturparks ausgewiesen, ebenso wie einige vom Bevölkerungsdruck und Raubbau bedrohte Bergwälder in Chiapas.

Yucatáns Natur im Web

Einige Organisationen, die sich um den Erhalt der Biosphärenreservate und Naturschutzgebiete kümmern, sind mit aufwendig gestalteten Websites im Netz vertreten:

www.bsc-eoc.org/avibase/checklist.jsp
Weltumspannende Datenbank Avibase, die alle Vogelarten nach Ländern und Regionen auflistet. Für Yucatán sind derzeit 546 Spezies verzeichnet. Allein im Biosphärenreservat Sian Ka'an gibt es 365 Arten. (Deutsch)

www.yucatanwildlife.com
Ausführliche Website für Naturfreunde. Listen der vorkommenden Tierarten, Tipps zur Beobachtung, Erfahrungsberichte und Auflistung der auf Öko-Touren spezialisierten Veranstalter. (Engl.)

Zu den Nichtregierungsorganisationen (NGOs), die sich um die Erhaltung der Natur bemühen, zählen u. a. die **Amigos de Isla Contoy** (www.islacontoy.org) und **Pronatura de Yucatán** (www. pronatura-ppy.org.mx).

Henequen – das grüne Gold Yucatáns

Sie ist unscheinbar, mit spitzen Blättern versehen und zum wichtigsten Wirtschaftsgut einer Epoche geworden, die allerdings nur kurze Zeit währte. Dann verdrängten neue Produkte die Agave wieder vom Markt, und vielerorts wurde sie zur profanen Umzäunung für Gehöfte degradiert.

Auf der Fahrt durch Nordyucatán kann man noch immer Felder mit Agaven in der Sonne leuchten sehen. Ihre Glanzzeit als wichtigstes Anbauprodukt der Region ist aber längst vorbei. Gleichwohl hat der von 1870 bis 1930 reichende Boom bis heute unübersehbare Zeichen hinterlassen. Stadtbilder wie Mérida oder Valladolid wären ohne den damals erwirtschafteten Reichtum nicht denkbar.

Vom Pulque ...

Agaven, die fast überall in Mexiko beheimatet sind, wurden bereits von den präkolumbischen Völkern genutzt. Weniger allerdings ihrer Fasern wegen als des daraus zu gewinnenden bierartigen Getränks Pulque, das durch Vergärung entsteht. Mit den Spaniern kam die Kunst des Destillierens ins Land, wodurch sich auch hochprozentiger Alkohol aus Agaven gewinnen ließ, der Mesqual. Eine regional geschützte Variante ist der über die Grenzen des Landes hinaus bekannte Tequila. Nur der in Jalisco und Guadalajara produzierte Agavenschnaps darf allerdings diesen Namen tragen.

Der Aufstieg der Henequen-Agave (Agave fourcroydes) kann als das Ergebnis früher Globalisierung Mitte des 19. Jh. gesehen werden. Der Welthandel stieg durch die Ausweitung des Seeverkehrs sprunghaft an und damit die Nachfrage nach Fasern für Tauwerk und Verpackung. Henequen ist auch unter dem Namen Sisal bekannt, obwohl Sisal streng genommen der botanische Oberbegriff für Faserpflanzen ist, zu denen auch der Hanf gehört. Das Wort Henequen entstammt der Sprache der Indianer von Haiti, dem Ursprungsland der Agave. Bei den Maya hieß die Pflanze *tsootquij,* woraus die Spanier *sosquil* machten, das wiederum zu Sisal verballhornt wurde.

Die Henequen-Agave wird etwa 2 m hoch und besitzt bis zu 150 rosettenförmig angeordnete fleischige, lanzenförmige Blätter, von denen pro Jahr jeweils nur etwa 15 geerntet werden können. Aus ihnen werden die Fasern gewonnen.

... zum Wirtschaftsgut

Da Sisal bis zur Reife 5 bis 7 Jahre benötigt, erfordert der Anbau der Agaven einen erheblichen Aufwand an Fläche, Logistik und Kapitaleinsatz und eignet sich daher nur für den plantagenmäßigen Anbau. Zunächst begnügte man sich in Yucatán noch mit der Produktion der Rohware, ging dann aber zur Herstellung der Endprodukte, insbesondere von Seilen, über. So wurde die Plantage auch zur Produktionsstätte. Organisiert waren Anbau und Produktion in Form der Hacienda, die durch die Orientierung am Weltmarkt einerseits und überkommene patriarchalische Strukturen andererseits eine Verschmelzung von kolonialer Tradition und modernem Wirtschaftsbetrieb darstellte.

An der Spitze der Hierarchie stand der *Hacendero,* der Eigentümer, meist vertreten durch den Verwalter, den *Jefe.* Am anderen Ende fanden sich die Arbeiter, die *Peones,* die in einer Art Schuldknechtschaft lebten, da ihre Versorgung sich über den Haciendaeigenen Laden zu überhöhten Preisen vollzog. Der Eigentümer wohnte in der herrschaftlichen Casa Principal, der Verwalter in der weniger feudalen Casa del Majordomo. Die Produktion erfolgte in der Casa de Maquinas, und für das Seelenheil verantwortlich war die Capilla, die Kirche.

Zeiten des Abschwungs

So schnell wie die Henequen-Wirtschaft aufgestiegen war, so schnell verschwand sie wieder. Vor allem mit dem Wegfall der Segelschiffe Anfang des 20. Jh., die einen erheblichen Bedarf an Tauwerk hatten, ging die Nachfrage zurück. Überdies gab es genügend Ersatzprodukte, insbesondere den höherwertigen Hanf, und neue Produktionsstätten vor allem in Südasien. Die meisten Haciendas auf Yucatán sind heute verfallen. Einige aber können besichtigt werden, andere sind in Luxushotels verwandelt (s. S. 170).

Der aus Agaven gewonnene Sisal führte einst zu Wohlstand in Yucatán

Hurrikane – die tödlichen Wirbel

Die Besucher heißen Gilbert, Isidoro, Wilma oder Dean. Hinter den hübschen Namen verbergen sich aber keine zahlungskräftigen Touristen, sondern verheerende Wirbelstürme, die an der Küste der Karibik mehr gefürchtet werden als früher die Piraten.

Es liegt wohl an der Klimaveränderung, dass die Halbinsel Yucatán zunehmend in ihrer Bahn liegt. Der letzte große Sturm namens Dean traf im August 2007 mit 300 km/h auf die Karibikküste und verursachte erheblichen Schaden südlich von Playa del Carmen. Zwei Jahre zuvor war es Emely, der in Akumal an Land ging und die Strohdächer der kleinen Hotels durch die Luft wirbelte.

Der Gott der Blitze

Auch wenn sie je nach Region unterschiedliche Namen tragen, so gleichen sich die Stürme, die über Yucatán hinwegfegen, doch in ihrer Entstehungsgeschichte. Vor allem eben die tropischen Meere und angrenzenden Küsten sind ihnen ausgesetzt.

Der in der Karibik gebräuchliche Begriff Hurrican ist dem Gott der Blitze und Winde »Huracan« entlehnt, der auch Tajin hieß und in dem großen Zeremonialzentrum der Totonaken bei Veracruz verehrt wurde. Hurrikane, wie die anderen Wirbelstürme auch, entstehen an der Nahtstelle zweier in Temperatur und Feuchtigkeit stark voneinander abweichender Luftmassensystemen.

Ein Zusammenprall von Strömungen

Normalerweise fließt im Norden eine kühle, trockene, aus der Arktis kommende planetarische Frontalzone um die Erde, die dann durch die Erdrotation nach Osten abgelenkt wird. Etwa parallel dazu verläuft im Süden die warme, mit Feuchtigkeit angereicherte Strömung des Passats in entgegengesetzter Richtung. Kommt es nun zu Berührungen zwischen den beiden Strömungen, kann dieser Aufeinanderprall zur Bildung eines Wirbelsturms führen.

Im karibischen Raum wird die warme Luft des nach Norden abgelenkten Passats zunächst zum raschen Aufsteigen in Höhen bis weit über 10 000 m gezwungen, wodurch sich ähnlich wie in einem Kamin ein Sog bildet und damit über dem Meer eine Zelle mit tiefem Druck. Die Drehung der Erde, die sogenannte Coriolis-Kraft, überträgt sich auf die Säule mit der aufsteigenden Warmluft und verformt sie zu einem rotierenden Zylinder. In seinem Zentrum, dem Auge, herrscht Windstille, während an den Rändern Windgeschwindigkeiten jenseits der 200-km/h-Marke gemessen werden.

Der Wirbelsturm selbst bewegt sich verhältnismäßig langsam von seinem Entstehungsort auf einer halbkreisförmigen Bahn im Uhrzeigersinn von Südost nach Nordwest. Dort, wo er auf Land trifft, hinterlässt er eine Schneise der Verwüstung, verbunden mit verheerenden Springfluten, die Schiffe weit ins Land spülen. Sobald der Hurrikan auf Land trifft oder kühlere Meeresströmungen erreicht, verliert er rasch an Energie und löst sich auf. Einige Stürme der letzten Jahre jedoch hatten eine derartige Kraft, dass sie über die gesamte Halbinsel Yucatán fegten, im warmen Golf von Mexiko wieder an Kraft gewannen und die dortigen Ölbohrinseln bedrohten.

Die Urlaubsparadiese sind freilich nicht das ganze Jahr über bedroht, die Saison der Hurrikane erstreckt sich von Juni bis Ende November, wenn sich Karibik und Golf von Mexiko besonders stark aufheizen.

Gefahr in Verzug?
Sollte sich ein Sturm nähern, ist man in der Touristikbranche gut vorbereitet. Es gibt drei Warnstufen: gelb – wichtigste Dinge zusammenpacken, orange – sich von der Küste fernhalten, rot – Evakuierung.

Aktuelle Wetterinformationen findet man unter www.nhc.noaa.gov (National Hurricane Center).

Ökotourismus und Naturerlebnis

Auch in Mexiko hat es sich längst herumgesprochen, dass sich mit dem Markenzeichen »Öko« nicht nur Gemüse und Kaffee gut vemarkten lassen, sondern sich auch dem Tourismus neue Perspektiven eröffnen.

Unter Ökotourismus, von dem es unterschiedliche Spielarten gibt, versteht man umwelt-, sozial- und wirtschaftsverträgliches Reisen mit dem Schwerpunkt Naturerlebnis.

Wichtiger Faktor: Ökologie

Naturschutz hat in Mexiko schon lange eine große Bedeutung, stammt doch der ältesten Nationalpark, die Vulkanregion Iztaccihuatl – Popocatépetl, bereits aus dem Jahre 1935. Und auch dem naturverträglichen Tourismus hat sich Mexiko, wenn zunächst auch nur in kleinem Rahmen auf lokaler Ebene, schon recht früh zugewandt. Allein in Chiapas gibt es über 20 Naturschutzgebiete. Die Lagos de Montebello wurden als beliebtes Naherholungsziel für die Bewohner des Berglandes von Chiapas schon 1953 unter Schutz gestellt, und im Sumidero Cañón bei Chiapa de Corzo (s. S. 278) sind Ausflüge mit dem Boot bereits seit Jahrzehnten zum wichtigen Wirtschaftsfaktor geworden.

Als zusätzliches Marktsegment neben Kulturtourismus, Badetourismus und dem ebenfalls recht neuen Abenteuertourismus gewinnt der Ökotourismus auf der Halbinsel Yucatán und Chiapas seit einigen Jahren zunehmend an Bedeutung.

Es gibt es unzählige Öko-Projekte, etliche sind vom Staat ins Leben gerufen worden, andere werden durch private, höchst motivierte Organisationen betrieben.

Mit großem Engagement

Die **Comision Nacional de Areas Naturales Protegidas** (CONANP, www.conanp.gob.mx) bemüht sich seit Jahrzehnten, mit Erziehungsprogrammen den Mexikanern den Wert ihrer Natur nahezubringen. Dass die Insel Contoy (s. S. 98) unweit der Ferienmetropole nicht mit Hotels zugebaut wurde, ist nicht zuletzt dem Engagement der Freunde der Insel Contoy (**Amigos de Isla Contoy**, www.islacontoy.org) zu verdanken.

Aber auch einige kleine, meist von umweltbewussten, höchst motivierten Europäern oder Nordamerikanern ins Leben gerufene Projekte finden sich. In der Nähe der Ruinen von Ek Balám hat zum Beispiel eine Kanadierin ein kleines Öko-Hotel eröffnet (s. S. 194). Sie zieht einheimische Heilpflanzen, betreibt ökologischen Landbau, recycelt Plastikflaschen zu Dämmmaterial und versucht, die Dorfbevölkerung in Vorträgen zu umweltbewusstem Verhalten zu erziehen.

In einem weitaus größeren Rahmen wirkt das tief im Wald der Puuc-Region verborgene Forschungszentrum **Kaxil Kiuk** (www.kiuic.org), das sich der Erforschung und Bewahrung der Region unter Einbeziehung eines ökologisch vertretbaren Tourismus widmet.

Und das ist auch dringend nötig, denn der Begriff »Öko« wird auch in Mexiko gern als Mäntelchen für vornehmlich wirtschaftliche Interessen genutzt. Etwa entlang der entlang der Nordküste Yucatáns, wo weite Abschnitte schon lange als Naturschutzgebiete ausgewiesen sind und somit auch bevorzugte Ziele für den Reisenden. Immer wieder scheuchen die Bootsführer bei der Fahrt durch die Lagunen von Celestún und Río Lagartos die Flamingos auf, um den Gästen ein spektakuläres Fotomotiv zu bieten, wobei die Schuld wohl eher bei den Touristen und ihrer Erwartungshaltung liegen dürfte. Noch schlimmer steht es um den boomenden ›Walhai-Tourismus‹ vor der Halbinsel Holbox. Während der Saison pilgern Tausende von Besuchern aus aller Welt an die Küste, um mit Ausflugsbooten oder gar schnorchelnd den großen Meeressäugern möglichst nahe zu kommen. Der Ort Holbox nennt sich sogar stolz »Stadt der Walhaie« und träumt vom großen Geld.

Den Nutzen im Blick

Das verdienen schon andere mit höchst fragwürdigen sogenannten Öko-Parks an der Küste der Karibik. Teilweise unter Anwendung von Sprengstoff hat man dort ›touristengerechte‹ Freizeitparks eingerichtet, in denen die Natur nur noch schmückendes Beiwerk für Unterhaltung ist. Auch für viele Cenotes trifft das zu. Mit sogenannten Ziplines wurden sie in Abenteuerspielplätze umfunktioniert, sie sind erfüllt von dem ekstatischen Geschrei der Touristen statt dem Gesang der Vögel.

Dem Ideal näher kommen noch die Biosphärenreservate von Sian Ka'an, bei Tulum oder auch Calakmul in der fast undurchdringlichen Urwaldregion nahe der Grenze zu Guatemala. Sie wurden von der UNESCO zum Welterbe erklärt und man findet sich nur mit einem Führer zurecht. Ökotourismus, wie er nach Aussage der International Ecotourismus Society (www.ecotourism.org) sein sollte, bieten die Lacandonen. Mitten im Urwald entstehen unter ihrer Federführung Lodges (s. S. 249), von denen aus man mit den Einheimischen tief in Mexikos abgelegenste Ecke vordringen kann: »responsible travel to natural areals ...« – verantwortungsbewusstes Reisen in Naturregionen, das das Wohlergehen der lokalen Bevölkerung bewahrt und verbessert, so lautet das Ziel. Mitten im Urwald entstehen unter Federführung der Lacandonen Lodges, von denen aus man mit Einheimischen tief in Mexikos abgelegenste Ecke vordringen kann.

Ökotourismus ist auch nahe den Ruinen von Ek Balám vertreten

Schatzgräber, Abenteurer und Archäologen

Kunst ist Kommerz, und alte Kunst allemal. Reiche Sammler, aber auch so manches Museum stellt keine Fragen nach der Herkunft begehrter antiker Stücke. So liefern sich Grabräuber auf der Suche nach Profit und Archäologen mit wissenschaftlichen Ambitionen einen dauernden Kampf im Urwald Yucatáns.

Archäologie in Lateinamerika ist eine junge Wissenschaft. Die spanischen Eroberer hatten wenig Interesse an alten Kulturen. Ihnen war an Gold und Sklaven gelegen. Immaterielle Schätze wie Handschriften, Tempel oder Malereien nahmen sie zwar wahr, werteten sie in ihrer fundamentalistischen Verblendung aber allenfalls als Kuriositäten oder zerstörten sie als Machenschaften des Teufels. Glücklicherweise lagen viele der Tempelanlagen, zu denen heute die Touristen strömen, schon damals verborgen im Urwald. Beim Eintreffen der Spanier in Yucatán war die maya-toltekische Zivilisation bereits in Auflösung begriffen, die Stätten aus der Glanzzeit der Maya waren versunken und gaben erst viel später ihre Geheimnisse ganz allmählich frei.

Abenteuer Palenque

Wie keine andere Ruinenstadt hat das im Urwald liegende Palenque die Europäer in seinen Bann gezogen und zahlreiche Abenteurer, Amateurarchäologen und ernsthafte Wissenschaftler angelockt.

Als erster Europäer betrat 1773 der Dominikaner Ramón de Ordóñez y Aguiar die kurz zuvor von Indios entdeckten Ruinen. Cortés war auf seinem Marsch von Mexiko nach Guatemala 250 Jahre zuvor bereits in kaum 50 km Entfernung daran vorbeigezogen. Die beeindruckenden Gebäude, davon war der Pater überzeugt, konnten nur von fremden Völkern in grauer Vorzeit gebaut worden sein. Die Neuigkeiten über Palenque, das seinen Namen nach dem bereits bestehenden Dorf erhielt, veranlassten 1786 den Gouverneur von Guatemala – in dessen Zuständigkeitsbereich die Ruinen damals lagen –, Kapitän Don Antonio del Río zur Erkundung auszuschicken. Dieser begnügte sich nicht mit einem romantischen Blick auf die überwucherten Gebäudereste, sondern ließ ein Heer indianischer Hilfskräfte die Bauten in militärischem Großeinsatz mit Feuer, Äxten

Ausgrabungsstätten
Die Ruinenstätten sind im Allgemeinen von 8–17 Uhr geöffnet. Bei einigen wie etwa in Chichén Itzá (S. 180), Tulum (S. 126) und Uxmal (S. 204) gibt es zusätzlich eine abendliche Licht- und Tonschau. Dann werden die ehemaligen Tempel in verschiedenfarbige Lichttöne getaucht.

und Macheten freilegen. So schaffte er in Wochen, wofür man heute Jahre benötigt, vernichtete aber auch unwiederbringliche Plastiken und Stuckdekorationen.

Amateur mit Abenteuerlust

Aus den Aufzeichnungen des Militärs war 1822 die erste Publikation hervorgegangen, wobei diesmal die Ägypter als potenzielle Baumeister in Erwägung gezogen wurden. Zwischenzeitlich war der pensionierte mexikanische Offizier Guillelmo Dupaix erschienen und hatte Zeichnungen anfertigen lassen, die, wie die Notizen del Ríos, zunächst in den Archiven von Guatemala verstaubten, ehe sie auf verschlungenen Pfaden den Weg nach Europa fanden.

Die allmählich durchsickernden Berichte beflügelten auch Johann Friedrich Maximilian von Waldeck, einen Abenteurer, der Münchhausen alle Ehre machte. Im Alter von 65 Jahren wagte er sich in den Urwald Mexikos. Sein Quartier hatte der unternehmungslustige Amateurarchäologe auf der Spitze der heute nach ihm benannten »Pyramide des Grafen« aufgeschlagen. Wer zu den kleinen Kammern hinaufsteigt, kann nur Bewunderung für den zähen Exzentriker

Die Ausgrabungen von Palenque lassen die Harmonie zwischen Architektur und Landschaft spürbar werden

aufbringen, obwohl seine Forschungen aus wissenschaftlicher Sicht wertlos waren.

Ins Licht der Öffentlichkeit

Das Ergebnis seines Aufenthalts waren die fantasievollen Zeichnungen in dem im Jahre 1838 erschienenen Monumentalwerk »Voyage pittoresque et archéologique«. Immerhin veranlasste dies kurz darauf den Amerikaner John L. Stephens und den Engländer Frederick Catherwood, die Geheimnisse der Maya zu erforschen und sich damit als die ersten wahren Amerikanisten in das Buch der Archäologie einzutragen – obwohl auch sie nur Amateure waren. Es war vor allem der genialen Zeichenkunst von Catherwood zu verdanken, dass fast über Nacht die Maya in das Licht der Öffentlichkeit traten, allerdings dort auch verklärt wurden. Gut verständlich, denn noch heute geht von den Bildern ein unvergleichlicher Zauber aus. Über 40 Ruinenstätte haben die beiden Forscher in mühevoller Arbeit dokumentiert.

Noch umfangreicher waren die Arbeiten des nach Mexiko ausgewanderten Österreichers Teobert Maler (1842 bis 1917), der über 100 Ruinen in Yucatán zeichnete und auf fotografische Platten bannte.

Neue Entdeckungen

Die Unzugänglichkeit weiter Gebiete des Petén-Dschungels führt bis in unsere Tage zu neuen aufregenden Entdeckungen. Durch Zufall stieß der Biologe Cyrus Lundell 1931 auf ein riesiges Ruinenfeld an der Grenze von Mexiko und Guatemala, das er Calak Mul (»zwei benachbarte Pyramiden«) nannte. Heute liegen sie im größten Naturschutzgebiet des Landes und stehen auf der Liste des UNESCO-Welterbes (s. S. 232). Häufiger noch als die Archäologen den Spaten ansetzen können, haben Grabräuber die Stätten entdeckt und geplündert. In Dos Pilas wurde 1998 eine reliefgeschmückte Treppe abtransportiert, bei dem 1990 entdeckten Fries von Balamku (s. S. 231) kamen die Wissenschaftler glücklicherweise den Räubern zuvor.

Dass noch immer aufsehenerregende Funde möglich sind, zeigt die Entdeckung eines Wandgemäldes in einer Pyramide in Guatemala. Es ist auf das Jahr 100 n. Chr. datiert.

Das Zeitgetriebe – der Kalender der Maya

Die Berechnung der Zeit ist für die Maya zur Obsession geworden. Nicht nur dem Lauf der Sonne schenkten sie Beachtung, mit für damalige Verhältnisse unvorstellbarer Präzision bestimmten sie die Umlaufbahnen von Mond und Planeten und legten damit den Grundstein für den genauesten Kalender.

Die Glaubenswelt der präkolumbischen Völker war eng mit den Gestirnen und ihren Bahnen verknüpft, allen voran mit der Sonne als Spender von Licht und Leben. Zwar haben die Maya die Zeitmessung in der Neuen Welt revolutioniert und auf einen Stand erhoben, der dem europäischen weit überlegen war, Erfinder des Kalenders aber waren sie nicht. Bereits die Olmeken, ein Volk der mesoamerikanischen Hochkultur, hatten aus ihren Beobachtungen Methoden zur Quantifizierung des Zeitablaufs abgeleitet.

Die Geburt des Kalenders

Grundsätzlich lässt sich festhalten, dass der Kalender als Begleiterscheinung des beginnenden Ackerbaus bei allen Völkern anzutreffen ist, wenn auch in unterschiedlicher Vollendung.

Spätestens in dem Moment, als der Jäger und Sammler zum Pflanzer wurde und den Zyklus von Saat und Ernte, von Trockenperiode und Regenzeit bewusst vorausplanend in sein Wirtschaften einbezog, war der Kalender geboren. Die Sonne genoss nicht von ungefähr in vielen frühen Religionen göttliche Verehrung und wurde zur wichtigsten Bezugsgröße auf der Zeitskala. Kein anderes Volk der Welt allerdings widmete sich mit derartiger Besessenheit der Zeitmessung wie die Maya. Diese dehnten ihre astronomischen Beobachtungen auch auf andere Himmelskörper aus, insbesondere auf Venus, Jupiter, Merkur und Mars. Auch den Umlauf des Mondes, die sogenannte Lunation, berechneten sie bereits äußerst genau und waren im Stande, Mond- und Sonnenfinsternisse exakt vorauszusagen. Ergebnis der hoch entwickelten Astronomie war ein höchst ungewöhnlicher und komplizierter Kalender, der das lineare Fortschreiten der Zeit mit zyklisch wiederkehrenden Perioden in einzigartiger Weise verband.

Entziffert wurde dieses Meisterwerk menschlichen Geistes durch Ernst W. Förstermann gegen Ende des 19. Jh. Als Leiter der königlichen Bibliothek von Dresden hatte er Zugang zum Dresdner Codex, der wichtigsten Maya-Handschrift, die bereits in der frühen Kolonialzeit an den Spanischen

Hochbedeutend: Dresdner Codex

Königshof gelangt und damit der Bücherverbrennung durch Diego de Landa (s. S. 66) entgangen war.

Zeitstrahl und Zahnrad

Die Maya kannten unterschiedliche Kalender, einen rituellen, den *tzolk'in*-Kalender, einen für den täglichen Gebrauch, den *ha'ab*, und einen für lange Zeiträume und astronomische Beobachtungen, die sogenannte ›Lange Zählung‹. Als Basis der Zeitrechnung diente ein in Tage aufgeteilter Zeitstrahl, dessen Beginn die Maya auf den 11. August 3114 v. Chr. (nach unserer Zeitrechnung) festgesetzt hatten. In diese Gerade, die man sich als eine ins Unendliche führende Zahnstange vorstellen kann, greift gewissermaßen als riesiges Zahnrad der zyklische Kalender des Sonnenjahres mit 365 Tagen, der *ha'ab*. Er ist in 18 Monate mit jeweils 20 Tagen unterteilt und in einen kurzen Monat mit nur 5 Tagen, die als Unglück bringend galten. Das Sonnenkalenderrad »bewegt« den 260 Tage zählenden, in 20 gleich large Abschnitte von jeweils 13 Tagen untergliederten Ritualkalender, den sog. *tzolk'in*. Nicht genug damit, dreht sich mit diesen ein kleines Rad mit 13 Tageskoeffizienten. Durch diese eigenartige, wie ein Getriebe angelegte Kombination unterschiedlich langer zyklischer Kalender ergibt sich die gleiche Tageskombination nur alle 18 980 Tage bzw. 52 Jahre. Dann beginnt wieder eine neue Kalenderrunde, die oftmals mit dem Bau eines Heiligtums oder der Überbauung einer bereits bestehenden Pyramide eingeleitet wurde. Aus der mathematischen Aufteilung heraus wird ersichtlich, dass die Maya sich eines 20er-Systems bedienten.

Monate, Tage, Jahre

Um nun auch diese Zyklen von 52 Jahren eindeutig voneinander abgrenzen zu können, hatten die Maya den Zeitstrahl der ›Langen Zählung‹ nicht nur in Tage untergliedert, sondern überdies in größere Zeitabschnitte: 20 Tage *(k'in)* bildeten einen Monat *(winal)*, 18 Monate ein Jahr zu 360 Tagen *(tun)*, 20 Jahre ein *k'atun*, 20 *k'atun* ein *bak'tun*, also 400 Jahre zu je 360 Tagen.

Eine Epoche umfasst ungefähr 98,56 Zyklen, dauert also 5125 Jahre. Das Ende dieser ersten Epoche wird der 21. Dezember 2012 nach unserer Zeitrechnung sein, womit sich schon jetzt zahlreiche Spekulationen verbinden, die vom Weltuntergang, über die Transformation des Menschen bis zur Ankunft Außerirdischer reichen (s. auch z. B. www.21dezember2012.de).

Mein Tipp

Über den Kalender hinaus ...
C. Fuentes: Chac Mool – Erzählungen, Reinbek und Berlin 1990.
Popol Vuh – Das Buch des Rates, erläutert von Wolfgang Cordan, 6. Aufl., Köln 1990. Die Schöpfungsgeschichte der Maya.
N. Grube (Hrsg.): Maya-Gottkönige im Regenwald, Köln 2000. Das derzeit beste Buch über die Maya, üppig bebildert.
Diego de Landa – Bericht aus Yucatán, Ditzingen 2007. Die klassische zeitgenössische Beschreibung des Lebens der Maya durch den umstrittenen Bischof (s. S. 66).

Das tödliche Spiel

Es ging nicht um Punkte und Tabellenplätze, sondern um Leben und Tod, wenn die Maya den Ball über das Feld trieben und versuchten, ihn durch einen waagerechten Steinring zu befördern. Es handelte sich denn auch nicht um eine Sportveranstaltung, sondern um ein religiöses, in der Mythologie verwurzeltes Ritual.

Das rituelle Ballspiel, das bereits die Olmeken pflegten, beruht auf der Legende von den göttlichen Zwillingen Hunahpú und Xbalanké, die uns das aus dem 16. Jh. stammende »Popol Vuh« überliefert hat. In diesem »Buch des Rates« sind die mythischen und religiösen Vorstellungen der Hochland-Maya aus Guatemala festgehalten.

Ein uraltes Spiel

Danach erregen die Zwillinge durch ihr Ballspiel den Zorn der Fürsten der Unterwelt, die bereits den Vater der beiden und dessen Zwillingsbruder getötet haben. Hunahpú und Xbalanké werden nun ebenfalls in die Unterwelt gelockt, können aber mit allerlei Tricks zu den Göttern vordringen. So etwa hilft eine aus einem Haar geformte Mücke die echten Götter durch ihre Stiche von den hölzernen Doubles zu

Der Ball musste bei dem Spiel durch einen verzierten Ring befördert werden

unterscheiden, die der Verwirrung dienen sollten.

Bei einer weiteren Prüfung wird Hunahpú von der Killerfledermaus Camazotz allerdings der Kopf abgerissen und zum Spielplatz gebracht, um dort als Ball benutzt zu werden. Hunahpú erhält von seinem Bruder einen Kürbis, der die Gestalt des Kopfes einnimmt und heimlich während des Spiels gegen den echten ausgetauscht wird. So besiegen die Brüder die Götter.

Hinter den zahlreichen Details der Geschichte, die noch weitere Episoden enthält, verbirgt sich eine tiefe Symbolik, die das dualistische Prinzip von Fruchtbarkeit und Tod zum Inhalt hat. Somit kann das Ballspiel als Fruchtbarkeitsritual in Verbindung mit dem Opfer verstanden werden und der Platz gleichermaßen als Stätte der Fruchtbarkeit wie auch als Zugang zur Unterwelt Xilbaba.

Der Ball

Auf die Spielweise der Maya kann nur durch die zahlreichen Reliefdarstellungen, z. B. in Yaxchilán und Chichén Itzá, und die auf Gefäßen abgebildeten Spielszenen geschlossen werden. Wichtige Grundlage ist zudem die Beschreibung im »Popol Vuh«, wobei nach wie vor manche Unklarheiten bestehen. Schon bezüglich des Balls sind wir auf Vermutungen angewiesen. Möglicherweise bestand er aus massivem Kautschuk, dann muss er aber sehr schwer gewesen sein. Vielleicht

Gigantische Ausmaße hat der Ballspielplatz von Chichén Itzá

aber war er auch nur aus einem leichten Kern mit Kautschukhülle angefertigt. Einige Forscher sind der Ansicht, dass es sich dabei um einen menschlichen Schädel gehandelt haben könnte! In den historischen Darstellungen treten die Bälle überdies in unterschiedlicher Größe in Erscheinung. Der Durchmesser der steinernen Ringe in Chichén Itzá (50 cm), durch die der Ball gestoßen werden musste, geben einen ungefähren Anhaltspunkt zumindest für diese Region.

Der Spielverlauf

Gespielt wurde in einer Schutzkleidung, die entfernt an die der Eishockeyspieler unserer Tage erinnert. Die Ausrüstung bestand aus hölzernen Reifen, die die Spieler um die Hüfte trugen, einem Brustschutz und Kopfschmuck. Geschlagen wurde der Ball mit Hüfte, Brust und Arm, vielleicht sogar mit Fuß und Hand. Offensichtlich agierten die Spieler – zwei bis sieben – auf zwei getrennten Feldern, wobei es wie beim Volleyballspiel darum ging, den Ball im eigenen Feld möglichst lange in der Luft zu halten. Eine Mannschaft konnte einen Punkt erzielen, wenn sie entweder den Ball durch einen der seitlichen Ringe schlug oder für den Gegner unerreichbar in dessen Spielfeld beförderte. Ungeklärt ist allerdings, ob das Spiel immer mit dem Opfertod endete, und wenn ja, wer geopfert wurde: der Spielführer oder die gesamte unterlegene Mannschaft.

Diego de Landa – Fanatiker und Chronist

Vom Franziskaner-Konvent in Izamal wurde die Christianisierung vorangetrieben

Welch zwiespältige Persönlichkeit! Tief vom katholischen Glauben durchdrungen, fern jeder Toleranz, Vernichter unersetzlichen Kulturguts der Maya einerseits – Bewahrer jahrhundertealter Traditionen der Indios, wenn auch unbewusst, durch seine Aufzeichnungen andererseits.

Das Denkmal vor dem Franziskaner-Konvent in Izamal lässt keinen Zweifel an der Rolle, die die Person auf dem Sockel für die Einheimischen einst gespielt hatte. Vergeblich sucht man in den starren, asketischen Gesichtszügen ein Anzeichen von Milde oder Güte. Auf seinen Bischofsstab gestützt, blickt der einst höchste Würdenträger ernst auf den gelb leuchtenden Komplex San Antonio de Padua (Abb.), den er auf der Pyramide eines Maya-Heiligtums hatte errichten lassen.

Ohne Erbarmen

Diego de Landa war 1549 aus Spanien nach Yucatán gekommen, wo bereits einige seiner Glaubensbrüder wirkten. Im Jahre 1561 stieg er zum Abt der Gemeinschaft auf, die im Kloster von Mérida ihr Hauptquartier hatte. Die Krone erließ zwar Indianerschutzgesetze gegen die Ausbeutung und Versklavung der indianischen Bevölkerung, konnte diese aber in den Kolonien kaum durchsetzen. Richtete sich das Interesse der Kolonisten vornehmlich auf die Ausbeutung der Arbeitskraft und Tributzahlungen, so versuchten die Patres mit allen Mitteln, die Götter der alten Religion durch das Christentum zu ersetzen.

Die grausamen Foltermethoden der Inquisition fanden auch in Mexiko Anwendung und wurden durch den fanatischen Diego de Landa mit aller Härte angewandt.

Einen nicht wieder gutzumachenden Schaden richtete der spätere Bischof von Yucatán im Jahre 1562 in dem kleinen Ort Maní südlich von Mérida an. Er überantwortete die bei Razzien aufgefundenen Idole und Schriften der Maya öffentlich dem Feuer und durchtrennte so den Lebensfaden der jahrhundertealten Kultur.

Wichtige Quelle

Kurioserweise verdanken wir aber auch die spärlichen Kenntnisse über die Maya just diesem Kirchenmann. Seine ausführliche Schrift »Relación de las Cosas de Yucatán«, die er 1566 verfasste und die im Jahre seines Todes 1579 erschien, ist eine unerschöpfliche Quelle für das Verständnis der versunkenen Kultur, an deren Untergang ihr Autor maßgeblich beteiligt war.

Das Original ist längst verschollen, und erst 1863 wurde eine offensichtlich gekürzte Kopie in den Archiven der Königlichen Bibliothek von Madrid wiederentdeckt. In ihr berichtet Landa detailliert über Geografie, Fauna, Flora, politische Struktur und Leben der Maya bei der Ankunft der Spanier. Als einheimischer Informant diente ihm wahrscheinlich der getaufte Maya-Häuptling Nachi Cocom. Als wichtigstes Detail des Manuskripts erwies sich ein Alphabet der Maya-Glyphen, gab es doch den Wissenschaftlern den entscheidenden Schlüssel für die bis heute nicht vollständig gelungene Enträtselung der Schrift in die Hand. Der Bischof hat diese Schrift allerdings keineswegs aus später Einsicht in begangenes Unrecht verfasst, sondern zur Verteidigung der gegen ihn erhobenen Vorwürfe brutaler Menschenrechtsverletzungen.

Den Stein ins Rollen gebracht hatte der im Jahre 1562 eingesetzte Bischof Francisco Torán, dessen Bericht zur Abberufung de Landas nach Spanien geführt hatte. Dort musste sich der Kleriker vor dem Indienrat (Consejo de las Indias) verantworten. Gestützt wurden die Vorwürfe des Bischofs durch einen Brief des Indianerschutzbeauftragten Rodriguez Bibanco an den König von Spanien.

Zwar wurde Diego de Landa in Spanien für schuldig befunden, doch er gelangte nach einem zehnjährigen Aufenthalt in Spanien schließlich und endlich doch noch ans Ziel seiner Wünsche.

Als Torán sein Amt entnervt aufgab, kehrte er, der mit der Bischofswürde versehen war, 1573 nach Mexiko, nach Yucatán zurück und nutzte die ihm noch verbleibenden Jahre vor allem, um die Interessen seines Ordens gegenüber der Kirchenbehörde zu vertreten.

Flibustier – Schrecken unter vollen Segeln

So schön und charmant wie Johnny Depp im Film »Fluch der Karibik« waren die Freibeuter vergangener Tage sicherlich nicht, so gerissen und kühn aber allemal. Wie heute vor der Küste Afrikas, waren sie damals der Schrecken der Seefahrt und der Hafenstädte in der Karibik.

Im 17. Jh. waren die Gewässer der Karibik nicht nur Tummelplatz spanischer Schatzschiffe, die ihre kostbare Fracht aus den eroberten Kolonien ins Heimatland transportierten, sondern auch Schauplatz der Rivalität unter den europäischen Kolonialmächten. So war es den Königen von Frankreich, England und Holland gar nicht so unrecht, dass Piraten Jagd auf die spanischen Galeonen machten. Gegen angemessene Gewinnbeteiligung stellten sie großzügig Kaperbriefe aus, auf die sich die Seeräuber allerdings auch nach Beendigung der Feindseligkeiten zwischen den Ländern beriefen, um ihrer Beutegier das Mäntelchen der Rechtmäßigkeit umzuhängen.

Ausgangspunkt der Seeräuberei in der Karibik war die kleine Insel St. Christoph, die 1625 von Frankreich erobert worden war. Mit Duldung des Gouverneurs hatten sich dort einige Abenteurer dem einträglichen Seeraub zugewandt. Abgeleitet aus dem englischen *freebooter* bzw. *vrijbuiter,* das auch für den deutschen Begriff »Freibeuter« Pate stand, erhielten sie später die Bezeichnung Flibustier.

Zum Schrecken der spanischen Besitzungen in der Karibik wurden sie aber erst, als sich ihnen die ebenfalls französischstämmigen Bukanier anschlossen, raubeinige Jäger, die zunächst auf Santo Domingo, dem heutigen Haiti, hausten, ehe die spanische Obrigkeit sie auf die kleine Insel Tortuga vertrieb. Ihr Name ist abgeleitet aus dem indianischen *bukan,* der Grill, und bezieht sich auf die ihre ursprüngliche Tätigkeit als Fleischräucherer. Ihres Lebensunterhalts auf der kleinen Insel beraubt, wandten sie sich der Piraterie zu, wobei sie ihre Fähigkeiten als geübte Jäger geschickt nutzten. In kleinen Kanus näherten sie sich den spanischen Schiffen, beschossen die Besatzung mit ihren 1,8 m langen Gewehren zielsicher und enterten das Schiff, kaum anders als es die heutigen Piraten vor der afrikanischen Küste tun, nun allerdings mit Maschinenpistolen bewaffnet.

Hochburg in der Karibik

Zum bedeutendsten Ausgangspunkt der Piraterie wurde der geschützte Hafen von Port Royal auf Jamaika, dessen britischem Gouverneur alle Mittel recht waren, den verhassten Spaniern die Schätze abzujagen. Mitte des 17. Jh. lebten hier etwa 8000 Piraten, Dirnen und Verbrecher. Unter ihnen war auch der berüchtigteste und fähigste Freibeuter aller Zeiten, Henry Morgan, der später sogar von der englischen Krone geadelt wurde.

Als Spanien den Seeverkehr einschränkte, gerieten die reichen Hafenstädte ins Visier der Freibeuter. Am Golf von Mexiko verlockten vor allem Veracruz, wichtigster Umschlagplatz auf dem Seeweg nach Europa, und Campeche an der Küste Yucatáns. So fiel im Februar 1663 eine vereinigte Piratenflotte über die Stadt her und verwüstete sie fast vollständig. Am 5. Juli 1685 war Campeche erneut Ziel eines Überfalls; diesmal schlichen sich die Piraten mit Einbäumen an die mittlerweile gut befestigte Stadt.

Nach einer vernichtenden Niederlage durch die Spanier im Jahre 1717 verlagerten die Korsaren ihre Aktivitäten an die Westküste Südamerikas, waren dort jedoch infolge der schwierigen Wetterbedingungen und langen Passagen weit weniger erfolgreich als zuvor.

Vergänglicher Ruhm

Zunächst genossen die Flibustier bei der Bevölkerung, sofern diese nicht gerade selbst betroffen war, hohes Ansehen. Die Situation änderte sich, als mit dem Frieden von Utrecht 1714 die Auseinandersetzungen zwischen den europäischen Großmächten ein vorläufiges Ende fanden und die Piraten nicht mehr mit der Duldung oder gar der Unterstützung ihrer Könige rechnen konnten. Die Piratenrepubliken unter dem Schutz der europäischen Gouverneure lösten sich auf, und die Seeräuber galten nunmehr als weltweit geächtete und gejagte Verbrecher.

Dass ihre Zunft noch immer nicht ausgestorben ist, ja viel erfolgreicher als je zuvor operiert, und das teilweise ebenfalls mit Duldung der Behörden, beweisen die unsicheren Gewässer am Horn von Afrika, vor Somalia oder die Malakkastraße.

Zur Abwehr der zahlreichen Piratenangriffe baute Campeche seine Festungen

Besuch aus dem Jenseits – der mexikanische Totenkult

Den fremden Besucher berührt es merkwürdig, wenn er ein Kind genüsslich in einen Totenkopf aus Zuckerguss beißen sieht, wenn sich in den Boutiquen zu den Schaufensterpuppen Skelette gesellen, wenn Menschen als Tote maskiert auf den Straßen tanzen und verstorbene Verwandte zu Tisch gebeten werden.

Jedes Jahr Anfang November wird diese Form des Totenkults zwar besonders deutlich, er zieht sich aber auch sonst wie ein roter Faden durch das Leben des Volkes und erklärt viele uns zunächst unverständlich erscheinende Phänomene der mexikanischen Seele.

Opferriten

Seinen Ursprung hat der Totenkult zum einen in der Religion der präkolumbischen Völker. Sie war durch die Dualität von Leben und Tod geprägt, wie sie uns in zahlreichen Beispielen aus der Kunst überliefert wurde. Bereits die Olmeken brannten Figuren aus Ton, die zu einer Hälfte eine lebende Person, zur anderen ein Skelett darstellten.

Nicht nur die Menschen waren dem Tod geweiht, auch die kosmischen Zeitalter waren seiner unerbittlichen Gesetzmäßigkeit unterworfen und mit ihnen die Götter. Sie opferten sich, um einen neuen Weltzyklus in Gang zu setzen. Um den erneuten Untergang möglichst lange hinauszuzögern, war es nach Vorstellung der präkolumbischen Völker notwendig, die Sonne als Sinnbild des Lebens durch das Blutopfer vor dem Untergang zu bewahren und damit das Opfer der Götter nachzuvollziehen. Bis zum Exzess betrieben vor allem die Azteken diesen Kult und fochten sogar die sogenannten ›Blumenkriege‹ (Xochiyaoiotl) aus, die allein dazu dienten, Gefangene für das Blutopfer zu machen.

So war denn auch der Tod auf dem Altar unter dem Obsidianmesser des Priesters für die Betroffenen keine Strafe, sondern ein verdienstvoller Beitrag, für den sie mit dem Eingang ins Paradies Tlalocan belohnt wurden. Und während des jährlichen »dia de los muertos«, des Blumenfestes an den ersten beiden Novembertagen (Allerheiligen/Allerseelen), bewirteten die Lebenden die Verstorbenen, eine Tradition, die bis in unsere Tage wichtiger Bestandteil der Totenverehrung ist.

Zwischen Leben und Tod

Die zweite Säule des mexikanischen Totenkults wurzelt in der tiefen Religiosität des spanischen Volkes, die bei der Verbreitung des Christentums in Mexiko eine herausragende Rolle spielte. Wie bei den Azteken oder Maya waren auch im frühen Christentum Leben und Tod viel enger miteinander verflochten als in der säkularisierten Welt unserer Tage. Oder man denke nur an das 16. und 17. Jh., die Darstellungen des Totentanzes von Hans Holbein d. J. oder die zahlreichen Memento-mori-Darstellungen mit Totenkopf und Stundenuhr. Ganz allmählich verschmolzen so christlicher Glaube und vorspanisches Gedankengut zu dem für Mexiko charakteristischen Ahnenkult.

Zeit mit den Verstorbenen

Im Mittelpunkt des Ahnenkults steht die Ofrenda, die Bewirtung der Toten, die als eine Mischung aus religiöser Zeremonie und weltlichem Familienfest zelebriert wird. So ist denn der Sonntag der Toten kein trüber Gedenktag, sondern Anlass zur Freude über das Zusammensein mit den verstorbenen Verwandten.

Der Altar wird an dem Tag reich gedeckt, mit speziellem Totenbrot, Geflügel und der Chili-Schokoladensauce Mole; Totenköpfe und Skelette aus Zuckerguss oder Marzipan dienen als Dekoration. Auch den Gräbern widmen die Angehörigen in diesen Tagen ihre Aufmerksamkeit, sie werden gesäubert und mit Blumen geschmückt und sind Platz des traurigen Abschieds am Tag nach der Ofrenda, wenn die Toten wieder ins Jenseits zurückkehren müssen. Der Ritus knüpft ein Band zwischen dem Diesseits und dem Jenseits und lässt somit die Lebenden gelassener in die Zukunft blicken, bedeutet doch der Tod nicht den endgültigen Abschied vom Leben.

Gertrude Blom – ein Leben für die Lacandonen

Soziales Engagement und eine Kamera waren die ›Instrumente‹, mit denen eine Schweizerin das bedauernswerte Schicksal der Lacandonen-Indianer an die Weltöffentlichkeit brachte. Vielleicht wurden sie dadurch sogar vor dem Aussterben gerettet.

Dass die Schweizerin aus dem Berner Oberland als Kind gern Indianer spielte und mit Begeisterung Karl May las, war wohl weniger der Grund, sich dem fern der Zivilisation lebenden Stamm der Lacandonen im Urwald von Chiapas zu widmen. Gertrude Duby hatte sich in der Schweiz und später in Deutschland – wo sie eine Scheinehe einging, um die Staatsbürgerschaft zu erhalten – politisch in der Sozialdemokratischen Partei engagiert, später auch in der Widerstandsbewegung gegen Hitler. Mit viel Glück konnte sie 1940 nach Mexiko emigrieren, wo sie zunächst als Sozialarbeiterin tätig war und das erste Mal eine Kamera in die Hand nahm.

Ihre Berufung fand sie aber erst, als sie im Jahre 1948 den dänischen Archäologen Frans Blom traf, der den Ur-

Die Lacandonen ermöglichen Fremden nach und nach Zugang zu ihren Dörfern

wald von Chiapas nach Maya-Ruinen durchforschte und u. a. Bonampak entdeckt hatte. 1950 heirateten beide und kauften in San Cristóbal de las Casas ein Haus, das sie in Anlehnung an ihren Namen Casa Bolom (Haus des Jaguars) nannten (s. S. 261). Es sollte zum Ausgangspunkt zahlreicher Expeditionen in die noch weitgehend unerforschte Selva Lacandona im Grenzgebiet zwischen Chiapas und Guatemala werden. Frans Blom verstarb bereits im Jahre 1963. Gertrude Blom, liebevoll Trudi genannt, führte die Arbeiten jedoch unbeirrt fort.

Der kleine Stamm der Lacandonen war nicht völlig unbekannt. Bereits John L. Stephens und Frederick Catherwood hatten schon einige Mitglieder getroffen, ebenso der Fotograf Teobert Maler und der deutsche Linguist Karl Sapper (1866–1945) Ende des 19. Jh. Ins Licht der Öffentlichkeit aber traten Lacandonen erst durch die ausdrucksstarken Schwarz-Weiß-Fotografien Gertrude Bloms. In zahlreichen Ausstellungen und Büchern machte sie das traurige Schicksal der isoliert lebenden, auf wenige Hundert Menschen geschrumpften Waldindianergemeinschaft über die Region hinaus bekannt und beflügelte nicht nur die Forschung, sondern auch Hilfsprojekte zum Erhalt ihrer Kultur.

Die »wahren Menschen«

Ursprünglich hielt man die Lacandonen für die wahren reinrassigen Nachfahren der Maya, wahrscheinlich jedoch sind sie erst im 18. Jh. durch die Kolonisation aus der Golfregion vertrieben worden und wurden nach einem ursprünglich im Petén ansässigen, jedoch ausgerotteten Volk gleichen Namens benannt. Sie selbst nennen sich »Hach Winik« – die wahren Menschen (so auch der Titel eines Buchs von Gertrude Blom).

Insgesamt gibt es 66 Familien, die in drei Gemeinden leben. Die nördliche, zu der die Dörfer Naha und Metzabók gehören, hielt unter der Führung ihres Häuptlings Chan K'in Viejo am längsten an den Traditionen fest. Kennzeichen der nur etwa 650 Köpfe zählenden Gemeinschaft sind die langen weißen Gewänder, die sie tragen, und die langen schwarzen ungeschnittenen Haare, die ihnen ein archaisches Aussehen verleihen.

Im Zwiespalt

Die Lacandonen genießen Privilegien, die anderen indigenen Völkern Mexikos bisher vorenthalten wurden. 1972 wurde ein Teil des Urwaldes als Selva Lacandona unter Naturschutz gestellt und den Bewohnern die Verwaltung der Ruinen von Bonampak und Yaxchilán übertragen. Kritiker sehen darin einen Deal mit der Regierung. Denn die Lancandonen haben als Einzige das Abkommen zwischen den zapatistischen Aufständischen und der Regierung zum Schutz der indigenen Bevölkerung nicht unterzeichnet, gegen das auch seitens der Regierung lange heftiger Widerstand geleistet wurde.

Die Lacandonen selbst wissen die plötzliche Konfrontation mit der modernen Zivilisation durchaus zu nutzen. So errichten sie in ihren Gemeinden Zentren des Ökotourismus (s. S. 54), die vom Staat gefördert werden und in denen sie die traditionelle Lebensweise pflegen. Es stellt sich natürlich die Frage, ob diese im Laufe der Zeit nicht zu einer »folkloristischen Hülle« für die Kameras der Fremden verkommen.

Unterwegs in Yucatán und Chiapas

Wie ein rosafarbener Schleier über dem Wasser: Flamingos im Flug über Río Lagartos

Cancún und Umgebung

Highlight!

Isla Mujeres: Die kleine Insel an der karibischen Nordküste ist noch vom Touristenrummel des benachbarten Cancún weitgehend verschont geblieben. Sich im warmen Wind wiegende Palmen, schneeweißer Sand und türkisfarbenes Wasser locken Künstler und Erholung suchende Touristen gleichermaßen. S. 91

Auf Entdeckungstour

Bootstour zur Insel Contoy: Auf dieser kleinen, unter Naturschutz stehenden Insel ist der Mensch nur Besucher. Über 100 Vogelarten haben hier ihre Heimat, von der man auf zwei Pfaden einen kurzen Blick erhaschen kann. Nach dem Besuch erscheint manchem Reisenden die künstliche Welt Cancúns nicht mehr unbedingt als das Paradies. S. 98

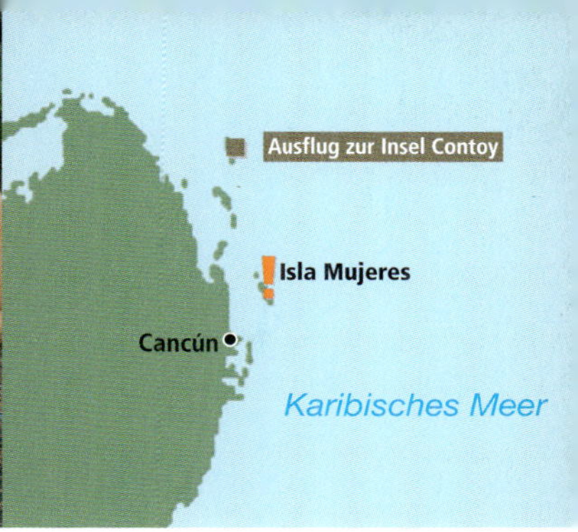

Kultur & Sehenswertes

Maya-Ruinen in Cancún: Verglichen mit den großartigen Ruinenstätten der näheren und weiteren Umgebung sind es in der Hotelzone zwar nur spärliche Reste, aber sie bilden eine schöne Abwechslung zu den hier sonst vorherrschenden Einkaufszentren. S. 80

Aktiv & Kreativ

Begegnung mit Delfinen: Die Isla Mujeres ist ein beliebtes Ziel für Tagesausflügler. Das Bad mit den Delfinen ist weiterhin angesagt. S. 97

Genießen & Atmosphäre

La Habichuela, Cancún: Eine wohltuende kulinarische Abwechslung von der sonst üblichen, auf die Gewohnheiten der ausländischen Gäste abgestellten »Urlaubsküche«. Man diniert fürstlich in einem traumhaften Innenhof. S. 88

Playa Norte auf der Isla Mujeres: Ein Strand, wie man sich ihn an kalten Wintertagen erträumt: raschelnde Palmen, ruhiges kristallklares Wasser, warmer Sand ohne den Wald von Sonnenschirmen und Liegestühlen, kleine Strandbars. S. 94

Abends & Nachts

Chillout in Cancún: Im Bling, einer Mischung aus Lounge, Restaurant und Nachtclub, kann man mit dem Blick von einer Terrasse über die Lagune bei Sekt und Sushi den Abend stilvoll ausklingen lassen. S. 85

Cancún, der größte Badeort an der Karibikküste Mexikos, ist – darüber sollte sich jeder potenzielle Besucher im Klaren sein – ein künstliches Gebiet, das den Köpfen der Tourismusplaner zu Beginn der 1970er-Jahre entsprungen ist. Wie damals üblich, wurde die Natur nur als Rahmen für eine möglichst profitable, auf die Maximierung der Bettenzahl gerichtete Vermarktung gesehen. So wird man in Cancún vergeblich nach einer karibischen Idylle suchen oder nach einem romantischen Platz, um die Hängematte im Schatten einer Palme aufzuhängen. Stattdessen erwarten den Reisenden über 140 Hotels aller Kategorien, klimatisierte Einkaufszentren, lasergesteuerte Discos und dröhnende Motorboote.

Wer mehr Ursprünglichkeit und Ruhe sucht, ist auf der Isla Mujeres besser aufgehoben.

Infobox

Touristeninformation
Touristenbüros gibt es u. a. in Cancún und auf der Isla Mujeres.

Internet
http://cancun.travel/en/: Sehr ausführliche Seite mit vielen nützlichen Informationen zu Transport, Hotels, Restaurants, Nachtleben usw. (Engl.)
www.cancun.com: Kommerzielle Seite mit einigen einführenden Infos, meist jedoch Hinweisen auf Hotels. (Engl.)

Anreise und Weiterkommen
Als Verkehrsknotenpunkt der Karibikküste wird Cancún regelmäßig auch vom Ausland her angeflogen.

Schnellstraßen mit hervorragenden Busverbindungen erschließen die Küste bis hinunter nach Tulum und ins Landesinnere bis Mérida.

Die Isla Mujeres ist mit Fähren von Cancún und dem nahe gelegenen Hafen von Puerto Juarez aus erreichbar.

Cancún ►T 2

Der Bus R-1 verkehrt fast im Minutentakt zwischen Amerika und Mexiko. Es gibt weder Zoll noch Passkontrolle, und doch sieht man den Unterschied sofort. Nach Verlassen der Avenida Tulum geleitet eine doppelspurige, durch Grünstreifen getrennte breite Straße den Reisenden in eine neue Welt, die hier den Namen ›Zona Hoteles‹ trägt. Auf dem Fahrradweg bemühen sich Jogger um Kondition; bald tritt rechter Hand der gepflegte Rasen eines großen Golfplatzes ins Bild; unterhalb einer Brücke ankern abenteuerlich aussehende ›antike‹ Piratenschiffe neben weißen Luxusyachten. Den freien Blick aufs Meer kann man freilich nur an wenigen Stellen genießen – mehr oder weniger einfallsreich gestaltete Fassaden internationaler Hotelpaläste versperren die Sicht auf die Karibik; der Blick auf die leblos in der heißen Mittagssonne dösende Lagune auf der gegenüberliegenden Seite ist nur ein schwacher Trost. Statt Sombrero auf wettergegerbtem Indiogesicht die Baseballmütze auf blasser Haut, statt farbenfrohem Markt im Freien klimatisierte Shopping-Malls mit internationalem Angebot – kurzum, eine Ferienlandschaft, die ganz auf Bedürfnisse US-amerikanischer Touristen zugeschnitten ist, eine Enklave landesfremder Sonnenanbeter ähnlich wie El Arenal auf Mallorca für die Deutschen.

Die Fahrt mit dem Stadtbus macht es deutlich: Cancún besteht aus zwei völlig voneinander getrennten Welten. Die eigentliche Stadt mit einem nur kleinen touristischen Zentrum liegt ein Stück abseits des Meeres.

Cancún ist eine Ferienfabrik, die jährlich über 3 Mio. Besucher anzieht, die meisten davon in den Monaten Dezember bis Februar. Die überwiegend amerikanischen Gäste bleiben selten länger als eine Woche und suchen, nicht anders als die meisten deutschen Urlauber auf Mallorca, in erster Linie Sonne, Wasser und Abwechslung. In Cancún werden all jene ihre Urlaubsträume erfüllt finden, die hochwertige Hotelunterkünfte, ein reichhaltiges Wassersportangebot und vielfältige abendliche Unterhaltung suchen.

Das Preisniveau in Cancún liegt erheblich über dem Landesdurchschnitt und ist ganz auf den ausländischen, zahlungskräftigen Touristen ausgerichtet. Sehr störend wirkt die Aufdringlichkeit, mit der die unterschiedlichsten Produkte und Dienstleistungen an den Mann beziehungsweise die Frau gebracht werden, seien es Sonnenhüte, Restaurantbesuche oder Ausflugsfahrten. Wie in einem orientalischen Basar wird der Tourist auf Schritt und Tritt bedrängt und mit angeblich besonders günstigen Angeboten gelockt.

Hotelzone

Hotels und Strände

Herzstück des Badeortes ist die Hotelzone auf einer schmalen Landbrücke zwischen der Karibik und der Laguna de Nichupté.

Auf einer Länge von mehr als 20 km reihen sich hier entlang der einzigen Straße, dem Boulevard Kukulkán, die Unterkünfte nahtlos aneinander, die meisten von ihnen in ausgedehnte Grünanlagen eingebettet und beeindruckend in ihrer oftmals ausgefallenen und kühnen Architektur. Miami ist hier nicht nur geografisch näher als Mexiko-Stadt.

Da der Bauboom nach wie vor ungebrochen ist, fügen sich nun auch schon an der Lagunenseite die ersten Hochbauten ein. Die gesamte Hotelzone wird von einem schmalen feinsandigen, aus fossilem Plankton bestehenden Strand gesäumt, der im Gegensatz zu dem sonst üblichen Silikatsand angenehm kühl wirkt. Die letzten Palmen und ein Teil des Strandes sind 2005 dem Hurrikan Wilma zum Opfer gefallen. Das Meer aber schimmert nach wie vor in verführerischem Türkis und verbirgt die tückischen Unterströmungen, vor denen sich der Badende auch bei ruhigem Wetter in Acht nehmen muss. Farbige Wimpel signalisieren die jeweiligen Sicherheitsstufen in den einzelnen Abschnitten (blau: sicher; gelb: Vorsicht; rot: Gefahr), die durchaus ernst genommen werden sollten. Erschwerend kommt hinzu, dass nur an wenigen Stellen (Playa Bonita, Playa Linda etc.) ein ungehinderter Zugang zum Strand besteht, sofern man nicht Gast eines der teuren Strandhotels ist. Und dies, obwohl es ein Gesetz gibt, das jedermann die Nutzung der Strände gestattet.

An der **Playa Linda** (El Embarcadero) im Norden der Zone legen die Boote zur Isla Mujeres und die ›Piratensegler‹ zur abendlichen Tour ab. Von einem drehbaren Aussichtsturm kann man einen Blick aus der Vogelperspektive genießen (tgl. 9–23 Uhr).

Plazas und Shopping-Malls

Hin und wieder wird die Eintönigkeit der Hotelfronten von sogenannten ›Plazas‹ aufgelockert, die nur den Namen mit der traditionellen mexikanischen Plaza gemein haben. Statt eines grünen kleinen Parks, in dem abends Musiker spielen und die Pärchen flanieren würden, handelt es sich hier um

Auf Sonnenanbeter zugeschnitten: die Hotelzone in Cancún

touristische Versorgungszentren mit Boutiquen, kleinen Supermärkten, Wechselstuben, Autoverleihern, Restaurants und Bars, die nicht selten gemeinsam in einer klimatisierten ›Shopping-Mall‹ Platz gefunden haben. Die älteren Zentren sind nichts anderes als eine Ansammlung von Geschäften und Restaurants unter einem Dach, durchweht von der wohltuenden Kühle starker Klimaanlagen, die neueren Malls durchaus gelungene Freizeitarchitekturen (s. u.).

Wasserpark Nizuc/ Wet and Wild 1

Blvd. Kukulkán, km 25, Tel. 998 881 30 00, www.dolphinaris.com/cancun, ab 45 US-$

Ausgesprochen spritzig geht es in diesem Wasser-Vergnügungspark am Ende der Hotelzone zu. Auch hier warten geduldige Delfine auf den Besucher, dazu gibt es Wasserrutschen und künstliche Wellen; man kann auch in geschütztem Areal schnorcheln, wofür der neue Begriff ›Snorkelarium‹ geprägt wurde.

Maya-Ruinen El Rey 2

Blvd. Kukulkán, zwischen km 17 und 18, tgl. 8–17 Uhr

Kultur im traditionellen Sinn ist eher eine Randerscheinung. Gegenüber dem Hotel Hilton haben sich auf der Lagunenseite in der **Zona Arqueológica del Rey** die bescheidenen Reste eines Maya-Tempels, umgeben von einigen Zeremonialplattformen, erhalten. Hier wie auch im Museo Inah kann man den Spuren mexikanischer Vergangenheit nachspüren. Die Zeichen menschlicher Besiedlung reichen bis ins 2. Jh. v. Chr. zurück, die sichtbaren Relikte stammen jedoch aus der Zeit zwischen dem 14. und 16. Jh. und entsprechen stilistisch der Architektur der Küstenregion, wie sie in Tulum (s. S.

126) noch am besten erhalten ist. El Rey, der ursprüngliche Name ist unbekannt, war ein bedeutender Handelsplatz im Seeverkehr der Maya entlang der Karibik bis hinunter nach Belize. Ihren heutigen Name verdankt die Ausgrabungsstätte einem hier gefundenen Stuckkopf, dem man einem Herrscher *(rey)* zuschrieb. Noch kleiner ist der **Tempel Yamil Lu'um** an der Karibikseite zwischen den Hotels Sheraton Cancún und Pyramides Cancún Towers bei km 12, schräg gegenüber dem Shoppingcenter La Isla (s. S. 84).

Museo Subacuático de Arte 3

Auf der Suche nach immer neuen Attraktionen, vor allem aber lukrativen Einnahmequellen, ist Cancún auf die Idee für ein Unterwassermuseum gekommen, statt das alte Museo Inah wieder zu beleben.

Bei Punta Nizuc und vor der Küste der Isla Mujères hat der Künstler Caires Taylor damit begonnen, 400 Skulpturen zu versenken. Zwischen ihnen können sich Taucher tummeln und Wasserscheue von einem Glasbodenboot aus einen Blick auf die Exponate werfen. Vor allem die Fische werden Gefallen an dem neuen Ambiente finden und hoffentlich bald auch Korallen. (www.asociadosnauticoscancun.com).

Übernachten

Hotels

Das Angebot ist fast unübersehbar. Es gibt zwei Standorte, die Hotelzone entlang der Küste und Cancún-Stadt. Die Strandhotels entlang der Hotelzone bucht man am günstigsten pauschal über ein Reisebüro in der Heimat. Es handelt sich überwiegend um 4- und 5-Sterne-Hotels mit allem Komfort, die vorwiegend von amerikanischen Touristen aufgesucht werden. Zuweilen werden günstige Sondertarife im Internet angeboten.

Zeitloser Luxus – **Fiesta Americana Gran Coral Beach 1**: Blvd. Kukulkán, km 9,5, Tel. 998 881 32 00, www.fiestaamericanagrand.com, DZ ab ca. 350 US-$. Lang gestreckte 11-stöckige Anlage direkt am Meer mit 602 Zimmern, 5 Restaurants, 4 Bars sowie einem Kinderclub.

Die Ferieninsel – **RIU Cancún 2**: Blvd. Kukulkán, km 9, Tel. 998 848 71 51, www.riu.com/de/hotel-riu-cancun-mexiko.html (Buchung als Pauschalangebot über dt. Reiseveranstalter). Man spricht Deutsch und der Gast braucht die riesige, 14-stöckige Anlage mit 569 Zimmern nicht zu verlassen, um Leib und Seele dem Genuss hinzugeben. Dafür sorgt u. a. das umfangreiche All-inclusive-Angebot mit mehreren Restaurants, Bars, Pools, einem Fitnesscenter und einer Disco.

Ausgefallene Architektur – **Gran Meliá Cancún 3**: Blvd. Kukulkán, km 16,5, Tel. 998 881 11 00, www.granmeliacancun.com, DZ ab ca. 160 US-$. An die Maya-Pyramiden angelehnte, geschmackvolle, aufgelockerte Bauweise, die trotz der 676 Zimmer keine Enge aufkommen lässt. Alle Zimmer mit Balkon, 4 Restaurants, mehrere Bars, 4 Pools und sogar ein 9-Loch-Golfplatz sorgen für Abwechslung.

Ente unter Schwänen – **Hostal Mayapan 4**: Av. Kukulkan Km 8,5 (Plaza Maya Fair), 998-883 32 27,www.hostalmayapan.com. Bett ab 240 Peso. Bei

Dollar oder Peso?

Bei den Hotelpreisen ist in Yucatán zu beachten, dass große Hotels wegen des Preisverfalls des mexikanischen Peso auf US-$-Basis kalkulieren, kleinere Hotels vor allem auf dem Lande jedoch ausschließlich in Peso.

Cancún Hotelzone

Sehenswert
- 1 Wasserpark Wet and Wild
- 2 Ruinen El Rey
- 3 Museo Subacuático de Arte

Übernachten
- 1 Fiesta Americana Gran Coral Beach
- 2 RIU Cancún
- 3 Gran Meliá Cancún
- 4 Hostal Mayapan
- 5 – 11 s. Karte S. 88

Essen & Trinken
- 1 La Joya
- 2 Bogarts
- 3 Blue Bajou
- 4 Lorenzillo's
- 5 Laguna Grill
- 6 Maria Bonita
- 7 – 10 s. Karte S. 88

Einkaufen
- 1 Plaza Caracol
- 2 Plaza Kukulkan
- 3 La Isla
- 4 – 6 s. Karte S. 88

Aktiv & Kreativ
- 1 Cancún Golf Club Pok-Ta-Pok
- 2 Hilton Cancún Golf Club
- 3 Aqua Tour

Abends & Nachts
- 1 Voces y Danzas de México
- 2 Ballet Folklorico de Cancún
- 3 Captain Hook
- 4 Cancún Queen
- 5 The City Cancún
- 6 Coco Bongo
- 7 Dady'o
- 8 Dady Rock

Rucksacktouristen beliebte, einzige preiswerte Unterkunft in der Hotelzone. Angesichts der Nähe zu Strand und Discos nimmt man das coole Ambiente einer Tiefgarage gern in Kauf.

Essen & Trinken

Wie es sich für einen internationalen Urlaubsort gehört, ist auch das kulinarische Angebot in Cancún breit gefächert und reicht von einfachen mexikanischen Kneipen über amerikanische Fastfood-Ketten bis zum gepflegten Restaurant der gehobenen Preisklasse.

Einfach, billig und landestypisch kann man vor allem in den kleinen mexikanischen Restaurants entlang der Avenida Uxmal im Ort Cancún essen; teurer, aber nicht unbedingt schmackhafter, ist das auf den Touristen abgestimmte Angebot entlang der Avenida Tulum und vor allem in der Hotelzone, wo das Ambiente oft ansprechender ist als das Essen. Hervorragende Küche bieten naturgemäß die großen Hotels, die zuweilen über mehrere Restaurants verfügen. Erwähnt seien **La Joya** 1 im Hotel Fiesta Americana (s. o.), das **Bogarts** 2 im Hotel Krystal (Tel. 998 883 11 33) und das **Blue Bajou** 3 im Hyatt Cancun Caribe (Tel. 998 848 78 00). Einige von ihnen veranstalten täglich sogenannte Dinner-Shows, eine bei den Amerikanern sehr beliebte Kombination aus Gourmetfreuden und optisch-akustischen Leckerbissen. Überwiegend in der eher gehobenen Preisklasse angesiedelt sind auch die Spezialitätenrestaurants, entsprechend dem amerikanischen Geschmack gibt es hier vor allem Fisch, Steak und Pizza. Viele Restaurants locken mit der ›Happy Hour‹, in der Hoffnung, der Gast bleibe auch zum Essen.

Für Romantiker – **Lorenzillo's** 4: 5 Blvd. Kukulkán, km 10,5, Tel. 998 883 12 54, www.lorenzillos.com.mx. Auf Stelzen in der Lagune erbautes Fischrestaurant, exquisite Speisen (v. a. Hummer), einzigartige Lage (Sonnenuntergang). Hauptgerichte 25–60 US-$.

Exotisch – **Laguna Grill** 5: Blvd. Kukulkán, km 15,6, Tel. 998 885 02 67, www.lagunagrill.com.mx. Vor allem bei US-Amerikanern beliebtes Fisch- und Steakrestaurant auf einer Terrasse in der Lagune Nichupté. Alles unter einem riesigen Strohdach im Südseelook. Hauptgerichte ab ca. 25 US-$.

Tex-Mex – **Maria Bonita** 6: Blvd. Kukulkán, km 9, Tel. 998 883 1730. Hacienda-Ambiente mit abwechslungsreicher mexikanischer Küche, aber auch Tex-Mex-Food, v. a. Grillteller und Steaks, 11–35 US-$.

Einkaufen

Auch hier ist Cancún zweigeteilt. Die Einkaufszentren im Stadtgebiet dienen vor allem den Einheimischen, die hypermodernen Shopping-Malls in der Hotelzone den Urlaubern der umliegenden Hotels. Wer noch im Lande herumreist, sollte mit den Einkäufen bis zur Rückkehr warten, denn Cancún ist kein billiges Einkaufsparadies.

Erlesen – **Plaza Caracol** **1**: Blvd. Kukulkán, km 8,5, www.caracolplaza.com. Edle Shopping-Mall mit zahlreichen Galerien und Geschäften des gehobenen Anspruchs für Designermode, Accessoires, Schmuck und Parfüm.

Für jeden etwas – **Plaza Kukulkán** **2**: Av. Kukulkán, km 12, www.kukulcanplaza.com. Eine der ältesten und mit 300 Geschäften größten Shopping-Malls in der Hotelzone, ausgerichtet auf die Bedürfnisse der Touristen. Allerlei Souvenirs, Schmuck und Kleidung stehen im Mittelpunkt, aber auch das leibliche Wohl kommt nicht zu kurz. Zu empfehlen ist Ruth's Chris Steakhouse (www.ruthschris.com) für den großen und kleinen Hunger, sehr gepflegt, aber nicht billig.

Einkaufen und Unterhaltung – **La Isla** **3**: Av. Kukulkán, km 12,5, www.laislacancun.com.mx. Das Zentrum ist die neueste Errungenschaft der Unterhaltungsindustrie Cancúns. Eine kleine Stadt mit nur teilweise überdachten Passagen, umschlossen von einem künstlichen Kanal mit geschwungenen Brücken, vermittelt südländisches Flair à la Venedig und lädt zum Schaufensterbummel ein. Lockender Mittelpunkt ist das große **Interactive Aquarium** mit Freibecken, wo man für stolzes Geld Haie füttern (800 Peso) oder mit Delfinen baden (ab 880 Peso) kann. Dass man die beiden Angebote nicht verwechselt, dafür sorgt ein gut ausgebildetes Personal. Für das leibliche Wohl sorgen etliche Restaurants und Bars.

Spartipps Cancún

Nicht nur die andernorts ebenfalls übliche ›Happy Hour‹ (2 Drinks zum Preis von einem vor ca. 19 Uhr, meist aber nur Bier) findet man in Cancún an fast jeder Ecke. Auch zwei Mahlzeiten zum Preis von einer kann bekommen, wer sich eine Cancún Discount Card (15 US-$) kauft (www.cancun-discounts.com). Man lese aber genau die Modalitäten, denn nicht überall und zu jeder Tageszeit gelten diese Nachlässe. Überdies findet man unter der Adresse unzählige kostenlose Rabatt-Coupons für Restaurants, Unterhaltung und Ausflüge. Man kann sie sogar über das Internet ausdrucken, bekommt sie aber auch vor Ort zugesteckt.

Mehrere große Supermärkte mit sehr gutem Angebot auch an Weinen und fertigen Gerichten locken Selbstversorger. Der **Supermarkt Chedraui** **5** (s. S. 88) liegt an der Einmündung der Av. Kukulkán in die Av. Tulum, **Commercial Mexicana** **6** (s. S. 88) ebenfalls an der Av. Tulum, aber gegenüber dem Busbahnhof.

Aktiv & Kreativ

Abschlag am Meer – **Cancún Golf Club Pok-Ta-Pok** **1**: Blvd. Kukulkán km 7,5, Tel. 998 883 12 30, www.cancungolfclub.com. Herrlich gelegener, bereits 1976 angelegter 18-Loch-Platz am Anfang der Hotelzone mit Blick auf die Lagune, Clubhaus, Restaurant und Bar. Green Fee ab 145 US-$.

Zum Abschlag 2 – **Hilton Cancún Golf Club** **2**: Blvd. Kukulkán, km 17, Tel. 998 881 8016, www.hiltoncancun.com/golf. Aufwendig gestalteter, von Wasserläufen durchsetzter 18-Loch-Platz, ebenfalls an der Lagune, Teil des Hilton-Hotels. Green Fee 195 US-$.

Durch das Mangrovengewirr – **Aqua Tour** 3: Blvd. Kukulcan, km 16,261, www.aquafun.com.mx. Im schnellen Flitzer kann man etwa 1 Stunde unter sachkundiger Führung über die Lagune jagen und durch Kanäle zwischen den Mangroven navigieren, die Skyline der Hotels vor Augen.
Segeln – Man kann Katamarane und Boote verschiedener Größen mit Besatzung für Tagesausflüge chartern. Wer will, kann mit anpacken oder einfach nur Sonne, Wind und Wasser genießen. Eine **Tagestour** mit einem 36-ft-Boot (ca. 10 m) kostet für bis zu 10 Personen ca. 650 US-$, www.cancunvista.com/travel/pirata_sailing_adventure.htm (nur tel. buchbar, man wird vom Veranstalter abgeholt und zum Boot gebracht).
Längere Törns – Auch längere Fahrten sind möglich, etwa bei **Sailing Horizons** (www.sailingcancun.com). Für 5 Nächte und 6 Tage inkl. Vollpension auf einem 12-m-Boot mit zwei Mann Besatzung und maximal acht Passagieren zahlt man 5 800 US-$.

Abends & Nachts

Cancún ist das Zentrum der Nachtschwärmer an der mexikanischen Karibikküste. Bei den US-Amerikanern besonders beliebt sind Dinner Shows, die Mischung aus Unterhaltung und gepflegtem Speisen.

Ausgehen

Mexiko traditionell – **Voces y Danzas de México** 1: Blvd. Kukulkán, km 4,5, (El Embarcadero), Tel. 998 849 48 48, Mo–Fr 19 Uhr. Traditionelle mexikanische Folklore mit Tanz und Gesang, anschließend um 21 Uhr ›Tradición del Caribe‹ mit Musik aus Kuba, Venezuela und Santo Domingo. Ohne Reservierung, je 29 US-$ inkl. Getränke.
Im Farbenrausch – **Ballet Folklorico de Cancún** 2: Blvd. Kukulkán, Cancún Convention Center, Tel. 998 881 04 00 193. Eine Dinner Show mit Musik- und auch Tanzdarbietungen aus ganz Mexiko. Das Dinner findet zwischen 18.30 und 20 Uhr statt, danach beginnt die Show. Mit Dinner bezahlt man etwa 50 US-$, ohne Essen inkl. freier Getränke 30 US-$.
Piratenschmaus – **Captain Hook** 3: El Embarcadero, Av. Kukulkán, km 4,5, Tel. 998 849 44 51, www.capitanhook.com. Abendliche Fahrt mit rekonstruierten historischen Schiffen, inklusive Dinner und ›Seeschlacht‹ ab 82 US-$.
Mississippiträume – **Cancún Queen** 4: Abfahrt von der Aquaworld Marina, Blvd. Kukulkán, km 15,2, Buchung unter Tel. 998 892 13 85, www.cancuntravel.com. Mit diesem nachgebauten Mississippi-Dampfer kreuzt man bei Sonnenuntergang (Mi und Fr) über die Lagune. Für 55 US-$ gibt es Hühnchen, für 20 US-$ mehr Steak und Lobster, dazu spielt die Bordkapelle und Getränke an der Bar sind inbegriffen.

Nachtclubs

Es gibt Dutzende größerer und kleinerer Nightclubs und Discos innerhalb und außerhalb der großen Hotels. Die meisten Discos bieten auch ein Unterhaltungsprogramm à la ›Das schönste Männerbein‹, ›Der knappste Bikini‹. Wer da nicht mithalten kann, darf sich zuweilen als Karaoke-Sänger produzieren. Die Eintrittspreise mit Getränken liegen bei ca. 35–40 US-$. Zentrum der Abendunterhaltung ist die Plaza Caracol, Blvd. Kukulkán, km 8–9.
Die Megadisco – **The City Cancún** 5: Blvd. Kukulkán km 8,5. Tel. 998 848 83 80, www.thecitycancun.com. Nicht nur mit der Technik vermag die Superdisco zu beeindrucken (1 Mio. Watt Soundanlage und 600 m² Videowand), sie präsentiert auch die besten DJ's weit

und breit und ist somit ein Magnet für alle Nachtschwärmer; 5000 von ihnen finden Platz. Neun Bars laden zum Verschnaufen ein.

Die Megadisco – **Coco Bongo** 6: Blvd. Kukulkán, km 9, Tel. 998 883 50 61, www.cocobongo.com.mx, tgl. 22–4 Uhr. Bei jugendlichen US-Amerikanern sehr beliebt. Als Entree wird eine akrobatische Schau geboten, dann heizen die DJs mit den neuesten Hits das Publikum an. Einen Ableger gibt es neuerdings auch in Playa del Carmen (s. S. 117).

Unter dem Laserhimmel – **Dady'o** 7: Blvd. Kukulkán, km 9, Tel. 998 883 33 33, www.dadyo.com.mx, tgl. 22–5 Uhr. Seit vielen Jahren sehr beliebte Disco mit Tanzflächen auf zwei Ebenen und einem höhlenartigen Ambiente unter zuckendem Laserlicht. Auf dem Programm stehen Techno, Latin und Hip-Hop.

Essen und rocken – **Dady Rock** 8: Blvd. Kukulkán, km 9, Tel. 998 883 33 33, www.dadyrock.com.mx, tgl. 18–4 Uhr. Ein Ableger des Dady'O. Man wird zunächst mit einem Dinner verwöhnt und dann zu Livemusik auf die Piste entlassen.

Infos

Allgemeine Informationen: siehe Cancún-Stadt, S. 89

Verkehrspolizei: 998 884 07 10

Cancún Stadt ▶ T 2

Der auf dem Festland liegende, ebenfalls auf dem Reißbrett geplante Teil dient gewissermaßen als Rückgrat der Infrastruktur des Badeortes. Öffentliche Einrichtungen wie Banken, Informationsstellen, Busbahnhöfe, das Rathaus und Kliniken haben hier ihren Standort. Mit dem Wachsen der Hotelzone hat auch der Ort Cancún einen raschen Aufschwung genommen und dehnt sich nun viele Kilometer weit ins Umland aus. Für Touristen von einigem Interesse ist allein ein etwa 1 km langer Abschnitt entlang der Avenida Tulum zwischen der zur Hotelzone führenden Avenida Kukulkán und dem Busbahnhof an der Einmündung der Avenida Uxmal nebst einiger kleiner Nebenstraßen. Auch hier bestimmen Geschäfte, einige Supermärkte und die Touristeninformation das Bild. In den Seitenstraßen reihen sich Restaurants und Bars.

Shoppingvergnügen im Einkaufszentrum La Isla

Übernachten

Die etwas besseren Hotels reihen sich entlang der Avenida Tulum, die Unterkünfte für Backpacker entlang der nach Norden führenden Avenida Uxmal. Sie profitieren von der Nähe des Busbahnhofs, nutzen doch viele Traveller Cancún nur als Umsteigeplatz zu ansprechenderen und preisgünstigeren Zielen. (Weitere Übernachtungsmöglichkeiten s. auch S. 81.)

Kolonial angehaucht – **Plaza Caribe** **5**: Av. Tulum, Ecke Av. Uxmal,Tel. 998 884 13 77, www.hotelplazacaribe.com, DZ ab 735 Peso. Zentraler geht es nicht. Das komfortable 4-Sterne-Hotel mit einer dem Kolonialstil nachempfundenen Fassade und 126 gut ausgestatteten Zimmern liegt genau gegenüber dem Busbahnhof. Zimmer nach vorne sollte man deshalb meiden. Sehr heimelig die strohgedeckte Bar, und ein Restaurant und einen Pool gibt es auch.

Die Alternativoase – **El Rey del Caribe** **6**: Av. Uxmal, Ecke Av. Nader, Tel. 998 884 20 28, www.reycaribe.com, DZ mit Frühstück ab 58 € (10 % Rabatt für »Oldies« ab 65 Jahre). Cancúns ungewöhnlichstes Hotel, ökologisches Gegenstück zu den protzigen Anlagen am Meer. Nur 25 kuschelig eingerichtete Zimmer, streng nachhaltige Ener-

Cancún Stadt

Übernachten

1 – 4 s. Karte S. 83
5 Plaza Caribe
6 El Rey del Caribe
7 Antillano
8 Colonial
9 Alux
10 Oceana
11 Las Palmas

Essen & Trinken

1 – 6 s. Karte S. 83
7 La Habichuela
8 Rolandi's
9 El Tapatico
10 Sope's House

Einkaufen

1 – 3 s. Karte S. 83
4 Mercado 23
5 Chedraui (s. S. 84)
6 Commercial Mexicana (s. S. 84)

gie- und Wasserversorgung, und das alles in einem kleinen paradiesischen Garten im Herzen der Stadt eingebettet. Raucher haben keine Chance. Statt all inclusive gibt es nur Bed und Breakfast, dafür aber auf Wunsch auch Schokoladenöl-Massage und Reiki. Eine frühe Buchung ist sehr ratsam.

Gemütlich im Zentrum – **Antillano 7**: Av. Tulum, Ecke Claveles, Tel. 998 884 11 32, www.hotelantillano.com, DZ ab ca. 730 Peso inkl. Frühstück. Alteingesessenes Stadthotel mit 48 funktionalen Zimmern in zentraler Lage. Zur Straße hin ist es etwas laut. Kleiner Pool.

Gutes Preis-Leistungs-Verhältnis – **Colonial 8**: Tulipanes 22, Ecke Av. Tulum, Tel. 998 884 15 35, www.hotelcolonialcancun.com, DZ ab 60 US-$. Seit Jahren sehr beliebte preiswerte und sehr saubere, zentral gelegene Unterkunft, 90 Zimmer mit Bad, teils mit AC, kleiner gemütlicher Innenhof mit Brunnen. Internet.

Alteingesessen – **Alux 9**: Av. Uxmal 21, Tel. 998 884 66 13 und 884 05 56, www.hotelalux.com, DZ ab 27 US-$ mit Ventilator, 32 US-$ mit AC. Große, recht spartanische Zimmer mit guten Bädern. Die zur Straße hin sollte man meiden. Internet frei. Zum Busbahnhof sind es nur wenige Meter.

Ziel der Backpacker – **Oceana 10** (Jugendherberge): Av. Laurel 14, Tel. 998 887 01 91, www.wearytravelerhostel.com. In recht engen Dormitories der gut organisierten Unterkunft kommt man bereits für 125 Peso unter. Für spartanische Doppelzimmer mit Bad und AC zahlt man 350 Peso. Der Luxus eines Kühlschranks kostet 50 Peso extra.

Persönlich – **Las Palmas 11**: Calle Palmeras 43, ein Stück neben der Jugendherberge, Tel. 998 884 90 15, DZ ab 300 Peso inkl. einfachem Frühstück. Familiäres kleines Hotel mit hellen, großen und einfachen Zimmern sowie kleinem Garten.

Essen & Trinken

Karibisch-yucatekisch – **La Habichuela 7**: Margaritas 25, Tel. 998 884 31 58, www.lahabichuela.com, tgl. 12–16 und 19–24 Uhr. Populäres Gartenrestaurant mit Tempelkulisse und authentischer Maya-Küche. Mehrfach international ausgezeichnetes Restaurant. Spezialität Cocobichuela-Lobster in Currysauce, serviert in einer Kokosnuss (375 Peso). Hauptgerichte ab ca. 160 Peso. Neuerdings gibt es auch einen Ableger in der Hotelzone bei km 12 an der Plaza Kukulcán.

Edler Italiener – **Rolandi's 8**: Av. Cobá 12, Ecke Tulum, Tel. 998 884 40 47, www.rolandi.com, tgl. 13–0.30 Uhr. Wenn schon Pizza und Pasta, dann hier aus dem holzgefeuerten Ofen. Bei Touristen sehr beliebtes, alteingesesse-

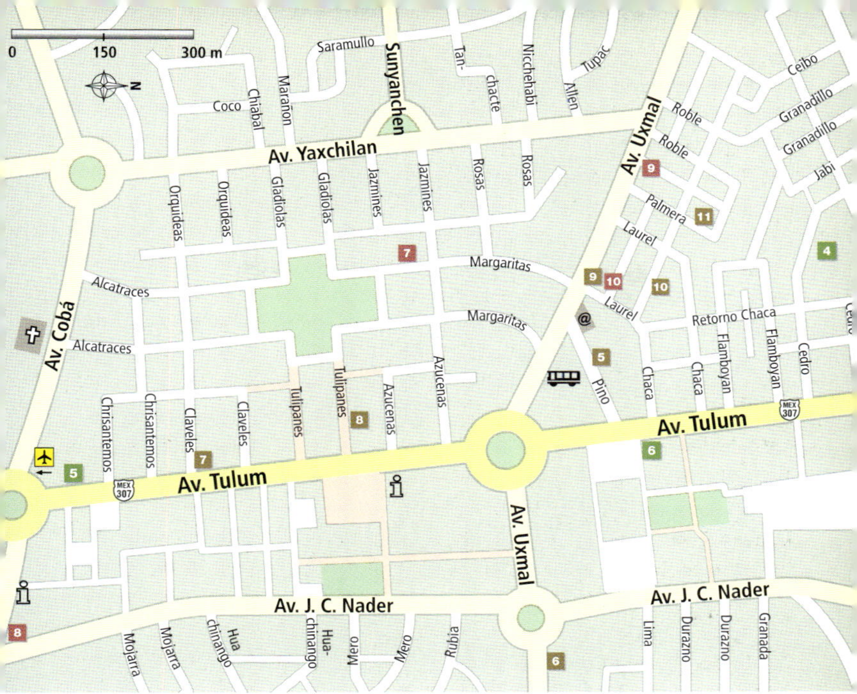

nes Restaurant mit nettem Ambiente. Hauptgerichte ab ca. 90 Peso. Rolandi hat noch ein weiteres Restaurant (Casa Rolandi) in der Plaza Caracol Shopping-Mall, Blvd. Kukulkán, km 8,5 (s. S. 84), Tel. 998 883 25 57, Hauptgerichte ab 180 Peso.

Riesencocktails – **El Tapatico** 9: Av. Uxmal 30, Tel. 998 887 83 17, tgl. 8–23 Uhr. Das Restaurant ist seit über 20 Jahren in Familienbesitz. Größere Margaritas als hier gibt es kaum, auch das Essen ist gut. Die verkehrsreiche Straße vor der Tür stört da wenig. Hauptgerichte ab ca. 70 Peso.

Unscheinbar, aber oho – **Sope's House** 10: Av. Uxmal 21, Ecke Laurel, unterhalb Hotel Alux, Mi–Mo 7–23, Di 8–13 Uhr. Ausgesprochen leckere Frühstücks- und Mittagsbüffets gibt es hier zu 60 Peso. Der rechte Ort, sich vor langer Busfahrt zu stärken.

Einkaufen

Unter Einheimischen – **Mercado 23** 4: Av. Tulum nördl. des Busterminals. Hier kaufen die Mexikaner ein. Eine gute Gelegenheit, sich mit den Konsumgewohnheiten der Einheimischen vertraut zu machen. Und vielleicht findet man hier sogar ein typisches Souvenir zu annehmbaren Preisen. Die zahlreichen kleinen Essenstände verlocken zudem zum Ausflug in die mexikanische Küche.

Infos & Termine

Informationen

Oficina de Turismo: Av. Cobá nahe Ecke Av. Tulum, einige Meter neben Rolandi's Pizza, Tel. 998 887 33 79, Mo–Fr 9–19, Sa bis 16 Uhr.

Party Hopper Package

Mit diesen Packages kann man sich die Nacht organisiert um die Ohren schlagen. Die Pakete, erhältlich in den großen Hotels oder bei den zahlreichen Reisebüros, beinhalten den Besuch mehrerer Discos mit Transport, Eintritt und Drinks.

Wichtige Telefonnummern

Rotes Kreuz (Cruz Roja): 884 16 16
Touristenpolizei: 884 522 77
Konsulate: siehe S. 32

Verkehr

... ab Flughafen:
Cancún ist das Einfallstor nach Yucatán und der Flughafen, ca. 25 km südlich der Stadt gelegen, somit sehr betriebsam. Erst kürzlich wurde ein neues Terminal (Terminal 3) eröffnet. In der Empfangshalle gibt es Bankautomaten und einen Wechselschalter (Geld nachzählen!).

Ein Bus von ADO verkehrt von 8.30 bis 23 Uhr vom Flughafen zum Busterminal im Zentrum (4.30–22 Uhr in umgekehrter Richtung, 45 Peso), berührt allerdings nicht die Hotelzone. Vom Flughafen besteht auch eine Verbindung mit ADO nach Playa del Carmen (zwischen ca. 10 und 21 Uhr). Zwischen den Terminals verkehrt ein Shuttle Bus (5 Fußminuten).

Sammeltaxis fahren das gewünschte Hotel an. Sie starten aber erst, wenn sie voll besetzt sind, und laden die Gäste der Reihe nach ab. Pro Person zahlt man etwa 150 Peso (ca. 9 €).

Taxis berechnen mindestens 30 US-$ für die direkte Fahrt zum Hotel.

... innerstädtisch:
Stadtbusse: Cancún verfügt über ein gut ausgebautes innerstädtisches Busnetz, das die Hotelzone mit der Stadt und dem Abfahrtshafen der Fähren zur Isla Mujeres verbindet.

R-1: Av. Tulum–Hotelzone, einige auch bis Puerto Juarez (Fähre zur Isla Mujeres).

R-2 und R-15: Mercado 28 – Av. Cobá (Hotelzone).

R-27: Plaza Americas (Einkaufszentrum in Cancún-Stadt).

Taxi: Die Taxis haben keine Zähler, sodass man vor Antritt der Fahrt unbedingt den Preis aushandeln muss. Man sollte sich schon vorher im Hotel nach den üblichen Tarifen erkundigen.

... überregional:
Fernbusse: Der Busbahnhof liegt im Zentrum an der Einmündung der Av. Uxmal in die Av. Tulum. Telefonauskunft (auch in Englisch) 998 884 43 52, 884 55 42, 887 42 22; -2404. Von hier verkehren Busse der 1. Klasse u. a. zu folgenden Zielen: Campeche (2x tgl., 6–7 Std.), Chichén Itzá (2. Klasse 6–10 Uhr, ca. stdl., 3–4 Std.), Mérida (4 Std. Fahrzeit), Playa del Carmen (alle 10 Min., ca. 6 bis 24 Uhr, 1,5 Std. mit dem Playa-del-Carmen-Shuttle, sehr preiswert), Tulum (etwa stdl., 2–3 Std.), Valladolid (mehrfach tgl., 2–3 Std.).

Minibusse (Playa Express, kleines Büro gegenüber dem Busbahnhof): Sie fahren alle 15 Min. nach Playa del Carmen und alle 30 Minuten nach Tulum. Vom Busbahnhof gibt es auch 2x tgl. Verbindungen der 2. Klasse mit Mayab nach Chiquilá, von wo wiederum Anschluss mit der Fähre zur Insel Holbox besteht (s. u.).

Kultur-Events

Die kirchlichen Feiertage werden auch in Cancún begangen, allerdings weniger authentisch als anderswo in Mexiko (www.cancun.eventguide.com).

Karneval: Eine Woche im März/April. Sehr ausgelassen mit karibischem Touch.

Lasser Sailing Show: Letzte beiden Wochen im März. Die Gewässer rings um Cancún füllen sich mit Yachten.
Cancún Jazz Festival: 10–13. Mai. Wird seit 1991 veranstaltet. Zahlreiche in der Szene bekannte Interpreten treten im Parque de las Palapas und vor dem Centro des Convenciones auf.
Viva Mexico: September. Kulturelle Veranstaltungen über einen ganzen Monat hin, Folklore, Ausstellungen, Konzerte an verschiedenen Stellen der Stadt, Tel. 998 881 27 45.
International Caribbean Cultural Festival: Mitte November. Veranstaltet vom Staat Quintana Roo. Zahlreiche Musik- und Folkloredarbietungen.

Isla Mujeres! ►T 2

Der warme Wind weht einem um die Nase, und zuweilen spritzt die Gischt hoch. Die Annäherung mit dem Schiff über die schmale Meerenge steigert die Vorfreude auf den Besuch der nach wie vor abseits des Touristenrummels liegenden ›Insel der Frauen‹.

Leider verkehren heute meist schnelle, geschlossene, klimatisierte Katamarane, auf denen der Meerblick durch das Flimmern eines Fernsehschirms ersetzt wird. Für Reisende mit mehr Zeit empfiehlt sich die alte langsame Autofähre von Punta Sam, die genussvolle, naturnahe Seefahrt für alle Passagiere bietet. In der Ferne die Skyline der Hotelpaläste von Cancún, voraus Palmen, dümpelnde Boote und farbig angestrichene Häuser – das Idyll, das der Blick aus der Ferne verspricht, erfüllt die Insel glücklicherweise noch immer. Es gibt einfach keinen Platz für einen Flughafen und somit keine Gelegenheit, eilige Pauschaltouristen bis vor die Hoteltür zu fliegen. So wird sich das Eiland auch in Zukunft kaum für den Massentourismus qualifizieren können. Individualtouristen, die eine verräucherte Bar einer Hightech-Disco vorziehen und lieber am Riff schnorcheln als im Hotelpool zu plantschen, dürften darüber kaum traurig sein. Durch die Nähe zu Cancún erlebt die Insel jedoch jeden Vormittag eine Invasion von Tagesausflüglern.

Mit dem Namen ›Insel der Frauen‹ lässt sich leider keine aufregende Geschichte eines Amazonenstaates oder eines Harems gefangener Spanierinnen aus Seeräuberzeit in Verbindung bringen. Vielmehr stammt er von dem Seefahrer Francisco Hernández de Córdoba, der 1517 hier an Land ging und Tonfiguren weiblicher Gottheiten in einem Tempel entdeckte. Es handelte sich um ein Heiligtum der Fruchtbarkeitsgöttin Ixchel, das die Maya möglicherweise auf ihren Pilgerfahrten nach Cozumel regelmäßig besuchten.

Im 17. Jh. diente die Isla Mujeres den Piraten der Karibik als Unterschlupf. Während des Zweiten Weltkriegs hatten die Amerikaner hier eine Marinebasis, die später von den Mexikanern übernommen wurde und nach wie vor genutzt wird. Sehenswürdigkeiten im klassischen Sinne darf der Besucher kaum erwarten, dafür aber weitgehende Ursprünglichkeit und ein Unterwasserparadies ohnegleichen.

Isla Mujeres Stadt

Die Fähren vom Festland legen an dem Pier des einzigen größeren Ortes an, der aus kaum mehr als einem Dutzend Straßen besteht und sich tropisch verträumt gibt, fern der hochglanzpolierten Welt klimatisierter Hotelpaläste. Gleichwohl sind die Zeiten der 1960er-Jahre, als es nur ein Hotel gab und das Eiland als Geheimtipp unter den Rucksacktouristen gehandelt wurde, auch hier längst nostalgische Vergangen-

Isla Mujeres Stadt

Übernachten
1 Na Balam
2 Cabañas María del Mar
3 Villa Kiin
4 Posada del Mar
5 Francis Arlene
6 Belmar
7 Poc-Na Hostel

Essen & Trinken
1 Rolandi's Pizza
2 Mañana
3 Bucaneros
4 Lonchería La Lomita

Abends & Nachts
1 Poc-Na Hostel
2 OM Bar and Chill Lounge

heit. Noch immer aber dominieren Fischfang und Marine das kleine Städtchen, das auf eine weitaus längere Geschichte zurückblickt als die benachbarte Ferienfabrik Cancún.

Man hat sich hier auf die zahlreichen Tagesausflügler eingestellt und versucht, ein wenig am großen Geschäft teilzuhaben. Zu diesen Bestrebungen zählt auch der Verleih von Fahrrädern und elektrobetriebenen Golfwagen, die sich auf der flachen kleinen Insel als ideales Fortbewegungsmittel erweisen. Einen ausgezeichneten Ruf genießen auch die zahlreichen Fischrestaurants. Bedauerlicherweise werden aber bereits die ersten Großhotels wie das Privilege Aluxes mitten im Ort hochgezogen.

Übernachten

Schlichte Eleganz – **Na Balam** 1: Calle Zazil-Há 118, Tel. 998 877 02 79, www.nabalam.com, DZ ab ca. 200 US-$ (mind. 3 Tage). 28 geschmackvolle Juniorsuiten mit Meerblick an der North Beach, Pool, alles in einen tropischen Garten mit Hibiskus und Palmen gebettet.

Behaglich – **Cabañas María del Mar** 2: Carlos Lazo 1, Tel. 998 877 02 13, www.cabanasdelmar.com, DZ ab 135 US-$. Gemütliche Unterkunft in Cabañas oder Hotelzimmern, jeweils mit Terrasse in unmittelbarer Nähe des Strandes, Pool, Restaurant.

Tropisch rustikal – **Villa Kiin** (ex Casa Maya Guest House) 3: Calle Zazil-Há 129, Tel. 998 877 00 45, www.villakiin.com, DZ ab 50 US-$. Urgemütliches kleines Strandhotel mit Bungalows direkt an einer Bucht. Einen Pool gibt es nicht, dafür jede Menge Palmen, zwischen die man seine Hängematte knüpfen kann – Karibik pur.

Geschmackvoll mexikanisch – **Posada del Mar** 4: Av. Rueda Medina, Tel. 998 877 00 44, www.posadadelmar.com, DZ ab 100 US-$. Angenehmer, zwischen Leuchtturm und Fähranleger gelegener Komplex mit Bungalows und einem mehrstöckigen Gebäude, hübscher Garten mit Pool, klimatisiert.

Zentral – **Francis Arlene** 5: Av. V. Guerrero 7, Tel. 998 877 03 10, www.francisarlene.com, DZ ab ca. 70 US-$. Geräumige, hübsch eingerichtete Zimmer teilweise mit Meerblick und Küche im Herzen des Ortes, Zimmer mit oder ohne AC.

Gutes Preis-Leistungs-Verhältnis – **Belmar** 6: Av. Hidalgo 10, zwischen Av. Madero und Av. Abasolo, über der Pizzeria Rolandi's gelegen (s. u.), Tel. 998 877 70 42, www.rolandihotelbelmar.com, DZ ab 75 US-$. Komfortable, sehr gepflegte Zimmer im Zentrum, einige mit Balkon.

Tolle Herberge – **Poc-Na Hostel** 7: Ecke Matamoros und Carlos Lazo, Tel. 998 877 00 90, www.pocna.com. Dormitory 10 US-$, DZ mit Bad und AC 33 US-$, jeweils mit Frühstück. Jugend-

herberge mit einzigartiger Lage an der Playa Norte, je nach Geldbeutel hat man die Wahl zwischen Dormitory (6 und 10 Betten) oder Privaträumen mit oder ohne Bad und AC. Die preisgünstige Strandbar ist der abendliche Treffpunkt.

Essen & Trinken

Pizza- und Pastaspezialist – **Rolandi's Pizza** 1: im Hotel Belmar (s. o.), Av. Hidalgo 10, Tel. 998 877 04 29, 8–23 Uhr. Man kennt die Pizzeria ja schon aus Cancún (s. S. 88), die Qualität hier ist ebenso gut und man sitzt schön im Innenhof. Unter www.rolandi.com kann man schon einmal die Speisekarte studieren. Hauptgerichte 80–180 Peso.

Besser schon heute – **Mañana** 2: Ecke Matamoros und Guerrero, 8–16 Uhr. Hier kommen auch die Vegetarier auf ihre Kosten, bei Baguette mit Hummus und Gemüse etwa oder einem Fruchtmixgetränk. Hauptgerichte ab 70 Peso. Zur Straße hin ein offener Tresen, handbemalte Tische und ein Buchtauschbasar vervollständigen den Globetrottertreff.

Geläuterte Piraten – **Bucaneros** 3: Av. Hidalgo, zwischen Av. Abasolo und Av. Madero, gegenüber Rolandi's Pizza, Tel. 998 877 01 26, www.bucaneros.com, 7–23 Uhr. Angenehmes Ambiente, gute mexikanisch-internationale Küche und ganz hervorragende Saftmixgetränke, preiswerte Mittagsmenüs (120 Peso). Die alten Bucaneros (Seeräuber) haben sicherlich nicht so gut gegessen.

Mexikanische Köstlichkeiten – **Lonchería La Lomita** 4: Ecke Av. Juárez, Av. Allende, 9.30–22.30 Uhr. Von Einheimischen bevorzugtes kleines Restaurant ohne Schnickschnack, preiswerte Fischgerichte. Hauptgericht ab 70 Peso.

Abends & Nachts

Verglichen mit Cancún geht es hier recht verhalten zu. Das ›Nachtleben‹ konzentriert sich auf die Av. Matamoros und Hidalgo sowie einige Strandabschnitte, von denen sich der Sonnenuntergang genießen lässt.

Hippie-Nostalgie – **Poc-Na Hostel 1**: Die Strandbar der Jugendherberge (s. o.) ist nicht nur Anlaufstelle der Hausbewohner. Ausgelassene Stimmung, Lagerfeuer und preiswertes Bier locken viele Backpacker an den höchst romantischen Platz, Erinnerungen an die 1970er-Jahre im indischen Goa kommen auf, geöffnet bis 3 Uhr.

Für Selbstzapfer – **OM Bar and Chill Lounge 2**: Matamoros, L 19, M 15, tgl. 18–1 Uhr. Sehenswerte Multikulti-Stilmischung aus europäischen, asiatischen und afrikanischen Versatzstücken. Der Clou ist der eigene Bierzapfhahn am Tisch, sodass die Kehle bei Jazz oder Reggae nie trocken wird – und der Umsatz sicherlich gesteigert.

Infos

Informationen

Oficina de Turismo: Av. Rueda Medina, Tel. 998 88 70 07 67, Mo–Fr 8–20 Uhr, Sa und So 9–12 Uhr. Hilfsbereit, aber meist nur Spanisch sprechend.

Internet

www.isla-mujeres.net: Einige grundlegende Infos zur Insel, ansonsten eher kommerzielle Anzeigen.

Fähren

Von Cancún: Boote von der Hotelzone fahren u. a. von Playa Linda (El Embarcadero), Playa Tortugas und Playa Langosta. Der aktuelle Fahrpreis beträgt 10 US-$ (www.granpuerto.com.mx/).

Von Puerto Juárez: ca. 4 km nördlich von Cancún-Stadt, erreichbar mit dem Bus der Linie R1 oder Minibussen entlang der Av. Tulum. Expressboote verkehren ca. alle 20 Min., 60 Peso, Fahrzeit 20 Minuten.

Von Punta Sam: 8 km nördlich von Cancún-Stadt, erreichbar mit Minibussen, ca. 5 Verbindungen mit Autofähre je Richtung, tgl. zwischen 8 und 20 Uhr, Fahrzeit ca. 60 Minuten.

Zur Isla Contoy: Abfahrt am Fährpier. Man wird aber auch am Hotel abgeholt (s. S. 98).

Verkehrsmittel auf der Insel

Bus: Ein Bus pendelt mehr oder weniger regelmäßig zwischen dem Fähranleger und Playa Lancheros im Süden mit Stops bei der Schildkrötenfarm (Tortugranja) und der Hacienda Mundaca.

Fahrräder: Sehr populär und vielerorts zu mieten. Vor der Abfahrt ausprobieren! Zuweilen muss man eine Kaution hinterlegen.

Golfwagen: Das beliebteste und zudem auch umweltfreundliche Verkehrsmittel kann man stunden- oder tageweise mieten.

Taxi: Feste Preise, aber man sollte sich vorher vergewissern, um »Missverständnisse« zu vermeiden.

Ausflugsziele auf der Isla Mujeres

Strände

Trotz der Insellage gibt es für Sonnenanbeter und Badeurlauber weniger geeignete Strände, als man vielleicht vermutet. Die Karibikseite ist der Brandung ausgesetzt, sehr rau und meist felsig. An der Lagunenseite gibt es mit der **Playa Pescador** und der **Playa Lancheros** nur recht bescheidenen Strand, ganz im Süden, im Nationalpark Garrafón, fehlt er ganz. Dafür aber hat die Insel mit der **Playa Norte** am Ortsrand der Stadt einen der schönsten Strände der gesamten Region vorzuweisen. Türkisfarbenes, flach abfallendes Wasser, das sich hervorragend für Urlaub

Tagesausklang, umspielt von einer warmen Brise, auf der Isla Mujeres

mit Kindern eignet, Palmen, kleine Strandbars – der ideale Platz, auszuspannen und ohne schlechtes Gewissen die Zeit vorbeifließen zu lassen (s. Karte S. 96).

Die Schildkrötenfarm (Tortugranja) 1

Carretera Sac Bajo, km 5, Tel. 998 877 05 95, tgl. 9–17 Uhr

Obwohl weltweit unter Schutz gestellt, werden die Meeresschildkröten nach wie vor gejagt und als Delikatessen angeboten. Bereits vor mehr als 30 Jahren haben örtliche Fischer die Isla Mujeres Tortugranja gegründet. Da die Schildkröten zur Eiablage immer an den Platz ihrer Geburt zurückkehren, sind die entsprechenden Strandabschnitte durch Gitter über den Eigelegen geschützt. Die geschlüpften Schildkröten werden zunächst in Becken großgezogen, ehe sie in die Freiheit entlassen werden. Nicht nur kleine Exemplare gibt es zu bewundern, auch bis zu 300 kg schwere ausgewachsene Dauergäste.

Hacienda Mundaca 2

Av. Rueda Medina, tgl. 9–17 Uhr

Schräg gegenüber der Zufahrt zur Schildkrötenfarm liegt der Parkplatz zum Besuch der von Legenden umwobenen Ruine, eine der wenigen historischen Spuren auf der Insel. Um das vor dem Verfall bedrohte Anwesen rankt sich eine ans Herz gehende Geschichte vom bösen Piraten Femin Mundaca de Marehaja, der sich in eine schöne Insulanerin verliebte. Um sie zu gewinnen, baute er das prächtige Anwesen, musste jedoch mit ansehen, wie sie einen anderen heiratete und nach Mérida zog. Einsam soll der Flibustier, andere sagen, er wäre ›nur‹ ein Sklavenhändler gewesen, seinen Le-

Isla Mujeres

Sehenswert
- 1 Schildkrötenfarm
- 2 Hacienda Mundaca
- 3 Nationalpark Garrafón
- 4 Maya-Tempel (Diosa Ixchel)
- 5 Insel Contoy

Aktiv & Kreativ
- 1 Dolpindiscovery

bensabend auf der Insel verbracht haben und wurde dort auch begraben. Die Inschrift auf seinem Grabstein stimmt nachdenklich und veranlasst vielleicht so manchen, die Urlaubstage voll auszukosten: »Wie du bist, so war ich – wie ich bin, so wirst du sein.«

Zu sehen gibt es einige alte Mauern, Reste von Kanonen, das ehemals eindrucksvolle Eingangtor und einige in engen Käfigen gehaltene Tiere.

Nationalpark Garrafón 3

www.garrafon.com, 8–17 Uhr, 70 US-$ (inkl. Transfer von Cancún)
Die lange Zeit zweifellos größte Attraktion der Isla Mujeres, der Garrafón-Nationalpark, hat seinen Reiz als Schnorchelparadies weitgehend eingebüßt. Dennoch wird er nach wie vor mit Nachdruck vermarktet und ist beliebtes Ziel der Tagesausflügler aus Cancún, die auf direktem Weg mit dem Boot kommen. Die oberflächennahen Korallen in diesem Gebiet wurden von den Wirbelstürmen der vergangenen Jahre stark in Mitleidenschaft gezogen, sodass eigentlich wenig mehr als ein Strandbad übrig blieb, das zudem noch durch einen Aussichtsturm verschandelt ist (100 Peso). Die im überzogenen Preis eingeschlossenen freien Getränke an der stets umlagerten Bar deuten schon darauf hin, dass die Naturbeobachtung hier wohl nicht (mehr) im Mittelpunkt steht.

An der Südspitze

Ein Stück vom Nationalpark Garrafón entfernt liegt auf der südlichsten Spitze der **Maya-Tempel 4**, der 1517 von Francisco Hernández de Córdoba erstmals beschrieben wurde. Hurrikan Wilma hat den Bau 2005 fast in Schutt und Asche gelegt, sodass die Besucher außer dem herrlichen Blick über das Meer hinüber nach Cancún nicht allzu viel erwarten dürfen. Man kann auch den Leuchtturm mit dem Skulpturengarten besuchen.

Aktiv & Kreativ

Tauchen – Vor der Küste gibt es mehrere Riffe, die von den Tauchunternehmen angesteuert werden, sich aber mit Cozumel kaum messen können. Aller-

dings locken einige Wracks von verunfallten oder vorsätzlich versenkten Schiffen. Zu den Anbietern derartiger Tauchtouren gehören: **Sea Hawk Divers** (www.islamujeres.net), **Delfindiving** (www.delfindiving.com) und **Cruisedivers** (www.isla-mujeres.net/cruisedivers).

Schwimmen mit Delfinen – Die an der gesamten Küste sehr beliebte, von Umweltschützern eher skeptisch gesehene Begegnung von Mensch und Delfin hat sich auch auf der Insel etabliert. An der Laguna Maxcax kann man sich mit dressierten Delfinen tummeln.

Dolphindiscovery 1: Camino Sac Bajo Lote 26, Tel. 01-800-727 53 91, www.dolphindiscovery.com. Je näher man den Tieren kommt, desto teurer wird es. Mit ihnen schwimmen kostet 70 US-$, sie auch noch zu küssen und sich von ihnen durchs Wasser ziehen zu lassen kostet 130 US-$. Bleibt nur zu hoffen, dass die Tiere auch was davon haben.

Isla Holbox ▸ S 1

Noch vor wenigen Jahren lebte auf der etwa 40 km langen und bis zu 2 km breiten Insel vor der Nordküste, die in Wirklichkeit eine Halbinsel ist, nur eine Handvoll Fischer mit ihren Familien. Dem Touristenboom rings um Cancún blieb dieses kleine Paradies aber auf Dauer nicht verborgen, sodass sich heute bereits erste, glücklicherweise in angepasster Architektur errichtete Hotels niedergelassen haben, die all jenen Reisenden eine Bleibe bieten, denen die Hektik der großen Badeorte nicht zusagt. Mehr als Baden, am wunderbar feinen Sandstrand liegen oder an ihm für Kilometer entlangwandern kann man auf Holbox nicht, und auch die Abende sind nicht lang, schließen doch die meisten Restaurants und Kneipen bereits gegen 22 Uhr. Nach wie vor tragen die Straßen keine Namen und sind ungepflastert, die einzigen Fahrzeuge sind Golfwagen (auch die Taxis). Und eine Bank oder einen Geldautomaten sucht man bisher ebenfalls vergebens, also genug Bargeld mitbringen, denn das Preisgefüge ist recht hoch und entspricht etwa dem der Isla Mujeres.

Das Wasser allerdings hat hier aufgrund des Zusammentreffens von Golf und Karibik nicht ganz die betörende Farbe wie in Cancún, Playa del Carmen oder Tulum. Das Paradies ist längst in das Visier der Tourismusplaner geraten, die auch schon den passenden Namen ›Peninsula Maya‹ gefunden haben. Ein neuer Pier ist bereits im Bau und eine direkte Straße nach Cancún geplant. Wer die Natur unverfälscht genießen möchte, sollte schnell kommen, ehe es hier so aussieht wie heute in Playa del Carmen oder Tulum. Die Hauptsaison liegt wegen der Walhaie zwischen Mai und September, die Übernachtungspreise verdoppeln sich in diesem Zeitraum. In der ▷ S. 100

Auf Entdeckungstour

Bootstour zur Isla Contoy

Auf der kleinen, unter Naturschutz stehenden Insel 5 ist der Mensch nur Besucher. Über 100 Vogelarten haben hier ihre Heimat, und beim Besuch wächst der Wunsch, den Wundern der Natur weltweit eine Chance zu geben.

Reisekarte: ► T 1

Infos: Contoy liegt etwa 32 km nördlich der Isla Mujeres und darf nur im Rahmen einer organisierten Eintagestour besucht werden. Diese werden sowohl in Cancún als auch auf der Isla Mujeres angeboten. Eine Liste der Veranstalter findet man unter www.isla contoy.org/tour_operator.htm

So mögen viele Inseln in der Karibik noch vor einigen Jahren ausgesehen haben. Palmen, Sandstrand, Dschungel, Lagunen und Mangroven im Hinterland. 1981 wurde die etwa 8 km lange und bis zu 700 m breite Insel unter Naturschutz gestellt, 1998 zum Nationalpark aufgewertet.

Von der Isla Mujeres nimmt das Boot Kurs auf die Küste Yucatáns und folgt ihr durch flaches Gewässer nach Norden. Um die von manchen Touristen als eintönig empfundene Fahrt aufzulockern, wird eine Badepause meist am Ixlache-Riff eingelegt, ehe das von fern eher unscheinbar wirkende Ziel, die Insel, erreicht ist.

Reiche Vogelwelt

Sie ist nunmehr eines der wichtigsten Vogelschutzgebiete des Landes. Über 150 Arten sind hier heimisch, und auch die Zugvögel wissen die Insel als Zwischenstation zu schätzen. Gut 10 000 nutzen sie im Frühjahr und Herbst. Aufgrund der flachen, mit Korallen durchsetzten nährstoffreichen Gewässer ist der Tisch für die Seevögel reich gedeckt. So fühlen sich denn auch Braunpelikane (Abb.), Fregattvögel und Tölpel hier besonders wohl.

Bei der Errichtung der Infrastruktur wurden strengste Anforderungen an die Nachhaltigkeit gestellt. Unterstützung fand der gemeinnützige Verein Amigos de Contoy – dessen unbedingtes Anliegen die Erhaltung der Natur auf der Insel ist – von der in Hamburg ansässigen Lighthouse Foundation (www.lighthouse-foundation.org), die sowohl Mittel als auch Know-how bereitstellte.

Beschränkter Zugang

Den strengen Regeln des Naturschutzes müssen sich auch die Besucher beugen. Nur 200 Gäste dürfen das Eiland täglich betreten und sind dabei in ihrem Bewegungsradius eingeschränkt.

Der Ausflug dauert einen ganzen Tag, wobei der eigentliche Aufenthalt auf der Insel mit 2 bis 3 Stunden relativ kurz ausfällt. Wer zur Seekrankheit neigt sollte vorsorgen, denn die Fahrt über das offene Meer kann in den überwiegend kleinen Booten recht »bewegt« sein. Ansonsten könnte man an dem im Reisepreis meist eingeschlossenen leckeren Mittagessen nicht immer die rechte Freude haben.

Das Boot landet an einer von einem schmalen Palmenstrand gesäumten Bucht an, an der auch das Besucherzentrum liegt. Eingerichtet wurde es von den Amigos de Contoy. Ein 20 m hoher Aussichtsturm ermöglicht einen Blick aus der Vogelperspektive über fast das gesamte Eiland. Auf zwei kurzen Fußwegen kann man der Flora und Fauna ein Stück näher kommen.

Seltene Schönheiten

Besonders wissbegierige Besucher können von der Sachkenntnis der Ranger, die im Besucherzentrum oder beim Spaziergang anzutreffen sind, in Bezug auf die Region profitieren. Außer Vögeln nämlich sind die Reptilien mit über einem Dutzend Arten vertreten. Und die Abgeschiedenheit Contoys nutzen auch die selten gewordenen Suppen- und Karettschildkröten für die Eiablage.

Die meisten Besucher aber begnügen sich mit der Gelegenheit, im seichten Wasser der Bucht zu schnorcheln und zu schwimmen, wo bereits ein zahmer Rochen namens »Fred« wartet. Zuweilen bekommt man hier eine Schildkröte oder einen Hai zu Gesicht.

Zum Boot zurückgekehrt, verwöhnt die Besatzung den Besucher mit frisch gegrilltem, auf der Hinfahrt gefangenem Fisch und kühlen Getränken.

Faszinierend: die Begegnung mit einem Delfin

dann herrschenden Regenzeit fühlen sich die Mücken wohl, für die die Region berüchtigt ist. Bei Nordwind kann es im Winter hingegen recht frisch werden. Als klimatisch beste Monate gelten März bis Mai.

Ausflugsziele auf Holbox

Yalahau Lagune

Das beliebte Ausflugsziel, eine Frischwasserquelle, erreicht man mit dem Boot in etwa 30 Minuten. Der Legende nach soll hier ein gewisser Francisco de Molas 40 Jahre lang gelebt haben, nachdem bereits die Maya die Quelle als luxuriösen Badeplatz genutzt hatten. Der skrupellose Pirat soll seinen Diener und Mitwisser enthauptet haben, damit er nicht das Versteck der Beute verriet, starb aber kurz darauf selbst – der Schatz, so es ihn gegeben hat, blieb bis heute verschollen.

Isla Pajaros

Die Vogelinsel liegt ein kleines Stück vor der Küste und wird von Ausflugsbooten angelaufen (ca 30 Min. Fahrzeit). Nur von einigen Stegen und Aussichtsplattformen aus ist die Vogelwelt zu beobachten. Auch hier gibt es Pelikane, Löffler, Flamingos in Scharen.

Besuch bei den Walhaien

Sie sind gutmütig, riesengroß und Pflanzenfresser. Jeden Sommer (Mai–September) versammeln sie sich in den seichten Gewässern vor der Insel Holbox und locken Schnorchler und Taucher zur ultimativen Begegnung. Die Ausflüge werden regelmäßig von Holbox, aber auch von Cancún und der Isla Mujeres aus veranstaltet. Inwieweit man diesen Besuch aus ökologischen Gründen vertreten kann, sollte jeder für sich entscheiden. Holbox nutzt die Möglichkeit hingegen bedenkenlos und nennt sich bereits stolz ›Isla del Tiburón Ballena‹ (Insel der Walhaie).

Übernachten

Die hier angeführten Preise beziehen sich, sofern nicht anders angegeben, auf die Zeit zwischen November und April (siehe aber die höheren Preise zu den Feiertagen, Weihnachten, Neujahr, Ostern, S. 22).

Robinson-like – **Casa Las Tortugas:** Tel. 984 875 21 29, www.holboxcasalastortugas.com, DZ ab 85 US-$ inkl. Frühstück. Uriges Bed & Breakfast-Hotel unter italienischer Leitung mit strohgedeckten Strandbungalows, teilweise mit Veranda.

Gepflegt – **Hotel Palapa**: Av. Morelos, 231, Tel. 984 875 21 21, www.hotellapalapa.com (auch Deutsch), DZ ab 98 US-$. Neuere zweistöckige Anlage am Strand, weniger rustikal als die anderen, dafür sehr sauber und gemütlich.

Der Oldie – **Faro Viejo:** Av. Juárez, Tel. 984 875 22 17, www.faroviejoholbox.com.mx, DZ ab 85 US-$. Ortsnah in herrlicher Lage am Strand, wie die meisten auch dieses strohgedeckt in traditionellem Stil, Restaurant.

Familiär – **Posada la Raza:** an der Plaza, Tel. 984 875 20 72, DZ ab 300 Peso. Die meisten einfachen, sauberen Zimmer haben Fenster zum Gang, die beiden besten auch zur Veranda mit Blick über die Plaza. An Wochenenden bis Mitternacht etwas laut. Sehr freundlich.

Für Sparfüchse – **Hostel y Cabanas Ida y Vuelta:** Calle Plutarco Elias Calles s/n, zwischen Robalo y Chacchi (östl. der Plaza), Tel. 984 875 23 58, www.realadventures.com/listings/1156513_hostel-cabanas-ida-y-vuelta-camping. Einfache Anlage mit Hütten und Campingmöglichkeit (mückengefährdet) von 9 US-$ für einen Hängemattenplatz bis zu 30 US-$ für eine Hütte.

Essen & Trinken

Meist handelt es sich hier um kleine Restaurants, die frische Fischgerichte und gute italienische Kost liefern. Viele öffnen erst gegen 18 Uhr, einige zum Frühstück 8–11 und abends 18–22 Uhr.

Tische im Sand – **Faro Viejo:** Restaurant des gleichnamigen Hotels mit Strandbar für den Sundowner. Frischer Fisch ist der Renner. Gerichte ab 90 Peso, hin und wieder gibt es eine Platte mit Seegetier vom Grill (für 2 Pers., 400 Peso).

Italienisch – **Los Pelicanos**: nahe der Südwestecke der Plaza, tgl. 18–22 Uhr. Italienische Küche, auch gute Fischgerichte, erstaunliche Auswahl an Wein. Derzeit sicherlich das beste Restaurant. Gerichte ab ca. 100 Peso.

Kunterbunt – **La Isla de Colibri**: an der Plaza, kein Tel., tgl. 8–11, 18–22 Uhr. Traditionelles kleines Holzhaus. Nett als Frühstücksrestaurant. Hauptgerichte ab 70 Peso.

Infos

Internet

www.holboxisland.com: Informationen über die Insel mit Hinweisen zu Anreise, Unterkunft und Ausflügen.

Verkehr

Anreise: Bus (3,5 Std.) von Cancún zur Fähre in Chiquilá: mehrfach tgl. (2. Kl. mit Mayab). Fähre Chiquilá–Holbox: Motorboot nach Bedarf (Fahrzeit 10 Min., bei Seegang nicht zu empfehlen): Normalfähre (Fahrzeit 45 Min.): stdl. zwischen 6 und 19 Uhr.

Rückfahrt: Fähre stdl. zwischen 5 und 18 Uhr. Bus Chiquilá–Cancún: 5.30, 7.30, 13.30 Uhr, ein Bus nach Valladolid. Die Busse warten auf die Schiffe.

Golfwagen: An fast jeder Ecke und in jeder Unterkunft kann man Golfwagen mieten (ca. 100 Peso/Stunde).

Lieblingsort

Am Strand von Holbox ► S 1
Nahtlos geht die Sandstraße in den Strand über. Durchs seichte Wasser plantschend, hinüber zu einer kleinen Sandbank wechselnd, folge ich ihm über viele Kilometer, ohne über Liegestühle und Sonnenschirme zu stolpern. Seevögel beherrschen den Himmel, vereinzelt dahingleitend wie die Pelikane oder in geordneten Schwärmen wie die Seeschwalben. In waghalsigem Sturzflug jagen die Fregattvögel ihre Beute. Auch wenn man keine Walhaie zu Gesicht bekommt, zeigt sich Holbox als Naturparadies und belohnt den Besucher durch spektakuläre Sonnenuntergänge. Am liebsten genieße ich sie von der schaukelnd aufgehängten Sitzbank der Strandbar – stilecht mit einer Margarita in der Hand.

Das Beste auf einen Blick

Entlang der Riviera Maya

Highlight!

Cobá: Leicht erliegt der Besucher hier der Faszination der fremden Kultur, trägt doch der dichte Buschwald, in dem sich die Pyramiden verbergen, zur geheimnisvollen Aura dieser etwas abseits der Touristenströme gelegenen Ruinenstätte bei. S. 136

Auf Entdeckungstour

Mit der Natur auf Du und Du – Sian Ka'an: Seltenen Pflanzen begegnet man im UNESCO-Biosphärenreservat vor den Toren Tulums. Unter sachkundiger Führung kann man kurze oder lange Exkursionen unternehmen oder mit einem Boot durch das Labyrinth der Kanäle paddeln. S. 134

Kultur & Sehenswertes

Maya-Festung Tulum: Die Stätte, die ursprünglich wohl den schönen Namen »Stadt der Morgenröte« trug, bezauberte durch ihre einzigartige Lage am Meer bereits die frühen spanischen Eroberer. Heute ist sie durch ihre Nähe zu den Ferienzentren beliebtestes Ziel der Tagesausflügler. S. 126

Aktiv & Kreativ

Cenotes: In den Karsteinbrüchen lässt sich wunderbar baden oder gar mit Schnorchel oder Taucherausrüstung unter kundiger Führung das weit verzweigte unterirdische Höhlensystem erkunden. S. 110

Die Welt der Korallenriffe: Ob Anfänger oder erfahrener Taucher, die Riffe der Karibikküste, insbesondere vor der Insel Cozumel, bieten jedem einzigartige Einblicke in die faszinierende Unterwasserwelt. S. 118

Genießen & Atmosphäre

Lagune de Bacalar: Noch macht sich der Tourismus recht zaghaft an der zauberhaften Lagune tief im Süden der Riviera Maya bemerkbar. Geruhsam kann man mit dem Kanu über das Wasser gleiten oder am Ufer in der Hängematte den Tag verdösen. S. 147

Abends & Nachts

Strandparty in Playa del Carmen: Nach Sonnenuntergang zieht der am Strand liegende, bereits zur Institution gewordene Blue Parrot Beach Club mit seiner Open-Air-Tanzfläche, der fetzigen Musik und den süffigen Drinks die Nachtschwärmer an wie das Licht die Motten. S. 117

Der Name ist blumig, und das nicht ganz unberechtigt. Im Laufe der letzten Jahre hat sich die Küste südlich von Cancún, die Riviera Maya, immer mehr dem Tourismus verschrieben. Quirlige Badeorte wie Playa del Carmen oder noch ruhige wie Puerto Morelos bestimmen das Bild. In Tulum und Cobá locken Ruinenstätten der Maya, im Urwald um Tulum geheimnisvolle Cenotes und vor der Küste wartet eines der schönsten Riffe auf Taucher.

Puerto Morelos ►T 3

Der verschlafene Hafenort Puerto Morelos (36 km südlich von Cancún, 2 km abseits der Hauptstraße MEX 307) hat sich zum Eldorado der Sporttaucher entwickelt. Er hatte allerdings bis vor Kurzem mit seinem schattenlosen Strand – die Palmen und Teile der Mangroven fielen den Hurrikanen Wilma und Emily zum Opfer – den normalen Badetouristen weniger angezogen. Seit es in Playa del Carmen am Strand zunehmend eng wird, ziehen nicht wenige mittlerweile Puerto Morelos für einen erholsamen Urlaub vor. Freie Plätze am Meer gibt es noch genug, obwohl sich auch hier schon an der Peripherie die ersten All-inclusive-Anlagen breitmachen.

Ziel der Unterwasserfreunde ist das etwa 600 m vom Ufer entfernte Riff, das als eines der besten und noch intaktesten Unterwasserreviere der mexikanischen Karibikküste gilt und zum Marinepark erklärt wurde. Schnorchler können hier Meeresschildkröten und Mantas bewundern und natürlich ganze Schulen farbenprächtiger tropischer Fische. Abenteuerlustige Taucher lockt das Wrack einer spanischen Galeone einige Meilen vor der Küste.

Noch macht alles den recht verschlafenen Eindruck eines karibischen Fischerhafens, es ist eine wohltuende Atmosphäre, von denen sich Künstler und Handwerker ebenso angezogen fühlen wie Touristen, denen Meditation, Reiki und Yoga mehr zusagen als Diskotheken, Wasserrutschen und All-inclusive-Touren. Einen täglichen Reinigungsdienst am Strand wie in Cancún darf man hier allerdings nicht erwarten.

Infobox

Touristeninformation
Touristenbüros gibt es in Playa del Carmen und Chetumal.

Internet
www.locogringo.com: Sehr ausführliche Website zu den Orten entlang der Riviera Maya.

Anreise und Weiterkommen
Die gesamte Karibikküste ist verkehrsmäßig hervorragend erschlossen. Bis hinter Tulum ist die Straße überwiegend vierspurig ausgebaut. Von Cancún bis Tulum verkehren in relativ raschem Takt Busse und Collectivos. Hervorzuheben ist der 1.-Klasse-ADO-Shuttle-Bus, der alle 10 Minuten zwischen Cancún und Playa del Carmen (Fahrtzeit 1,5 Std.) pendelt.

Übernachten

Tropisch rustikal – **Rancho Sak Ol (Rancho Libertad):** ca. 1 km südl. direkt am Strand, Tel. 998 987 101 81, www.ranchosakol.com, DZ mit Frühstück ab 90 US-$. 13 überwiegend strohgedeckte Cabañas in doppelstöckiger Bauweise mit jeweils kleiner Terrasse und Meerblick. In einigen sind die Betten an Sei-

Noch lässt sich Puerto Morelos vom Treiben in Cancún nicht beeindrucken

len aufgehängt! Geschmackvolle Zimmer und Bäder. Im Preis eingeschlossen ein üppiges Frühstücksbüffet, und wer Lust zum Kochen hat, findet alle Utensilien in der Gemeinschaftsküche. Schnorchelausrüstungen und Fahrräder stehen für Ausflüge unter und über Wasser auch zur Verfügung.

Intim – **Cabañas Puerto Morelos:** Av. Javier Rojo Gomez, SMZ-02, MZ-12, Lote 7A, Tel. 998 206 90 64, www.cancuncabanas.com, DZ ab 95 US-$. Kleine 2-stöckige Anlage nur einige Meter vom Strand, kleiner Garten mit Pool, 6 große helle Zimmer, zu denen eine Kitchenette gehört.

Künstlerparadies – **Acamaya Reef:** ca. 3 km nördl. des Ortes, Zufahrt bei km 29 Carretera Cancún–Tulum (MEX 307) kurz vor Crococún (Krokodilpark, s. u.), Tel. 998 871 01 31, www.acamayareefcabanas.com/, DZ ab ca. 70 US-$. Fern jeder Hektik haben sich hier der französische Maler und Globetrotter Denis Urbai und seine ecuadorianische Frau Daisy ihr kleines Paradies geschaffen, das auch Besuchern offen steht. Man kann mit Zelt oder Wohnmobil anreisen, aber auch ein Zimmer mieten und die Seele baumeln lassen. Mit der Einsamkeit aber ist es vorbei, hat sich doch im Norden der riesige Hotelkomplex Excellence Riviera breitgemacht.

Luftig – **Carmen Hacienda:** (ehem. Hacienda Morelos), Av. E. Melgar, Tel. 998 871 04 48, www.haciendamorelos.com, DZ ab 65 US-$. Am Strand im Zentrum gelegene Unterkunft mit 15 ansprechenden Zimmern mit Meerblick, kleinem Pool und überdies einem gutem Restaurant.

Preiswert und zentral – **Posada Amor:** Av. Javier Rocha, nahe der Plaza, Tel. 998 871 00 33, posadaamor@hotmail.

com. 12 kleine Zimmer mit und ohne AC ab 500 Peso, recht gutes Restaurant.

Essen & Trinken

Sternewürdig – **John Grays Kitchen:** Av. Ninos Heroes 16, Tel. 998 871 06 65, Mo–Sa 6–22 Uhr. Hinter dem Kitchen verbirgt sich ein veritables Restaurant, in dem der Eigentümer, ehemaliger Chef des Ritz Carlton Hotels, am Herd steht und einfalls- und variationsreich exotische Köstlichkeiten zaubert. Hauptgerichte ab ca. 250 Peso.

Unter dem Palapadach – **Los Pelicanos:** Av. Rafael Melgar, an der Südostecke der Plaza, Tel. 998 871 00 1, tgl. 8–23 Uhr. Großes Restaurant am Strand unter einem riesigen Palapadach, das sich auch über die Terrasse zieht, dem nächsten Hurrikan aber sicherlich zum Opfer fallen wird. Hauptgerichte ab ca. 120 Peso.

Höhlenartig – **El Pirata:** Nordwestecke der Plaza, Tel 998 251 79 48, tgl. 8–22 Uhr. Kleines, schattiges Restaurant mit günstigen Preisen, mexikanische Standardgerichte. Ab 80 Peso.

Traditionell – **Dona Triny's**: Südseite der Plaza, Tel. 998 206 92 68. Kleines mexikanisches Restaurant, Spezialität Enchiladas (80 Peso).

Super Kaffee – **Cafe d'Almancia**: an der Südwestecke der Plaza, kein Tel., tgl. 7–22 Uhr. Farbenfrohes, kleines Café mit herrlichem Cappuccino, Espresso und Co.

Einkaufen

Maya-Typisches – **Handycraft Workshop Centre:** ein Block südl. der Plaza, umfangreiche Auswahl an Hängematten, Maya-Kleidung (Huipiles), Keramik und Schnitzereien. Man kann den Künstlern bei der Arbeit zusehen. Das Angebot in Playa ist aber besser.

Sonntagsmarkt – **Jungle Market:** ca. 2 km westlich der MEX 307, jeden Sonntag 9.30–14 Uhr. Traditionelles Maya-Handwerk mit Showeinlage um 11 Uhr. Hier findet man vielleicht das lang gesuchte Souvenir zu annehmbarem Preis.

Aktiv & Kreativ

Ab in die Tiefe – **Tauchen:** Wegen des nahen Riffs haben sich etliche Tauchunternehmen vor Ort etabliert. Einen guten Ruf unter ihnen genießt Dive in Puerto Morelos (www.diveinpuerto morelos.com).

Für Abenteuerlustige – **Ausf üge in den Dschungel**: Boca del Puma bietet eine recht anstrengende Kombination aus Schnorcheln, Zip-Lining und Radfahren (www.bocadelpuma.com; s. S. 110).

Abends & Nachts

Sundowner – Ein Paradies für Nachtschwärmer ist Puerto Morelos (bisher) nicht. Man trifft sich gerne zum Sundowner in einer der Kneipen, etwa Don Pepe an der Plaza oder Bara Bara in der Av. Javiér Rojo, wo es zuweilen Livemusik gibt.

Infos

Verkehr

Die meisten Busse (auch der ADO-Shuttelbus Cancún–Playa) auf der Strecke zwischen Cancún und Tulum halten nur an der Abzweigung auf der MEX 307, wo bereits Taxis warten (30 Peso). Einige Busse 2. Klasse von Mayab fahren auch in den Ort.

Ausflüge ab Puerto Morelos

Jardin Botánico Yaax Che ► S/T 3

an der Straße Cancún–Tulum (MEX 307), Tel. 998 206 92 33, Mo–Sa 9–17 Uhr

Für Naturfreunde ist der Besuch im Reservat, das an der MEX 307 2 km südlich der Abzweigung nach Puerto Morelos liegt, überaus lohnend. Nicht nur die alltäglichen Pflanzen der Region werden hier auf Spanisch, Englisch und Latein dem Besucher nähergebracht, eine Sektion ist auch den Heilpflanzen der Maya gewidmet, eine andere den Orchideen. Überdies beherbergt das Reservat zahlreiche Vögel und eine Population der seltenen Geoffroy-Klammeraffen.

Eine typische Maya-Behausung wurde aufgebaut und die Hütte eines Gummisammlers. Die Region war früher für den hochwertigen Saft des Breiapfelbaums bekannt, aus dem der Rohstoff für Kaugummi gewonnen wurde.

Krokodilfarm Crococún ► T 3

Straße Cancún–Tulum (MEX 307), km 31, Tel. 998 850 37 19, www. crococunzoo.com, 276 Peso, tgl. 9–17 Uhr

Aus einer kommerziellen Krokodilfarm hervorgegangene Aufzuchtstation, an dem Zoo werden vor allem Kinder ihren Gefallen finden. Neben zahlreichen Krokodilen unterschiedlicher Größe gibt es auch Affen, Wildkatzen und Papageien zu bestaunen.

Punta Bete ► S 3

Die herrliche Bucht mit ihrem 4 km langen schneeweißen Strand erreicht man von der Carr. Cancún–Tulum bei der Abzweigung bei km 65 (Richtung Xcalacoco). Mit Palmen, weißem Strand und türkisfarbenem Wasser lässt sie das Klischee einer bekannten Rum-Werbung Realität werden. Viel mehr als baden und tauchen kann man hier abseits jeglicher Ortschaft (bisher) allerdings nicht. Wem dies genügt, der vermag in Punta Bete durchaus sein Urlaubsparadies zu finden. Die rustikalen Hotels meist mit Voll- oder Halb-

Gummi zum Kauen

Schon im Altertum, bei Ägyptern, Römern und Byzantinern, wurde auf allen möglichen Harzen und Rinden herumgekaut, der Kaugummi unserer Tage hat aber in Mexiko seinen Ursprung. Bereits die Azteken und die Maya verwendeten den Saft des Breiapfelbaums zur Herstellung einer Kaumasse, die sie *tzicli* nannten.

Gegen Mitte des 19. Jh. begann der amerikanische Fotograf Thomas Adams mit der Produktion des Baumsaftes, der in Mexiko Chicle genannt wurde. Zuvor war er mit der Herstellung von synthetischem Gummi gescheitert. Zwar gab es schon in den USA Kaugummi aus Paraffinwachs, die elastische Kaumasse Chicle erwies sich aber als wesentlich besser und ›Adams' New York Gum No. 1‹ trat seinen Siegeszug an. Ab 1890 eroberte William Wrigley den Markt, und ab 1920 wurde Kaugummi auch in Europa bekannt und ist seither aus den Geschäften nicht mehr wegzudenken. Nicht so in Singapur, das für seine strenge Gesetzgebung bekannt ist. Zwischen 1992 und 2004 war der Verkauf untersagt, da Jugendliche damit angeblich die Schlitze der Kartenautomaten der öffentlichen Verkehrsmittel lahmlegten. Und noch heute darf dort Kaugummi nur unter Vorlage des Ausweises abgegeben werden.

pension in unterschiedlicher Preislage sind im Bungalowstil konzipiert und befinden sich überwiegend in amerikanischer Hand. Von Playa del Carmen schieben sich allmählich immer neue Hotels nach Norden, sodass Punta Bete wohl bald mit dem lebhaften Badeort verschmelzen wird. Die Region wurde jedoch von Hurrikan Dean 2007 stark getroffen, und etliche Hotelanlagen wie das fabelhafte Kai Luum wurden dem Erdboden gleichgemacht.

Übernachten

Urig – **Cocos Cabañas:** Tel./Fax 998 887 54 70, www.tulumresorts.com/riviera-maya/coco-s-cabanas, DZ ca. 65 US-$ mit Frühstück. Kleines, sehr gemütliches Hotel an einem mit Felsen durchsetzten Palmenstrand. 5 geschmackvoll ausgestattete, strohgedeckte Cabañas, kleiner Pool inmitten eines schönen Gartens. Es bietet gutes Essen und auch süffige Drinks.

Mein Tipp

Verborgene Cenotes ▶ S 3
In der Umgebung von Puerto Morelos locken etliche Cenotes zum kühlen Bad, einige auch zum Zip-Line-Abenteuer und Höhlentauchen, darunter ›**Boca del Puma**‹, 16 km westlich an der beim Botanischen Garten abzweigenden Piste nach Central Vallarta, auch Ruta de los Cenotes genannt (Tel. 998 137 88 62, www.bocadelpuma.com, tgl. 9–17 Uhr). Etwa 2 km weiter findet man an der gleichen Piste den wenig besuchten Cenote **Verde Lucero** (www.selvatica.com.mx). Neu ist der Cenote **Las Mojarras** bei km 12,5 (www.cenotelasmojarras.com). Bekannter, aber auch sehr gefährlich sind die Höhlen von **Siete Bocas**, auch Deep Blue genannt, 13 km westlich (tgl. 9–17 Uhr).

Playa del Carmen ▶ S 3

Der Tag beginnt spät in Playa del Carmen. Erst gegen 9 Uhr füllen sich die Restaurants und Cafés in der Fußgängerzone mit hungrigen Globetrottern, die bis spät in die Nacht zu Techno und Rock am Strand getanzt haben.

Der früher nur für seine Fährverbindung zur Isla de Cozumel bekannte Ort (ca. 70 km südl. von Cancún) hat sich in den letzten Jahren zu einem respektablen Ferienzentrum entwickelt und beginnt dadurch allmählich seinen Charme zu verlieren, erfreut sich aber vor allem bei jugendlichen Touristen nach wie vor großer Beliebtheit. Im Gegensatz zu Cancún hat es noch immer ein europäisches Flair. Ein breiter, mit Korallenfelsen durchsetzter Sandstrand erstreckt sich über mehrere Kilometer in beide Richtungen und geht im Norden in den Strand von Punta Bete, im Süden in den von Akumal über. Dennoch ist es bereits sehr eng geworden. Bis fast zum Wasser reihen sich die Liegen der Sonnenanbeter. Zahlreiche, unmittelbar am Meer liegende kleine Cafés und Restaurants sorgen für soziale Kontakte beim kühlen Drink, und auch einige Palmen haben die Hurrikane von 2005 und 2007 überlebt oder sind neu angepflanzt worden. Das Preisniveau liegt noch unter dem von Cancún, dafür hält sich aber auch das abendliche Unterhaltungsprogramm in Grenzen.

Am südlichen Stadtrand beginnt hinter der Anlegestelle der Cozumel-Fähren die Zone Playacar mit modernen Hotelkomplexen an einem leider viel zu kleinen Strandabschnitt. Auch an der nördlichen Peripherie entstehen immer neue internationale Hotels, sodass sich auch hier wie in Cancún eine Hotelzone herauszubilden beginnt, in der vor allem Pauschaltouristen absteigen. Der Ort kann all jenen empfohlen werden, die in ihrem Urlaub größeren Wert auf schönen Strand und eine preiswerte Unterkunft legen als auf glitzernde Unterhaltung und exotische Wassersportarten, das Zusammensein mit Gleichgesinnten beim abendlichen Bummel oder die Strandparty aber nicht missen mögen.

Flaniermeile Avenida 5 1

An der parallel zum Strand verlaufenden Fußgängerstraße Avenida 5, auch Quinta Avenida genannt, haben sich kleine Restaurants und Souvenirläden angesiedelt.

Maya-Ruine 2

Sogar eine kleine Ruine der postklassischen Epoche (1200–1500) hat der Ort zu bieten. Sie liegt in einer parkartigen Anlage (freier Eintritt), nicht weit vom Haupteingang des Hotels Playacar.

Übernachten

Mittlerweile hat sich im Norden und Süden eine Hotelzone mit internationalen All-inclusive-Hotels etabliert, die sich am preiswertesten von zu Hause aus im Rahmen eines Pauschalprogramms buchen lassen und deshalb hier nicht aufgelistet werden.

Szene-Treff – **Blue Parrot Inn 1**: Av. 1a Norte, Calle 12, Tel. 984 206 33 50, www.blueparrot.com, DZ ab 155 US-$. Eines der ersten Hotels in Playa (seit 26 Jahren), direkt am Strand in bester Lage, bis heute Treffpunkt der ›Beach-Szene‹ – der richtige Platz für betuchte Reisende mit dem Bedürfnis nach Unterhaltung; wer Ruhe sucht, sollte hier nicht absteigen, denn im Beach Club nebenan (s. u.) geht jeden Abend die Post ab. An der Av. 5 wurde unlängst das Boutiquehotel Studio eröffnet (ab 99 US-$).

Lieblingsort

Dem Grün ganz nah im 100% natural 2

Bei so viel Grün versteht es sich fast von selbst, dass in diesem Restaurant nur Vegetarisches auf den Tisch kommt. Von der mittlerweile zur Shopping Mall mutierten Avenida 5, der Hauptstraße von Playa del Carmen, führen einige Stufen hinab in den Garten, den mächtige Bäume überschatten und Hecken begrenzen. Besonders schön sitzt man im ersten Stock mit Blick ins Geäst, wo sich hautnah ungestört das Leben in dem Biotop studieren lässt, während man einen der exotischen Fruchtsäfte schlüft, Maracuja mit Orange zum Beispiel (s. S. 114).

xcaret!

Italienischer Chic – **La Tortuga/La Tortugita** 2: Av. 10a, Ecke Calle 12, Tel. 984 873 14 84, www.hotellatortuga.com, DZ ab 160 US-$. Neuere Anlage aus zwei Hotels unterschiedlicher Preisklasse, in italienischem Besitz, geschmackvolle Zimmer. Suiten mit Terrassen oder großen Balkons und Jacuzzi-Bädern. Den Innenhof schmückt eine hübsch angelegte Poollandschaft.

Mitten im Grünen – **El Tukan** 3: Av. 5 Norte, zwischen Calle 14 und 16, Tel. 984 873 12 55, www.tukanhotels.com, DZ ab 114 US-$. Ruhig gelegenes Hotel mit 136 Zimmern in tropischem Garten, in der Nähe der zum Hotel gehörende private Strandklub; es gibt auch Studios mit Küche für Selbstversorger.

Klassisch – **Alhambra** 4: Calle 8 Norte, Tel. 984 873 07 35, www.alhambra-hotel.net, DZ ab 86 US-$. Am Strand gelegenes komfortables Hotel mit gediegener Ausstattung; die teureren Zimmer haben Balkons mit Meerblick.

Viel Charme – **Hotel Kinbé** 5: Calle 10 Norte zwischen Av 1 und 5, 80 m vom Strand, Tel. 984 873 04 41, www.kinbe.com, DZ ab 75 US-$. Kleines, geschmackvoll ausgestattetes und professionell geführtes Boutique-Hotel mit 29 Zimmern, denen man ansieht, dass auch hier Italiener für die Ausstattung zuständig waren.

Klein, aber fein – **Lab Nah** 6: Av. 5a Norte, Calle 6 Norte, Tel./Fax 984 873 20 99, www.labnah.com, DZ ab 57 US-$. Verschachtelte, strandnahe Anlage mit kleinem Garten, funktionalen, recht kleinen Zimmern mit Balkon.

Man spricht Deutsch – **Casa Tucan** 7: Calle 4 zwischen Calle 10 und 15, Tel./Fax 984 873 02 83, www.casatucan.de, DZ ab 46 €. Sehr beliebtes familiäres Hotel in deutschem Besitz, kleiner üppiger Garten mit Pool, 20 teilweise hübsch ausgemalte Zimmer, 3 Appartements, nicht alle Zimmer mit AC und eigenem Bad. Internet gegen Gebühr, Wifi (W-LAN) frei.

Backpackertreff – **Hostel Playa** 8: Calle 8, Ecke Av. 25, Tel. 984 803 32 77, www.hostelplaya.com, Dormitory 160 Peso pro Person, DZ 200 Peso pro Person. Beliebte Jugendherberge mit Dorms und Doppelzimmern, Gemeinschaftsküche, Alkoholausschank und guten Infos.

Essen & Trinken

Viva Mexiko – **La Parrilla** 1: Av. 5, Ecke Calle 8. Tel. 984 873 06 87, www.laparrilla.com.mx, tgl. 11–1 Uhr. Sehr beliebtes, alteingesessenes zweistöckiges Grillrestaurant in der Fußgängerzone mit umfangreichem Angebot. Fleisch und Fisch ab ca. 120 Peso.

Paradies für Vegetarier – **100% natural** 2: Av. 5, zwischen Calle 10 und 12, Tel. 984 873 22 42, tgl. 7–23 Uhr. Üppige vegetarische Kost, Hauptgerichte ab 50 Peso (s. S. 112/113).

Im tropischen Grün – **La Cueva del Chango** 3: Calle 38, zw. Av. 5 und dem Strand, Tel. 984 147 02 71, Mo–Sa 8–23, So bis 14 Uhr. Schlemmen zwischen Palmen und Bananenstauden oder unter dem Palapadach. Einfallsreich kompo-

Mein Tipp

Per Rad zu einsamen Stränden
Noch gibt es ihn, den unverbauten Strand. Er erstreckt sich nördlich der neuen Hotelzone von Playa del Carmen in Richtung Punta Bete. Sonnenschutz, Trinkflasche und Snacks sollte man dabeihaben, um einen Tag fast wie Robinson fern jeglicher Orte zu verbringen.

nierte Fisch- und Fleischgerichte mit ausgeprägtem mexikanisch-karibischem Touch. Hauptgerichte ab ca. 120 Peso.

Authentische Maya-Küche – **Yaxche Maya Restaurant** 4: Calle 8 zwischen Av. 5a und 10, Tel. 984 873 30 11, www.mayacuisine.com, tgl. 12–23.30 Uhr. Mehrfach ausgezeichnetes, auf yucatekische Küche spezialisiertes Restaurant mit entsprechendem Ambiente. Im kleinen Hof erwarten Repliken der Tempel von Bonampak und Tulum den Gast. Wie wär es mit *Tzic* (Hummer mariniert in Orangensauce zu 155 Peso) oder *Boxito* (Garnelen in Pfeffersauce, 130 Peso)? Hauptgerichte ab 70 Peso.

Für Heimwehkranke – **Manne's Biergarten** 5: Calle 4, zwischen Av. 10 und 15, www.mannes-biergarten.page.tl, außer Di 16–24 Uhr. Nicht nur bei Deutschen beliebte Kneipe eines Aussteigers aus Berlin-Pankow mit langen Tischen, an denen man zusammenrückt. Es gibt Bier vom Fass, Gulasch und Schweinebraten. Hauptgerichte ab 80 Peso.

Der Oldie – **Club Nautico La Tarraya** 6: Calle 2, Tel. 984 873 20 40, tgl.12–21 Uhr. Noch immer gibt es in dem seit 1968 bestehenden urigen Restaurant unmittelbar am Strand frischen Fisch zu unschlagbaren Preisen. Sehr beliebt vor allem mittags, wenn man unter Palmen fast mit den Füßen im Wasser speist. Hauptgerichte ab 60 Peso.

Süße Verführung – **Ah Cacao Chocolate Café** 7: Ecke Av. 5 und Av. Constituyentes, Tel. 984 803 57 48, www.ahcacao.com, tgl. 7.15–23.45 Uhr. Das Göttergetränk der Maya in zahlreichen Variationen, Internetzugang für den Laptop gibt es gratis dazu.

Kaffeeklatsch – **Java Joe's** 8: Calle 10 zwischen Av. 5 und Av. 10, Tel. 984 876 26 94, tgl. 6.30–23 Uhr. Seit Jahren beliebter Treffpunkt kontaktfreudiger Kaffeefreunde, die hier gerne auch ein gutes Frühstück genießen.

Tipp des Autors – **Makkaroni** 9: Calle 4 zw. Av. 10 und 15, Tel. 984 147 06 27, tgl. 18–24 Uhr. Das kleine Restaurant ist in italienischem Besitz. Hervorragend sind die italienische handgemachte Pasta, authentische Pizza, traumhaftes Tiramisu; preiswerter Wein und nette Bedienung. Hauptgerichte ab 80 Peso.

Einkaufen

Es gibt mittlerweile unzählige Geschäfte, die um die Gunst des Publikums buhlen. Wenn die Kreuzfahrtschiffe anlegen, steigen die Preise an der Av. 5.

Arte mexicano – **Pachamama** 1: Calle Corazon (Av. 5 zw. Calle 12 und 14), tgl. 9–23 Uhr. Kleiner Shop mit hübschen mexikanischen Andenken, darunter finden sich auch die sehr beliebten Miniaturen.

Grüße aus Chiapas – **Textile Maya de Chiapas** 2: Av. 5, Ecke Calle Corazon, tgl. 9–23 Uhr. Wer nicht nach Chiapas kommt, hat hier eine reiche Auswahl indianischer farbenfroher Textilien des Hochlandes.

Tequila bis zum Abwinken – **Casa de Tequila** 3: Av. 5 zwischen Calle 4 und 6, tgl. 9–1 Uhr. Auswahl von über 450 Tequilasorten in dekorativem neokolonialem Bau.

Geschmackvoll – **Caracol** 4: Av. 5 zwischen Calle 6 und 8, tgl. 9.30–22.30 Uhr. Sehr schöne, ausgesuchte Andenken, insbesondere Stoffe, Kalebassen und Schmuck.

Skurilles – **La Calaca** 5: Av. 5, zw. Calle 12 und 14. Ein Blick in die mexikanische Seele. Es gibt groteske Masken, kitschige Engel, fröhliche Skelette und bemalte Tierfiguren aus Oaxaca *(alebrijes)*.

Playa del Carmen

Sehenswert
1 Avenida 5
2 Maya-Ruine

Übernachten
1 Blue Parrot Inn
2 La Tortuga/La Tortugita
3 El Tukan
4 Alhambra
5 Hotel Kinbé
6 Lab Nah
7 Casa Tucan
8 Hostel Playa

Essen & Trinken
1 La Parilla
2 100% natural
3 La Cueva del Chango
4 Yaxche Maya Restaurant
5 Manne's Biergarten
6 Club Nautico La Tarraya
7 Ah Cacao Chocolate Café
8 Java Joe's
9 Makkaroni

Einkaufen
1 Pachamama
2 Textile Maya Chiapas
3 Casa de Tequila
4 Caracol
5 La Calaca

Aktiv & Kreativ
1 Tank-Ha Dive Center
2 Abyss Diveshop
3 Cyan-Ha Dive Center
4 Playacar Golf
5 Fairmont Mayacobaktra
6 Academia Columbus

Abends & Nachts
1 Coco Bongo
2 Blue Parrot Beach Club
3 Tequila Barrel
4 Ula Gula Bar

Aktiv & Kreativ

Schnorcheln und Tauchen – Bereits vom Strand aus lassen sich kleine Schnorcheltouren unternehmen, sorgt doch die vorgelagerte Insel Cozumel für überwiegend ruhiges Wasser mit guter Sicht. Für den Besuch der Korallenriffe ist man jedoch auf ein Boot angewiesen. Auch zu den Cenotes der Umgebung werden Ausflüge angeboten (s. auch unter Puerto Morelos und Tulum). Es gibt ein breites Angebot von erfahrenen Anbietern mit gutem Ruf:

Tank-Ha Dive Center 1: Calle 10, zwischen Av. 5 und Av. 10, Tel. 984 873 03 02, www.tankha.com (Deutsch).

Abyss Diveshop 2: 1 Av. zwischen Calle 10 und 12 im Hotel Tropical Casablanca, Tel. 984 873 21 64, www.abyssdiveshop.com.

Cyan-Ha Dive Center 3: Av. 38 Norte s/n, im Hotel Shangri La, Tel. 984 803 25 17, www.cyanha.com. Erste, bereits seit 1983 bestehende Tauchschule in Playa del Carmen.

Golfen für alle – **Playacar Golf** 4: Teil des Hotels Playacar, www.palace-resorts.com/playacar-golf-club/. All-inclusive-Golfplatz, 18 Loch. Die Green Fee (180 US-$) schließt Snacks und Getränke ein, die in kleinen Wagen über den Platz gekarrt werden.

Traumhaft golfen, aber nur für Gäste – **Fairmont Mayacobaktra** 5: Tel. 984 206 30 00, www.fairmontgolf.com. Traumhafter 18-Loch-Platz, Teil des gleichnamigen Luxushotels, 5 km nördlich am Strand. Wer hier abschlagen will, muss hier auch wohnen (DZ ab 620 €).

Parasailing – Mutige können sich mit einem Fallschirm in die Luft ziehen lassen und den Strand aus der Höhe bewundern. Buchung bei: www.paradiscatamarans.com.

Lernen – **Academia Columbus** 6: Av. 30 Norte x 6 Bis, Tel. 984 873 21 00, www.acadamia-columbus.com. Eine renommierte internationale Sprachschule. Die Kurse umfassen meist 20–25 Stunden pro Woche und beginnen jeweils montags.

Abends & Nachts

So richtig zum lauten Leben erwacht Playa erst nach Sonnenuntergang, wobei die Atmosphäre jedoch anders ist als in Cancún. (Dort gehört ›Koma-Trinken‹ unter den Jugendlichen mittlerweile zum guten Ton.) Playa hat noch etwas von den frühen Party-Jahren, als soziale Kontakte im Mittelpunkt standen. Erst 2009 hat mit Coco Bongo die erste Megadisco Fuß gefasst. Man sitzt in einer Bar, tanzt am Strand und hört Livemusik. Die Fluktuation an Kneipen ist in der aufstrebenden Stadt beträchtlich, aber jeder wird sofort mitbekommen, wo ›die Musik‹ spielt.

Megashow – **Coco Bongo** 1: Calle 12 Ecke Av. 10, Tel. 984 803 32 32, www.cocobongo.com.mx. Es war zu erwarten, dass die größte Disco Cancúns (s. S. 86) sich auch in Playa etabliert. Die Abendunterhaltung ab 23 Uhr ist eine Mischung aus Show mit 40 Künstlern, Karneval und Disco.

Beachparty – **Blue Parrot Beach Club** 2: im Blue Parrot Hotel (s. o.), www.blueparrot.com. Jede Nacht bis 4 Uhr früh erklingen heiße Rhythmen unter dem Sternenhimmel. Blue Parrot ist bereits eine Institution. Je nach Temperament und Musikvorliebe hat man die Wahl zwischen dem Beach Dance Floor, der Palapa Lounge und der Sky Bar. Um 23 Uhr gibt es Feuerwerk für jedermann.

Nicht nur Schnaps – **Tequila Barrel** 3: Av. 5 zwischen Calle 10 und 12, Tel. 984 873 10 61, 11–2 Uhr. Grill und Bar, die sich abends wegen der großen Tanzfläche und der Rock-Oldies füllt.

Hip und cool – **Ula Gula Bar** 4: Av. 5, Ecke Calle 10, tgl. 22–1 Uhr. Man sitzt nett im 1. Stock mit Blick auf das abendliche Treiben, flirtet und genießt die hervorragenden Cocktails.

Infos & Termine

Informationen

Oficina de Turismo: Ecke Av. Juárez und Av. 15, Tel. 984 873 28 04, Mo–Fr 9–20.30, Sa und So bis 17 Uhr.

Mein Tipp

Relaxen in Cenotes ► S 4
Ca. 20 km südlich von Playa del Carmen gibt es eine Reihe hübscher Cenotes, an denen sich herrlich der Tag verbringen lässt. Sie liegen unmittelbar neben der Zufahrt zu der neuen All-inclusive-Hotelanlage Barceló Maya Palace.

Am schönsten ist der von Mangroven gesäumte **Cristalino Cenote** (tgl. 6–17 Uhr), den am Wochenende auch die Einheimischen bevorzugen und zum Entspannen herkommen.

Internet

www.playadelcarmen.com: Gute, wenn auch überwiegend kommerzielle Website mit vielen Hinweisen und Tipps für Ausflüge.

Verkehr

Bus: Es gibt 2 Terminals. Vom ADO-Terminal an der Calle 12, Ecke Av. 20 fahren die Langstreckenbusse der 1. Klasse. Der alte, zentral gelegene Busbahnhof am Beginn der Av. 5 wird von den Bussen der 2. Klasse (Mayab, Riviera), dem ADO-Airportbus (7–19 Uhr) und dem ADO-Shuttle-Bus nach Cancún (alle 10 Min., 6–24 Uhr) bedient. Die **Minibusse** Playa Express halten an der Calle 2 zwischen Av. 25 und 30.
Collectivos: Nach Tulum gelangt man auch schnell und problemlos mit Sammeltaxis, die von der Av. Juárez, Ecke Av. 20 losfahren, sobald sie voll besetzt sind. Man kann überall zwischendurch zu- und aussteigen.
Fähre: Verbindungen mit der Insel Cozumel (nur Passagiere) etwa stündlich zwischen 6 und 23 Uhr (160 Peso, www.mexicowaterjets.com).

Termine

Riviera Maya Jazz Festival: Mitte Nov., www.rivieramayajazzfestival.com. Nationale und internationale Künstler spielen in verschiedenen Restaurants und an der Plaza.

Isla Cozumel ► S/T 4

Bereits am Fähranleger in Cozumel taucht man ein in die konsumorientierte Welt der Kreuzfahrtschiffe, die hier auf ihrer Reise durch die Karibik regelmäßig haltmachen und ihre Passagiere zu einem kurzen Landgang entlassen, der sich überwiegend auf den Besuch der überteuerten Souvenirläden beschränkt. Mit einer Länge von 44 km und einer maximalen Breite von 18 km gilt Cozumel als größte Insel Mexikos und als eines der exklusivsten Ferienparadiese des Landes. Ihr Reiz liegt vor allem in den kleinen Badebuchten, den vorgelagerten Korallenriffen und den luxuriösen Hotels. Der Hauptort San Miguel und die Hotelzonen erstrecken sich an der geschützten Westküste gegenüber Playa del Carmen, vom Festland getrennt durch eine 14 km breite Meerenge. Eine am Ufer entlangführende Ringstraße erschließt vor allem die Strände im südlichen Teil der Insel. Somit empfiehlt sich das flache, überwiegend noch dicht bewaldete Cozumel als Erholungsgebiet für gehobene Ansprüche mit Schwerpunkt Schnorcheln und Tauchen. Ein Strandleben wie in Cancún oder Playa del Carmen ist kaum möglich. Vielleicht wird die Insel deshalb von nur wenigen westeuropäischen Reiseveranstaltern angeboten.

Vom Wallfahrtsort zum Tauchparadies

Cozumel war zu Zeiten der Maya ein bedeutender Wallfahrtsort, zu dem vor allem die Frauen pilgerten, um der Fruchtbarkeitsgöttin Ixchel zu huldigen, der Tochter des Sonnengottes Itzamná. Über 30 Siedlungen und Tempelanlagen aus der Postklassik (1200–1500) sind nachgewiesen, nur eine allerdings ist auch ausgegraben und restauriert. Der heutige Name leitet sich aus der alten Maya-Bezeichnung Ah-cuzamil-petén (Insel der Schwalben) ab.

Als erster Europäer landete der Seefahrer Juán de Gríjalva auf seiner Yucatán-Expedition 1518 auf Cozumel, nannte sie Isla de Santa Cruz und nahm sie offiziell für die spanische Krone in Besitz. Kurz darauf wurde das Eiland sogar zur ersten Diözese Mexikos erkoren, ohne dass sich allerdings ein Geistlicher hätte sehen lassen. 1519 machte Cortés auf seinem Eroberungszug hier halt, um den Gerüchten über verschollene Landsleute nachzugehen. Er sandte Boten aus, die tatsächlich die beiden Spanier Aguilar und Guerrero auftrieben, die bereits seit 11 Jahren bei den Maya lebten. Während Aguilar mit einem kleinen Kanu von Playa del Carmen zu Cortés eilte, blieb Guerrero bei den Maya. Für den Konquistador war das Zusammentreffen mit Aguilar ein besonderer Glücksfall, hatte er doch nun einen kundigen Dolmetscher für die Maya-Sprache im Gefolge. Als ihm später noch die Häuptlingstochter Malinche geschenkt wurde, die Maya und Aztekisch sprach, waren alle Verständigungsprobleme gelöst und damit ein wichtiger Grundstein für die Eroberung Mexikos gelegt.

Nachdem die meisten Bewohner Cozumels eingeschleppten Krankheiten zum Opfer gefallen waren – sofern sie nicht während der ersten Aufstände Mitte des 16. Jh. die Flucht ergriffen

Cozumels Reiz liegt in den kleinen Badebuchten

oder den Tod gefunden hatten –, blieb die Insel lange Zeit praktisch unbesiedelt. 1570 zählte sie nicht einmal 300 Einwohner. Verständlicherweise fühlten sich die Piraten des 16. und 17. Jh. von der geschützten Lage der Insel magisch angezogen. So berühmte Freibeuter wie Henry Morgan oder Jean Lafitte legten hier ihre Schiffe vor Anker und ergänzten ihr Trinkwasser aus der Süßwasserlagune von Chankanab.

Gegen Mitte des 19. Jh. war Cozumel völlig entvölkert. Erst durch die Ankunft zahlreicher Flüchtlinge, die während des Kastenkrieges (1848) das Festland verließen, erwachte die Insel zu neuem Leben.

In das Blickfeld wirtschaftlicher Interessen rückte Cozumel erstmals zu Beginn des 19. Jh. durch die reichen Bestände an Zapote-Bäumen, aus deren Saft die Maya schon seit Urzeiten Chicle gewonnen hatten – den Grundstoff für Kaugummi. Aromatisiertes Gummi zwischen den Zähnen zu mahlen wurde nun auch zur Mode in der westlichen Welt und bescherte den Bewohnern von Cozumel reichlich Arbeit, wenn auch kaum genügend Lohn zum dürftigen Leben. Der Boom legte sich rasch, als billige Chemie das Naturprodukt ersetzte (s. S. 109).

Während des Zweiten Weltkriegs unterhielten die Amerikaner im tropischen Paradies einen vorgeschobenen Posten und eine U-Boot-Basis, ergänzt durch einen Feldflughafen für die Versorgung aus der Luft. Dann kehrte wieder Ruhe ein, bis der bekannte französische Taucher und Dokumentarfilmer Jacques Cousteau mit seinen Unterwasserfilmen Anfang der 1960er-Jahre Cozumel endgültig aus dem Dornröschenschlaf erweckte und den Weg für einen neuen Wirtschaftszweig bahnte – den Tourismus. 1970 lebten etwa 10 000 Menschen auf der Insel, heute sind es über 60 000.

San Miguel

Die einzige Ortschaft, San Miguel de Cozumel, liegt an der dem Festland zugewandten Seite gegenüber von Playa del Carmen. Sehenswürdigkeiten bietet sie nicht, aber eine schöne Promenade (Av. Rafael E. Melgar) längs des Meeres. Hier reihen sich zahlreiche Geschäfte und Restaurants aneinander, die sich vor allem auf die Passagiere der regelmäßig anlegenden Kreuzfahrtschiffe eingestellt haben und ihre Waren und Dienstleistungen in US-$ auszeichnen. Gegenüber der Hauptmole öffnet sich die Plaza de Sol (Benito Juárez-Park), umschlossen von den modernen Bauten der Stadtverwaltung und einigen teuren Restaurants. Im Norden und Süden geht die Stadt in die Hotelzonen über.

Das zweistöckige, in einem ehemaligen Hotel untergebrachte Museum in San Miguel, das **Museo de la Isla Cozumel** **1**, präsentiert die Geschichte, Flora und Fauna der Insel anhand zahlreicher Exponate, darunter einer Maya-Behausung, sowie historischen Fotos, die den enormen Wandel seit Ende des Zweiten Weltkriegs verdeutlichen (Av. Rafael Melgar, 8–17 Uhr).

Lagune Chankanab **2**

9 km südlich, Anfahrt nur mit Taxi oder Mietwagen, www.dolphindiscovery.com, tgl. 9–17 Uhr, Eintritt 16 US-$

Die zum Nationalpark erklärte Lagune zählt zu den beliebtesten Ausflugszielen auf Cozumel. Noch dazu ist der Eintrittspreis im Vergleich zu anderen Parks doch recht gemäßigt. Mittelpunkt ist ein fast kreisrundes, vom Meer abgetrenntes Becken, in dem sich unzählige Fische in bunten Schwärmen tummeln. Dicht umschlossen wird dieses großartige Naturaquarium, in dem man zum Schutz der etwa

Isla Cozumel

Sehenswert
1 Museo de la Isla Cozumel
2 Lagune Chankanab
3 Palancar-Riff
4 Maracaibo-Riff
5 Santa Rosa Wall
6 Tunich-Riff
7 Playa San Francisco
8 Punta Celarain (Leuchtturm)
9 San Gervasio
10 El Cedral
11 Colombia-Bucht

Übernachten
1 Playa Azul
2 Hacienda San Miguel
3 Hotel Flamingo
4 Alicia's Bed & Breakfast

Essen & Trinken
1 La Cocay
2 Cofeelia
3 La Choza
4 Markthallen

Aktiv & Kreativ
1 Xan-Ha Reservat

60 Tierarten nicht mehr baden darf, von einem botanischen Garten mit über 300 tropischen und subtropischen Pflanzenarten. Wer keine Gelegenheit hat, das einzigartige Archäologische Museum in Mexiko-Stadt zu besuchen, dem vermitteln die im Nationalpark aufgestellten Repliken historischer Gebäude und Skulpturen einen ersten Einblick in das präkolumbische Mexiko.

Attraktion ist jedoch das mit Kalksteinfelsen und -höhlen durchsetzte Ufer mit Schnorchelmöglichkeiten inmitten exotischer Fischschwärme. Natürlich steht auch hier die Begegnung mit Delfinen auf dem Programm. Die Show ist im Eintrittspreis inbegriffen, wer mit den Tieren schwimmen will, muss auch hier tief in die Tasche greifen (ab 80 US-$).

Taucher mit etwas mehr Erfahrung können auch das nahe gelegene Korallenriff erkunden (Ausrüstung kann man ausleihen). Liegestühle unter schattigen Sonnenschirmen aus Palmenwedeln, sogenannte Palapas, laden zum Entspannen und süßem Nichtstun ein, und für das leibliche Wohl sorgt ein Restaurant.

Cozumels Tauchreviere

Seit Cousteau 1961 hier in die Tiefe stieg, hat Cozumel den fast schon legendären Ruf als eines der besten Tauchreviere der Welt. Immerhin warten über 30 Riffe auf den mehr oder weniger unternehmungslustigen Urlauber. Am bekanntesten ist das **Palancar-Riff** 3. Über eine Länge von 5 km zieht es sich als System aus mehreren einzelnen Abschnitten etwa 1 km vor der Südwestecke der Insel entlang. Die von Gräben, Höhlen, Tunneln und Korallentürmen durchzogene Unterwasserlandschaft bleibt allerdings dem erfahrenen Taucher vorbehalten, die zwischen Riff und Strand liegenden **Palancar Shallows** kann man hingegen auch als Anfänger mit dem Schnorchel genießen.

Zu den größten Herausforderungen für den engagierten Unterwassersportler zählt das **Maracaibo-Riff** 4 vor der Südküste, das bis 37 m Tiefe abfällt und durch seinen Reichtum an Korallenformationen begeistert. Wer am **Santa Rosa Wall** 5 taucht, schwimmt einen Steilabfall entlang, der sich im Dunkel der Tiefsee verliert und starken Strömungen ausgesetzt ist. Nur Taucher mit viel Erfahrung sollten sich hierherwagen. Gleiches gilt für das nahe Punta Tormentos liegende **Tunich-Riff** 6, an dem sich gern Mantas und Barracudas aufhalten. Einen guten Überblick über die Riffe von Cozumel findet man im Internet auf der Seite www.bluextseadiving.com/cozumelreefs.php.

Inselrundfahrt

Etwa 5 km südlich liegen die beliebtesten Strände der Insel, die **Playa San Francisco** 7 und ein Stück weiter die **Playa Palancar** (s. o.), an denen vor allem an Wochenenden ein erhebliches Gedränge herrscht, wenn die Bewohner der Stadt zum Picknick einfallen und sich die Atmosphäre fröhlicher Ausgelassenheit über die Bucht legt. Zwischen Strand und dem vorgelagerten Riff erstrecken sich die Palancar Shallows (s. Tipp). Auch hier gehören Restaurants, Schnorchelverleih und Andenkenläden zur Infrastruktur.

Wer der Inselstraße weiter zur **Ostküste** folgt, hat zahlreiche kleine Strände zur Auswahl, die allerdings oft nur mit dem Jeep erreichbar sind. Aufgrund der ungeschützten Lage kann

Mein Tipp

Schnorcheln in seichtem Gewässer

Nur zwischen 2 und 10 m tief sind die Korallengärten der **Colombia-Bucht** 11 an der Südküste, ein Unterwasserparadies ohnegleichen, mehr als ein Dutzend Korallenarten sind hier heimisch. Die Korallengärten bilden die dem Land zugewandte Seite des Colombia Riffs, das steil in die Tiefsee abfällt und mit seinen Höhlen und Tunnels Taucher anlockt.

Ähnlich sind die bis ca. 20 m tiefen **Palancar Shallows,** der seichte Teil des berühmten Palancar-Riffs (s. o.). Hurrican Wilma hat hier allerdings erhebliche Schäden angerichtet. Man kann die Schnorcheltouren vor Ort an den Stränden von Palancar und Colombia buchen (s. S. 122).

das Baden hier überdies gefährlich werden. Zu den bekannteren Stränden zählen Chiqueros (mit Restaurant), Chen Río (mit Restaurant), Punta Morena, Bonita und Hanan. Auch der im Ecopark Punta Sur liegende **Leuchtturm von Punta Celarain** 8 an der Südspitze der Insel lohnt einen Abstecher (tgl. 9–17 Uhr, 10 US-$).

Neun ehemalige **Maya-Kultstätten** aus der postklassischen Epoche (1200–1500) gibt es auf Cozumel, zwei davon lohnen einen Besuch, sofern man auf der Insel seinen Urlaub verbringt und einen Wagen oder ein Moped zur Verfügung hat. Am besten erhalten und kürzlich restauriert ist **San Gervasio** 9 (tgl. 7–16 Uhr), das man von der mitten durch die Insel führenden Verbindungsstraße auf einer 10 km langen Piste erreicht (ausgeschildert). Die andere Ruinenstätte **El Cedral** 10 liegt im Süden, nicht weit vom Strand San Francisco, und ist durch eine 3,5 km lange Piste mit der Hauptstraße verbunden. Von diesem wohl ältesten Maya-Bauwerk der Insel ist allerdings nur wenig erhalten.

Übernachten

Da es wenige Strände gibt, wird die Insel von europäischen Touristen kaum als Ferienziel gewählt. Die Hotels sind vor allem auf US-amerikanische Touristen eingestellt, die in den All-inclusive-Anlagen ein paar Tage ausspannen, und auf Taucher, die die einzigartige Unterwasserwelt der Insel erkunden wollen.

Body and Mind – **Playa Azul** 1: Carr. San Juan, km 4, Zona Hotelera Norte, Tel. 987 869 51 60, www.playa-azul.com, DZ mit Frühstück ab ca. 170 US-$. Große Ferienanlage ein Stück nördlich mit kleinem Strand, Golfplatz und umfangreichem Wellness-Angebot.

Mein Tipp

Preiswert und gut essen

An den **Markthallen** 4 Alfonso Rosado Salas in San Miguel, dem *mercado municipal,* zwischen Av. 20 und 25, kann man tagsüber an einem der vielen Essenstände sehr preiswert für etwa 40 Peso ein Mittagsmenü *(comida corrida)* bekommen, aber auch andere landestypische Leckereien probieren.

Die im Folgenden angeführten Hotels liegen alle in San Miguel:

Koloniales Feeling – **Hacienda San Miguel** 2: Calle 10, Tel. 987 872 19 86, www.haciendasanmiguel.com, DZ mit Frühstück ab ca. 90 US-$. Wunderschönes, in einem üppigen Garten gelegenes Kolonialhotel mit geschmackvollen Zimmern, nur vier Blocks von dem Pier im Herzen der Stadt.

Boutiquehotel – **Hotel Flamingo** 3: Calle 6 Norte 81, Tel. 987 872 12 64, www.hotelflamingo.com, DZ ab 80 US-$ inkl. Frühstück. Zentral gelegenes, gepflegtes kleines Hotel mit luftigen Zimmern, Terrasse mit Meerblick und WiFi (WLAN) für das Surfen im Internet.

Bei Mexikanern – **Alicia's Bed & Breakfast** 4: Calle 19 zwischen 65 und 65 bis, Tel. 987 872 54 78, www.aliciasbedandbreakfast.com, DZ ca. 35 US-$. Kleine Pension eines mexikanisch-amerikanischen Paars, persönliche Atmosphäre, nur 4 Zimmer, meist ohne AC, WiFi (DSL-WLAN) in allen Zimmern.

Essen & Trinken

Die Restaurants nahe dem Pier sind auf die Kreuzfahrttouristen und Tagesaus-

flügler aus Playa del Carmen eingestellt und entsprechend teuer, ohne dabei auch besonders gut zu sein.
Mediterran angehaucht – **La Cocay** 1: Calle 8 Norte 208, zwischen Av. 10 und 15, Tel. 987 872 55 33, www.lacocay.com, Mo–Sa 13–23 Uhr. Romantisches Restaurant mit schönem Patio. Küche mit italienischem Touch. Hauptgerichte ab ca. 120 Peso.
Künstlertreff – **Cofeelia** 2: Calle 5 sur, nahe Kreuzung Av. 5 Sur, Tel. 987 872 47 02, Mo–Sa 7.30–23, So bis 13 Uhr. Sehr guter Kaffee, leckeres Frühstück und Imbiss für den kleinen Hunger in anregender Atmosphäre im kleinen Garten. Hauptgerichte ab ca. 50 Peso.
Authentisch mexikanisch – **La Choza** 3: Adolfo Rosado Salas 198, Ecke Av. 10 sur, Tel. 987 872 09 58, www.lachozarestaurant.com, 7–22.30 Uhr. Sehr beliebtes, alteingesessenes Restaurant mit vorwiegend mexikanischer Kost zu angemessenen Preisen. Hauptgerichte ab ca. 90 Peso.

Aktiv & Kreativ

Tauchen und Schnorcheln – Kaum verwunderlich, dass sich unzählige Anbieter um die Taucher und Schnorchler bemühen, für die Cozumel ein Eldorado ist. Eine Auswahl findet man unter www.islacozumel.net und bei www.gooddive.com/diving-mexico/cozumel-diving-centers.htm.
Wellness auf Indianisch – **Temazcal:** Schon den vorspanischen Völkern war Wellness ein Begriff. Unter der Bezeichnung Temazcal (Dampfhaus) betrieben die Reichen diese gesundheitsfördernde Therapie, ähnlich unserer Sauna, die aber bei den Azteken und Indios überdies mit spirituellen Ritualen verbunden war. Spezialisiert auf diese alte Praxis hat sich u. a. das **Xan-Ha Reservat** 1 (Tel. 987 120 07 74, www.temazcalcozumel.com) auf Cozumel. Hier kann man sich mehrere Stunden verwöhnen lassen (ca. 80 US-$, inkl. Säften und Obst aus dem eigenen Garten).

Infos

www.islacozumel.net: Website mit vielen Hinweisen zu Unterkünften, Restaurants und Tauchschulen.

Zwischen Playa del Carmen und Tulum

► R/S 4

Entlang des 63 km langen Abschnitts zwischen Playa del Carmen und Tulum verläuft die breite MEX 307 fast in Sichtweite des Meeres und verlockt immer wieder zu Abstechern Richtung Karibik, sofern man nicht gerade in einem Bus der 1. Klasse sitzt, der unbeirrbar seinen Weg ohne Halt bis nach Tulum nimmt (zuweilen hält er aber auf Wunsch). Da jedoch auch auf diesem Abschnitt mittlerweile Großhotels den Strand besetzt halten, ist ein freier Zugang *(acceso playas publicas)* immer seltener zu finden.

EcoPark Xcaret ► S 4

April–Sept. tgl. 9–18, Okt.–März tgl. 9–17 Uhr, www.xcaret.com.mx, regulärer Eintritt ab 198 US-$, viele Sonderangebote

Unübersehbar lockt 6 km südlich von Playa del Carmen der sogenannte Freizeitpark, für den schon in Cancún kräftig die Werbetrommel gerührt wird. Mehrere Restaurants, Umkleidekabinen, Schließfächer; das Mitbringen von Essen, Getränken, Radios und Sonnenöl ist streng verboten. Bereits vor

Meeresschildkröten kommen zur Eiablage nach Paamul

etlichen Jahren wurde die romantische, tief ins Land greifende Lagune Xcaret zu einem tropischen Naturpark umgestaltet (unter Einsatz von Dynamit!), der Kultur, Entspannung, Unterhaltung und Abenteuer verbindet. Die geschützte Bucht war einst ein wichtiger Hafen während der postklassischen Maya-Epoche und Ausgangspunkt für die Wallfahrten zur Insel Cozumel. Ausgrabungen haben bereits zur Entdeckung von mehr als 60 Gebäuden geführt, von denen einige restauriert wurden.

Der alte Hafen wurde zum Strandbad umfunktioniert, und auch eine Delfinshow nach amerikanischem Muster fehlt nicht. Natürlich darf man auch hier wieder mit den gutmütigen Tieren ein gemeinsames Bad nehmen (53 US-$).

Nebenan verlockt schließlich eine Bucht mit Tausenden bunter Fische zum gefahrlosen Schnorchelabenteuer (30 US-$). Überdies stehen Folkloredarbietungen und Reitervorführungen auf dem Programm – Disneyland lässt grüßen.

Paamul ► S 4

An dem kleinen Strand Paamul, ca. 20 km südlich von Xcaret und 400 m abseits der Hauptstraße (bei km 85), ist vom Massentourismus noch wenig zu spüren. Allerdings dürfen laut Beschilderung nur Gäste des Hotels, des Campingplatzes und der Tauchschule das kleine Paradies betreten, in dem sandige Abschnitte und Felsen einander abwechseln und im Sommer Meeresschildkröten ihre Eier legen. Belegt ist der Platz seit den 1980er-Jahren von einem kleinen Hotel mit Campingplatz und einer Tauchschule.

Puerto Aventuras ► S 4

www.puertoaventuras.com

Das krasse Gegenstück zum Naturparadies von Paamul liegt nur 5 km südlich. Der Name ist irreführend: Statt des Abenteuers erwarten den Besucher gepflegte Grünanlagen, luxuriöse Appartements, ein Golfplatz und Anlegestellen für über 300 Yachten. Puerto Aventuras ist eine künstliche, fast 400 ha große Ferienoase für gehobene Ansprüche, in der man allerdings vergeblich den Charme der Karibik sucht, dafür aber viele Beispiele gedankenloser Naturzerstörung findet.

Akumal ► S 4

Etwa 6 km weiter zweigt eine Stichstraße zu diesem Badeort ab, der sich über 5 km entlang mehrerer Buchten erstreckt. Hier finden sich überwiegend teure Hotels. Er gehörte einst zu den schönsten Küstenstrichen dieser Region, bis Hurrikan Wilma seine Spuren hinterließ. Vor allem Taucher zieht es nach Akumal, seit hier der berühmte mexikanische Tauchclub CEDAM 1958 sein Hauptquartier aufgeschlagen hatte, um die Schätze der am Riff gescheiterten ›Mantanceros‹ zu bergen. Es handelt sich um ein spanisches Frachtschiff, das 1741 auf dem Weg von Cádiz nach Neuspanien sank. Die Fundstücke kann man im CEDAM-Museum in Puerto Aventuras besichtigen.

Die Stichstraße führt weiter an der Küste entlang nach Norden, vorbei an zahlreichen Ferienhäusern, und endet nach 3 km mit einer großen Schleife. In ihrem Scheitelpunkt liegt der Zugang zur **Yalku-Lagune** (tgl. 8–17.30 Uhr), einem vom Tourismus noch weitgehend unberührten und geschützten Schnorchelparadies mit reicher Unterwasserfauna.

Aktun Chen ► Karte 3, C 7

tgl. 9–17 Uhr, www.aktunchen.com, Eintritt ab 21 US-$

Etwa 4 km südlich von Akumal trifft man rechts an der MEX 307 auf den kleinen Naturpark Aktun Chen mit einem sehr schönen Cenote, an den eine stalaktitenübersäte Grotte grenzt. Überdies wird der Besucher auf der geführten Tour mit Flora und Fauna vertraut gemacht.

Übernachten

Naturnah – **Paamul Cabañas:** Tel. 984 875 10 53, www.paamulcabanas.com. Kleine Hotelanlage mit hübschen Cabañas unmittelbar am Strand von Paamul mit angeschlossenem Campingplatz, auf dem viele US-Amerikaner und Kanadier ihre riesigen Wohnmobile und Trailer fest verankert haben.

Aktiv & Kreativ

Tauchen – **Tauchschule Scuba Mex:** Tel. 984 875 10 66, www.scubamex.com. Renommierte, seit 1983 bestehende Tauchschule bei Paamul mit eigenem Gästehaus (Casa Willis).

Tulum und Umgebung ► R 5

Die von Cancún ausgehende Woge des Tourismus schwappt nun bereits an die Gestade von Tulum, ehemals nur wegen seiner Ruinen und einfachen Strandhütten als Reiseziel bekannt. Die Ortschaft selbst liegt unmittelbar an der Hauptdurchgangsstraße MEX 307, die Hotels und Cabañas am Strandabschnitt südlich der ebenfalls am Meer liegenden Ruinen.

Ruinenstätte Tulum ► R 5

Man muss sich den herrlich gelegenen Ruinen zu Fuß oder mit einem gemächlich dahinzuckelnden ›Bähnchen‹

nähern (ca. 1 km ab der MEX 307), und das ist gut so, würden doch sonst die Busse und Mietwagen den Blick auf die Maya-Relikte verstellen. Dank der Nähe zu Cancún und Playa del Carmen, dank des guten Erhaltungszustandes und der unvergleichlichen Lage direkt am Meer erfreut sich Tulum größter Beliebtheit und stellt hinsichtlich der Besucherzahlen alle anderen Stätten präkolumbischer Kultur in den Schatten. Allein die Pyramiden von Teotihuacán vor den Toren Mexico Citys können einen größeren Andrang verzeichnen. Somit kann die Freude am Besuch durch den Strom der Touristen durchaus getrübt werden, zumal das Gelände nur recht bescheidene Ausmaße hat. Mietwagenfahrern und allen jenen, die in der Nähe Quartier bezogen haben, sei deshalb geraten, die frühe Öffnungszeit zu nutzen und die Relikte in der Kühle und Einsamkeit des frühen Morgens auf sich wirken zu lassen.

Geschichte

Im Gegensatz zu vielen anderen präkolumbischen Orten Yucatáns war Tulum, das wahrscheinlich früher Zama (Stadt der Morgenröte) hieß, noch bei Ankunft der Spanier eine lebendige, dicht besiedelte Stadt. Der erste Kontakt der Spanier mit dem Kulturkreis der Maya fand zwar ein blutiges Ende, hatte jedoch nicht die unmittelbare Eroberung und Niederwerfung der Einheimischen zur Folge. Die europäische Kolonialmacht konnte in diesem Teil der Halbinsel nämlich nie so recht Fuß fassen, und so verlief das Leben der Maya noch lange in den gewohnten Bahnen.

Seine Blütezeit hatte Tulum zu Beginn des 16. Jh. allerdings schon hinter sich gelassen. Die Zerstörung Mayapáns 1461 und der anschließende Zerfall des Großreiches der Cocom hatte auch den allmählichen Niedergang der Festung am Meer eingeleitet. Es waren wieder einmal Stephens und Catherwood (s. S. 59), die durch ihren Besuch im Jahre 1842 auch diese Maya-Stätte ins Blickfeld der Welt rückten, obwohl sie niemals in Vergessenheit geraten war. Noch bis in das 20. Jh. hinein fanden sich die Nachkommen der Maya an dieser Stätte zur Ausübung des christlich-heidnischen Kults des ›sprechenden Kreuzes‹ (s. auch S. 140) zusammen, der als Ausdruck unbewältigter Kulturanpassung Mitte des 19. Jh. an der Ostküste entstanden war.

Die Ausgrabungen begannen um das Jahr 1916 und dauern bis heute an. Tulum verkörpert den Architekturstil der postklassischen Zeit, der durch kleine, auf Plattformen ruhende Tempel gekennzeichnet ist und jene hohe Kunst vermissen lässt, die den Bauten der Klassik eigen ist. Bemerkenswert ist die wehrhafte Mauer rings um den Kultbereich, der die Ausgrabungsstätte ihren heutigen Namen ›die Festung‹ verdankt. Es ist nicht ganz klar, ob sie dem Schutz gegen äußere Feinde diente oder nur als Abgrenzung der Priesterkaste gegen das gemeine Volk.

Rundgang durch die Ruinen

Von der Kreuzung an der MEX 307 gelangt man – vorbei an Souvenirständen – zu Fuß (ca. 10 Min.) oder mit dem Touristenbähnchen zum Eingang (Toiletten). Beim beschriebenen Rundgang gilt zu berücksichtigen, dass aufgrund des großen Andrangs Ein- und Ausgang getrennt wurden.

Templo del Dios de los Vientos

Vom Eingang an der Nordwestecke folgt man zunächst der alten Stadtmauer in Richtung Meer und gelangt vorbei am Haus der Brunnen zum kleinen, auf einer halbrunden Plattform

Ruinenstätte Tulum

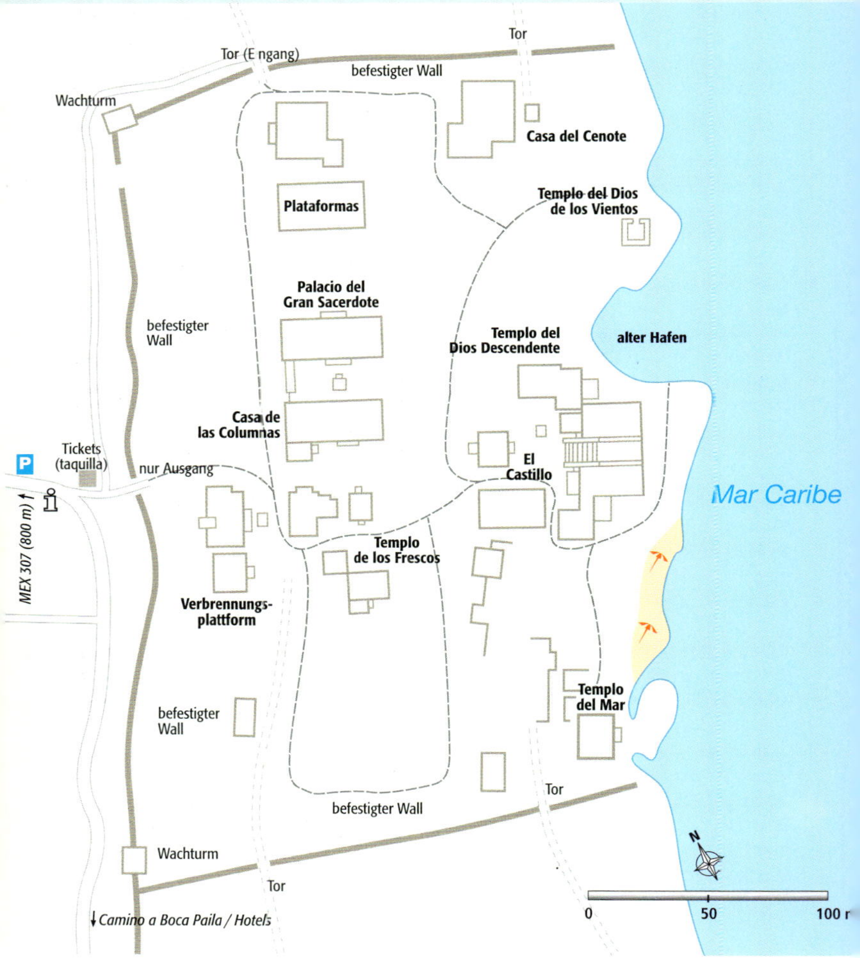

eine Felsspitze krönenden Tempel des Windgottes, der wie viele Strukturen nicht mehr betreten werden darf.

El Castillo

Überragt wird die Bucht zu seinen Füßen auf der Südseite vom Kastell, dem ehemaligen Hauptzeremonialzentrum Tulums. Die mit Schlangen geschmückten Eingangssäulen zum Vorplatz lassen toltekische Einflüsse erkennen, während der an der linken Ecke angefügte Tempel des herabsteigenden Gottes (Templo del Dios Descendente) den eigenständigen Stil der Ostküste verkörpert.

Auch hier darf man die Treppen zum wuchtigen Hauptturm des El Castillo nicht mehr hinaufsteigen. Stattdessen lohnt der Weg zur Rückseite, wo die Felsen steil ins türkisfarbene Meer abfallen und Tulum seinen wehrhaften Charakter besonders deutlich offenbart. Von hier führen auch Treppen hinab zum Strand, der sich als Badeplatz großer Beliebtheit erfreut.

Casa de las Columnas

Der Weg führt nun über den Vorplatz mit der Tanzplattform zum Haus der Säulen (Struktur 21). Es ist in einer bei den Maya ursprünglich unbekannten Bautechnik errichtet, die erst mit den Tolteken in Yucatán Einzug hielt (um 900). Statt des bis dahin üblichen Kraggewölbes, das nur die Errichtung schmaler, gangartiger Räume zuließ, fanden hier Säulen und Querbalken Verwendung, die den Architekten neue Gestaltungsmöglichkeiten eröffneten.

Palacio del Gran Sacerdote

Davon profitiert auch der nördlich angrenzende Große Palast (Struktur 25) mit seiner vorgesetzten Säulenhalle und breiten Eingängen. Mit Hilfe der Radiokarbonmethode gab einer der hölzernen Balken sogar das genaue Baudatum preis, das Jahr 1045 n. Chr. Somit bestätigt sich die Vermutung, dass eine in Tulum gefundene Stele mit dem Datum 29. Januar 654 aus einer anderen Stadt ihren Weg hierher gefunden hat und nicht als Indiz für eine frühe Gründung herangezogen werden kann.

Templo de los Frescos

Vor Verlassen des Geländes erwartet uns noch der gut erhaltene Tempel der Fresken, der Architekturstile verschiedener Epochen in sich vereint und an den Außen- und Innenwänden Reste von Wandmalereien erkennen lässt, die denen von Santa Rita in Honduras ähneln. Zu sehen ist eine Fruchtbarkeitsgöttin, umgeben von Früchten und den Grundnahrungsmitteln Mais und Bohnen, sowie ein vierbeiniges Tier, das als Pferd interpretiert wird und so als Beweis für frühe Kontakte mit den Spaniern dienen soll.

Besonderes Interesse verdienen auch die Nischen im Fries auf der Westseite mit der Darstellung des ›herabstürzenden Gottes‹ in Gestalt eines Vogelmenschen. Seine eindeutige Zuordnung zum Pantheon der Maya blieb bisher ohne Erfolg. Die einen sehen in der Figur die Verkörperung von Sonne oder Venus, die anderen den Gott der Bienen, der schützend seine Hand über die als Honig- und Wachslieferanten bedeutsamen Insekten hält.

Infos

Öffnungszeiten

tgl. 7–17, im Sommer 8–16 Uhr, abends gibt es eine Ton-Licht-Show. Tickets lassen sich erst am Eingang kaufen!

Anfahrt

Die Abzweigung zu den Ruinen ist kaum zu verfehlen (Tankstelle, Hotels, Restaurants). Wer mit öffentlichen Verkehrsmitteln anreist, die nicht bis zu den Ruinen fahren dürfen, muss bereits an der Kreuzung *(crucero ruinas)* aussteigen. Die Busse der 1. Klasse halten erst im Ort Tulum, 3 km weiter südlich; die Collectivos von Playa del Carmen aber auch an dieser Kreuzung.

Ortschaft Tulum ►R 5

Das Straßendorf liegt etwa 3 km südlich der Abzweigung beiderseits der MEX 307 (Av. Tulum), deren Ausbau als mehrspurige Autobahn bisher hier endete, nunmehr aber weiter nach Süden vorangetrieben wird. Seine Existenz verdankt es allein dem Tourismus. Einige Hotels, Restaurants und Souvenirgeschäfte haben sich hier angesiedelt, ansonsten gibt es nichts zu sehen. Der sich nach Süden bis in das Reservat von Sian Ka'an erstreckende Küstenstreifen gehört zu den schönsten der mexikanischen Karibik. Erschlossen wird er von einer etwa 2 km westlich der MEX 307 verlaufenden Küstenstraße, die beim Tempel beginnt und durch das Reservat Sian Ka'an bis nach Punta Allen führt (s. S. 134). Glücklicherweise gibt es hier bisher nur bescheidene Cabañas und hübsche kleine Hotels, die sich die bevorzugte Lage allerdings gut bezahlen lassen. Auch freien Zugang zum Strand findet man entlang der Straße immer wieder.

Übernachten

… im Ort

Boutiquehotel – **Teetotum:** Av. Coba sur, Lote 2, Tel. 984 143 89 56, www.teetotumhotel.com, DZ 140 US-$ inkl. Frühstück. Schickes Privathotel mit viel Liebe zum Detail außerhalb des Ortes. Nur 4 Zimmer, gutes Restaurant (s. u.).

Bunt und verschachtelt – **Hotel Acuario:** an der Abzweigung zu den Ruinen (El Crucero), Tel 984 871 21 18, www.acuariotulumhotel.com, DZ ab 600 Peso. Ordentliche, funktionale Zimmer auf mehreren Stockwerken mit Doppelverglasung zur Hauptstraße hin, gute Betten, Internet auf den Zimmern. Im Haus gibt es ein Restaurant mit gelegentlichem Büffet. Zum Acuario gehört auch das neuere, benachbarte kleinere **Hotel Andrea** mit gleicher Ausstattung.

Günstig gelegen – **El Crucero:** an der Abzweigung zu den Ruinen, Tel. 984 871 26 10, www.el-crucero. com, DZ ab 30 US-$, Dorm 10 US-$/Person. An der Abzweigung zu den Ruinen gegenüber dem Acuario gelegenes Hotel unter schattigen Palmen mit gutem Restaurant und sehr gutem Preis-Leistungs-Verhältnis. Die Zimmer sind mit Themen der Maya-Kultur ausgemalt. Es gibt einen kleinen Garten, man kann Fahrräder mieten und hat Internetzugang (WiFi).

Backpackertreff – **The weary traveler:** Av. Tulum nahe der 1. Klasse-Busstation, Tel. 984 871 23 90, www.wearytravelerhostel.com. Dorm 130 Peso/Person, DZ mit Bad 350 Peso inkl. üppigem Frühstück. Kostenloser Shuttle-

Tulums Ruinenstätten ziehen Besucherströme an

bus zum Strand, mit Internetzugang, Fahrradverleih. Von Amerikanern gegründete private Jugendherberge mit einem kleinem Garten, 2- und 4-Bett-Zimmer, teilweise mit Bad, auch Dorms teilweise mit AC. Die beste Informationsquelle für Aktivitäten rings um Tulum.

... am Strand

Designerhotel – **Mezzanine:** Carr. Boca Paila, km 2, Tel. 303 578 13 01, www.mezzanine.com.mx, DZ ab 245 US-$. Elegantes Hotel mit Pool, traumhaften Zimmern, zuvorkommendem Service, hervorragendem Restaurant (Thai-Fusion). Im Preis inbegriffen sind Schnorchelausrüstung und Fahrräder für den Ausflug unter und über Wasser.

Traumstrand – **Ana y José:** Carr. Boca Paila, km 7, Tel. 998 880 56 29, www.anayjose.com, DZ ab 150 US-$. Exquisite Bungalows an traumhaftem Strandabschnitt, Pool, Wellnessangebot, sehr gutes, allerdings auch teures Restaurant, Elektrizität.

Ökologisch – **Posada Margherita:** Carr. Boca Paila, km 4, Tel. 984 801 84 93, www.posadamargherita.com, DZ ab 130 US-$. Romantisches kleines Strandhotel mit 8 Zimmern, sehr gutes italienisches Restaurant, abends mit Kerzenlicht. Stromversorgung über Solaranlage, deshalb nur Sparlampen.

Gemütliche Zimmer in zweistöckiger Anordnung mit Balkon oder Terrasse.
Beachclub – **El Paraiso:** Carr. Boca Paila, km 5,7, Tel. 984 113 70 89, www.elparaisotulum.com, 12 funktionale DZ ab 120 US-$. Viele Besucher kommen tagsüber zum Baden und Relaxen her. Es gibt Liegestühle und eine große Beachbar unter Palmen. Der Strand ist makellos.
Paradies der Beachcomber – **Zazil Kin:** Carr. Boca Paila, km 0,5, Tel. 998 865 42 25, www.hotelstulum.com/zazilkin, DZ ab 50 US-$. Aufgrund der Nähe zu den Ruinen bei Backpackern sehr populär; die rustikalen Hütten stehen in unterschiedlicher Ausstattung zur Verfügung. Restaurant, Diveshop.

Essen & Trinken

Fürstlich – **Hezicho:** Carr. Boca Paila, km 10, bei Appartements Rancho San Eric, Tel. 984 100 07 10, Nov.–Mai, Di–So ab 18.30, 19.30 und 20.30 Uhr. Nicht nur ein paradiesischer Fleck, sondern das sicherlich beste Essen weit und breit, zelebriert von dem Österreicher Stefan Schober und seiner Frau Hui, die zuvor im Ritz Carlton in Singapur gearbeitet haben. Es gibt keine keine festen Menüs, aber alles, was auf den Tisch kommt, ist eine perfekte Kreation aus lokalen Zutaten. Und auch die passenden erlesenen Weine hält man bereit. 6-Gänge-Menü für 2 Personen mit kleiner Flasche Wein ca. 1500 Peso.
Zartes vom Rind – **El Pequeno Buenos Aires:** Av. Tulum, Ecke Beta Sur, Tel. 984 871 27 08, www.pequenobuenosaires.com, tgl. 12–24 Uhr. Argentinische Parilla mit hervorragenden Fleischgerichten. Hauptgerichte ab 150 Peso.
Italienisch – **La Nave:** Av. Tulum 570, Tel. 984 871 25 92, tgl. 8–23 Uhr. Authentische italienische Pizza und Pasta unter einfachem Palapa-Dach. Abendlicher Treffpunkt der italienischen Kolonie. Hauptgerichte ab 70 Peso.
Unauffällig – **El Mariachi:** Av. Tulum 307 zwischen Orion Norte und Centauro Norte. Tel. 984 871 25 12, tgl. 7–2 Uhr. Auf Ambiente wird in dem zur Straße hin offenen Restaurant kein Wert gelegt, dafür ist das Essen vorzüglich. Hauptgerichte ab 70 Peso. Zu empfehlen ist das Fischfilet in Buttersauce mit Knoblauch für 95 Peso.

Infos

Internet

www.todotulum.com: Informative Seite u. a. mit detaillierter Karte, aus der die Lage der Hotels hervorgeht.

Verkehr

Bus: Mehrfach tgl. Verbindungen 1. Klasse von der ADO-Busstation nach Cancún und Chetumal. Sie halten nicht an der Abzweigung zu den Ruinen (3,5 km vom Ort entfernt).

Dort kann man aber in die häufig verkehrenden 2.-Klasse-Busse der Gesellschaft Mayab zusteigen, die wegen der vielen Stopps bis Cancún allerdings lange unterwegs sind. Ratsam ist es, mit dem Sammeltaxi (Collectivo) bis nach Playa del Carmen zu fahren (50 Min.) und dort in einen Bus der 1. Klasse umzusteigen, der alle 10 Min. nach Cancún fährt.

Von der Abzweigung der zu den Ruinen führenden Straße fährt ein **Touristenbähnchen** bis zum Eingang (ca. 1 km).

Nördlich von Tulum ► R 4

Punta Soliman und Tankha ► R 4

Die beiden durch eine Felsformation voneinander getrennten Buchten galten lange als Geheimtipp und bevorzugter Drehort für Werbefilme. Und in der Tat gibt es kaum einen schöneren Küstenabschnitt. Inzwischen reihen sich aber auch hier die ersten Ferienhäuser, glücklicherweise noch keine großen Hotelanlagen. Mehrere Wege führen durch Mangroven zum Meer, das, durch ein Riff geschützt, ideale Bade- und Schnorchelmöglichkeiten bietet.

An der sich südlich anschließenden Bucht von Tankha gibt es überdies einen schönen, mit dem Meer in Verbindung stehenden Cenote namens **Manati,** der noch frei zugänglich ist. Er ist nach den Seekühen, die hier einmal lebten, benannt.

Xel-Há ► R 4

Tel 998 884 71 65 , www.xel-ha.com, tgl. 9–18 Uhr, 75 US-$ (über Internet etwas preiswerter)

Wie in Xcaret (s. S. 124) ist auch hier die an sich wunderschöne Natur nur Kulisse für einen Vergnügungspark. Er liegt an der Carr. Chetumal–Cancún, km 240, ca. 11 km nördlich von Tulum.

Hauptanziehungspunkt ist die mit zwei Armen weit ins Land greifende, fischreiche Lagune, deren größter Teil allerdings nicht besucht werden darf. Neueste Attraktion ist ein Spaziergang unter Wasser mit einem futuristischen Sauerstoffhelm. Und ebenfalls wie in Xcaret dürfen weder Lebensmittel, Radios noch Sonnenöl mitgebracht werden. Mit Restaurant, Andenkenladen, Vermietung von Schnorcheln und Unterwasserkameras, Duschen und Gepäckschließfächern ist Xel-Há bestens auf Tagesausflügler vorbereitet.

Übernachten

Villa am Meer – **Maya Jardin:** www.mayajardin.com. Zauberhaftes Ferienhaus an der Bucht von Soliman mit 5 Suiten und 2 Küchen für den großen Freundeskreis (ab 2900 US-$/Woche, bis 6 Personen). Kajaks für Ausflüge liegen bereit, für abendliche Unterhaltung muss man aber selbst sorgen.

Zum Relaxen – **Tankha Inn:** an der Bucht von Tankha, 3 Fußminuten vom Cenote Manati, www.tankha.com, DZ ab 130 US-$ inkl. Frühstück. Herrlich gelegenes kleines Hotel mit nur 5 luftigen Zimmern mit AC direkt am Strand. Der richtige Ort für Spanischunterricht (ca. 1000 US-$/ Woche).

Naturnah – **Casa Cenote:** an der Bucht von Tankah, Tel. 984 115 69 96, www.casacenote.com, DZ 125 US-$. Casa Cenote ist eigentlich in erster Linie ein Restaurant (s. u.) am Cenote Manati, vermietet aber auch einige rustikale Cabañas unter dem Namen ›The last Resort‹. Verglichen mit dem Tankah Inn aber zu teuer.

Mein Tipp

Punta Allen – am Ende der Welt ► R 6

Nach wie vor ist die Piste durch den Nationalpark von Sian Ka'an in miserablem Zustand und wird nur einmal pro Tag mit einem Collectivo von Tulum aus befahren. Für Mietwagen ist sie nicht zu empfehlen. Den Endpunkt bildet ein verschlafenes Fischernest mit kaum mehr als 500 Einwohnern an einer Bucht, die von einem herrlichen Riff gesäumt wird. Vor allem Hochseeangler kommen gern hierher, um den Kampf à la »Der alte Mann und das Meer« zu zelebrieren. Preiswert und naturnah übernachten kann man in der **Posada Sirena,** Tel. 984 877 85 21, www.casasirena.com, DZ ab 38 US-$.

Auf Entdeckungstour

Mit der Natur auf Du und Du – Biosphärenreservat Sian Ka'an

Die weg- und steglose, von Kanälen durchzogene Einsamkeit lässt sich mit dem Boot erkunden. Seltenen Pflanzen und Tieren begegnet man, aber auch verborgenen Relikten der Maya-Kultur.

Reisekarte: ▶ R 5–Q/R 7

Infos: www.cesiak.org, Tel. 984 371 24 99.

Zugang: Von den Ruinen bei Muyil, 10 km südlich der Ruinen von Tulum an der MEX 307 und beim Centro Ecologico Sian Ka'an (CESiaK) an der nach Punta Allen führenden Straße.

Geräuschlos gleitet das Kajak durch das ruhige Wasser eines schmalen, von Mangroven gesäumten Kanals unter einem hohen blauen Himmel, nur das Eintauchen der Paddel ist zu hören und hin und wieder der Schrei eines Vogels. Die Maya hätten sich keinen besseren Namen einfallen lassen können: Sian Ka'an – »Wo der Himmel geboren wurde«.

Den Besucher erwartet eine fast menschenleere Region von 5300 km^2, also der doppelten Größe des Saarlands. Bereits 1987 wurde der über 150 km lange Küstenstreifen aufgrund seiner Vielfalt von der UNESCO zum Biosphärenreservat erklärt. Doch der Weg in diese Wildnis ist noch heute recht beschwerlich. Fünf Zugänge gibt es. Der wichtigste ist die von den Ruinen entlang der Küste nach Süden führende Piste.

Standardtour mit Jeep und Boot

Üblicherweise findet der Besuch als ganztägiger Ausflug von Playa del Carmen oder Tulum statt. Von Tulum geht es zunächst mit dem Jeep in etwa 2 Stunden über die holperige, staubige Piste Richtung Punta Allen. Beim Centro entrichtet man seinen Obolus. Über viele Kilometer wird der Weg linker Hand von einsamen Tropenstränden begleitet, während rechts undurchdringlicher, hin und wieder von Lagunen aufgelockerter Buschwald bis zum Horizont reicht.

Korallenriffe, Mangrovenwälder und Palmensavannen bestimmen das Gesamtbild des Ökosystems, ein fast unüberschaubarer Artenreichtum an Pflanzen und exotischen Tiere erwartet den Reisenden. So hat die vom Aussterben bedrohte Seekuh Manati hier ihre Heimat und vier Arten der ebenfalls gefährdeten Wasserschildkröten. Auch Puma, Ozelot und Krokodile können sich in der geschützten Einsamkeit sicher fühlen. Und dass die Vogelwelt in Sian Ka'an ihr Paradies hat, ist fast schon selbstverständlich. Allein 16 Greifvogelarten sind hier beheimatet.

Höhepunkt des Ausflugs ist eine etwa 2,5-stündige Bootsfahrt, die in Punta Allen anfängt und endet. Zu Beginn geht es die Küste entlang, kleine Pausen zum Baden und Schnorcheln werden eingelegt, dann fährt das Boot in das Kanalsystem ein, und den Besuchern wird ein kurzer Blick in das eigentliche Herz des Biosphärenreservats gewährt.

Intensivtouren auf dem Wasser

Wer tiefer in das Ökosystem vordringen möchte, dem seien die Touren des Centro Ecologico Sian Ka'an (CESiaK) empfohlen. Ausgangspunkt ist das oben erwähnte Zentrum am Eingang, wo man zunächst eine sachkundige Einführung erhält, ehe man mehrere Stunden mit dem Motorboot durch die Lagunen von Caapechen, Boca Paila und Chunyaxche gefahren wird und außer der vielfältigen Flora und Fauna auch Reste von Maya-Tempeln zu Gesicht bekommt. Nach einem Mittagessen hat man Gelegenheit, dem Strand einen Besuch abzustatten und das Erlebte im Schatten der Palmen nochmals Revue passieren zu lassen.

Abenteuerlustigen Travellern bietet CESiaK sogar die Möglichkeit, geführt oder allein, mit dem Kajak die Wasserwelt des Reservats zu erkunden. Das ist das sicherlich ultimative Erlebnis, begenet man hierdurch doch der Tierwelt unmittelbar und kann die Einsamkeit voll auskosten.

Nicht genug damit. Das Gefühl, der Natur besonders nahe zu sein, lässt sich durch eine Nacht in einer der Zeltunterkünfte der CESiaK sogar noch intensivieren.

Essen & Trinken

Der Treff – **Oscar y Lalo's:** Carr. 307, an der Zufahrt zum Strand der Bahia Soliman, Tel. 984 804 69 73, tgl. 10–20 Uhr. Nicht nur, weil es hier nichts anderes gibt, trifft man sich hier. Das Restaurant ist romantisch und bringt große Portionen auf den Tisch. Spezialität ist natürlich fangfrischer Fisch und sogar Hummer. Für die Verdauungstour kann man sich auch hier ein Kajak mieten. Hauptgerichte ab ca. 100 Peso.
Grill am Wasserloch – **Casa Cenote:** gegenüber dem Cenote Manati (s. S. 133). Auch hier kann man Hunger und Durst nach dem Bad im Cenote oder Meer vorzüglich stillen. Man sollte den Sonntag wählen, wenn der Grill angeheizt wird und man sich mit diversen Fleischsorten verwöhnen lassen kann (150 Peso).

Infos

Anreise: Die Zufahrt zur Bucht von Soliman liegt etwa 10 km nördlich von Tulum an der MEX 370, die zur Bucht von Tankha ca. 8 km nördlich.

Öffentliche Verkehrsmittel gibt es nicht, aber man kann an der Abzweigung einen Bus der 2. Klasse oder ein Collectivo anhalten. Sportliche kommen mit dem Fahrrad von Tulum.

Die Cenotes ► Karte 3, B/C 7

Die schönsten Karsteinbrüche der Halbinsel, es soll über 3500 dieser Cenotes auf Yucatán geben, liegen in der Umgebung von Tulum. Vor wenigen Jahren nur Insidern bekannt, haben sie sich nunmehr zu beliebten Touristenzielen entwickelt und werden entsprechend vermarktet. Dadurch haben sie teilweise leider ihren natürlichen Reiz verloren. Die meisten kommerziell genutzten Cenotes sind Teil des ausgedehnten Nohoch-Nah-Chich-Höhlensystems, das zu den größten der Welt zählt und wahrscheinlich mit dem Cenote Manati in Verbindung steht. **Dos Ojos** an der Abzweigung 3 km südlich von Xel-Há ist ein Doppelcenote, daher der Name »Zwei Augen«. Er gehört zu den am besten erschlossenen. Einen beleuchteten kleinen Abschnitt voller Stalagmiten und Stalaktiten kann man mit dem Schnorchel erkunden (tgl. 10–17 Uhr, Eintritt ca. 10 US-$, Schnorcheltouren ab 25 US-$, Restaurant und Umkleidekabinen). Ganz in der Nähe liegt der **Labnaha Cenote-Park**, der unter Kennern als der schönste gilt. Man kann schnorcheln, in Höhlen hinabklettern oder in ihnen tauchen (www.labnaha.com, Eintritt 40 US-$). In der gleichen Region hat sich **Hidden Worlds** einen Cenote samt Umland reserviert und mit Zip-Lines ausgestattet, er tendiert aber mit seinen vielen ›Actions‹ eher zum Vergnügungspark (www.hiddenworlds.com, 80 US-$).

Für jedermann ideal zum Schnorcheln an einem heißen Tag ist hingegen der **Gran Cenote** 3 km außerhalb von Tulum an der Straße nach Cobá (Eintritt 10 US-$). Nur sehr erfahrenen Tauchern vorbehalten ist hingegen der **Cenote Angelita** etwa 16 km südlich von Tulum an der MEX 307. Durch seine trübe Schicht von Hydrogensulfit zwischen der Süß- und Salzwasserschicht wirkt er ungewöhnlich gespenstisch und faszinierend zugleich. Eine Infrastruktur gibt es nicht (www.cenoteangelita.com).

Cobá ! ► R 4

Die Welle des Massentourismus schwappt glücklicherweise nur bis an die Mauern von Tulum. Das bedeutendere und interessantere Cobá liegt 50 km östlich im dichten Buschwald und damit außer Reichweite der meisten Tagesausflügler von Cancún und Playa del Carmen. Vor allem in den frühen Morgenstunden und spät am Nachmittag, wenn unter dem Blätterdach angenehme Temperaturen herrschen und der Schweiß noch nicht in Strömen fließt, erliegt man leicht der Faszination der uns fremden Kultur, zumal die dichte Vegetation zur geheimnisvollen Aura der Ruinenstätte beiträgt.

Im Land der Affen ► R 3
Ungefähr 20 km nordöstlich von Cobá liegt **Otoch Ma'ax Yetel Kooh** (»Haus des Spinnenaffen und des Jaguar«), ein über 5000 ha großes Naturschutzgebiet. Es ist auch bekannt als Punta Laguna und wird von einer Indiogemeinde verwaltet. Der dichte feuchte Urwald ist Heimat der seltenen Spinnenaffen oder Geoffroy-Klammeraffen (Ateles geoffroy), die hier in großer Zahl vorkommen und wissenschaftlich beobachtet werden. Die Indios führen Besucher durch den Wald (viele Mücken) und man kann auch mit dem Kanu auf dem See herumpaddeln. Öffentliche Verkehrsmittel fahren nicht hierher.

Ruinenstätte

Hinter dem einheimischen Namen Cobá (»aschgraues Wasser«) verbirgt sich eine Maya-Stätte, die zwischen dem 6. und 9. Jh. zu den bedeutendsten und ausgedehntesten Niederlassungen in Yucatán zählte. Ermöglicht wurde diese für die Trockenregion ungewöhnlich hohe Bevölkerungskonzentration durch mehrere unterirdisch gespeiste Seen, an deren Ufern schon in präklassischer Zeit (0–400 n. Chr.) Menschen lebten. Aber erst um 600 begannen Zuwanderer aus dem Norden mit dem Anlegen einer Siedlung. Die großen, bisher nur teilweise freigelegten Bauten weisen einige Merkmale der Tempelstädte im guatemaltekischen Petén auf, können sich aber hinsichtlich der Ausführung nicht mit Orten wie Tikal oder gar mit den spätklassischen Bauten in Sayil, Edzná oder Labná messen. Vielleicht wollte man nur durch schiere Größe beeindrucken und legte auf künstlerische Gestaltung weniger Wert.

Ein dichtes Netz gut ausgebauter Wege, sogenannter *sacbé,* lässt vermuten, dass Cobá einst eine wichtige Rolle als Handelszentrum im Warenaustausch zwischen der Karibik und der Golfküste spielte. Eine etwa 100 km lange und bis zu 10 m breite Hauptstraße verband Cobá mit Yaxuná bei Chichén Itzá, eine andere führte möglicherweise nach Tulum. Etwa um 925 n. Chr. verlor Cobá im Gefolge des Erlöschens der klassischen Maya-Kulturen an Bedeutung und geriet in Vergessenheit. Erst 1886 wurde das im dichten Wald verborgene Maya-Zentrum von zwei mexikanischen Forschern besucht, gefolgt von dem Österreicher Teobert Maler (1884–1917), der 1891 bereits die wichtigsten Bauwerke fotografierte. Es dauerte aber noch bis 1926, ehe sich Archäologen des Carnegie-Institute im Rahmen der Ausgrabungen von Chichén Itzá auch dieser Ruinenstadt annahmen. Dennoch liegt der weitaus größte Teil der etwa 20 000 Bauten nach wie vor unter der Vegetation verborgen, und auch zur Geschichte sind noch viele Fragen offen.

Die Sehenswürdigkeiten in Cobá verteilen sich auf vier, zum Teil mehrere Kilometer auseinanderliegende Hauptgruppen. Per Fahrrad (Verleih am Eingang) lassen sich die Entfernungen besser überwinden.

Cobá-Gruppe

Etwa 50 m nach Betreten des Geländes führt rechts ein Pfad zur Cobá-Gruppe, dem ehemaligen Zeremonialzentrum am Macanxoc-See mit der 24 m hohen Pyramide ›Iglesia‹. Der eigentümliche Name stammt von den Anwohnern, die eine Figur auf einer Stele vor der Pyramide als die Jungfrau Maria interpretierten und auf einem kleinen Altar davor Gottesdienste abhielten. Bedauerlicherweise hat ein Hurrikan die Stele umgestürzt und zerbrochen. Die aus neun Plattformen bestehende Pyramide, von deren Spitze man eine großartige Aussicht über die Waldlandschaft und die darin eingebetteten Seen hatte, darf nicht mehr bestiegen werden.

Nohoch-Mul-Gruppe

Man kehrt zum Hauptweg zurück und folgt ihm durch schattigen Wald, biegt bei der nächsten Abzweigung nach links ab und steht nach etwa 1 km vor der Pyramide der Nohoch-Mul-Gruppe (hoher Hügel), dem mit 42 m höchsten

Ein Erlebnis: die Ruinen von Cobá kletternd zu erkunden, so lange es noch gestattet ist ...

Tempel Nordyucatáns. In Anlehnung an Chichén Itzá (s. S. 180) trägt auch diese Pyramide den irreführenden Namen ›El Castillo‹, obwohl sie natürlich nicht militärischen, sondern religiösen Zwecken diente. 120 Stufen führen zur Tempelplattform empor (möglicherweise ist der Aufstieg mittlerweile wie bei vielen Tempeln schon nicht mehr gestattet). Über dem Eingang zum Heiligtum sind in zwei Nischen deutlich Darstellungen des ›herabstürzenden Gottes‹ zu erkennen, der uns bereits in Tulum begegnet ist und in dem einige Wissenschaftler den Schutzgott der

Bienen sehen. Honig war damals ein hochgeschätztes Exportprodukt und spielt nach wie vor eine wichtige Rolle in der lokalen Wirtschaft.

Weniger gut erhalten als der Tempel ist eine überdachte Stele am Fuße der Pyramide. Sie zeigt einen hohen Würdenträger, auf dem Rücken zweier Gefangener stehend, die ohne Zweifel dem Opfertod entgegensehen.

Pinturas-Gruppe

Zum Hauptweg zurückgekehrt, wendet man sich nach links und erreicht die Pinturas-Gruppe, einen kleinen Komplex aus Säulenstümpfen und einer bescheidenen Pyramide, deren Tempel noch Reste der ursprünglichen Bemalung erkennen lässt.

Macanxoc-Gruppe

Wer noch genug Energie hat, kann vom Hauptweg dem Hinweisschild zur Macanxoc-Gruppe folgen, um nach 1 km auf eine Ansammlung von teilweise stark erodierten Stelen zu stoßen, ehe er sich wieder in Richtung Ausgang wendet (ca. 2 km).

Übernachten

Kolonialer Touch – **Villas Arqueologicas Coba:** Carr. Tulum–Novo Xcan, km 42, Tel. 984 206 7001, www.villasarqueologicas.com.mx, DZ ab 70 US-$. Etwas in die Jahre gekommenes, dennoch sehr anheimelndes Hotel im Hacienda-Look mit recht kleinen Zimmern in unmittelbarer Nähe der Ruinen. Pool, gutes Restaurant, Bar, Tennisplatz, behindertengerecht.

Sehr einfach – **El Boquadito:** an der Bushaltestelle, Tel. 984 876 37 38, www.cancunsouth.com/bocadito, DZ 80 Peso. Sehr einfache Zimmer ohne AC mit Ventilator. Ordentliches Restaurant, ab ca. 80 Peso.

Aktiv & Kreativ

Vogelbeobachtung – Da Cobá auch ein bemerkenswertes Naturschutzgebiet ist, das vor allem Ornithologen zu begeistern vermag, sollte man den Rundgang durch die Ruinen möglichst früh am Morgen beginnen, um die Chancen zur ungestörten Naturbeobachtung zu nutzen.

Infos

Verkehr: Gute Busverbindungen mit Tulum (45 Min.), Playa del Carmen (1,5 Std.) und Valladolid (45 Min.).

Von Tulum in Richtung Chetumal

Am südlichen Ortsausgang von Tulum ist man unvermittelt wieder im wahren Mexiko: keine Reklametafeln mit englischen Werbetexten mehr, keine Niederlassungen von Fastfood-Ketten, keine Hinweisschilder auf Öko-Parks oder auch Hotelanlagen, stattdessen eine schmale Straße durch monotonen Buschwald – nicht mehr lange allerdings, denn die Straße wird derzeit breit bis Chetumal ausgebaut.

Muyil ►R 5

Knapp 25 km südlich von Tulum, ein Stück abseits der MEX 307, zweigt zwischen km 206 und 205 ein Weg zu den noch kaum bekannten Ruinen ab. Den Namen erhielt die Ruinenstadt von der angrenzenden Lagune, die durch einen Kanal mit dem Meer verbunden ist und der die Stätte wohl ihre Existenz verdankt. Neuerdings trägt sie wieder den einheimischen Namen Chunyaxché, wenngleich auch dieser sicherlich nicht der ursprüngliche ist.

Zugegebenermaßen sind die Reste nicht so spektakulär wie in Tulum, aber der Besuch lohnt schon allein wegen der Atmosphäre, die ein wenig die Entdeckerfreuden der frühen Forscher nachempfinden lässt. Herausragendes Gebäude ist das Castillo, eine 17 m hohe, teils restaurierte fünfstufige Pyramide aus der Postklassik (10.–16. Jh.), als der Ort unter der Hegemonie Chichén Itzás stand. Zuvor hatte er enge wirtschaftliche Bindungen an den Norden Belizes und stand dann eine Zeit im Schatten von Cobá. Da Muyil in den frühen spanischen Quellen nicht erwähnt ist, war es möglicherweise bei Ankunft der Konquistadoren bereits in Vergessenheit geraten und vom Buschwald überwuchert.

Von den Ruinen führt ein schmaler Plankenweg (mit Aussichtsturm) in das Biosphärenreservat von Sian Ka'an (s. S. 134, Eintritt 40 Peso), der an der Lagune endet. Dort warten bereits Boote. Für eine zweieinhalbstündige Tour zahlt man 40 US-$/Person. Zufahrt mit dem Auto von der Hauptstraße zur Lagune südlich des Ruinen-Parkplatzes.

Felipe Carrillo Puerto ►Q 6

Die erste größere Ortschaft nach Tulum ist der 100 km südlich liegende Verkehrsknotenpunkt Felipe Carrillo Puerto, eine aufstrebende, wenig attraktive Siedlung, der man nicht mehr ansieht, dass sie als Zentrum des sogenannten Kastenkrieges einmal eine bedeutende Rolle in der Geschichte Yucatáns gespielt hatte. Erst 1850, auf dem Höhepunkt der Auseinandersetzungen mit der mexikanischen Regierung, wurde der Ort von rebellierenden Maya als ›Chan Santa Cruz‹ (kleines heiliges Kreuz) gegründet. Der Name bezieht sich auf die merkwürdige Erscheinung des ›sprechenden Kreuzes‹, eine Art Orakel, das die Führer der militanten Cruzob-Maya in den Dienst ihrer Bewegung stellten. Das durch einen Bauchredner-Trick sprechende Orakel in Gestalt des obersten Schamanen (Nohoch Tàatich, »Großer Herr«) trieb die Maya zum Widerstand gegen die mexikanischen Truppen, der schließlich zum Sieg in der Schlacht von Bacalar führte und ihnen damit bis zum Beginn des 20. Jh. eine weitgehende Autonomie bescherte. Erst im Anschluss mussten sie sich der Übermacht beugen und flohen in die nahen Wälder, wo sie noch bis in die 1930er-Jahre hinein teils erbitterten Widerstand leisteten.

Seinen heutigen Namen trägt der Ort zu Ehren des ehemaligen Gouverneurs von Yucatán, Felipe Carrillo Puerto (1872–1924), der sich für die Belange der Maya einsetzte und im Jahre 1924 während des Putschversuchs des Adolfo de la Huerta von Aufständischen gefangen genommen und hingerichtet wurde.

Heiligtum des sprechenden Kreuzes

Das kleine strohgedeckte Heiligtum neben dem Cenote Lom Ha' (»gespaltene Quelle«), an dem das erste Kreuz entdeckt wurde, ist bis heute für die Maya ein bedeutendes Symbol ihres Selbstbewusstseins. Auch wenn das historische, in einer Nische platzierte Kreuz durch ein blau aufgemaltes ersetzt wurde. Man darf das Heiligtum, das **Santuario del Cruz Parlante,** Ecke Calle 58 und Calle 69, nur ohne Schuhe und Kopfbedeckung betreten und sollte den Fotoapparat in der Tasche lassen.

Das Wandgemälde an der Außenmauer des **Centro Cultural Chan Santa Cruz,** das an der Plaza gelegen ist, und Exponate in seinem Innern rufen den Kampf der Maya ins Bewusstsein. Ansonsten wird hier Kunsthandwerk der Region präsentiert (Mo–Fr 8–21.30, Sa und So 18–20 Uhr, Eintritt frei).

Übernachten

Das beste vor Ort – **Hotel Esquivel:** Ecke Calle 63 und 68 nahe der Plaza, Tel. 983 834 00 21, DZ ab 450 Peso. Modernes Stadthotel mit recht ordentlichen, sauberen AC-Räumen.

Einfach schlafen, gut essen – **El Faisan y el Venado:** Benito Juárez, Lote 781, an der MEX 307, DZ ab 200 Peso. Einfache Unterkunft, aber ein sehr authentisches Restaurant mit typischer Maya-Küche. Hauptgerichte ab 70 Peso. Die Familie betreibt ein kleines Hotel/Restaurant gleichen Namens auch in Playa del Carmen.

Abstecher zu den Ruinen von Chac-Chooben ▶ Q 8

Ausgrabungsstätte

tgl. 8–17 Uhr

Zweigt man im kleinen Weiler Limones rechts auf die Carretera Lazlo Cardenas–Limones ab, erreicht man nach wenigen Kilometern die Ruinenstätte Chac-Chooben aus dem 7. Jh. mit einigen restaurierten kleineren Pyramiden. Sie wurde erst ab 1994 ausgegraben und 2002 auch der Öffentlichkeit zugänglich gemacht. Eine Hinweistafel erläutert die Bauten, die sich auf einem Rundweg erschließen. Vom Massentourismus ist sie bisher verschont geblieben, obwohl die Ruinen neuerdings beliebtes Ausflugsziel für die Passagiere der in Mahahual anlegenden Kreuzfahrtschiffe sind. Wer die Wahl hat, sollte das Wochenende zum

Lieblingsort

Ein lauschiges Plätzchen in Mahahual ► R 8

Palmen, die sich im Wind wiegen, dazwischen eine Hängematte gespannt. Das Wasser türkisfarben, begrenzt von der Brandung am Riff, deren Rauschen bis zum Strand dringt. Hin und wieder segelt ein Pelikan dicht über das Wasser, am Horizont die hoch aufgetürmten Wolken der Tropen – ein wahres, allerdings von Hurrikanen auch bedrohtes Paradies hat sich der Österreicher Peter Ruhry mit seinem kleinen Öko-Hotel Castillo (s. S. 145) hier geschaffen. So fällt es mir dann auch recht schwer, die holperige Piste zurück in die Glitzerwelt Cancúns oder Playa del Carmens zu nehmen.

Voll auf die Bedürfnisse der Strandbesucher eingestellt: Laden an der Costa Maya

Besuch wählen, da dann keine Schiffe Mahahual anlaufen (die meisten Kreuzfahrten starten und enden an Wochenenden in Florida).

Costa Maya ▶ R 7–10

Die sich weit nach Süden ziehende, den östlichen Abschluss der Bucht von Chetumal bildende Halbinsel Xcalak gehört (noch) zu den abgelegensten Regionen der Karibikküste, obwohl sie sich bereits einen Platz im Internet gesichert hat und schon über etliche Hotels und Ferienhäuser verfügt. Man braucht kein Prophet zu sein, um hier eine Entwicklung vorauszusagen, wie sie etwa Playa del Carmen in den letzten 10 Jahren gemacht hat, insbesondere wenn der neue Flughafen bei Tulum fertiggestellt sein wird. Wer einsame Strände sucht, sollte sich beeilen, denn seinen Ruf als Geheimtipp hat der Küstenstreifen, der neuerdings den griffigen Namen »Costa Maya« trägt, bereits verloren. Je weiter man sich von dem auf Kreuzfahrttouristen zugeschnittenen Ort Mahahual entfernt, desto ursprünglicher wird die von Mangroven, Sandstränden und Lagunen bestimmte Landschaft. Die Region wurde allerdings vom Hurrikan Dean im Jahre 2007 besonders schwer getroffen. Vieles ist wieder aufgebaut, aber noch immer säumen die Skelette der Mangroven weite Teile beiderseits der Straßen.

Mahahual ►R 8

Baden, schnorcheln, unter den Palmen liegen – die Region um Mahahual ist noch der ideale Ort zum Ausspannen an der türkisfarbenen Karibik fern jeder Hektik. Mit Anlage eines Piers für Kreuzfahrtschiffe hat der Ferienort aber unlängst Anschluss an den Massentourismus gefunden und ist damit den Vorstellungen der Tourismusplaner von einem zweiten Cancún ein Stück näher gekommen. Sie wollen hier eine Stadt von über 100 000 Einwohnern aus dem Boden stampfen.

Im August 2007 schlug die Natur jedoch zurück und hat den ehrgeizigen Plänen vorerst ein Ende bereitet: Hurrikan Dean fegte die Anlegestelle für die Riesenschiffe weg. Vorübergehend war Ruhe eingekehrt – aber bereits im Frühjahr 2009 machten wieder die ersten Kreuzfahrtschiffe fest und spülten Tausende von Touristen für jeweils ein paar Stunden an Land. Größte Attraktion ist das vorgelagerte **Chinchorro-Riff,** das sich bis ins benachbarte Belize erstreckt und zu den schönsten Tauchrevieren der Karibik zählt.

Übernachten

Im Ort Mahahual gibt es etliche Hotels, er ist allerdings wenig attraktiv, zumal die verrotteten Mangroven das Bild doch nach wie vor erheblich stören (s. o.) und der mit Felsen durchsetzte Strand auch nicht gerade zum Baden einlädt. Weitaus schöner sind die Richtung Süden entlang der holperigen Sandpiste (Carr. Mahahual–Xcalak) liegenden Unterkünfte.

Ökologisch – **Balamku:** Carr. Mahahual –Xcalak, km 5,6, Tel. 983 839 53 32, www.balamku.com, DZ ab 85 US-$ inkl. Frühstück und Kajakbenutzung. Kleines, sehr gepflegtes Hotel in amerikanischem Besitz mit 10 Zimmern in zweistöckigen Cabañas unmittelbar am Strand.

Idyllisch – **Kabah-na:** Carr. Mahahual–Xcalak, km 8, Tel. 983 112 63 50, DZ ab 500 Peso. Einfache Cabañas beidseits der Straße. Ein hübscher Strandabschnitt mit Palmen ist vom Hotel aus zugänglich.

Strandrefugium – **Hotel Castillo:** Carr. Mahahual–Xcalak, km 11,6, Tel. 983 110 59 18, www.hotel-castillo.com, DZ ab 450 Peso (s. Lieblingsort S. 142/143). Kleines Strandhotel 11 km südlich von Mahahual unter österreichischer Leitung mit 7 Zimmern, Restaurant, schattiger Terrasse, herrlichem Strandabschnitt und hervorragender Küche. Das Ganze zu zivilen Preisen.

Infos

Bus: 2 x tgl. eine Busverbindung mit ADO-Bussen 1. Klasse mit Cancún über Tulum und Playa del Carmen, Abfahrt gegen 9 und 17.30 Uhr.

Xcalak ►R 9

Der Fischerort Xcalak liegt etwa 60 km südlich von Mahahual unmittelbar an der Grenze zu Belize. Jenseits einer schmalen Fahrrinne zieht sich die Halbinsel, nunmehr als Teil des Nachbarstaates, noch etwa 50 km weit nach Süden. Mit Inseln durchsetzte Lagunen, Mangroven, Dünen, Sandstrände, die mit Felsen wechseln, und sumpfige Niederungen erwarten den Reisenden auf der Halbinsel. Mancherlei Anzeichen deuten darauf hin, dass sich im schwer zugänglichen, mit Buschwald überzogenen Hinterland noch zahlreiche Relikte der Maya-Kultur verbergen. Auch dieser abgelegene Fischerort wurde vom Hurrikan Dean hart ge-

Der abendliche Himmel überzieht die Lagune von Bacalar mit einem Farbenspiel aus Rot und Orange

troffen. Da sich die Infrastruktur bisher in Grenzen hält, ist er eines der letzten nahezu unberührten Refugien für den Ruhe suchenden Naturliebhaber an der mexikanischen Karibikküste. Mit seinen bunten, windschiefen Holzhäusern hat der Ort einen ausgesprochen karibischen Touch – Belize ist eben nicht weit.

Banco Chinchorro

Entlang der Küste zieht sich auch hier das größte Korallenatoll nördlich des Äquators, das Tauchern und Schnorchlern wunderbare Ansichten unter Wasser bietet.

Übernachten

Wegen der schlechten Telefonverbindungen sollte man via E-Mail Kontakt aufnehmen. Es gibt im Ort zwar einige kleine Resturants, man isst aber besser in den Hotels:

Für Sonnenanbeter – **Playa Sonrisa:** km 7, www.playasonrisa.com, playasonrisa@yahoo.com, DZ ab ca. 140 US-$ (bei Buchung über Internet billiger). Aus mehreren Gebäuden und Cabañas bestehende, einsam liegende Anlage am Meer, in der Paare (und auch nur diese!) auch ohne Badeanzug willkommen sind.

Zum Ausspannen – **Casa Carolina:** km 2,5 www.casacarolina.net, DZ mit Frühstück ab 100 US-$. Kleines Strandhotel in leuchtendem Gelb mit nur 4 Zimmern. Haus in US-amerikanischem Besitz mit persönlicher Atmosphäre.

Essen & Trinken

Cola und Karaoke – **Restaurant Xcalak Caribe:** im Zentrum am Strand gelegen, Tel. 983 130 02 214, tgl. 8 Uhr bis open end. Terrasse im 1. Stock, die sich abends in eine Art Disco verwandelt. Treffpunkt der Beachcomber. Der Eigentümer betreibt auch ein Hotel am Strand, etwa 30 km entfernt. Hauptgerichte ab ca. 80 Peso.

Aktiv & Kreativ

Tauchen, Schnorcheln – Zu den renommiertesten Anbietern gehört das **Aventuras Xcalac to Chinchorro Dive Center**: Postal 21, Chetumal, Q. Roo, Mexico 77000, www.xtcdivecenter.com. Es hat sich auf Ausflüge zum Chincorro-Riff spezialisiert.

Lagune von Bacalar ► P 8

Über eine Länge von mehr als 50 km erstreckt sich die Lagune parallel zur Küste der Karibik. Ihren Beinamen »Lagune der Sieben Farben« verdankt sie dem Farbenspiel, das durch die Vermischung von Salz- und Süßwasser entsteht und dem Gewässer einen fremdartigen Reiz verleiht.

Bacalar ► P 8
Die einst wichtigste Niederlassung der Spanier an der Karibikküste, ca. 40 km nördlich von Chetumal gelegen, ist heute zu einer verschlafenen Kleinstadt am Rande der lang gestreckten Gewässer mit dem schönen Namen »Las Lagunas de Siete Colores« (s. o.) herabgesunken. Bereits die Maya hatten hier eine Siedlung namens Bak'Halal (»von Schilf umgeben«). Im Jahre 1543, kurz nach der Gründung Méridas, legten die Spanier an diesem Ort einen Stützpunkt an, der allerdings nie seine Aufgabe als Zentrum der Kolonisierung der Ostküste erfüllen konnte. Bis zur Unabhängigkeit blieb Bacalar isoliert und hatte im 17. und 18. Jh. wiederholt unter Angriffen der Piraten zu leiden. 1652 wurde der Ort durch den berüchtigten Flibustier Diego de

Mulato sogar vollständig zerstört und von der Bevölkerung verlassen. Erst im Jahre 1733 bauten die Spanier die Festung San Felipe und besiedelten das Umland mit Kolonisten von den Kanarischen Inseln. Die kleine Stadt erholte sich rasch und galt bald als wichtigster Exporthafen für die landwirtschaftlichen Produkte der Südostküste von Yucatán.

Das Fort

Mo–Sa 10–17 Uhr
Einzige Sehenswürdigkeit ist das noch gut erhaltene Fort San Felipe. Unter den Erinnerungen an die bewegte Vergangenheit ist sowohl eine kleine Waffensammlung als auch das Museum »Guerra de Castas«, das den Sieg der Maya von 1848 thematisiert. Damals wurde es im Verlauf des sogenannten Kriegs der Kasten von den aufständischen Cuzob-Maya eingenommen und konnte erst 1902 von der mexikanische Zentralregierung zurückerobert werden. Von der noch mit Kanonen bestückten Bastion bietet sich ein reizvoller Blick über die Lagune.

Entlang der Uferstraße

Wesentlich eindrucksvoller noch ist die Aussicht vom Hotel Laguna (s. u.), zu dem man nach ca. 2 km Fahrt in südlicher Richtung über die Uferstraße Costera Bacalar gelangt. Noch weiter südlich trifft man auf den etwa 200 m abseits der Straße liegenden **Cenote Azul,** einen tiefblauen Frischwassersee, mit 90 m der tiefste Yucatáns. Angeschlossen ist ein kleines Restaurant.

Übernachten

Farbenfroh – **Hotel Laguna:** Av. Costera 479, 2 km vom Ort entfernt, Tel. 983 834 22 05, www.hotellagunabacalar.com, DZ ab 600 Peso. Unmittelbar an der Lagune gelegenes älteres Hotel ganz in Türkis mit herrlichem Blick, Restaurant und Pool, WiFi. Bushaltestelle ca. 100 m entfernt.

Urgemütlich – **Amigo's:** Av. Costera 342, Tel. 987 872 38 68, www.bacalar.net, DZ ab 500 Peso. Unmittelbar am See gelegenes Bed-&-Breakfast-Hotel mit eigenem Steg, kleinem Garten. 5 Zimmer, kleine Bibliothek und WiFi.

Unter dem Blätterdach – **Cas ta Carolina:** Apdo 35, Bacalar, Quintana Roo, Mexico 77931, Tel. 983 834 23 34, www.casitacarolina.com, DZ ab 450 Peso. Man hat die Wahl zwischen einer Rundhütte mit Palapadach, einer Cabaña oder einem kleinen Haus. Alles liegt direkt an der Lagune. Kajaks werden hier auch vermietet.

Aktiv & Kreativ

Grenznah – **Ausflüge nach Belize** (s. S. 153) werden u. a. von Aventuras Xcalac to Chinchorro Dive Center veranstaltet (www.xtcdivecenter.com). Sie lohnen sich aber nur für eine größere Gruppe, da man ein ganzes Boot für 8 Personen mieten muss (ca. 200 US-$). Weitere Informationen unter http://ambergriscaye.com

Kanu – Das stille Gewässer ist der ideale Ort für geruhsame **Kanuausflüge.** Boote stehen in den meisten Unterkünften zur Verfügung.

Infos

Bus: Busse der 2. Klasse halten auf dem Weg nach Süden in der Calle 5, auf dem Weg nach Norden in der Calle 7 (beides Einbahnstraßen). Busse der 1. Klasse umfahren den Ort auf der MEX 307. Sie halten auf Wunsch nahe der Zufahrt zur Laguna Verde oder zum Hotel Laguna.

Chetumal ► P/Q 9

Die geschützte Lage an der großen Bucht **Bahía de Chetumal** hat Chetumal, Regierungssitz des 1902 gegründeten Bundesstaates **Quintana Roo**, zum wichtigsten Hafen und Industriestandort an der Ostküste heranwachsen lassen. In vorspanischer Zeit verschifften die Maya von hier aus ihre wertvollen Produkte wie Kakao, Federn und Gold nach Nordyucatán. Erst 1898 wurde an der Landungsstelle, die den Namen Cayo Obispo trug und von den Cruzob-Maya zum Waffenschmuggel während des Kastenkrieges genutzt wurde, eine Zoll- und Polizeistation errichtet, aus der sich die Ortschaft Payo Obispo entwickelte. Der heutige Name stammt erst aus dem Jahre 1936.

Das Wachstum der Stadt wie auch des ganzen Staates ging zunächst nur langsam voran. Erst mit dem Aufstieg Cancúns beschleunigte sich die Zuwanderung auch in den anderen Teilen Quintana Roos und bescherte Chetumal einen fast explosionsartigen Bevölkerungszuwachs auf derzeit über 200 000 Einwohner.

Kein Wunder, dass vom karibischen Flair eines kleinen tropischen Hafens nicht mehr viel zu spüren ist. Moderne Verwaltungsgebäude und Fabrikationsanlagen dominieren das Bild und machen Chetumal damit kaum zum attraktiven Touristenziel. Bei den Mexikanern hingegen gilt die Stadt aufgrund der günstigen Zölle im benachbarten Belize als Standort für ausgiebiges Shopping. Somit ist Chetumal mit seinen guten Anschlüssen auch für Touristen ein bequemes Sprungbrett für den Besuch des Nachbarlandes Belize. Da auch die eine oder andere zwielichtige Gestalt vom kleinen Grenzverkehr profitieren möchte, sollte man vor allem nach Einbruch der Dunkelheit etwas Vorsicht walten lassen.

Museo de la Cultura Maya

Av. Héroes, im zentralen Park gelegen, Tel. 983 832 68 38, Di–Sa 9–19, Fr So bis 14 Uhr

Wichtigste Sehenswürdigkeit Chetumals ist dieses Museum, in dem auf drei Stockwerken eine hervorragende Darstellung der Maya-Kultur geboten wird. Die Ausstellungsstücke sind nach der traditionellen Kosmologie angeordnet. Das Untergeschoss stellt die neunstufige Unterwelt Xibalbá dar, das mittlere Stockwerk die Welt der Lebenden und das Obergeschoss den Himmelsbereich. Ein mächtiger heiliger Ceiba-Baum verbindet die drei Stockwerke. Zahlreiche Modelle, Repliken und Originale sowie interaktive Präsentationen lassen den Besuch zu einem Erlebnis werden, obwohl manche Fragen offen bleiben.

Der gesamte Lebensraum der Maya, also auch das heutige Belize, Honduras und Guatemala, ist mit einbezogen. Rings um den zentralen Innenhof (freier Zutritt) finden in einigen Räumen Ausstellungen zeitgenössischer Kunst statt.

Übernachten

Internationaler Komfort – **Holiday Inn Chetumal:** Av. Héroes 171, gegenüber dem Museum, Tel. 983 835 04 00, www.holidayinn.com. DZ ab ca. 78 US-$ (vor Ort teurer). Business-Hotel der bekannten Kette mit den gewohnt modernen, funktionalen Zimmern, Pool und Restaurant.

Beliebter Travelerstopp – **Hotel Los Cocos:** Av. de los Héroes, Ecke Av. Héroes de Chapultepec, Tel. 983 832 09 20, www.hotelloscocos.com.mx, DZ ab ca. 900 Peso. Angenehmes Mittelklassehotel mit Pool, klimatisierten Zimmern, Restaurant und bewachtem Parkplatz.

Farbtupfer – **Hotel Ucum:** Calle Mahatma Gandhi 167, Ecke 16. Sept., Tel. 983 832 61 86, www.hotelucumchetumal.com. Motelartige Hotelanlage im Zentrum nahe Markt und Museum. Recht einfache Zimmer ab 350 Peso.

Essen & Trinken

Treffpunkt der Jugend – **Los Milagros:** Ignacia Zaragoza, Tel. 983 832 44 33. 7.30–21, So bis 13 Uhr. Bei Studenten besonders beliebter Treffpunkt mit netter entspannter Atmosphäre. Es gibt guten Kaffee und kleinere Gerichte ab ca. 40 Peso.

Einheimisch lecker – **Pantoja:** Calle Gandhi/Ecke 16 de Septiembre, Tel. 983 832 39 57, tgl. 7–21 Uhr. Einheimische Kost wie *Poc-chuc* (Schweinefleisch mit Tomaten und Zwiebeln) und *Enchiladas* (Tortillas mit Fleisch und Gemüse) werden hier serviert, preiswertes Mittagsmenü. Hauptgerichte ab ca. 40 Peso.

Nicht nur Pizza – **Sergio's Pizza:** Av. Obregón 182. Beliebtes klimatisiertes Restaurant mit angenehmem Ambiente und dezenter Musik. Außer Pizza gibt es auch Fisch und Fleisch. Die verschiedenen Hauptgerichte sind ab ca. 50 Peso zu haben.

Infos

Verkehr

Bus: Das Hauptbusterminal liegt nördlich, ca. 2 km entfernt. Verbindungen der 1. und 2. Klasse u. a. nach Cancún (5,5–6,5 Std.), Escárcega (ca. 5 Std.), Mahahual (2–3 Std.), Mérida (6–8 Std.), Palenque (7–8 Std.), Playa del Carmen (4–6 Std.), Tulum (3,5–4 Std.), Flores/Tikal (Guatemala, 8 Std.), Belize City (Belize, 3–4 Std.).

Minibusse nach Bacalar fahren vom Minibus-Terminal Primo de Verdad, Ecke Miguel Hidalgo.

Maya-Stätten nahe Chetumal

Die schwer zugänglichen, nahe beinander liegenden Ruinenstätten Dzibanché (»Auf Holz geschrieben«) und Kinich-Ná (»Haus der Sonne«) bezaubern durch ihre Abgelegenheit inmitten des Urwalds. Sie wurden erst im Jahre 1927 durch den Arzt und Amateurarchäologen Thomas Gann entdeckt und seit den 1990er-Jahren teilweise ausgegraben.

Zentrales Motiv im Zeremonialzentrums in Kohunlich sind die Masken des Sonnengottes

Dzibanché ► O 8

tgl. 8–17 Uhr

Ihre Blütezeit erlebte die Stadt, die eng mit Calakmul (s. S. 232) verbunden war, zwischen dem 6. und 11. Jh. Möglicherweise stammten die Herrscher aus Calakmul sogar von hier, wird doch Calakmul in einer Inschrift aus Dzibanché erstmals erwähnt. Ein **Rundgang** führt über mehrere Plätze der Stätte:

Zunächst gelangt man zum **Palacio de Dinteles** (Palast des Türsturzes). Hier wurde der hölzerne Türsturz mit einer Kalenderhieroglyphe (733 n. Chr.) entdeckt, der dem Heiligtum seinen Namen gegeben hat. Eine breite Treppe führt hinauf zu einer Plattform, auf der sich zwei Heiligtümer befinden.

Südlich davon schließen sich zwei durch Pyramiden und Plattformen getrennte Plätze an. Der rechte von ihnen, **Plaza Gann,** wird auf der Nordseite vom **Templo de los Tucanes** (Tempel der Tukane) begrenzt, einer Plattform, auf der wohl einmal ein hölzerner Tempel gestanden hat. Rechts ragt der **Templo de los Cautivos** (Tempel der Gefangenen) empor, benannt nach einem Relief mit Darstellungen gefesselter Krieger, die wie bei den Maya üblich wohl dem Opfertod entgegensehen.

Über Treppen steigt man zur höher gelegenen **Plaza Xibalbá,** die von dem noch nicht völlig freigelegten **Templo de los Cormoranes** (Tempel der Kormorane) und dem besonders eindrucksvollen **Templo del Buho** (Tempel der Eule) gesäumt wird. Letzterer erinnert an die großartigen Anlagen von

Tikal im benachbarten Guatemala. Auch jener wird von zwei Heiligtümern gekrönt.

Kinich-Ná ► O 8

tgl. 8–17 Uhr

Die nur aus einem Gebäudekomplex bestehende Anlage (2 km nördl. Dzibanché) erhielt ihren Namen – »Haus der Sonne« – nach einem hier auf der Hauptpyramide entdeckten Fries mit dem Bildnis des Sonnengottes. Die kaum freigelegten Ruinen deuten auf einen gewaltigen, aus mehreren Plattformen bestehenden Komplex.

Kohunlich ► O 9

tgl. 8–17 Uhr

Die Ruinenstadt wurde erst 1912 durch den Amerikaner Merwin entdeckt und ›Cohonn Ridge‹ genannt, das die Mexikaner später in Kohunlich verballhornten. Das recht ausgedehnte, aber nur punktuell freigelegte Zeremonialzentrum stammt aus der klassischen Epoche (400–600 n. Chr.) und zählt stilistisch zum östlichen Petén.

Hauptmerkmal dieser regionalen Architektur, die auch in Benque Viejo und Altún Há (beide Belize) anzutreffen ist, sind reich verzierte, polychrome Stuckfassaden mit der Maske des Sonnengottes als zentralem Motiv. So ist denn auch Kohunlich berühmt für seine großen Masken, die den Aufgang zum Haupttempel **Templo de los Mascarones** (Tempel der Masken) flankieren. Wahrscheinlich stellen sie alle den Sonnengott Kinich Ahau in unterschiedlicher Manifestation dar, obwohl einige Porträts die Attribute des Regengottes Chac aufweisen. Der gute Erhaltungszustand erklärt sich aus einer späteren Überbauung, die einen schützenden Mantel über die Stuckaturen legte. Entdeckt wurden die Kunstwerke erst durch Grabräuber des 20. Jh. beim Versuch, in das Innere der Pyramide vorzudringen. Glücklicherweise gelang es ihnen nicht mehr, die wertvollen Stücke abzutransportieren, wie es mit einer ähnlichen Maske aus La Muñeca geschehen ist, die in den USA auftauchte.

Der fotografierende Tourist mag bedauern, dass ein dunkles Strohdach die wertvollen Stücke zum Schutz vor Sonne und Regen in dämmeriges Licht taucht, aber nur so können sie in situ der Nachwelt erhalten bleiben. Möglicherweise verbergen sich unter den bislang noch nicht freigelegten Seiten der Pyramide sogar weitere Stuckarbeiten.

Ballspielplatz und der **Platz der Stelen,** die übrigen architektonischen Zeugnisse, treten zwar hinsichtlich ihrer Bedeutung hinter die »Pyramide der Masken« zurück, tragen aber ganz wesentlich zum Zauber bei, den die in den subtropischen Wald gebettete Maya-Stätte ausstrahlt.

Interessant, wenn auch auf den ersten Blick nicht ersichtlich, ist das ausgeklügelte Zisternen-System der Wasserversorgung. Da Cenotes wie in Nordyucatán fehlen, waren die Bewohner auf Regenwasser angewiesen, das in flachen, mit Kalkmörtel ausgekleideten Mulden aufgefangen und durch Kanäle verteilt wurde. In der kleinen Senke vor der Pyramide der Masken haben sich die Reste eines derartigen Speichers erhalten. Ähnliche, als Chultunes bezeichnete Zisternen kann man auch in Edzná und den Städten der Puuc-Zone antreffen.

Infos

Anfahrt

Dzibanché: Die Ausgrabungsstätten liegen etwa 60 km westlich von Chetumal bei der Ortschaft Morocoy und sind nur mit dem Mietwagen oder Taxi erreichbar. Man folgt zunächst der nach Westen verlaufenden Hauptstraße MEX 186, die weiter Richtung Ostküste über Xpujil (s. S. 236) nach Escárcega führt, biegt nach etwa 44 km kurz hinter dem Schild ›Zona Arqueológica‹ rechts ab und folgt der sehr schlechten Piste nochweitere 24 km bis zum Ziel.

Kohunlich: 2 km hinter der Abzweigung nach Dzibanché (MEX 186) führt auf der gegenüberliegenden Seite eine asphaltierte, 8 km lange Stichstraße zu der Ruinenstadt nahe der Grenze von Belize. Mit Bussen gelangt man nur bis zur Abzweigung (ausgeschildert) der Stichstraße fahren – deshalb empfiehlt sich der Mietwagen.

Abstecher nach Belize

Von Chetumal vor allem bietet sich ein Abstecher nach Belize an. Es herrscht ein reger Verkehr zwischen beiden Ländern, sodass sich der Grenzübertritt problemlos gestaltet. Da Belize kaum Auslandsvertretungen besitzt, nimmt die Britische Botschaft die Interessen des Landes in Übersee wahr. Der Reisende sollte sich auch auf das wesentlich höhere Preisniveau in Belize einstellen.

Sehenswert sind vor allem die Hafenstadt **Belize City** mit ihrem karibischen Charme und die vorgelagerten Inseln, **Cayes** genannt, die mit ihren farbenprächtigen Korallenriffen nach wie vor zu den besten Tauchgründen der Welt zählen. Vor allem das geruhsame Caye Caulker, ein von Palmen beschattetes sandiges Eiland, 33 km nordöstlich von Belize und in zweistündiger Bootsfahrt zu erreichen, zieht zunehmend Besucher an. Aber auch der Freund der Maya-Kultur kommt in Belize auf seine Kosten. Zahlreiche, noch kaum ausgegrabene Ruinenstätten beherbergt der Regenwald, von denen vor allem **Xunantunich** (Abb.), nahe der Grenze zu Guatemala, und **Lamanai** einen Besuch lohnen.

Mit dem Boot kann man aber auch in ca. 90 Minuten über die Lagune von Bacalar (s. S. 147) ins Städtchen San Pedro auf den Ambergis Keys gelangen und dort für eine Weile in eine völlig andere karibische Welt eintauchen.

Das Beste auf einen Blick

Nordyucatán

Highlights!

Mérida: Die kolonial geprägte Stadt im Herzen Yucatáns vermag mit Open-Air-Veranstaltungen an der Plaza die Besucher zu begeistern. S. 156

Izamal: Noch immer wird die beschauliche Kleinstadt vom majestätischen Konvent San Antonio de Padua dominiert. Dieser war ehemals Bischofssitz des fanatischen Diego de Landa, der zum Untergang der Maya-Kultur beitrug. S. 179

Chichén Itzá: Die wohl bekannteste Ruinenstadt auf der gesamten Halbinsel erwartet den Besucher mit perfekt restaurierter Pyramide, einer gruseligen Schädelplattform, einem geheimnisvollen Cenote und einem Observatorium. S. 180

Auf Entdeckungstour

Von Aufstieg und Niedergang – die Route der Haciendas: Sisalplantagen haben für fast ein Jahrhundert die Wirtschaft und Sozialstruktur der Halbinsel geprägt, den Städten und der Landschaft ihr Gesicht verliehen. Von den meisten Haciendas sind nur noch Ruinen geblieben, andere wurden in Luxushotels umgewandelt. Auf einer Rundfahrt rings um Mérida lassen sie sich erkunden. S. 170

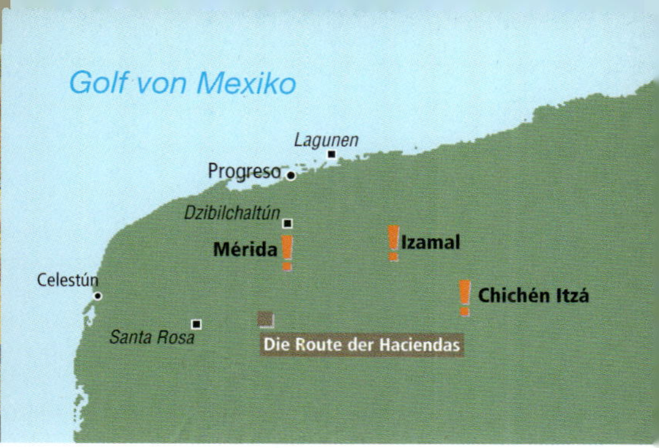

Kultur & Sehenswertes

Museo de Antropologia in Mérida: Es wird sehr anschaulich ein Querschnitt durch die Geschichte Yucatáns geboten, der Schwerpunkt liegt auf der Maya-Kultur. S. 162

Rätselhaft: Die Ruinenstätte Dzibilchaltún birgt noch manches Rätsel. Das längste Bauwerk der Maya liegt hier, eine geheimnisvolle Kultstätte und ein tiefer, einst als Opferplatz genutzter Cenote. S. 169

Aktiv & Kreativ

Kochen in Mérida: Der authentischen yucatekischen Küche hat sich die Kochschule von Los Dos unter David Sterling verschrieben. Verspeist wird das selbst Erstellte in schöner Clubatmosphäre. S. 166

Auf Vogelsuche: Die Lagunenlandschaft an der Nordküste ist ein wahres Paradies für Ornithologen. S. 177

Genießen & Atmosphäre

Entspannen auf der Hacienda: Santa Rosa gilt als die schönste Hacienda weit und breit. Der Gast wird im historischen Ambiente einer perfekt restaurierten Sisalplantage verwöhnt. S. 172

Schlemmen unter Mexikanern: Celestún ist nicht nur für seine Flamingos berühmt, sondern bei den Einheimischen auch für seine vorzüglichen Fischgerichte. Da nimmt man die lange Anfahrt gerne in Kauf. S. 177

Abends & Nachts

Folklore und Latino Pop: Ein ausschweifendes Nachtleben wie in den Ferienzentren der Karibikküste darf man nicht erwarten, dafür aber vor allem in Mérida so manche klassische kulturelle Veranstaltung und einige gemütliche Bars. S. 167

Im Zentrum der Halbinsel schlägt das wahre Herz Mexikos. Großartige Relikte der Maya-Kultur wie Chichén Itzá, bezaubernde Kolonialstädte wie Mérida und Izamal, verfallene nun zum Teil in Luxushotels gewandelte Haciendas, aber auch mangrovengesäumte Küstenabschnitte fügen sich zu einem facettenreichen Bild.

Infobox

Touristeninformation

Ein Touristenbüro gibt es in Mérida.

Internet

www.yucatantoday.com: Die beste Informationsquelle über die Halbinsel. Die Redaktion gibt auch monatlich ein kostenloses Heft gleichen Namens mit aktuellen Tipps und interessanten Beiträgen heraus, erhältlich in den Hotels von Mérida oder beim dortigen Touristenbüro.

Anreise und Weiterkommen

Mérida ist das Drehkreuz des **Busverkehrs.** Regelmäßige Verbindungen 1. Klasse u. a. mit Cancún, Campeche, Chichén Itzá, Tulum und Valladolid. Busse der 2. Klasse und Collectivos (Sammeltaxis) bedienen die kleineren Ziele der Umgebung wie Ticul, Progreso und Celestún.

Wer mit dem **Mietwagen** unterwegs ist, sollte beachten, dass zwischen Mérida und Cancún eine Mautstraße *(Carretera de cuota)* eingerichtet ist (über 300 Peso/ca. 17 Euro). Man kann stattdessen auf die parallel verlaufenden, allerdings stärker befahrenen *Carretara libre* ausweichen. Vorsicht: Schilder beachten – es gibt von der Mautstraße nur 2 Ausfahrten: Chichén Itzá und Valladolid.

Mérida ! ► M 3

Nach wie vor ist Mérida, die erste Siedlung der Spanier auf der Halbinsel, die weitaus bedeutendste Stadt und wirtschaftliches Zentrum Yucatáns. Der Name ›Yucatán‹ soll übrigens auf den Seefahrer Hernández de Córdoba zurückgehen, der 1517 zur Sklavenjagd hier landete. Er entspringt demnach folgendem Missverständnis: Auf die Frage der Spanier nach dem Landesnamen entgegneten die Einheimischen *ci utan,* was nichts anderes bedeutet als »er spricht sehr nett«. Ihre Heimat hingegen nannten sie »Ulumil cuz yetel ceh« (Land von Truthahn und Reh) oder »Petén« (die Insel).

Für den Besuch der umliegenden Sehenswürdigkeiten ist die Stadt ein idealer Standort, zumal sie kolonialen Charme mit hervorragender touristischer Infrastruktur verbindet.

Stadtgeschichte

Gegründet wurde Mérida zwar erst am 6. Januar 1542 durch Francisco de Montejo den Jüngeren (1508–1565). Aber bereits auf ihrer Flucht 1526 aus Yucatán nach der ersten misslungenen Landnahme unter seinem Vater Francisco de Montejo y Alverez (1479–1553) hatten die Spanier die Region um die Maya-Siedlung Tiho – das spätere Mérida – kennengelernt. Sie hatten es wohl schon damals als potenzielles Zentrum der Kolonisierung ins Auge gefasst.

Nachdem sich die Vorhut etabliert hatte, übersiedelte auch der Rest der Familie Montejo von Mexiko-Stadt nach Mérida und residierte als uneingeschränkter Herrscherclan mit Tausenden von Indiosklaven. Die Machtfülle wurde erst durch die Ankunft des Indianerbeauftragten beschnitten, der

Kolonialer Charme bestimmt noch heute die Plaza in Mérida

die Einheimischen unter die Obhut der Krone stellte. Francisco de Montejo d. J. wurde vor den gefürchteten Untersuchungsausschuss der Residencia nach Spanien zitiert, wo der Admiral allerdings noch vor Beendigung des Verfahrens verstarb.

Mit dem Bau der ersten Kathedrale auf dem Boden Yucatáns, der Gründung eines Franziskanerklosters, dem zeitweise der berüchtigte Bischof Diego de Landa vorstand, und einem herrschaftlichen Palast für die Montejos festigte sich der europäische Einfluss recht schnell und damit Méridas unumstrittene Stellung als koloniales Zentrum der Provinz Yucatán. Bereits 1618 hatte die Stadt ihr eigenes Theater und 1735 entstand das gefällige Rathaus. Der Sisalboom brachte auch Mérida im 19. Jh. beachtlichen Reichtum, der sich in prunkvollen Villen und der Prachtstraße Paseo de Montejo niederschlug. Sogar eine Eisenbahnlinie wurde quer über die Halbinsel bis nach Mexiko-Stadt gebaut. Nunmehr umschließt ein Kranz moderner Industrien den kolonialen Kern und hat die Stadt auf fast 1 Mio. Einwohner anwachsen lassen.

Plaza de la Independencia 1

Wie in vielen Kolonialstädten fällt die Orientierung durch das gitternetzartige Straßensystem leicht. Straßen mit geraden Zahlen laufen von Nord nach Süd, Straßen mit ungeraden von Ost nach West. Der historische Kern, der ehemalige Zócalo, der heute den Namen **Plaza de la Independencia** trägt, wird von den Straßen 61 und 63

Lieblingsort

Sonntags an der Plaza 1 in Mérida

Erst wenn sich die Sonne golden versöhnlich gibt, erwacht die Plaza in Mérida so richtig zum Leben. Die Bänke sind schnell belegt, vor allem die gegeneinander verdrehten Sitze, bei denen man sich tief in die Augen schauen kann. Kinder scharen sich um Luftballon- und Süßigkeitenverkäufer, Straßenhändler mit Hängematten halten nach Touristen Ausschau, Mariachi-Sänger suchen nach zahlungswilligem Publikum. An den kleinen Tischen unter den Arkaden rückt man näher zusammen, schwatzt, trinkt ein Bier oder *cortado,* ehe man weiterflaniert – ein Erlebnis für die Sinne ...

Historische Piktogramme

An etlichen Straßenecken rings um die Plaza de la Independencia sind in Höhe der normalen Straßenbezeichnungen Repliken kleiner Keramiken angebracht. Sie waren früher von den Kolonialherren hier platziert worden, um der meist des Lesens und Schreibens unkundigen Bevölkerung die Orientierung zu erleichtern und ihr die Grundlagen der Sprache beizubringen. Sie zeigen eine Figur oder ein Tier mit der spanischen Bezeichnung und beziehen sich auf ein Ereignis oder einen für die jeweilige Straße typischen Bewohner. An der Ecke Calle 59 und 60 ist z. B. ein Hund zu sehen, an der Ecke Calle 65 und 60 eine alte Frau.

sowie 60 und 62 begrenzt. Er ist nach wie vor der lebendige Mittelpunkt Méridas, zu dem es Einheimische und Touristen gleichermaßen zieht. Springbrunnen, Schatten spendende Bäume, Bänke und Blumenbeete verlocken zur mußevollen Betrachtung des bunten Treibens.

Kathedrale 2

6–12 und 16–19 Uhr

Überragt wird die Plaza an der Ostseite von der doppeltürmigen Kathedrale. Sie entstand zwischen 1561 und 1598 aus den Steinen der präkolumbischen Stadt Tiho. Die sich stufenartig verjüngenden Türme zeigen deutlich maurischen Einfluss, das Innere überraschende Kargheit, seit die Golddekoration während des Kastenkrieges 1848 und der Revolution von 1910 entfernt wurde.

Die große Christusstatue im Inneren hinter dem Altar gilt als Symbol der Versöhnung zwischen der christlichen und der indianischen Welt. Hohe Verehrung genießt die hölzerne Christusstatue Cristo de las Ampollas (Christus mit den Brandblasen) in einer kleinen Kapelle links vom Altar, die mehrfach dem Feuer entgangen sein soll. Im 17. Jh. wurde sie aus der abgebrannten Kirche von Ichmul (Q. Roo) hierhergebracht. Ein großes Gemälde dokumentiert das Zusammentreffen der Spanier mit den Häuptlingen der Xiu im Jahre 1541.

Museo de Arte Contemporáneo Ateneo de Yucatán (MACAY) 3

Tel. 999 928 32 36, www.macay.org, tgl. außer Di 10–18 Uhr, Eintritt frei

Das im Ateneo Peninsular, der ehemaligen Residenz des Erzbischofs neben der Kathedrale untergebrachte Museum für moderne Kunst vermittelt einen sehr guten Überblick über das zeitgenössische Kunstschaffen der Region. Die Dauerausstellung zeigt Werke von renommierten Künstlern wie Fernando García Ponce und Gabriel Ramírez Aznar, ergänzt durch temporäre Präsentationen noch nicht so bekannter lokaler Maler und Bildhauer.

Casa de Montejo 4

Die Südseite des Platzes flankiert die Casa de Montejo, der ehemalige Palast der Montejos, mit einem eindrucksvollen, figurengeschmückten Portal. Das Gebäude war bis zu seinem Verkauf an eine Bank Ende der 1970er-Jahre im Besitz der Gründerfamilie. Welche Einstellung die Spanier der Kolonialzeit zu den Bewohnern anderer, nichtchristlicher Länder hatten, demonstrieren die beiden Kriegerfiguren beiderseits des Eingangs: In voller Rüstung und mit Hellebarde bewaffnet, stehen sie auf den Köpfen unterworfener Barbaren. Zum Fassadenschmuck gehören auch das Wappen der Montejos und die Büsten des Admirals, seiner Frau Doña Beatrix und der Tochter Doña Calinda.

Palacio Municipal 5

Die Westseite der Plaza wird von dem filigran wirkenden Palacio Municipal beherrscht, der 1735 entstand und mit seinem Uhrturm einen harmonischen Kontrast zur gegenüberliegenden Kathedrale bildet. Von der Veranda im ersten Stock, von der aus am 15. September 1821 die Unabhängigkeit Yucatáns proklamiert wurde, hat man einen schönen Blick über das Treiben auf dem Platz. Das angrenzende Centro Cultural Olimpio, ein Neubau im alten Stil mit modernem Inneren, dient als Veranstaltungsort für die regelmäßig stattfindenden folkloristischen Darbietungen und Musikaufführungen.

Palacio de Gobierno 6

tgl. 8–20 Uhr, Zutritt frei

Fast die gesamte nördliche Front des Platzes nimmt der Gouverneurspalast ein, unter dessen Arkaden einige Restaurants und Läden ihren Platz haben. Vom Innenhof führt eine breite Treppe zur umlaufenden Galerie und zum Festsaal mit historischen Werken des lokalen Künstlers Fernando Castro Pacheco (geb. 1918). Sie ähneln zwar den typisch mexikanischen *murales,* sind aber nicht auf die Wand gemalt, sondern auf Leinwand und damit wie Bilder transportabel. Die Darstellungen haben das Leben in Yucatán nach der Ankunft der Spanier und die Mythen der Maya zum Inhalt. Unmittelbar daneben befindet sich der Zugang zu einer kleinen Einkaufspassage mit einigen Geschäften, Imbissständen und einem Internetcafé.

Entlang der Calle 60 zum Paseo de Montejo

Biegt man am Gouverneurspalast schräg gegenüber der Kathedrale in die Calle 60, gelangt man nach wenigen Schritten zum beschaulichen Parque Hidalgo.

Parque Hidalgo 7

Im Schatten des Parks liegt die Iglesia de Jesús, die 1618 von den Jesuiten als Teil ihres Klosters errichtet wurde, das damals das ganze Viertel einnahm. Auch die Räume des benachbarten **Teatro José Peón Contreras** 8 gehörten einmal zum Konvent, beherbergten bis 1618 die Universität, dann zog das Theater San Carlos (Di–Sa 9–18 Uhr) hier ein. Zu Beginn des 20. Jh., zum Höhepunkt des Sisalbooms (s. S. 170), wurde der Bau von dem italienischen Architekten Enrico Deserti völlig umgestaltet und erhielt seinen heutigen Namen. Die Treppen aus Carrara-Marmor und die italienischen Fresken spiegeln noch ein wenig den Glanz der Sisalepoche wider, wenn auch das Theater selbst längst nicht mehr die führende Rolle in der kulturellen Szene spielt. An der Ecke hat die Touristeninformation ihr Büro.

Universität 9

Schräg gegenüber liegt der Eingang zur Universität, die hier erst im 19. Jh. gegründet wurde. Im Innenhof finden

Open Air Museum

Der Paseo de Montejo wird von der Stadtverwaltung in Zusammenarbeit mit dem Museum für Moderne Kunst (MACAY, s. S. 160) im Rahmen des Programms Mérida de Yucatán, Ciudad de la Escultura (Mérida in Yucatán, Stadt der Skulpturen) als ›Ausstellungsgelände‹ für Großskulpturen genutzt. Ebenso werden in der Passage zwischen der Kathedrale und dem Museum regelmäßig Werke internationaler Künstler der Allgemeinheit zugänglich gemacht.

Mérida

Sehenswert

- 1 Plaza de la Independencia
- 2 Kathedrale
- 3 Museo de Arte Contemporáneo
- 4 Casa de Montejo
- 5 Palacio Municipal
- 6 Palacio de Gobierno
- 7 Parque Hidalgo
- 8 Teatro Peón Contreras
- 9 Universität
- 10 Parque Santa Lucía
- 11 Paseo de Montejo
- 12 Museo de Antropología e Historia
- 13 Monumento de la Patria
- 14 Mercado Municipal
- 15 Museu de la Ciudad
- 16 Museu de la Canción Yucateca (s. S. 168)

Übernachten

- 1 Casa del Balam
- 2 Los Aluxes
- 3 Colonial
- 4 Hotel Caribe
- 5 Gran Hotel
- 6 Dolores Alba
- 7 Trinidad Hotel
- 8 Trinidad Galeria
- 9 Luz en Yucatán
- 10 Hostal Nomádas

Essen & Trinken

- 1 Pórtico del Peregrino
- 2 Los Almendros/ Gran Almendros
- 3 Casa de Frida
- 4 Kantún
- 5 Main Street
- 6 Mercado Municipal

Einkaufen

- 1 Casa de Artesanías
- 2 Guayabaras Jack
- 3 Hamacas Aguacate
- 4 Casa de los Jipis
- 5 Miniaturas

Aktiv & Kreativ

- 1 Los Dos
- 2 Centro de Idiomas del Sureste
- 3 Ecotourism Yucatán
- 4 House & Garden Tour

Abends & Nachts

- 1 Centro Cultural Olimpio
- 2 Tequila
- 3 Corazon de Mérida/ Noche Mexicana

freitags um 21 Uhr folkloristische und musikalische Veranstaltungen statt.

Parque Santa Lucía 10

Folgt man der Calle 60 weiter nach Norden, gelangt man zum kleinen Parque Santa Lucía gegenüber der gleichnamigen Kirche. Jeden Sonntag füllt sich der hübsche, von Kolonnaden gesäumte Platz, der einmal die Grenze der Innenstadt markierte, mit den Ständen eines kleinen Kunsthandwerksmarktes, und dienstags ist er erfüllt vom Klang traditioneller Musik.

Biegt man nach rechts in die Calle 47, trifft man auf den breiten **Paseo de Montejo 11,** die Prachtstraße mit zahlreichen Villen aus dem 19. Jh.

Museo de Antropología e Historia 12

Di–Sa 8–20, So 8–14 Uhr

Vor allem beeindruckt der Palacio Cantón an der Ecke Calle 43, die herrschaftliche Residenz General Francisco Cantón Rosados aus den Anfängen unseres Jahrhunderts. Heute ist hier das sehenswerte Museo de Antropología e Historia untergebracht, das neben wertvollen Funden aus dem Cenote von Chichén Itzá auch zahlreiche Informationen über die Kultur der Maya und ihre Städte sowie frühe Fotografien des Österreichers Teobert Maler zu bieten hat. Er entdeckte zahlreiche Ruinenstädte, darunter Hochob und Tabasqueño, und hielt sie als Erster fotografisch fest (s. S. 59).

Zum Monumento de la Patria 13

Der Paseo de Montejo führt weiter zum Parque de las Americas und zum **Monumento de la Patria,** einem zwischen 1945 und 1956 errichteten Denkmal, das sich als Synthese der Kulturen Yucatáns versteht und von dem kolumbischen Künstler Romulo Rozo entworfen wurde.

Mercado Municipal

Südlich der Plaza de la Independencia tut sich rings um den großen **Mercado Municipal** 14 an der Calle 67, zwischen der Calle 56 und 58, die lebhafte Welt der kleinen Geschäfte auf. Auf keinen Fall sollte man einen Marktbesuch versäumen, vermittelt er doch einen authentischen Einblick in den mexikanischen Alltag. Hier sieht man auch noch Maya-Frauen in traditioneller Tracht, den Huipiles. Mit Säcken und Kisten bepackt, reisen sie allmorgendlich aus der Umgebung an, um die Erzeugnisse ihrer kleinen Gärten zu verkaufen. Das obere Geschoss der Hallen trägt den etwas hochtrabenden Namen Mercado Artesanía, wird diesem Anspruch jedoch kaum gerecht. Besondere Vorsicht vor Taschendieben ist in dem Gewühl geboten.

Museu de la Ciudad 15
Calle 56, Nr. 529 zwischen Calle 65 und 65a, Tel. 923 68 69, Di–Fr 9–20, Sa/So bis 14 Uhr, Eintritt frei
Unmittelbar neben dem Markt wurde in der ehemaligen Hauptpost das Stadtmuseum untergebracht. Das aus dem Jahre 1908 stammende prunkvolle Gebäude spiegelt den damaligen Reichtum der Stadt in beeindruckender Weise wider. Über mehrere Räume verteilt, widmet es sich der Stadtgeschichte von den präkolumbischen Tagen bis zur Neuzeit.

Übernachten

Kolonial – **Casa del Balam 1**: Calle 60 Nr. 488, Ecke Calle 57, Tel. 999 924 21 50, www.casadelbalam.com, DZ ab ca. 130 US-$. Koloniales Dekor, sehr gepflegt, große klimatisierte Zimmer und zuvorkommender Service zeichnen dieses zentral gelegene Hotel aus.
Kühle Eleganz – **Los Aluxes 2**: Calle 60, Nr. 444, Ecke Calle 49, Tel. 999 924 21 99, www.aluxes.com.mx, DZ inklusive Frühstücksbüfett 80 US-$. Modernes Mittelklassehotel mit komfortablen Räumen, Pool, Restaurant.
Traditionell – **Colonial 3**: Calle 62, Nr. 476, Ecke Calle 57, Tel. 999 923 64 44, www.hotelcolonial.com.mx, DZ 60 US-$. Klimatisierte Zimmer in ansprechendem Kolonialbau, Pool.
Plüschig – **Hotel Caribe 4**: Calle 59, Nr. 500, Tel. 999 924 90 22, www.hotelcaribe.com.mx, DZ ab ca. 50 US-$. Architektonisch geschmackvolles, zentral gelegenes Kolonialhotel mit kleinem, begrüntem Innenhof und Pool auf dem Dach, die Zimmer (mit/ohne Klimaanlage) sind ziemlich plüschig.
Nostalgisch – **Gran Hotel 5**: Calle 60, Ecke Callle 59, Tel. 999 923 69 63, www.granhoteldemerida.com.mx, DZ ab 70 US-$. Etwas in die Jahre gekommenes, 100 Jahre altes Traditionshotel im neoklassischen Stil am Parque Hidalgo, geräumige, gemütliche Zimmer, klimatisiert, gutes Preis-Leistungs-Verhältnis.
Modern hinter alten Mauern – **Dolores Alba 6**: Calle 63, Nr. 464, zw. Calle 52 und 54, Tel. 999 928 56 50, www.doloresalba.com, DZ ab ca. 600 Peso inkl. Frühstück. Sehr angenehmes, populäres,ebenfalls aus einem Kolonialgebäude hervorgegangenes Hotel mit zwei Innenhöfen und Pool, im Altbau nicht klimatisierte Zimmer, das Restaurant ist allerdings überteuert.
Zwischen Blumentöpfen – **Trinidad Hotel 7**: Calle 62, Nr. 464, zwischen Calle 55 und 57, Tel. 999 923 20 33, www.hotelestrinidad.com, DZ mit Frühstück ab 270 Peso, inklusive Kaffee, Tee, Mineralwasser sowie 20 % Studentenrabatt. Zwei bewachsene Innenhöfe, etwas verwildert, aber viel Atmosphäre, geräumige Zimmer (mit und ohne Bad), nicht klimatisiert, sehr beliebt.
Leicht surreal – **Trinidad Galeria 8**: Calle 60, Ecke Calle 51, Tel. 999 923 24 63, www.hotelestrinidad.com. Selber Eigentümer wie beim Trinidad Hotel, mit ähnlichem Ambiente und Preisen. Leicht surreal gestaltet.
Klösterlich – **Luz en Yucatán 9**: Calle 55, Nr. 499, zw. Calle 60 und 58, neben der Kirche Santa Lucía, Tel. 999 924 00 35, www.luzenyucatan.com. Sehr persönliche Privatunterkunft mit klösterlichem Touch in ehemaligem Wohnhaus der Nonnen, Zimmer, Appartements und ein Penthouse, kleiner Pool, DZ ab 55 US-$. Selbst wer hier nicht wohnen möchte, der Blick auf die Website lohnt. Der Tarif richtet sich nach den eigenen Einkommensverhältnissen!
Billig und gefragt – **Hostal Nomádas 10**: Calle 62, Nr. 433, Ecke Calle 51, Tel. 999 924 52 23, www.nomadastravel.com, Dorm. ab 119 Peso, DZ ab 288 Peso inkl. Frühstück. Bei Backpackern sehr beliebte Unterkunft mit Koch-

möglichkeiten, Internetzugang und kostenlosen Salsa-Kursen.

Essen & Trinken

Gediegen – **Pórtico del Peregrino** 1: Calle 57, zwischen Calle 60 und 62, Tel. 999 928 61 63, tgl. 12–24 Uhr. In den sehr geschmackvollen Räumen um einen kolonialen Innenhof werden vor allem yucatekische und mexikanische Spezialitäten serviert. Hauptgerichte ab ca. 100 Peso.

Das Original – **Los Almendros und Gran Almendros** 2: Calle 57, zwischen Calles 52 und 50, Tel. 999 928 54 59 und 923 81 35, www.losalmendros.com.mx, tgl. 10.30–23 (Los Almendros), 12–18 Uhr (Gran Almendros). Seit 1962 bestehend, bereits zur Institution geworden und berühmt für yucatekische Küche, Spezialität des Hauses ist *Poc-chuc* (Schwein mit Tomaten und Zwiebeln). Zwei Restaurants unter einem Dach. Anderswo aber isst man mittlerweile mindestens ebenso gut. Hauptgerichte ab ca 120 Peso.

Klassisch mexikanisch – **Casa de Frida** 3: Calle 61, Nr. 526, zwischen Calle 66 und 68, Tel. 999 928 23 11, Mo–Fr 6–22, Sa 12–17, 18–22 Uhr, So 12–17 Uhr. Ausgezeichnete mexikanische Küche wie *mole poblana* in typisch mexikanischem Ambiente mit viel Pink und Blau und natürlich mit Bildern von Frida Kahlo. Im Hintergrund spielt dezente Musik. Man sollte sich von dem etwas heruntergekommenen Umfeld nicht vom Besuch abhalten lassen. Hauptgerichte ab ca. 100 Peso.

Für Fischliebhaber – **Kantún** 4: Calle 45, Nr. 525g, zwischen Calle 64 und 66, Tel. 999 923 44 93, Di–So 12–20 Uhr. Mérida ist zwar nicht die Hochburg des Fischgenusses, hier aber gibt es hervorragende frische Qualität, sogar *Cevice* (roher marinierter Fisch).

Für Pastafreunde – **Main Street** 5: Calle 60, am Parque Hidalgo. Man sitzt schön mit Blick auf die Plaza mitten im mexikanischen Leben bei schmackhaf-

Mein Tipp

Hängematten und Hemden

Mérida ist für seine hochwertigen Hängematten (Hamacas) und Hemden (Guayabaras) über die Grenzen hinaus berühmt. Die aus Baumwolle gefertigten Hängematten werden nach wie vor auch in modernen Häusern von den Einheimischen als Schlafstätte bevorzugt. Die besseren sind aus Sisal, die einfacheren aus Baumwolle. Je feiner die Webart, desto teurer. Die von fliegenden Händlern angebotenen Produkte sind minderer Qualität. Wer hochwertige Ware sucht, sollte seine Wahl in einem der Spezialgeschäfte treffen, wo man sie auch selbst testen kann (man liegt diagonal). Im kleinen Ort Tixkokob ca. 20 km östlich von Mérida kann man Webern sogar über die Schulter schauen. Gayabaras sind lose geschnittene, vorzugsweise aus Leinen gefertigte Hemden, die über der Hose getragen werden und teilweise aufwendig bestickt sind. Sie haben mit Exilkubanern ihren Weg hierhergefunden und erfreuen sich großer Beliebtheit (s. auch S. 166).

ten Nudelgerichten – etwas störend wirken aufdringliche Händler und Straßenmusikanten. Hauptgerichte ab ca. 80 Peso.

Preiswert, frisch und typisch – **Mercado Municipal** 6: Calle 67, zwischen Calle 56 und 58, der Markt ist vom frühen Morgen bis zum späten Nachmittag geöffnet. An den zahlreichen Essenständen im Markt kann man für wenige Peso essen wie die Mexikaner. Im Obergeschoss findet man Tische und Stühle, unten nur einfache Stände. Gerichte ab ca. 40 Peso.

Einkaufen

Mérida ist der vielleicht beste Ort, um sich mit landestypischen Souvenirs einzudecken.

Souvenirs – **Casa de Artesanias** 1: Calle 63, Nr. 513, zwischen Calle 64 und 66, Tel. 999 928 66 67, Mo–Sa 9–20, So bis 13 Uhr. Sehr gute Auswahl an regionalen z. T. hochwertigen Souvenirs zu allerdings auch recht hohen Preisen.

Traditionelle Hemden – **Guayabaras Jack** 2: Calle 59, Nr. 307, zwischen Calle 60 und 62, Tel. 999 928 60 02, Mo–Sa 10–20, So bis 14 Uhr. Auf die traditionellen Hemden Yucatáns spezialisiertes Geschäft mit festen Preisen. Auf Wunsch auch maßgeschneiderte Hemden.

Wie man sich bettet – **Hamacas Aguacate** 3: Calle 58, Nr. 604, Ecke Calle 73, Tel. 999 928 64 29, Mo–Fr 8.30–19.30, Sa 8–17 Uhr. Sehr große Auswahl an Hängematten unterschiedlicher Größe und Qualität.

Gut behütet – **Casa de los Jipis** 4: Calle 56, Nr. 526 am Markt, tgl. 10–19 Uhr. Hier gibt es die legendären Panamahüte, *jipijapa* genannt, die wie die Guayabaras ebenfalls aus lateinamerikanischer Nachbarschaft stammen und überwiegend in den feuchten Höhlen von Bécal geflochten werden (s. S. 214).

Welt der kleinen Dinge – **Miniaturas** 5: Calle 59, Nr. 507, zwischen Calle 60 und 62, Tel. 999 928 65 03, Mo–Sa 10–20 Uhr. Mexiko en miniature: Möbel für Puppenstuben, Zinnsoldaten, kleine Bauten oder makabre Ensembles für den Tag der Toten, die in Mexiko beliebte Kunst der Miniaturisierung zeigt hier ihr ganzes Repertoire.

Aktiv & Kreativ

Selber kochen – **Los Dos** 1: Calle 68, Nr. 517, zw. Calle 65 und 67, www.losdos.com. Kochschule mit Restaurant. Zusammen mit dem Chef David Sterling geht es zunächst zum Markt, dann in die Küche seines restaurierten Kolonialhauses, wo unter seiner Anleitung die bodenständige yucatekische Küche zur Haute Cuisine verfeinert wird. Gemeinsam werden die Kreationen dann verspeist. Die Kurse reichen von einem halben Tag (160 US-$) bis zu einem 3-tägigen Meisterkurs (ca. 2700 US-$ inkl. Unterkunft).

Spanisch lernen – **Centro de Idiomas del Sureste** 2: Calle 52, Nr. 455, zw. Calle 49 und 51, Tel. 999 923 00 83, www.cisyucatan.com.mx. Flexibles Programm mit Möglichkeit zur Unterbringung in Familien vor Ort. Minimum 1 Woche.

Mit dem Rad unterwegs – **Ecotourism Yucatan** 3: Calle 3, Nr. 235, zwischen 32A und 34, Tel. 999 920 27 72, www.ecoyuc.com. Geführte Touren rings um Mérida vom Tagesausflug bis zur mehrtägigen Tour.

Für Gartenfreunde – **House & Garden Tour** 4: Jeden Mi um 9.45 Uhr veranstaltet die English Language Library (Calle 53, Nr. 524, zwischen Calle 66 und 68, Tel. 999 924 8401) von Oktober bis März eine 2,5-stündige Tour durch

Nicht aus dem Stadtbild wegzudenken: Trova-Sänger in Mérida

drei herrschaftliche Kolonialvillen mit ihren ausgedehnten Gartenanlagen.

Abends & Nachts

Zwar fehlen die Mega-Discos der Karibikküste, aber es gibt keinen Ort in ganz Yucatán, vielleicht sogar in ganz Mexiko, der ein vielfältigeres kulturelles, teilweise anspruchsvolles Angebot vorweisen könnte als Mérida. Aktuelle Hinweise zu den Veranstaltungen findet man unter www.yucatanliving.com (s. auch Infos & Termine).

Abwechslungsreich – **Centro Cultural Olimpio** 1: an der Plaza neben dem Palacio Municipal. Filme, Musik und ein Blick auf die Sterne im Planetarium (www.merida.gob.mx/capitalcultural/contenido/centrosc/olimpo.htm).

Mehr als nur Schnaps – **Tequila** 2: Prolongation Pasei Montejo, Nr. 250, Tel. 999 944 28 18. Bar und Diskothek Richtung Pop.

High Life auf der Straße – **Corazon de Mérida**: Samstags werden die Straßen um die Plaza für den Autoverkehr gesperrt. An jeder Ecke gibt es Musik, alle Restaurants entlang der Calle 60 sind gefüllt – Amüsement zum Nulltarif. Besonders lohnend ist der Weg entlang des Paseo Montejo zur Calle 47, wo gegen 19 Uhr die **Noche Mexicana** 3 mit Mariachi und Gesang beginnt. Das Volk tanzt dazu auf der Straße.

Infos & Termine

Informationen

Oficina de Turismo: Im Seitenflügel des Teatro José Péon Contreras, Calle 60, Ecke Calle 57 (Parque Hidalgo), Tel. 999 924 92 90, Mo–Fr 8–20, am Wochenende ab 9 Uhr.

Anreise

Flüge: Verbindungen mit regionalen Fluggesellschaften bestehen u. a. nach:

Mexiko-Stadt, Cancún, Villahermosa und Tuxtla Gutiérrez.

Buslinien: Vom Flughafen in die Stadt: Der Flughafen liegt 10 km südwestlich der Stadt. Verbindung ca. alle 15 Min. mit Bus Nr. 79, u. a. vom Parque San Juan oder der Calle 70 nahe Ecke Calle 69 unweit CAME-Busbahnhof, ansonsten Sammeltaxi.

Bus

Der zentrale Busbahnhof der 1. Klasse **(CAME)** liegt Ecke Calle 70 und 71, Tel. 999 924 83 91 und 924 91 30, freier WLAN-Zugang (WiFi). Von hier fahren Langstreckenbusse der Gesellschaften ADO, ADO-GL und UNO u. a. nach Campeche (häufig, 3 Std.), Cancún (häufig, 4–5 Std.), Palenque (1x tgl., 8 Std., nachts), Playa del Carmen (relativ häufig, 5 Std.), Valladolid (160 km, häufig, 2 Std.), Villahermosa (mehrfach tgl., 9 Std.).

Ein **Busbahnhof der 2. Klasse (**Terminal de Autobuses, clase económica) liegt um die Ecke vom CAME Calle 69, zwischen Calle 68 und 70. Von hier bestehen folgende wichtige Verbindungen: Ausflugsbus nach Uxmal und in die Puuc-Region (Abfahrt 8 Uhr, Stopps in Uxmal, Kabáh, Labná, Sayil, Loltún für jeweils 30 Min.), Chichén Itzá (Piste).

Ein weiterer **Busbahnhof der 2. Klasse** (Terminal de Autobuses Noreste) liegt in der Calle 50, Ecke Calle 67 (s. auch S. 174). Von hier verkehren Busse der unterschiedlichen Gesellschaften u. a. nach Tepich, Tecoh und Mani (Lineas Unidas del Sur), Izamal und Celestún (Autobuses de Occidente), Río Lagartos (Autobuses del Noreste), Valladolid, Chichén Itzá, Cobá, Tulum (Autobuses de Oriente).

Vom **Parque San Juan,** Calle 69, zw. Calle 62 und 64, fahren Minibusse nach Dzibilchaltún, Muna und Ticul. Busse nach Progreso und Dzibilchaltún starten vom **Progreso-Terminal,** Calle 62, zwischen Calle 65 und 67.

Stadtrundfahrten

Vor der Kathedrale startet etwa alle 30 Minuten ein roter Doppeldeckerbus (Turibus). Uriger sind die rustikal umgebauten Busse von Transportadora Carnaval, die an der Ecke von Calle 60 und 55 neben der Kirche Santa Lucia um 10, 13, 16 und 19 Uhr zu ihrer 2-stündigen Tour starten. Man kann sich auch ganz traditionell in einer Pferdekutsche durch die Straßen rings um die Plaza ziehen lassen.

Termine

Wöchentliche Veranstaltungen

www.merida.gob.mx/capitalcultural/contenido/semana_meridana.htm

Montag: Tanz der Vaqueros (Cowboys) und Konzerte vor dem Palacio Municipal an der Plaza, 21 Uhr

Dienstag: Big Band mit Musik der 50er-Jahre mit Tanz, Parque Santiago (Calle 59, Ecke 72), 21 Uhr

Mittwoch: Theatertag an unterschiedlichen Orten und Plätzen, 20 Uhr

Donnerstag: Serenaden (Trova) und traditionelle Tänze im Parque Santa Lucía (Calle 60, Ecke 55), 21 Uhr

Trova

Trova, die typisch yucatekischen Balladen, sind eine Stilmischung aus kubanischer Musik, lokalem Folk und spanischen Boleros. Vorgetragen werden sie von kleinen Gruppen mit Gitarre und Sänger *(trovador)*, die häufig durch die Straßen ziehen und bevorzugt in den Restaurants ihr Ständchen darbringen. CDs dazu findet man u. a. unter den Arkaden am Markt und im Shop des **Museo de la Canción Yucateca** (Museum für Musik) 16 (Calle 57, Calle 48).

Freitag: Serenaden im Innenhof der Universität (Calle 60, Ecke 57), 21 Uhr
Samstag: Noche Mexicana, Paseo Montejo, Ecke Calle 47 (s. o.), ab 19 Uhr; Corazon de Mérida, Plaza und Calle 60, ab 20 Uhr (s. S. 167)
Sonntag: Markt auf der Plaza, Musik 7–13 und 17–21 Uhr

Jährliche Feste
Januar: Festival der Künste (Ausstellungen, Darbietungen), letzte 3 Wochen
Februar: Karneval: der beste in Yucatán
März: Trova Festival: typisch yucatekische Musik, romantische Balladen mit kubanischen und spanischen Einflüssen

Umgebung von Mérida

Dzibilchaltún ► M 2

In dem etwa 20 km nördlich von Mérida gelegenen Ruinenfeld deutet heute nichts mehr darauf hin, dass diese Stätte einst Zentrum der größten Maya-Siedlung ganz Yucatáns war. Keramik- und Knochenfunde beweisen, dass sich auf Grund des Leben spendenden Cenote Xlacáh, den unterirdische Karstquellen ständig mit Frischwasser versorgen und der leicht zugänglich ist, schon vor etwa 4000 Jahren Menschen hier niedergelassen hatten. Zur Zeit der Maya zählte Dzibilchaltún (»der Ort der flachen beschrifteten Steine«) bereits 50 000 Einwohner und war damit die weitaus größte Stadt der Halbinsel. Keramiken aus Uaxactún in Guatemala bezeugen die weit verzweigten Handelsbeziehungen während der klassischen Epoche, lange bevor Orte wie Chichén Itzá oder Uxmal existierten. Das Leben erlosch erst mit Ankunft der Spanier, die unverzüglich die Tempel der fremden Kultur schleiften und mitten auf den Hauptplatz eine Kapelle setzten. Überdies boten sich die Bauwerke der Maya als willkommener Steinbruch für den Aufbau des nahen Mérida und sogar noch für die Schnellstraße nach Progreso an.

Somit hat Dzibilchaltún trotz seiner historischen Bedeutung heute weit weniger architektonische Hinterlassenschaften aufzuweisen als weniger bedeutende Maya-Städte. Aus diesem Grunde wurde mit den Ausgrabungen wohl auch erst im Jahre 1958 begonnen. Derzeit hat man mit ▷ S. 174

Mein Tipp

Höhlen von Calcehtok ► L 4
Das komplexe Höhlensystem ca. 60 km südlich von Mérida liegt 3 km abseits des Ortes Calcehtok an der von Muna (s. S. 172) nach Maxcanu führenden Straße. Es ist nach Loltún (s. S. 210) das zweitgrößte Yucatáns, doch im Gegensatz dazu ist es noch nicht für den Massentourismus erschlossen. Somit lockt es Reisende mit Abenteuergeist. Dennoch sollte man die Höhlen keinesfalls ohne Führer aufsuchen. Die ›Höhle des steinernen Rehs‹ verdankt ihren Namen dem Fund einer Steinskulptur, die hier 1875 entdeckt wurde. Wie zahlreiche Relikte beweisen, wurden auch diese Höhlen von den Maya als Kultstätte genutzt, zudem diente sie während des Kastenkriegs Mitte des 19. Jh. als befestigte Zuflucht. Von der Hauptkammer lassen sich vier unterschiedliche Rundtouren unternehmen (tgl. 9–17 Uhr).

Auf Entdeckungstour

Von Aufstieg und Niedergang – die Route der Haciendas

Sisalplantagen haben für fast ein Jahrhundert die Wirtschaft und Sozialstruktur der Halbinsel geprägt, Städten und Landschaft ihr Gesicht verliehen. Von den meisten Haciendas sind nur Ruinen geblieben, andere wurden zu Luxushotels. Auf einer Rundfahrt rings um Mérida (ca. 200 km) lassen sie sich erkunden.

Reisekarte: ► M 3

Infos: www.haciendasmexico.com, www.starwoodhotels.com; s. S. 50

Ausgangspunkt: Man verlässt Mérida in Richtung Flughafen auf der MEX 180 und biegt danach auf die MEX 261 Richtung Uxmal (Puuc-Route) ab.

Die Sisalplantagen Yucatáns waren eine Mischung aus traditioneller, auf Schuldknechtschaft beruhender kolonialer Hacienda und moderner, weltmarkorientierter Produktionsstätte. Über 180 Haciendas aus der Zeit des Henequen-Booms sind rings um Mérida nachgewiesen, die meisten von ihnen allerdings nur noch als Ruinen. Zunehmend jedoch werden die Komplexe von Investoren aufgekauft. Den Kundenkreis der hier entstehenden Hotels bildet eine Klientel mit gut gefülltem Geldbeutel, der es nicht auf Badefreuden ankommt, die sich vielmehr an Leib und Seele fernab jeglichen Trubels verwöhnen lassen will. Derartige aufwendig restaurierte Haciendas sind dem normalen Tagesbesucher allerdings nicht zugänglich.

Bei den Komplexen, die im Rahmen der Rundfahrt besucht werden, sollte man nicht versuchen, ohne Genehmigung durch ein verschlossenes Tor auf eines der Grundstücke vorzudringen. Mögen die Ruinen noch so verfallen sein, sie befinden sich nach wie vor in Privatbesitz.

Morbider Charme

11 km hinter dem Ausgangspunkt liegt bei km 186 die **Hacienda Yaxcopoil**, »Der Platz der grünen Espen«, am Wege (Mo–Sa 8–18, So bis 13 Uhr, geringer Eintritt, www.yaxcopoil.com). Den Eingang zu der auf das 17. Jh. zurückgehenden Hacienda, die einmal über 11 000 ha umfasste und damit zu den größten Yucatáns zählte, bildet ein herrliches, geschwungenes doppelbogiges Tor im maurischen Stil in warmen Gelbtönen. Die Gebäude sind noch nicht restauriert, sondern im Zustand ihrer Aufgabe im Jahre 1984 belassen. Es wird ein eigentümlich berührender Eindruck der Vergänglichkeit vermittelt, wenn man durch die verlassenen Räume des Herrschaftshauses schreitet, in der noch die Möbel aus dem späten 19. Jh. stehen. In einem der Zimmer ist ein kleines Museum zur Maya-Kultur untergebracht.

Sehr beeindruckend auch das etwas abseits gelegene Maschinenhaus, wo die Energie mit einem 110 PS Diesel der deutschen Firma Körting Bj. 1913 erzeugt wurde. Gegen ein kleines Trinkgeld öffnet einer der Angestellten der Hacienda gern das Tor.

Noch unrestauriert: Tor zur Hacienda

Die eine erwacht, die andere vergessen

Die Fahrt geht weiter nach Süden entlang der MEX 261 bis zur beschilderten Abzweigung nach links: Temozón Sur. Die Nebenstraße führt ca. 5 km durch den Weiler Sinhunchen bis zur **Hacienda Temozón** (www.haciendasmexico.com/temozon, tgl. 7–23 Uhr).

Diese Hacienda wurde bereits restauriert und in ein Luxushotel umgewandelt. Nach Voranmeldung dürfen auch Nicht-Gäste das romantisch gelegene, hervorragende Restaurant (Tel. 999 923 80 89, Menü etwa 30 US-$) des herrschaftlichen Anwesens besuchen.

Die ehemals über 6000 ha große Hacienda geht auf die Frühzeit der Kolonialisierung zurück. Zunächst wurde Viehzucht betrieben, ab dem 19. Jh. dann auch der Sisalanbau.

Der Henequen-Boom in Yucatán währte von 1870 bis 1930, ausgelöst wurde er durch die Industrialisierung in Westeuropa und den USA. Denn damit verbunden wuchs der Hanfbedarf für Seile. 1900 brannte der größte Teil der Plantage ab, in den 1920er-Jahren wurden dann weite Flächen im Rahmen der mexikanischen Landreform enteignet. Nach zweijähriger Restauration eröffnete im Jahre 1997 ein Luxushotel.

Ganz anders sind die einige Kilometer weiter nördlich im Dorf **Uayalceh** zu findenden Reste einer Hacienda, die noch in ihrem Urzustand belassen ist. Man muss sich den Zugang von einem Wachmann öffnen lassen. Bemerkenswert ist der Turm der Maschinenhalle und die kleine, schlichte Kapelle (nicht immer offen).

Der Touristenmagnet

Folgt man der Straße weiter Richtung Norden, gelangt man zu der wohl interessantesten ehemaligen Plantage, der **Hacienda Sotuta de Peón** (Führungen 10 und 13 Uhr).

Sie ist als Freilichtmuseum konzipiert und die einzige noch betriebsbereite Sisalplantage Yucatáns. Somit vermittelt sie einen hervorragenden Eindruck des Produktionsprozesses, der im Wesentlichen aus dem Herauslösen der Fasern aus den Blättern bestand und in mehreren Stufen erfolgte. Der Eigentümer hat von aufgegebenen Plantagen entsprechende Gerätschaften gesammelt und restauriert. Nach der Besichtigung kann man sich im angeschlossenen Restaurant stärken und im Cenote ein Bad nehmen. Wer ohne Mietwagen unterwegs ist, kann den Besuch auch pauschal in Mérida buchen (www.haciendatour.com, 500 Peso).

Speisen in historischem Ambiente

Die Fahrt geht wieder zurück zur MEX 261 und auf dieser weiter nach Süden. Nach wenigen Kilometern trifft man auf die **Hacienda Ochil.** Diese Hacienda, im Wesentlichen ein Restaurant, ist ganz auf Tagesausflügler eingestellt. Es gibt einige Geschäfte und Werkstätten lokaler Kunsthandwerker und sogar einen Cenote zum Baden. Das kleine Museum zeigt vor allem historische Fotos.

Wunderschöne Luxusherberge

Die Weiterfahrt zur nächsten ehemaligen Sisalplantage ist recht weit, sie liegt aber bereits auf dem Rückweg nach Mérida. Die Strecke führt zunächst nach Muna, von dort über die MEX 261 zur MEX 180 nach Maxcanú. Etwa 2,5 km südlich biegt man von der nach Campeche führenden Straße (MEX 180) rechts in die Carretera Chunchucmil–Maxcanú. Nach 5 km passiert man die Zufahrt zu der **Hacienda Santa Rosa,** der sicherlich schönsten der in Luxusherbergen umgewandelten ehemaligen Plantagen. Der Service ist makellos, die Zimmer traumhaft, der Pool ein Erlebnis. Der Preis für eine Übernachtung allerdings ist mit ca. 360 US-$ entsprechend hoch (http://www.haciendasmexico.com).

Nach etwa weiteren 5 km ist der Ort **Chunchucmil** erreicht. Wie in Uayalceh liegen auch hier die Reste inmitten der Ortschaft rings um den Fußballplatz und sind frei zugänglich. Man sollte sich jedoch einem der Jungen anvertrauen, die sich als Führer anbieten, denn die Besitzverhältnisse sind hier ungeklärt. Von hier kann man Richtung Norden in einem Bogen nach Mérida zurückkehren.

Einen Umweg wert

Abseits der beschriebenen Route liegen folgende interessante Häuser:

Teya: Diese ehemalige Hacienda, wenige Kilometer östlich von Mérida, ist vor allem für ihr Restaurant bekannt. Der sehr romantische, liebevoll restaurierte Komplex stammt aus dem Jahr 1683, er wurde 1974 aufgegeben und dann zwischen 1987 und 1991 aufwendig restauriert (Carr. Mérida–Cancún, km 12.5, Tel. 999 988 08 00, www.haciendateya.com, 12–18 Uhr).

Santa Cruz: Die wunderschön restaurierte Hacienda südlich des Flughafens beherbergt ein hervorragendes Restaurant (›Creole‹) und bietet die Möglichkeit, das Gelände zu erkunden und vor allem einen Blick in die hübsche Kapelle zu werfen. Gegründet wurde sie im 17. Jh. von den Franziskanern und wie die meisten anderen Mitte des 19. Jh. in eine Sisalplantage umgewandelt, die zu Beginn des 20. Jh. aufgegeben wurde. Seit 2007 ist sie in US-amerikanischem Privatbesitz (Carr. 86 Sur, Palomeque, Tel. 999 271 84 85, www.haciendasantacruz.com).

Straße der Haciendas

großem Aufwand die Rekonstruktion der wichtigsten Bauwerke in Angriff genommen.

Tempel de las Siete Muñecas

Das herausragende architektonische Zeugnis ist der Tempel der Sieben Puppen, der etwa 500 m östlich an einer Prozessionsstraße liegt. Seinen guten Erhaltungszustand verdankt das bereits aus dem 5. Jh. stammende Heiligtum der späteren Überbauung und der erst 1959 erfolgten Freilegung.

Wahrscheinlich erst kurz vor Ankunft der Spanier hatten Unbekannte die Ummantelung durchbrochen und einen Schacht zum alten Tempel gegraben, um ihn erneut als Kultstätte zu nutzen. Hier wurden auch die sieben Tonfigürchen gefunden, die dem Bauwerk seinen Namen gaben. Ihre künstlich deformierten Körper lassen vermuten, dass der Tempelraum einem geheimen Medizinkult diente.

Bei der Sommer- und Wintersonnenwende scheint die Sonne direkt durch den Eingang des Tempels der Sieben Puppen und bringt das Tor zum Leuchten. Es wirft einen Schatten auf die dahinterliegende Wand, ein beeindruckendes Spektakel, das einmal mehr die astronomischen Fähigkeiten der Maya unter Beweis stellt (s. S. 31).

Cenote Xlacáh

Nicht versäumen sollte man den von Bäumen umschlossenen, 40 m tiefen Cenote mit seinem smaragdgrünen, klaren Wasser, auf dem Seerosen schwimmen. Tausende von Tonscherben, die aus der Tiefe geborgen wurden, verdeutlichen die kultische Bedeutung dieses für das Überleben der Bevölkerung so wichtigen Gewässers. Menschenopfer, wie sie beim Cenote von Chichén Itzá nachgewiesen werden konnten, waren in Dzibilchaltún wahrscheinlich nicht üblich.

Ein Stück südlich davon liegt die Struktur 44, mit 133 m Länge eines der längsten Bauwerke der Maya-Architektur.

Museo de Pueblo Maya

Di–So 8–16 Uhr

Gezeigt werden Funde aus ganz Yucatán, darunter das Relief einer gefiederte Schlange aus Chichén Itzá, Weihrauchgefäße aus Palenque, Scherben aus dem Cenote und natürlich die eigenartigen Puppen, denen der Haupttempel seinen Namen verdankt. Auch dem Leben der heutigen Maya ist eine Abteilung gewidmet.

Infos

Öffnungszeiten

Ruinenstätte Dzibilchaltún: tgl. 8–17 Uhr

Verkehr

Minibusse und Collectivos: Vom Parque San Juan in Mérida (Calle 69 zwischen Calle 62 und 64) bis zum Ort Dzibilchaltún, ca. 1 km vor den Ruinen.
Auto: MEX 261 Richtung Progreso bis zur ausgeschilderten Abzweigung ca. 15 km nördlich von Mérida.

Progreso ► M 2

Die Hafenstadt mit ihren 40 000 Einwohnern wurde erst 1871 gegründet und ist durch die zur Schnellstraße ausgebaute MEX 261 mit Mérida verbunden. Zwar zählt sie in den heißen Sommermonaten zum beliebten Naherholungsgebiet der Stadtbevölkerung, bietet dem Touristen jedoch nur wenig; der Sandstrand ist schmal und schattenlos, das Wasser trübe und aufgewühlt. Auch die von Einheimischen gern aufgesuchten Badeorte Chelem und Chuburná westlich von Progreso wirken auf den Besucher aus Europa kaum anziehend, zumal sie in der von uns bevorzugten Reisezeit im Dornröschenschlaf liegen. Für den Liebhaber guter Fischgerichte ist Progreso allerdings auch außerhalb der Saison einen Abstecher wert. Die meisten Restaurants reihen sich entlang der Küstenpromenade Malecón, die zwischen Calle 60 und 80 am Meer verläuft.

Unterkunft

Kolonialer Charme – **Hotel Yakunah:** Calle 23 (21) No. 64x48 y 50, Tel. 969 935 56 00, www.hotelyakunha.com, DZ 750 Peso. Von einem holländischen Paar liebevoll restauriertes Gebäude mit 7 DZ am Strand, zehn Fußminuten vom Zentrum. Es gibt einen Pool, ein Restaurant und eine Bar. WiFi.

Essen & Trinken

Schmausen am Strand – **Buddy's:** Maleón, kein Tel., 8–20 Uhr. Einfaches Restaurant in holländischem Besitz. Serviert wird nicht nur Fisch, sondern auch Steak und Huhn in unterschiedlichen Variationen. Hauptgerichte ca. 80 Peso.

Infos

Bus: Von Mérida 2.-Klasse-Busse (vom Terminal de Autobuses a Progreso, Calle 62, zwischen 65 und 67) etwa alle 30 Min. nach Progreso.

Celestún ► K 3

Der etwa 100 km westlich von Mérida gelegene beschauliche Küstenort ist durch seine hervorragenden Fischrestaurants, den breiten, sich viele Kilometer weit erstreckenden Strand und die angrenzende, teilweise unter Naturschutz stehende Bucht zu einem reizvollen Ziel geworden. Sie beherbergt heute eine Vielzahl teilweise vom Aussterben bedrohter Tierarten wie Pumas, Meeresschildkröten und Spinnenaffen.

Größte Attraktion allerdings ist der zum Ökosystem gehörende Flamingo-Nationalpark, in den Bootsausflüge veranstaltet werden. Man kann entweder unterhalb der Brücke bei der Stadteinfahrt starten oder am Strand, wobei letzterer Ausflug eine interessante Anfahrt entlang der Küste beinhaltet. Die besten Beobachtungsmöglichkeiten ergeben sich in den frühen Morgen- und späten Nachmittagsstunden, die empfehlenswertesten Monate sind März und November, wenn die Zugvögel auf ihrem Weg zwischen Nord- und Südamerika an den Küsten Yucatáns Station machen. Auf Wunsch stellen die Bootsführer den Motor ab und staken das Boot möglichst nahe an

Der Asteroid von Chicxulub ► M 2
Im nur wenige Kilometer von Progreso entfernt liegenden Fischerdorf deutet nichts darauf hin, dass es einmal im Zentrum eines Infernos lag, das vor 65 Millionen Jahren die Welt radikal veränderte. Ein etwa 10 km großer Asteroid schlug damals hier ein, hat einen über 200 km breiten Krater in das Schelf gesprengt und 50 % allen Lebens auf der Erde ausgelöscht, darunter wahrscheinlich auch die Dinosaurier. Viele Fragen allerdings sind noch offen, da sich die Untersuchungen als ausgesprochen kompliziert erweisen und Raum für mancherlei Spekulationen geben (http://de.wikipedia.org/wiki/chicxulub-krater oder auch neo.jpl.nasa.gov/images/yucatan.html).

die Vogelkolonien, um die Fotografen in eine günstige Position zu bringen. Ohne starkes Teleobjektiv sind aber selbst dann die Ergebnisse nur selten zufriedenstellend, da die Fluchtdistanz der meisten Vögel recht groß ist.

Den Fahrpreis und die Dauer des Ausflugs muss man aushandeln. Vor allem auch darf man einen guten Sonnenschutz nicht vergessen. Das Feilschen um den Preis ist, wenn man nicht in einer Gruppe kommt, recht frustrierend. Die Touren lassen sich auch von Mérida aus gut buchen und beinhalten dann die Busfahrt. Detaillierte Beschreibungen des Reservats findet man unter: www.planeta.com/ecotravel/mexico/yucatan/celestun.html.

Übernachten

Paradiesisch – **Eco Paraiso Xixim:** 10 km nördlich von Celestún am Strand, Verlängerung der Calle 12, Tel. 998 916 21 00, www.ecoparaiso.com, DZ ab 250

Der Küstenabschnitt bei Celestún ist noch relativ unberührt vom Tourismus

US-$ inkl. Frühstück, 240 US-$ Halbpension. Traumhaft schöne Anlage mit 15 palapagedeckten Bungalows am Meer am Rande des Naturschutzgebiets, Pool, Restaurant, Bar, Angebot von Ausflügen.
Repräsentativ – **Los Manglares:** Calle 12, Nr. 63, Tel./Fax 998 916 21 56, www.hotelmanglares.com.mx, DZ ab 950 Peso. Für den kleinen Ort etwas überdimensioniert. Hübsche geräumige Zimmer mit Meerblick, Parkplatz.
Preiswert – **Flamingo Playa:** Calle 12, Nr. 67, neben Los Mangalares, Tel. 998 929 17 03, DZ ab 400 Peso. Ordentliche luftige Zimmer, insbesondere im 1. Stock mit Meerblick, Parkplatz.

Essen & Trinken

Celestún ist für seine ausgezeichneten Fischrestaurants bekannt, die zum Teil aber ungewöhnliche Öffnungszeiten haben.
Viel Platz – **Palapa:** Calle 12, im Zentrum, Tel. 998 916 20 63, tgl. 11–19.30 Uhr. Großes, auf Touristengruppen eingestelltes populäres Restaurant unter einem gewaltigen Palapa-Dach mit Blick aufs Meer. Hauptgerichte ab ca. 90 Peso.
Luftig – **Poseidon:** Calle 12, neben dem Hotel Manglares, zu dem es gehört, Tel. 998 916 21 65, Di–So 8–11 und 19–2 Uhr. Architektonisch gelungener Bau mit Pool und tiefer liegender Bar, im Sommer schön luftig, im Winter eher zugig. Relativ kleine Speisekarte. Hauptgerichte ab 80 Peso.

Infos

Bus: Regelmäßige Busverbindungen vom Terminal Noreste in Mérida (Calle 67 zwischen Calle 50 und 52).

Entlang der Nordküste ▶ M 2–O 2

Eine wenig befahrene, ca. 70 km lange Straße (MEX 27) führt von Progreso in Richtung Osten bis zum geschäftigen Fischerort Dzilam de Bravo. Zunächst reihen sich noch einige Ferienvillen zwischen Strand und Straße, dann durchfährt man Kokosplantagen, von denen etliche seit den Hurrikanen nur noch als geisterhafter Wald verdorrter Baumskelette existieren. Ansonsten bestimmen Mangroven, Lagunen und Seen das Landschaftsbild.

Lagunenlandschaft

► M/N2

Die verlandeten Lagunen südlich der Straße sind ein wahres Vogelparadies, zu dessen Besuch man nicht einmal ein Boot benötigt. Nach Abzug des Hurrikans Gilbert (1998) haben sich hier die ersten Flamingokolonien niedergelassen, später siedelten weitere Vögel von Celestún über, sodass sich in dem Feuchtgebiet mittlerweile die größte Population von Wasservögeln Yucatáns versammelt hat. Auch Ibisse, Kormorane und Löffler finden in den salzigen Gewässern einen reich gedeckten Tisch, ist dies doch auch das bevorzugte Biotop ihrer Lieblingsnahrung, der Salinenkrebse Artemia. Bei Uaymitun wurde für die Vogelfreunde sogar ein Beobachtungsturm errichtet (Eintritt frei), der einen weiten Blick über das Naturparadies ermöglicht.

Telchac Puerto ► N 2

Der wichtigste Ort der Region, ein bisher verschlafenes Fischernest, beginnt allmählich durch den Bau immer neuer Ferienwohnungen aus seinem Dornröschenschlaf zu erwachen. Es gibt einige kleine Restaurants mit guten Fischgerichten. Wer knapp an Zeit ist, kann von Telchac nach Süden fahren, um über Motúl schnell wieder Mérida zu erreichen.

Im Weiler San Cristanto ca. 9 km östlich von Telchac haben sich Fischer wie in Dzilam de Bravo (s. u.) zusammengetan, um Touristen die Lagunenlandschaft in Bootsausflügen näherzubringen (Tel. 999 926 02 36).

Xtampu ► N 2

Kurz vor dem Fischerort Telchac zweigt eine Straße zu den Ruinen von Xtampu ab, die noch ausgegraben werden und in deren Mitte sich eine katholische Kirche befindet. Interessant ist der Besuch vor allem am 19. und 20. Mai, wenn anlässlich der Fiesta zu Ehren der Jungfrau Maria Traditionen der Maya und Christen verschmelzen.

Hinter **Chabihau** hat Hurrikan Wilma die Küste erheblich umgestaltet und viele kleine Lagunen hinterlassen, die sich im Laufe der letzten Jahre ebenfalls zu einem Paradies für eine artenreiche Vogelwelt entwickelt haben.

Dzilam de Bravo ► O 2

Endpunkt der Küstenstraße ist der Fischerort Dzilam de Bravo, vor dessen Strand und in dessen Hafen Hunderte von Fischerbooten schaukeln. Der berüchtigte Pirat Jean Lafitte, der die Region im 17. Jh. terrorisierte, soll hier angeblich seine letzte Ruhestätte gefunden haben. Von Dzilam de Bravo führt die Straße nach Süden in Richtung Izamal.

Aktiv & Kreativ

Vogelbeobachtung – Einige Fischer von Dzilam de Bravo haben eine Kooperative zur Nutzung des Ökosystems gegründet und bieten **Touren** zu Brutplätzen von Seevögeln, abgelegenen Stränden und Mangroven an (ab 700 Peso für bis zu 8 Personen, www.ecoturyucatan.com.mx).

Infos

Bus: Von Mérida (Terminal de Autobuses Noreste, Calle 67 zwischen 50 und 52) mehrfach tgl. 2.-Klasse-Busse nach Telchac, von Progreso 2x tgl. Busse nach Telchac und Dzilam de Bravo.

Izamal ! ►O 3

Die Kleinstadt spielte eine unrühmliche Rolle bei der Unterdrückung der Maya durch die katholische Kirche. Rücksichtslos zerstörte diese das ausgedehnte Maya-Heiligtum, in dem der höchste Gott Itzamná und der Sonnengott Kinich Kakmo verehrt wurden, als Blendwerk des Teufels und setzte an seine Stelle eigene Gotteshäuser.

1549 begann der Franziskaner Diego de Landa (s. S. 66), der maßgeblich zum Verlöschen der Maya-Kultur beigetragen hat, auf den Fundamenten des Hauptheiligtums Popula-Chac mit der Errichtung des Konvents San Antonio de Padua, des ersten Klosters in Yucatán. Das Denkmal des Gründers steht heute unterhalb des südlichen Zugangs.

Stadtbesichtigung

Konvent San Antonio de Padua

Das erhöht auf dem alten Tempelsockel ruhende Kloster (Abb. S. 66) besticht durch seine ungewöhnliche Architektur als eine der größten Atriumanlagen der Welt. Eine Säulengalerie mit 75 Rundbögen umschließt eine Fläche von rund 80 000 m^2. Die östliche Längsseite wird von der Fassade der Kirche überragt, in der die Jungfrau von Izamal als Schutzpatronin Yucatáns verehrt wird. Vor dem Haupteingang erinnert eine Statue an den Besuch Papst Johannes Pauls II. am 11. August 1993. Anlässlich der damals stattfindenden Renovierung wurden auch die unter dem Putz verborgenen Fresken (16. Jh.) neben dem Eingang entdeckt.

Die Gebäude ringsum haben sich durch Bauweise und Farbgebung dem Kloster angepasst und verleihen so dem Zentrum eine großartige Harmonie, zu der auch die Pferdekutschen beitragen, die zu einer gemächlichen Stadtrundfahrt einladen.

Centro Cultural et Artesanal

tgl. 9–20 Uhr

Das neue Zentrum für Kultur und Kunsthandwerk liegt gegenüber dem Konvent an der Plaza. Neben einer beeindruckenden Auswahl lokaler Kunsthandwerksprodukte wird in dem ehemaligen Kolonialgebäude auch eine sehenswerte Dauerausstellung mit dem Titel ›Grandes Maestros del Arte Popular Mexicano‹ gezeigt, die einen repräsentativen Querschnitt durch das vielfältige Kunsthandwerk des Landes zeigt und somit manche Anregung für das schon lang gesuchte Souvenir gibt.

Pyramide Kinich Kakmo

8–17 Uhr

Ein Stück nördlich des Klosters erheben sich die Reste der Maya-Pyramide Kinich Kakmo, die mit einer Seitenlänge von über 200 m einmal zu den größten des Landes zählte und Teil eines aus ursprünglich 12 Pyramiden bestehenden Ensembles war. Statt des üblichen Tempels krönt heute ein Kreuz die Spitze. Für den etwas mühsamen Aufstieg belohnt ein weiter Blick bis zum 50 km entfernten Chichén Itzá.

Übernachten

Kleines Paradies – **Bed and Breakfast Macan-Ché**: Calle 22, zwischen Calle 33

und 35, Tel. 988 954 02 87, www.macanche.com, DZ mit AC und üppigem Frühstück ab 50 US-$. Man wohnt in kleinen, verstreut liegenden, urgemütlichen Hütten inmitten eines etwas verwilderten Gartens.
Kolonialer Touch – **Rinconada del Convento:** Calle 33, Nr. 294, Tel. 998 954 01 51, www.hotelizamal.com, DZ ab 900 Peso. 11 sehr gepflegte geräumige Zimmer, kleiner Pool, Restaurant.
Gartentraum – **Itzamaltún:** Calle 31, Nr. 251, zwischen Calle 22 und 24, Tel. 988 954 00 23, www.itzamaltun.com, DZ ab 60 US-$. Hinter der schlichten Kolonialfassade öffnet sich ein riesiger, parkartiger, sehr gepflegter Garten mit Pool und Liegewiese. Darin eingebettet die kleinen Gebäude mit jeweils drei hellen, geräumigen Zimmern, abgeschlossener Parkplatz für 3–4 Autos. Frühstücken sollte man allerdings woanders, z. B. im Tumben-Lol, einige Schritte entfernt (s. u.).

Essen & Trinken

Tacos und mehr – **Kinich Kakmo**: Calle 27, Nr. 299, zwischen Calle 28 und 30, nahe der gleichnamigen Pyramide, Tel. 998 954 04 89, www.sabordeizamal.com, tgl. 8–19 Uhr. Ausgezeichnete yucatekische Küche, serviert in gemütlichem Ambiente. Hauptgerichte ab ca. 70 Peso.
Unter dem Palapa-Dach – **Tumben-Lol**: Calle 22, Nr. 302, zwischen Calle 31 und 33, Tel. 995 4 02 31, tgl. 8–20 Uhr. Großes Restaurant unter einem gewaltigen Palapa-Dach. *Pollo Pibil* bekommt man für 65 Peso.
Schmackhaft yucatekisch – **El Toro:** Calle 33, zwischen Calle 30 und 32 an der Plaza gegenüber dem Markt, tgl. 8–22 Uhr. Einfaches Restaurant mit kleiner Auswahl yucatekischer Spezialitäten, 30–60 Peso.

Infos & Termine

Verkehr

Von Mérida fahren die Busse vom Terminal de Autobuses del Oriente (Calle 50, zwischen 65 and 67). Der Busbahnhof von Izamal liegt im Zentrum an der Calle 33 ein Stück südwestlich des Konvents. Wer von Chichén Itzá kommt, muss in Hoctún an der Hauptstraße Mérida–Cancún umsteigen. Auch von Valladolid gibt es Busverbindungen direkt nach Izamal.

Feste & Veranstaltungen

Lichtschau: Di, Do, Fr und Sa findet um 20.30 Uhr eine Ton- & Lichtschau am Konvent statt.
Patronatsfeste: Die Feste werden mit Prozessionen gefeiert, so San Felipe de Jesús (5. Feb.), San Idelfonso (3. April); Nuestra Señora de Izamal (15. Aug., im Hof des Konvents) und die Feria de San Ramón (16. Sept.).

Chichén Itzá und Umgebung

Die Ruinen ! ► P 3

Das Geheimnis, das die Maya noch immer umgibt, teilt sich dem Besucher Chichén Itzás nicht ohne Weiteres mit. Wohlgeordnet reihen sich Ausflugsbusse auf dem großen Parkplatz vor dem modernen Empfangsgebäude, das ein wenig wie eine belebte Flughafenempfangshalle wirkt. Kein Wunder, gehört doch die zwischen Cancún und Mérida gelegene Maya-Stadt zu den bekanntesten Zeugnissen präkolumbischer Kultur und ihr Besuch – von beiden Städten aus ein bequemer Tagesausflug – zum Pflichtpensum aller Yucatán-Reisenden. Die Rekonstruktion der Bauwerke ist hier am weitesten fortgeschritten und vermittelt anschaulich ein Bild der postklassischen Epoche der Maya. Wer dem Besucherstrom entgehen möchte, sollte in der Nähe übernachten und die frühen Morgenstunden zum Besuch nutzen.

Geschichte

Im Gegensatz zu manch anderer Maya-Metropole war Chichén Itzá nie in Vergessenheit geraten und diente den Spaniern sogar als erste Niederlassung, bevor die Wahl auf Mérida fiel. Dennoch liegen die Ursprünge Chichén Itzás (der Brunnen der Itzá) weitgehend im Dunkeln. Die früheste Datierung stammt aus dem Jahre 618 n. Chr., belegt aber keineswegs das Datum der Gründung, die irgendwann im 5. Jh. erfolgt sein dürfte. Auch die weitere Entwicklung gibt noch Anlass zu mancherlei Spekulationen. Wie die meisten Städte des Nordens wurde auch Chichén Itzá wahrscheinlich gegen 950 verlassen, um kurz darauf in direkter Nachbarschaft neu zu erstehen. Die Reste der ersten Gründung – ›Chichén Itzá Viejo‹ – sind etwa 1000 m südlich der Sternwarte teilweise erhalten.

Die mit dem Aufstieg des neuen Chichén Itzá einhergehende Renaissance der Maya-Kultur, die deutlich fremde Einflüsse aus dem mexikanischen Hochland erkennen lässt, wirft immer noch Fragen auf. Im Allgemeinen wird sie mit der Ankunft des legendären toltekischen Herrschers Quetzalcóatl, in Yucatán ›Kukulkán‹ genannt, in Verbindung gebracht. Demzufolge soll die Toltekengruppe nach internen Machtkämpfen etwa um 977 ihre Heimatstadt Tula nördlich des heutigen Mexiko-Stadt verlassen und die Herrschaft in Yucatán übernommen haben. Neuere Untersuchungen lassen jedoch Zweifel an dieser Hypothese aufkommen, obwohl deutliche Parallelen zwischen Tula und Chichén Itzá unverkennbar sind. Einige Forscher vertreten sogar die Auffassung, dass die kulturell höher stehenden Maya der Spätklassik Tula beeinflusst haben könnten, zumal sich eine toltekische Eroberung Chichén Itzás nicht nachweisen lässt. Als Invasoren ins Spiel gebracht werden auch die Putun, ein ursprünglich an der Golfküste beheimatetes Volk, von dem wir noch wenig wissen und zu denen vielleicht die Itzá gehört haben, die kurz zuvor Yucatán erreicht und sich in Chichén Itzá niedergelassen haben sollen.

Auf jeden Fall hat sich in der Endphase der Klassik von Chichén Itzá ausgehend eine neue Form der Sozialordnung durchgesetzt, die nach dem Vorbild des Hochlandes eine stark militärische Komponente aufwies. Die Stadt hat sicherlich ein weites Gebiet beeinflusst, wenn nicht gar beherrscht, bis sie 1185 selbst in den Strudel der Machtkämpfe geriet und sich dem aufstrebenden Mayapán (s. S. 198) beugen musste.

Die überlebenden Itzá flohen nach Petén Itzá im Dschungel Guatemalas, wo sie sich noch bis ins Jahr 1697 gegen die Spanier behaupten konnten. Der stadtfernen Lage ist es wohl zu verdanken, dass Chichén Itzá nicht als Steinbruch missbraucht wurde wie das nahe Mérida gelegene Dzibilchaltún. Und es war eine glückliche Fügung, dass der amerikanische Konsul in Mérida, Edward H. Thompson, Ende des 19. Jh. die Erforschung der Maya-Kultur zu seinem Hobby machte und das Land rings um die Ruinenstadt aufkaufte – für ganze 75 US-$. Dass er wertvolle Funde heimlich außer Landes brachte, steht auf einem anderen Blatt.

Ausgrabungen

Die Ausgrabung Chichén Itzás, die im Jahr 1924 begann und sich bis 1945 hinzog, sollte zum Vorbild für spätere Restaurierungen archäologischer Fundstätten werden. Von Anfang an waren die Wissenschaftler darum bemüht, nicht nur neue Erkenntnisse über die versunkene Kultur zu gewinnen, sondern die Relikte möglichst authentisch zu restaurieren und zu rekonstruieren, um sie später in den Dienst des Tourismus zu stellen. Silvanus G. Morley und John Eric Thompson, zwei der führenden Maya-Forscher der USA, leiteten die durch das Carnegie Institute geförderten Grabungsarbeiten.

Durch den Bau einer Umgehungsstraße hat die alte, früher mitten durch das Ausgrabungsgelände verlaufende Straße ihre Funktion verloren. Im Nordwesten endet sie am Parkplatz mit dem Empfangs- und Informationsgebäude, im Südosten dient sie als Zubringer zu den Hotels der Zona arqueológica. Das Ruinengelände kann zusätzlich auch durch den südöstlichen Eingang am Hotel Mayaland betreten werden.

Pyramide der gefiederten Schlange

Der Besucher sollte zunächst das bekannteste Bauwerk ansteuern, die zum werbewirksamen Aushängeschild der Maya-Architektur erhobene **Pirámide de Kukulcán** (El Castillo, Pyramide des Kukulkán). Hinter dem 25 m hohen Bauwerk, das in seinen Ursprüngen bereits um das Jahr 800 im reinen Maya-Stil entstand, verbirgt sich eine tiefe kosmische Symbolik. So lassen sich die neun Plattformen als die Verkörperung der neun Unterwelten interpretieren, die durch die Treppen bedingte Aufteilung in 18 Teilabschnitte je Seite hingegen als die 18 Monate des Maya-Kalenders. Die Addition der 91 Stufen an allen vier Seiten ergibt zusammen mit der Plattform 365, die Anzahl der Tage eines Jahres also, und die 52 reliefartig hervorspringenden Verkleidungsplatten jeder Flanke versinnbildlichen wiederum den wichtigen 52-jährigen Kalenderzyklus in der Zeitrechnung der Maya (s. auch S. 60). Am Fuße der Treppen wachen Schlangenköpfe – Symbole des Kukulkán, der ›gefiederten Schlange‹, die in Chichén Itzá eine zentrale Rolle spielt.

Besonders beeindruckend ist der Besuch während des Äquinoktiums, der Tag- und Nachtgleiche am 21./22. März und 22./23. September. Zwischen 12 und 17 Uhr verwandelt sich dann die Einfassungsmauer der nördlichen Treppe, deren Abschluss die Schlangenköpfe bilden, im Spiel von Licht und Schatten in einen gewundenen Schlangenkörper, der sich die Pyramide hinabzuwinden scheint. Erst vor etwa 20 Jahren wurde dieses Phänomen, das in sich abschwächender Form jeweils etwa eine Woche sichtbar ist, entdeckt und stellt einmal mehr den hohen Stand der präkolumbischen Astronomie unter Beweis.

Von der oberen Plattform hatte man lange Zeit einen großartigen Blick über das Ausgrabungsgelände. Seit geraumer Zeit darf man die Pyramide jedoch nicht mehr besteigen. Ein kleines Tor am Fuß der Nordtreppe bildet den Zugang zu einem früheren, heute völlig überbauten Heiligtum der ersten Pyramide. Ein schmaler, dumpf-stickiger Gang führt in die Cella mit dem berühmten rot bemalten, mit Jadesplittern eingelegten Jaguarthron und einer Chac-Mool-Skulptur. Diese eigentümliche Plastik, die auch an anderen Stellen der Stätte zu sehen ist, wird mit dem Regenkult in Verbindung gebracht und ist als eine Art Opferaltar in Menschengestalt ausgebildet. Leider ist auch hier den Touristen der Zugang seit geraumer Zeit nicht mehr erlaubt.

Ruinenstätte Chichén Itzá

Ballspielplatz

Im Nordwesten dominiert der **Juego de Pelota** (Ballspielplatz), ein 168 m langes und 36 m breites Geviert, das an den Längsseiten von Mauern begrenzt ist. Von den bisher 500 in Mesoamerika entdeckten Plätzen dieser Art handelt es sich hier um die weitaus größte Anlage. In ihrem Zentrum ragen in 7,25 m Höhe jeweils zwei steinerne, schlangenverzierte Ringe ins Spielfeld, durch die der Ball gestoßen werden musste (Abb. S. 64). Friese unterhalb der Ringe dokumentieren das blutige Ritual des

Spiels in ausdrucksstarken Reliefs. Umgeben von reich geschmückten Spielern hält der Führer der Siegermannschaft den Kopf des Verlierers in der einen Hand, in der anderen das Messer, mit dem er das grausame Ritual vollzogen hat. Aus dem Hals des Enthaupteten strömt das Blut in Gestalt mythologischer Schlangen. Bemerkenswert ist die Akustik der Anlage, lassen sich doch deutlich Gespräche über die Distanz des gesamten Spielfeldes vernehmen.

Auch die angrenzenden Gebäude verdienen Beachtung, so der reich mit Reliefs geschmückte **Templo del Hombre Barbado** (Tempel des bärtigen Mannes) am Nordrand des Spielfeldes und vor allem der später im Osten angebaute **Templo de los Tigres** (Tempel der Jaguare), zu dem eine steile Treppe hinaufführt (Zugang gesperrt). Interessant sind hier die Schlangensäulen am Eingang und die stark verblassten Reste von Wandmalerei im Innern. Sehr schöne Reliefs findet man auch

Die Pyramide des Kukulkán (im Hintergrund) birgt eine tiefe Symbolik

auf den Säulen und Wänden des kleinen Vorbaus am Fuß des Tempels. Der Blick aus dem Innern auf die Hauptpyramide gehört zu den beliebten Fotomotiven. Von hier sind es nur einige Schritte zur **Tzompantli** (Schädelmauer), einer T-förmigen Plattform, die als Stätte ritueller Menschenopfer diente und ringsum mit naturalistischen Schädelreliefs verziert ist, makabrer Ausdruck des in der toltekischen Phase immer weiter ausufernden Opferkults.

Unmittelbar davor liegt die kleine **Plataforma de las Aguilas** (Plattform der Adler) mit Darstellungen von Adlern und Jaguaren, die Menschenherzen in den Klauen halten. Das Bauwerk, das nach Diego de Landa als Bühne diente, weist deutliche Züge einer ähnlichen Plattform in Tula auf und gilt somit als wichtiges Indiz für die engen Beziehungen zum toltekischen Kulturkreis.

Eine ganz ähnliche Gestalt hat der **Templo de Venus** (Tempel der Venus), ein Stück weiter an der Hauptachse zwischen der großen Pyramide und dem heiligen Cenote. Die mit vier Aufgängen versehene Plattform zeigt gefiederte Schlangen und eine Glyphe für das Jahr der Venus.

Cenote

Ein ehemaliger *sacbe,* ein künstlich angelegter Weg, führt in gerader Linie vom Venustempel 300 m nach Norden zum berühmten Cenote, dem Chichén Itzá seinen Namen verdankt. Es handelt sich um eine für die Karstformation typische Doline, hervorgerufen durch den Einsturz unterirdischer Hohlräume. Der Trichter hat einen Durchmesser von 56 m und eine Tiefe von etwa 50 m. Der Wasserspiegel liegt bei 20 m unterhalb der Kante. Seine grüne Färbung erhält das Wasser durch mikroskopisch kleine Algen. Als Erster hat der oben erwähnte amerikanische Konsul Thompson den Cenote erforscht und Opfergaben ans Tageslicht gefördert, darunter Jade, Gold, Keramik und etwa 50 menschliche Skelette. Als bekannt wurde, dass Thompson seine Stellung missbraucht und die Funde mit Kurierpost in die USA gebracht hatte, um sie dem Peabody Museum, New Haven, zu stiften, wurde er des Landes verwiesen. Obwohl das Museum nach Jahrzehnten den Rechtsstreit gewann, gab es die meisten der Funde an Mexiko zurück.

Die umfassendsten Forschungen wurden 1960 durch die amerikanische National Geographic Society und das mexikanische Tauchforschungsteam CEDAM vorgenommen. Tausende von wertvollen Fundstücken unterstrichen die Bedeutung des Cenote als Opferstätte für den Regengott Chac, der in dem heiligen Gewässer gelebt haben soll. Menschenopfer waren allerdings eher die Ausnahme, und dass vornehmlich bildhübsche Jungfrauen in die Tiefe gestoßen wurden, gehört wohl auch in den Bereich der Legenden.

Kriegertempel

Man kehrt wieder zum Hauptplatz zurück und wendet sich nach links zum **Templo de los Guerreros** (Tempel der Krieger), einem der schönsten Beispiele der maya-toltekischen Architektur. In der ungewöhnlichen Kombination von Säulenhalle und Pyramide hat der Bau den Morgensterntempel von Tula zum Vorbild, stellt diesen jedoch in künstlerischer und konzeptioneller Gestaltung in den Schatten. Die unteren Wände der Pyramide, aber auch die Pfeiler ringsum, zieren Reliefs mit Darstellungen von Kriegern und Adlern, die Menschenherzen verschlingen. Eine breite Treppe führt hinauf zur Plattform, auf der eine Chac-Mool-Figur steht (Zutritt leider nicht erlaubt). Der irreführende Name – denn es handelt sich keineswegs um die Darstellung des Regengottes – wurde diesem Figurentypus Ende des 19. Jh. durch den französischen Archäologen Agustus Le Plongeon verliehen, der 1875 die erste Skulptur dieser Art in Chichén Itzá fand.

Den Eingang des Tempels, von dem heute nur noch die Wände existieren, flankieren zwei toltekische Schlangenpfeiler, während uns von den Tempelwänden die für die klassische Maya-Epoche typischen Rüsselnasen des Regengottes Chac entgegenblicken. Über eine Treppe an der Nordseite kann man in das Innere der Pyramide gelangen, wo die Archäologen 1926 ein älteres Bauwerk entdeckten, dem sie den Namen Chac Mool gaben. Leider gelang es ihnen nicht, die grellbunten Malereien zu konservieren, sodass von den ehemals großartigen Bildern nur noch schwache Farbreste zu erkennen sind.

Halle der tausend Säulen

Obwohl die Bezeichnung **Las Mil Columnas** (Halle der tausend Säulen) für den lang gestreckten, unmittelbar neben dem Kriegertempel gelegenen Komplex etwas übertrieben ist, dokumentiert die weiträumige Anlage eindrucksvoll die Fähigkeit der Maya im Umgang mit der aus dem Hochland übernommenen Architektur. Denn statt zaghaft mit dem neuen Gestaltungselement Säule zu experimentieren, wagten sich die Architekten hier an ein Großprojekt, das in ganz Mesoamerika nicht seinesgleichen hatte.

Ein Stück südlich liegt der sogenannte **Mercado** (Markt). Das auf einer Plattform errichtete Gebäude mit Säulengalerie diente jedoch sicherlich anderen Zwecken. Weiter östlich trifft man auf die Reste eines **Baño de Vapor** (Dampfbades), in dem wahrscheinlich rituelle Reinigungen vollzogen wurden und das nicht, wie etwa die römischen Thermen, auch Mittelpunkt des sozialen Lebens war.

Südlicher Komplex

Der Rundgang führt nun in südwestliche Richtung über die alte Straße in den südlichen Teil der Stadt, wo den Besucher das höchst interessante **Caracol/Observatorium** erwartet. Im Gegensatz zu den bisher genannten Sehenswürdigkeiten Chichén Itzás verkörpert dieses runde Gebäude den lokalen Stil Nordyucatáns. Die Steine sind sorgfältig gefügt, die Räume werden durch Kraggewölbe gebildet, die Wände sind mit Chac-Masken verziert. Aber auch toltekische Elemente, wie Krieger- und Schlangendarstellungen, treten in Erscheinung. Mit seinem kuppelartigen Turm ähnelt der auf einer Plattform ruhende Rundbau einem Observatorium unserer Tage und erfüllte auch damals diesen Zweck. Den Namen Caracol (Schneckenhaus) verdankt er seiner eigenwilligen Bauweise. Um den zentralen, pilzförmigen Kern im Innern verlaufen zwei konzentrische Gänge, von denen aus eine schmale Wendeltreppe in eine kleine Kammer in der Kuppel führt. Nach astronomischen Kardinalpunkten ausgerichtet, wurden dort drei kleine Fenster zur Beobachtung der Gestirne in die dicken Wände eingelassen.

Zu den weiteren, allerdings teilweise stark zerstörten Gebäuden der Südgruppe zählen das **Edificio de las Monjas** (Nonnenkloster), das die Fantasie der Spanier mit Jungfrauen für das Opferritual in Verbindung brachte, die **Tumba del Gran Sacerdote** (Grab des Hohen Priesters) – ein Tempel, unter dem Gräber gefunden wurden –, die im reinen Maya-Stil gehaltene **Casa Colorada** (Buntes Haus) mit roten Streifen an den Wänden und der **Akab**

Die Totenkopfreliefs spiegeln die Funktion der Schädelmauer

Dzib (Haus der schwarzen Schrift), ein noch nicht freigelegter palastartiger Bau mit zahlreichen Zimmern, der als älteste Architektur in diesem Teil Chichén Itzás gilt.

Das alte Chichén Itzá

Noch weiter zurück reichen die Zeugnisse von **Chichén Itzá Viejo,** das man auf einem altem Maya-Pfad aus erreicht, der vom Nonnenkloster nach Süden führt und teilweise als Schmalspurstrecke einer Lokalbahn genutzt wurde. Derzeit ist dieser Teil von Chichén Itzá allerdings leider nur den Archäologen zugänglich.

Sehenswert ist hier vor allem die **Grupo de la Fecha** (Datumsgruppe), wo auf einem Türbalken das einzige Datum Chichén Itzás (879 n. Chr.) in der langen Zählweise (s. S. 62) gefunden wurde. Zu der Gruppe gehört zudem auch ein **Phallus-Tempel** mit entsprechenden Plastiken aus der als dekadent bewerteten Spätphase der Klassik.

Infos & Termine

Informationen

Öffnungszeit: tgl. 8–17 Uhr
Service: Bank, Restaurant, Gepäckaufbewahrung, Toiletten, Museum und Andenkengeschäft, gebührenpflichtiger Parkplatz. Man kann das Ruinengelände am Geltungstag mit der Eintrittskarte mehrfach betreten.

Licht- & Ton-Schau

Um 19 Uhr (Nov.–März) bzw. 20 Uhr (April–Okt.)

Östlich von Chichén Itzá

Ökoarchäologischer Park Ik Kil

► P 3

tgl. 8–17 Uhr, Eintritt 60 Peso

Etwa 3 km östlich des Ostzugangs zu den Ruinen führt eine Stichstraße zum Parque Ecoarqueológico Cenote Ik Kil. Mit den meisten Cenotes der Karibikküste kann er zwar trotz des hohen

Eintrittsgeldes und der üppigen Vegetation nicht mithalten, bietet aber eine willkommene Möglichkeit zu einem erfrischenden Bad. Auf Treppen gelangt man recht bequem zur Wasserfläche. Man sollte den ›Blauen Cenote‹ am frühen Vormittag besuchen, ehe die Reisebusse aus Cancún »einfallen«.

Balancanché ► P 3

tgl. 9–17 Uhr, nur mit Führung, Restaurant

Für den Besuch der nur 350 m von der Hauptstraße entfernt liegenden Grotten nimmt man die Abzweigung ca. 5 km östlich von Chichén Itzá von der nach Cancún führenden Straße. Sie wurden erst 1959 durch Zufall entdeckt, obwohl die Maya hier ein tief unter der Erde liegendes Heiligtum hatten, das sie auch während des Kastenkrieges als Versteck nutzten. Es ist eine verwunschene Welt aus Stalagmiten und Stalaktiten. Der Gang erweitert sich zu einer Höhle, in der ein mächtiger Stalaktit den für die Maya heiligen Ceiba-Baum symbolisierte. Gefunden wurden unzählige für religiöse Rituale genutzte Gegenstände, die wieder an ihrem Ursprungsplatz deponiert wurden. Es kann hier unten unangenehm warm und feucht sein. Ein kleines Museum und ein botanischer Garten mit lokaltypischen Pflanzen ergänzen die Höhlen.

Übernachten

Die teuren Hotels liegen unmittelbar an den Ruinen, die preiswerteren im Ort **Piste,** ca. 3 km entfernt. Dort gibt es auch einige einfache Restaurants außerhalb der Hotels.

… an den Ruinen:

Gruppentreff – **Hotel Mayaland:** am Südosteingang der Ruinen, Tel. 998 887 24 50, www.mayaland.com, DZ ab 190 US-$. Von Gruppen bevorzugtes modernes, komfortables Luxushotel ohne besonderes Flair.

Bleibe der Archäologen – **Hacienda Chichén:** am Südosteingang der Ruinen, Tel. 999 920 84 07, www.haciendachichen.com, DZ ab 165 US-$. Rustikale Zimmer in einer ehemaligen Hacienda, die den Archäologen in den 1930er-Jahren als Unterkunft diente, oder im neuen Komplex.

Dezenter Komfort – **Villa Chichén:** neben Mayaland, Tel. 985 855 60 00, www.villasarqueologicas.com.mx, DZ ab 90 US-$.Gemütliches Hotel mit 44 Zimmern, 3 Suiten, gutes Restaurant.

Preiswert – **Dolores Alba:** km 122, ca. 2 km südl. der Ruinen an der Hauptstraße nach Cancún, Tel. 985 858 15 55 oder 999 928 56 50 (Mérida), www.doloresalba.com, DZ mit Frühstück ab ca. 40 US-$. Gemütliche Unterkunft mit Pool, Restaurant. Kostenloser Transport zu den Ruinen, Leihfahrräder.

… in Piste:

Einfach und ordentlich – **Pirámide Inn:** Calle 15 A, zwischen Calle 30 und 20, Tel. 985 851 01 15, www.piramideinn.com, DZ 500 Peso. Beliebtes Mittelklassehotel mit recht großen Zimmern, üppigem Garten und Pool. Man kann sogar sein Zelt im Garten aufschlagen (50 Peso).

Familiär – **Posada Olalde:** Calle 6, zwischen Calle 15 und 17, Tel. 985 851 00 86, DZ ab 250 Peso. Einfache, saubere und freundliche Familienpension mit kleinen Bungalows.

Infos

Verkehr

Busverbindung der **1. Klasse** von den Ruinen u. a. mit Mérida, Cancún und Playa del Carmen.

Die Busse der **2. Klasse** (Oriente) fahren von Piste u. a. nach Mérida, Valladolid und Cancún. Diese halten in Balancanché und am Hotel Dolores Alba auf Wunsch.

Valladolid ►Q 3

Eine gemütliche kleine Plaza ohne Hektik, beschattet von Bäumen und gesäumt von Arkaden – eine mexikanische Kleinstadt, in der die Uhren langsamer gehen als in den Badeorten der nahen Küste. Bei Insidern ist sie berühmt für ihre Wurstwaren und handgefertigten Lederschuhe, bei Historikern für ihre Rolle in der Auseinandersetzung zwischen Spaniern und Indios.

So geruhsam nämlich wie heute ging es hier längst nicht immer zu. Bereits im Mai 1543 legte Francisco de Montejo, der Neffe des Admirals, den Grundstein am Platz der Maya-Siedlung Coac Ha (»großes Wasser«), deren Bewohner sich einer ersten Eroberung erfolgreich widersetzt hatten. Auch in den folgenden Jahrhunderten war die Stadt immer wieder Zentrum von Unruhen und Aufständen, so etwa bei der großen Erhebung der Indios im Jahre 1600, bei der versuchten Revolution 1702 und im Kastenkrieg von 1848. Damals belagerten die Maya-Truppen

Reisende schätzen die angenehme Atmosphäre der Kolonialstadt Valladolid

Valladolid

Sehenswert
- 1 San Bernardino de Siena
- 2 Cenote Zaci
- 3 Cenote Dzitnup
- 4 Cenote Samulá

Übernachten
- 1 Casa Hamaca Guesthouse
- 2 Casa Quetzal
- 3 El Méson del Marqués
- 4 María de la Luz
- 5 Zaci

Essen & Trinken
- 1 Hosteria de Marqués
- 2 Hotel Maria de la Luz

Einkaufen
- 1 Mercado de Artesanias

den Ort zwei Monate lang, ehe die Spanier aufgeben mussten und nach Mérida flohen, sofern sie nicht von den Indios umgebracht wurden.

Iglesia San Bernardino de Siena 1

Calle 41A/46, ca. 1,5 km vom Zentrum entfernt, 9–12 und 17–21 Uhr
Bedeutendste Sehenswürdigkeit ist die Iglesia de San Bernardino de Siena mit dem angegliederten Konvent von Sisal, die bereits 1552 entstand und damit als das älteste Gotteshaus Yucatáns gilt. Der festungsartig wirkende Komplex wurde über dem Cenote Sis Ha errichtet, der über Jahrhunderte der Wasserversorgung der Stadt und der Bewässerung der umliegenden Felder diente und für den Namen Sisal Pate gestanden haben soll, den aus der Henequén-Agave gewonnenen Sisalhanf (s. auch S. 50).

Cenotes

In und um die Stadt gibt es etliche Cenotes, die einen Besuch wert sind.

Am zentralsten liegt inmitten eines kleinen Parks der **Cenote Zaci** 2, der von der Bevölkerung als Badeanstalt genutzt wird (Calle 36 zwischen Calle 37 und 39, 8–18 Uhr, Eintritt 25 Peso). Beeindruckender ist der unterirdische, beleuchtete **Cenote Dzitnup** 3, etwa 7 km westlich mit seinen stalaktitenbesetzten Felsüberhängen (7–17 Uhr, Eintritt 25 Peso). Man sollte mittags kommen, wenn ein Sonnenstrahl wie ein Scheinwerfer durch das Loch in der Decke fällt und Dzitnup in zauberhaftes Licht taucht. Auch hier kann man im glasklaren Wasser schwimmen.

Um ihn zu erreichen, verlässt man Valladolid an der Plaza auf der Calle 39 (MEX 180) Richtung Mérida und biegt nach etwa 7 km nach links (ausgeschildert). Nach 2 km gelangt man zu den Cenotes. Etwa 300 m vor dem Cenote Dzitnup geht es rechts zum weniger bekannten **Cenote Samulá** 4 (s. S. 192/193), den Pappeln säumen, die ihre Wurzeln bis zur Wasseroberfläche hinablassen (7–17 Uhr, Eintritt 25 Peso). Er wird weniger besucht, ist aber der romantischere der beiden. Beide Cenotes sind von Andenkenständen gesäumt, in Dzitnup gibt es sogar ein Restaurant.

Übernachten

Ein Haus voller Kunst – **Casa Hamaca Guesthouse** 1: Parque San Juan, Calle 49, Nr. 202–A, Ecke Calle 40, Tel. 985 856 52 87, www.casahamaca.com, DZ mit üppigem Frühstück ab ca. 110 US-$. Wundervolles Bed & Breakfeast Guesthouse, von US-amerikanischem Eigentümer geführt. Individuell gestaltete Zimmer, es gibt einen dschungelartigen Garten, das Haus hat eine sehr persönliche Note. Sicherer Parkplatz.

Gepflegte Oase – **Casa Quetzal** 2: Calle 51, Nr. 218, zwischen Calle 50 und 52, nahe dem Konvent. Tel. 985 856 47

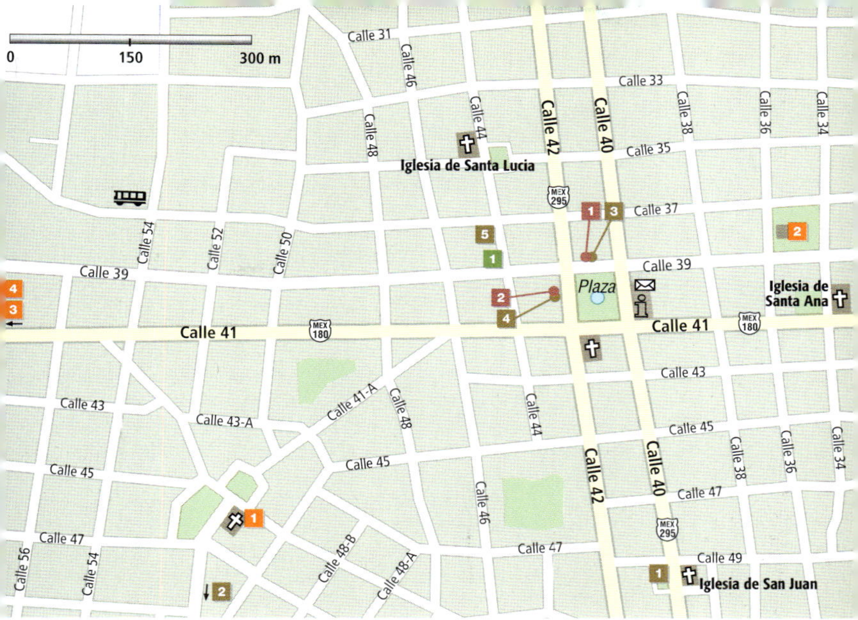

96, www.casa-quetzal.com, DZ ab 60 US-$. Kleines, privat geführtes Hotel in großem Garten mit gemütlichen und komfortablen Zimmern, dazu gibt es einen Pool und ein umfangreiches Wellness-Angebot.

An der Plaza – **El Méson del Marqués** **3**: Calle 39, Nr. 203, an der Plaza, Tel. 985 856 20 73, www.mesondelmarques.com, DZ ab 800 Peso, man sollte sich aber die besseren Zimmer gönnen, ab ca. 1100 Peso. Das alteingesessene Hotel ist in einem ehemaligen Kolonialgebäude etabliert, 90 klimatisierte Zimmer, Pool und gutes Restaurant (s. u.), Parkplatz. Man bemüht sich auch um deutsche Gäste und tut dies im Internet kund. Die Zimmer haben sogar eine »Mini-stange« (Bar aus dem Englischen übersetzt ist eben ›Stange‹).

Ausweichquartier – **María de la Luz** **4**: Calle 42, Nr. 193, an der Plaza, Tel. 985 856 11 81, www.mariadelaluzhotel.com, DZ ca. 45 US-$. Mittelklassehotel mit Pool und Restaurant, klimatisiert, evtentuell etwas laut, könnte auch sauberer sein. Parkplatz.

Ohne Schnörkel – **Zaci** **5**: Calle 44, Nr. 191, zw. Calle 37 und 39, Tel. 985 856 21 67, DZ ab 390 Peso. Motelartig mit schmalem begrüntem Innenhof und kleinem Pool. Die Zimmer sind groß und funktional eingerichtet.

Essen & Trinken

Romantisch – **Hostería del Marqués** **1**: Restaurant des Hotels El Méson del Marqués (s. o.), in kolonialem Innenhof, auch yucatekische Küche. Hauptgerichte ab 80 Peso.

Unter Mexikanern – **Hotel Maria de la Luz** **2**: Man sitzt hübsch am Swimmingpool oder im luftigen Innenraum, überwiegend mexikanische Küche wird hier serviert. Hauptgerichte ab 50 Peso. Jeden Morgen gibt's ab 7.30 Uhr ein recht großes Frühstücksbüfett zu 60 Peso.

Lieblingsort

Wie Rapunzel – der Cenote Samulá 4

Man sollte früh kommen, sehr früh, denn der große, von Souvenirständen gesäumte Parkplatz verheißt nichts Gutes. Der Weg in die Tiefe ist schmal und dunkel – und dann bin ich einfach überwältigt. Ein unwirkliches irisierendes Licht geht von der kobaltblauen Wasserfläche des Sees aus, gespeist von einem Sonnenstrahl, der durch ein Loch in der Karstdecke fällt. Stalaktiten formen das Gewölbe zu einem erhabenen Dom. Wie Rapunzel in der Sage haben Bäume ihre Wurzeln bis zum Wasser hinabgelassen – Xilbaba, die Unterwelt der Maya, Heimat des Regengottes Chac, sie ist wahrhaft auch ein Lebensspender.

Mein Tipp

Unterkunft im Ökogarten

Im kleinen Weiler Ek Balám (s. u.) hat eine Kanadierin ein privates Ökoprojekt names **Genesis Eco-Retreat** ins Leben gerufen, das sie teilweise durch Vermietung einfacher Bungalows finanziert (DZ ca. 500 Peso inkl. Frühstück). Alles ist auf den Schutz der Umwelt ausgerichtet: Das Brauchwasser wird gesammelt und zur Gartenbewässerung genutzt, es gibt Gemüse und Obst, natürlich aus eigenem Anbau, sogar einen kleinen Pool und jede Menge über nachhaltiges Wirtschaften zu lernen (Tel. 985 852 79 80, www.genesisretreat.com).

Einkaufen

Lederwaren – **Mercado de Artesanías** **1**: Ecke Calle 39 und 44, einheimische Kunsthandwerkprodukte. Valladolid ist berühmt für seine handgefertigten Lederschuhe und Sandalen *(huaraches)* sowie Handtaschen.

Infos

Verkehr

Bus: Das Busterminal liegt an der Ecke Calle 39 und 46. Gute Verbindungen der 1. und 2. Klasse u. a. mit Cancún (2–3 Std.) und Chichén Itzá (45 Min.) sowie Mérida (2–3 Std.). 1x tgl. Busse auch zur Insel Holbox.

Collectivos: Die Station ist gegenüber dem ADO-Terminal, Fahrten u. a. nach Piste und Chichén Itzá. Von der Ostseite nach Tizimín, von der Calle 44 (zw. 35 und 37) nach Ek Balám.

Nördlich von Valladolid

Ek Balám ► Q 3

tgl. 8–17 Uhr

Die etwa 17 km nördlich von Valladolid gelegene Ruinenstadt ›Schwarzer Jaguar‹ ist noch nicht vom Massentourismus entdeckt worden, der sich auf das nicht weit entfernte Chichén Itzá konzentriert. Die nur teilweise restaurierten, sehenswerten Ruinen liegen verstreut im Buschwald (Abb. S. 56).

Die Stadt wurde wahrscheinlich im 3. Jh. gegründet und erlebte zwischen dem 6. und 7. Jh. ihre Blütezeit. Die Archäologen, die hier erst seit dem Jahr 1997 graben, haben einige bemerkenswerte Bauwerke freigelegt, darunter eine Zwillingspyramide, die wahrscheinlich astronomischen Beobachtungen diente. Durch den die beiden Pyramiden trennenden Spalt fällt an den Tagen der Sommer- und Wintersonnenwende der Strahl der aufgehenden Sonne.

Beeindruckend ist die 160 m lange und fast in ihrer gesamten Höhe von 30 m erhaltene Hauptpyramide, Akropolis genannt, zu der man hinaufsteigen kann. Einzigartig sind hier die hervorragend erhaltenen, allerdings restaurierten Gipsreliefs unter einem schützenden Palapadach in luftiger Höhe. Wichtigstes Motiv ist das ›Höllentor‹, ein Monsterrachen, wie wir ihn auch von den Ruinen rings um Xpujil kennen (s. S. 236), hier allerdings aus Gips geformt. Von der obersten Plattform hat man einen weiten Blick über den Buschwald und kann in der Ferne sogar die Pyramiden von Chichén Itzá ausmachen.

Infos

Anfahrt: Collectivos von Valladolid (Calle 44, zwischen Calle 35 und 37) zum Ort Ek Balám bis zur Abzweigung zu den Ruinen. Bequemer geht es mit dem **Mietwagen.**

Río Lagartos ► Q/R 1

Vor allem für Ornithologen verbirgt sich hinter dem Namen Río Lagartos ein reizvolles Ziel, ist der etwa 100 km nördlich von Valladolid liegende Küstenort doch über die Grenzen hinaus für seine Flamingo-Kolonien berühmt. Durch den Hurrikan im Oktober 2005 wurde die Region jedoch stark in Mitleidenschaft gezogen. Wer die weite Fahrt zur Nordküste auf sich nimmt, sollte nach Möglichkeit die Brutmonate der Vögel April–Juni wählen, um in den Genuss der riesigen Vogelschwärme (Abb. S. 74/75) zu kommen. Der Name Krokodilfluss stammt noch aus Zeiten, als die Panzerechsen in den Gewässern der Lagune ihre Heimat hatten, bevor skrupellose Jäger sie ausrotteten.

Flamingo-Kolonien

Der Besuch der Kolonien, deren Habitat 1979 zum Nationalpark erklärt wurde, ist nur mit einem Boot möglich. Bereits unmittelbar nach Ankunft wird der Reisende mit entsprechenden Angeboten einheimischer Fischer überhäuft. Man sollte sich bei der Wahl Zeit lassen und nicht nur auf den Preis schauen. Bei zwei- bis dreistündigen Ausflügen bekommt der Tourist selbst in der Saison nur vereinzelt Flamingos zu Gesicht. Erst eine sechs- bis siebenstündige Exkursion ermöglicht den Besuch des von den Vögeln bevorzugten Lebensraums.

Es ist ein faszinierender Anblick, Tausende von Vögeln als rosa Wolke aufsteigen zu sehen, aber jedem Tierfreund wird diese Störung missfallen. Man sollte den Bootsführer daher eher davon abhalten, die Tiere bewusst zum Auffliegen zu veranlassen. Die Brutplätze werden durch das Ministerium für Ökologie und Stadtplanung geschützt und dürfen nicht besucht werden.

Punta Holohit ► Q 1

Außerhalb der »Flamingo-Saison« lohnt eine Wanderung entlang der rund 14 km langen Landzunge in Richtung Punta Holohit. Sie trennt das Meer von der Lagune und erweist sich vor allem an ihrem sumpfigen Ende als wahres Vogelparadies, in dem unter anderem Reiher, Kormorane und Pelikane ein schwer zugängliches Refugium gefunden haben. Um sich den langen Rückweg zu ersparen, kann man sich bei Punta Holohit von einem Boot abholen lassen. Besser noch: sich dort absetzen lassen, den Rückweg ohne Zeitdruck zu Fuß antreten.

Achtung: Verpflegung, Trinkwasser und ein guter Sonnenschutz sind für diese Strandwanderung absolut unerlässlich.

Übernachten

Ordentlich – **Villa de Pescadores:** Ecke Calle 14 und Calle 9, Tel. 986 862 00 20. Dreistöckiges modernes Hotel mit 9 einfachen, sauberen Zimmern. Parkplatz.

Essen & Trinken

Hier trifft man sich – **Restaurante/Bar Isla Contoy:** Calle 19, kein Telefon, tgl. 8–21 Uhr. Das Restaurant ist einer der beliebtesten Treffpunkte bei Touristen. Hauptgerichte kommen ab ca. 80 Peso auf den Teller. Manchmal steht als besonderes Extra auch Hummer (Lobster) auf der Karte.

Das Beste auf einen Blick

Entlang der Puuc-Route

Highlight!

Uxmal: Das Meisterwerk der klassischen Maya-Architektur liegt etwas abseits der Touristenströme inmitten des Trockenwaldes, bewacht von den Rüsseln des Regengottes Chac und überragt von der Pyramide des Wahrsagers. S. 204

Auf Entdeckungstour

Straße der Kirchen und Klöster: Rings um Mérida haben die spanischen Eroberer kleinere Ortschaften errichtet. Sie bezaubern durch ihre einfachen Kolonialkirchen, rufen aber auch die dunklen Tage fanatischer Verfolgung der Maya ins Gedächtnis. S. 200

Mystischer Untergrund – die Grotten von Loltún: Das geheimnisvolle Höhlensystem, einst Kultstätte und Zufluchtsort der Maya, hat trotz der künstlichen Beleuchtung nichts von seiner Mystik verloren. S. 210

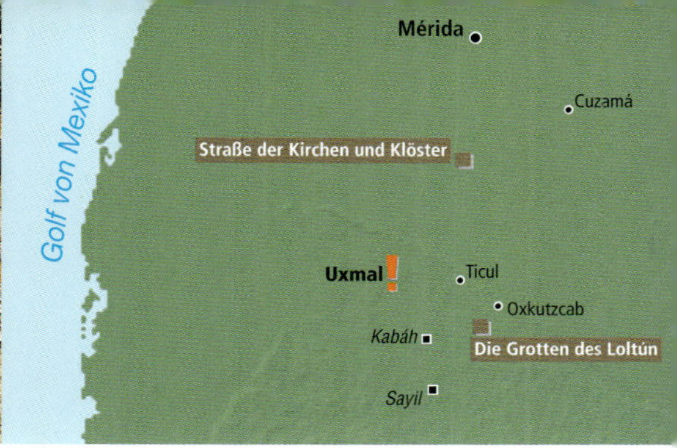

Kultur & Sehenswertes

Maskenreiches Kabáh: Hunderte stilisierte Masken des Regengottes Chac überziehen in Kabáh die Wand des Palastes. Er gilt als einer der Meisterwerke der frühen Steinmetzkunst. S. 208

Sayil: Die mehrstöckige Palastanlage imitiert in der dichten Aneinanderreihung der Säulen die Holzbauweise der einfachen Hütten. Man kann diese Technik noch heute hier studieren. S. 209

Aktiv & Kreativ

Baden im Cenote: Das glasklare, kühle Wasser der Cenotes von Cuzamá ist der geeignete Ort, der Hitze Yucatáns für eine Weile zu entfliehen. S. 203

Genießen & Atmosphäre

Marktbummel: Der Markt von Oxkutzcab inmitten des Obstanbaugebietes von Yucatán stellt sich als wahres Füllhorn der Natur dar. S. 202

Traditionell: Im Hotel Hacienda Uxmal residierten bereits die Archäologen, denen wir die Ausgrabungen verdanken. S. 207

Abends & Nachts

Illuminierte Ausgrabungsstätte: Ein abendliches Unterhaltungsprogramm darf man entlang der Puuc-Route, abseits der Touristenhochburgen nicht erwarten. Allein in Uxmal wird dem Besucher der Abend durch eine Licht-Ton-Schau versüßt. S. 208

Die Puuc-Region ist ein einziges großes Freilichtmuseum, in dem die Stätten der klassischen Epoche der Maya-Kultur dicht beieinander liegen. Die Fahrt durch die hügelige, abwechslungsreiche Landschaft südlich von Mérida bringt dem Reisenden das dörfliche Leben Yucatáns näher und vermittelt ihm gleichzeitig einen tiefen Einblick in die Welt der Maya, wie sie vor 1000 Jahren bestand.

Die sich südlich Méridas von Ost nach West quer über die Halbinsel Yucatán ziehende Hügelkette der Sierrita de Ticul stellt nicht nur eine geografische Grenze zwischen dem flachen Karstland des Nordens und der Hügellandschaft Mittelyucatáns dar, sie bildet auch eine Trennlinie zwischen unterschiedlichen Stilrichtungen. Südlich des Gebirgszuges haben sich in der Spätphase der Klassik (800–1000 n. Chr.) viele Städte entwickelt, die man aufgrund ihrer Gemeinsamkeiten dem sogenannten Puuc-Stil zurechnet.

Infobox

Internet

http://yucatantoday.com/en/topics/puuc-route: Ein kurzer Überblick über die an der Route liegenden Ruinenstätten (Engl.).

http://academic.reed.edu/uxmal/: Hervorragende, ins Detail gehende Seite über die Stätten der Puuc-Region mit wissenschaftlichem Anspruch, gute Bilder und Pläne (Engl.).

Anreise und Weiterkommen

Tourbus tgl. um 8 Uhr ab Mérida (2.-Klasse-Terminal, Calle 70), über Uxmal, Kabáh, Labná, Sayil, zurück ca. 16 Uhr. Bequemer ist die Buchung als Tagesausflug über das Hotel, am intensivsten der Ausflug mit dem Mietwagen, wobei man auch noch einige Haciendas (s. S. 170) und Kolonialorte (s. S. 200) besuchen kann. Als Standort für die Übernachtung empfiehlt sich Ticul (s. S. 199).

Mayapán ►N 4

Das »Banner der Maya«, so der Name der etwa 40 km südlich von Mérida an der wenig befahrenen YUC 18 gelegenen Ruinenstadt, verbirgt seine einstige Bedeutung und Größe noch immer unter dem Grün der Vegetation. Sie liegt zwar nicht direkt in der Puuc-Region, doch nah am Wege und empfiehlt sich für einen kurzen Besuch. Großartige Ausgrabungen – kunstvoll restauriert wie in Chichén Itzá oder gar in das Spektakel einer Licht- und Tonschau getaucht wie in Uxmal – darf der Besucher hier nicht erwarten. Dafür aber wird er wohl kaum einem anderen Touristen begegnen und vermag so nachzuempfinden, was Menschen bewegte, die Geheimnisse der Maya zu erforschen.

Gegründet wurde die Stadt um das Jahr 1000 durch den legendären Toltekenherrscher Quetzalcóatl, der seine Residenz Tula bei Mexiko-Stadt hatte verlassen müssen und wahrscheinlich auf dem Seeweg nach Yucatán gelangte, wo er sich etwa um 977 in Chichén Itzá niederließ. Mayapáns Aufstieg erfolgte aber erst gegen 1185, als der Herrscher der damals noch unbedeutenden Stadt durch eine List die Oberhand über die Itzá gewann und sein Geschlecht, die Cocom, ihre despotische Herrschaft in Nordyucatán antraten. Der religiöse Kult trat in den Schatten straffer militärischer Organisation und wirtschaftlicher Expansion. Statt himmelstürmender Pyramiden weltentrückter Priester prägten Fernhandelsstraßen, Marktplätze, wehrhafte Mauern und nach sozialer Hierarchie angeordnete Wohnviertel das Gesicht der über 12 000 Einwohner zählenden Stadt. Die Unzufriedenheit der unterdrückten Bevölkerung entlud sich 1435, als der Herrscher des benachbarten Maya-Reichs Maní Mayapán überfiel, die Führungsschicht der Cocom umbrachte und die Stadt brandschatzte.

Zeremonialzentrum

tgl. 8–17 Uhr

Von dem ehemals 425 km² großen, mauerumschlossenen Stadtgebiet ist nur ein geringer Teil freigelegt. Das Interesse des Besuchers konzentriert sich auf das Zeremonialzentrum um die nur teilweise restaurierte **Kukulkán-Pyramide,** die sich an dem Vorbild Chichén Itzá orientiert, ohne jedoch deren Kunstfertigkeit auch nur annähernd zu erreichen.

Unter einem schützenden Dach haben einige verwitterte Stelen ihren Platz gefunden, ein paar Schritte weiter öffnet sich ein ausgetrockneter Cenote. Daneben führen Stufen zu einer lang gestreckten Säulenkolonnade mit eindrucksvollen Chac-Masken, die möglicherweise importiert wurden. Folgt man von hier aus dem Pfad, so gelangt man nach etwa 150 m zu einem Rundbau, der wohl, ähnlich wie der Caracol in Chichén Itzá, als Observatorium gedient hat.

Infos

Verkehr

Es verkehren nur überfüllte 2.-Klasse-Busse auf der Route von Mérida (Terminal Noreste) über Mama nach Ticul. Der Besuch der Stätte empfiehlt sich von daher vor allem per Taxi oder auch Mietwagen.

Ticul ► M 4

Die etwa 20 000 Einwohner zählende Landstadt ist heute Zentrum der historischen Puuc-Region. Zwar fehlen spektakuläre Sehenswürdigkeiten, dafür ermöglicht der Ort einen vom Tourismus ungetrübten Einblick in den Alltag der yucatekischen Bevölkerung. Wenn möglich sollte man hier einen Stopp einlegen, zumal die von Touristen stark frequentierten Ruinen von Uxmal mit ihren überteuerten Unterkünften nur knapp 30 km entfernt liegen.

Neben der Schuhfabrikation und Huipil-Weberei ist die Töpferei wichtigster Wirtschaftszweig, wobei sich jedoch einige der kleinen Werkstätten auf Terrakotta-Reproduktionen klassischer Maya-Kunst spezialisiert haben und hervorragende Repliken fertigen. Zu den bekanntesten Geschäften gehören Arte Maya und Arte y Decoracion Maya (Calle 23, am Stadtausgang Richtung Muna). Lohnend ist auch der Besuch des lebhaften **Samstagsmarktes** in der dann für den Autoverkehr gesperrten Calle 23 in unmittelbarer Nähe der weiträumigen Plaza. Auch der **Kirche San Antonio de Padua** sollte man einen Besuch abstatten und einen Blick auf die recht kruden Steinfiguren der Mönche an den Seiteneingängen werfen – ein Beweis für das noch wenig ausgeprägte Kunstschaffen der frühen Epoche.

Übernachten

Modern – **Hotel San Antonio:** Ecke Calle 25a und 26, an der Plaza mit Blick auf die Kirche, Tel. 997 972 18 93, www.en-yucatan.com.mx/ticul/hoteles/san-antonio/, DZ ab ca. 450 Peso. Das Hotel hat schnörkellose und geräumige Zimmer. Ein Parkplatz ist vorhanden. ▷ S. 203

Auf Entdeckungstour

Straße der Kirchen und Klöster

Rings um Mérida haben die spanischen Eroberer kleinere Ortschaften errichtet. Sie bezaubern durch ihre einfachen Kolonialkirchen, rufen aber auch die dunklen Tage fanatischer Verfolgung der Maya ins Gedächtnis.

Reisekarte: ► N 3–4

Tipp: Die Orte sind zwar mit öffentlichen Verkehrsmitteln, meist Colectivos, erreichbar, für die Rundfahrt empfiehlt sich jedoch ein Mietwagen. Wer sich nicht abhetzen möchte, findet in Ticul gute Übernachtungsmöglichkeiten. Man kann auch früh am Morgen in Mérida starten und sich in östlicher Richtung halten.

Erstes Ziel ist der farbenprächtige Vormittagsmarkt in **Acancéh** auf dem Platz vor der Kirche **Nuestra Señora de la Natividad.** Er trägt auch den Namen Platz der Kulturen, denn die eine Seite wird von einer stattlichen, noch gut erhaltenen Pyramide eingenommen – eher die Ausnahme in einer Kolonialstadt. Vor allem ab Mitte des 16. Jh. schufen die Spanier Stützpunkte, von denen aus sie die Einheimischen unterdrückten. Und sie hatten bei ihrer Landnahme nichts Eiligeres zu tun, als die Heiligtümer der eroberten Völker dem Erdboden gleichzumachen oder zumindest mit Kirchen zu überbauen.

Das gestufte monumentale Bauwerk geht in seinen Ursprüngen wahrscheinlich auf die Frühzeit der Klassik (ca. 3. Jh.) zurück. Von der Spitze hat man einen guten Blick auf den Ort und kann hier in den Treppenaufgang eingelassene monumentale Stuckmasken bewundern. Eine kleinere Pyramide liegt in unmittelbarer Nachbarschaft. Besonders lohnend ist der Besuch der Stadt in der Karwoche, wenn die Indios mit viel Inbrunst die Kreuzigung Christi in einem großen Passionsspiel nachstellen.

Gold und Blut

Man fährt nun auf die YUC 18 zurück und erreicht nach 8 km in südlicher Richtung **Tecoh** mit seiner wehrhaften Kirche. Sie wurde zunächst als bescheidene Kapelle auf den Grundmauern einer geschleiften Pyramide errichtet, deren Stufen nach wie vor als Zugang genutzt werden. Das in seiner heutigen Form aus dem 17. Jh. stammende Gotteshaus kann seine Verwandtschaft zur Kathedrale von Mérida nicht verleugnen. Auch hier ist der maurische Einfluss insbesondere bei den Türmen unverkennbar. Eine besondere Kostbarkeit ist das kürzlich restaurierte Barock-Retablo, das mit seiner reichen Goldverzierung zu den schönsten ganz Yucatáns zählt. Es wurde nicht wie üblich mit Skulpturen verziert, sondern mit Malereien des Zapoteken Miguel Cabrera (1695–1768), des damals besten Malers in ganz Mexiko.

Etwa 14 km weiter liegt die bereits beschriebene Ruinenstadt **Mayapán** (s. S. 198). Es folgt der Ort **Tekit,** der während des Kastenkrieges Mitte des 19. Jh., als sich die ausgebeutete Mayabevölkerung gegen die Großgrundbesitzer erhob, Schauplatz blutiger Auseinandersetzungen war. Die gedrungene Klosterkirche San Antonio de Padua wurde bereits im 16. Jh. errichtet und kann in den Nischen einige bemerkenswerte reich verzierte Heiligenstatuen vorweisen.

Kirchen aus der Frühzeit

Wahrscheinlich noch früher als in Tekit haben die Franziskaner in **Mama** (Abb. S. 200) ihr Gotteshaus errichtet, das damit zu den ältsten entlang der Route zählen dürfte. Sehenswert sind die Retablos und der Klostergarten mit einem kleinen Cenote.

Hier sollte man die YUC 18 verlassen und auf schmaler Straße zunächst nach **Chumayel** fahren, wo der Codex Chilam Balam von Chumayal gefunden wurde, eines der wenigen noch erhaltenen heiligen Bücher der Maya, die allerdings erst unter spanischer Herrschaft zwischen 1782 und 1875 entstanden sind. Sie enthalten vornehmlich prophetische Texte und Prüfungen des ›Wahrsagerpriesters‹ (Chilam Balam), aber auch eine kurze Chronik der spanischen Eroberung 1518 aus Sicht der Maya. Der Codex beschreibt auch spätere Ereignisse wie den Bau der Kirche von Mérida und Hungersnöte.

Kurz darauf erreichen wir **Teabo,** deren Kirche Peter und Paul eine einfache strenge Architektur mit durchbrochenem Glockenstuhl über der schmucklosen Fassade zeigt. Die gut erhaltene Kanzel im Innern stammt aus den frühen Tagen der Kolonialepoche. Auf dem alten Maya-Friedhof steht ein Denkmal von Juan Bote, der hier eine Hacienda unterhielt.

Bücher im Feuer

Der Klosterkomplex im benachbarten **Maní** (12 km westlich) beeindruckt durch seine massive Bauweise und die beiden durchbrochenen, zweistufigen Turmaufsätze der dazugehörigen Iglesia de San Archangel. Die wichtigste Niederlassung der Franziskaner in dieser Region ist überdies untrennbar mit der Bücherverbrennung unter Diego de Landa im Juli 1562 verbunden. Darunter waren 27 unersetzliche Handschriften und über 5000 sogenannte ›heidnische Idole‹. Nur vier Handschriften der Maya sind erhalten, darunter der Dresdner Codex (s. S. 60) mit 39 und der Madrider Codex mit 57 beidseitig bemalten Seiten. In der Kirche verdienen die Altarschnitzereien und eine aus Stein gehauene Christus-Statue besondere Beachtung.

Umgeben von Obstplantagen

Eine weitere, nur wenig besuchte Kirche aus der Frühzeit liegt etwa 15 km südlich von Maní im Ort **Oxkutzcab.** Das Gotteshaus ist Teil eines ehemaligen Franziskaner-Klosters aus der Mitte des 17. Jh. Beachtung verdienen vor allem der Barockaltar und die reich geschmückte Fassade mit dem Bildnis des Heiligen Franziskus über dem Portal. Sehenswert ist auch die Markthalle des Ortes mit ihrem riesigen Wandgemälde. Es stellt das ländliche Leben in der Region dar.

Fährt man von hier aus weiter nach Südosten, findet man sich ohne Übergang inmitten der Puuc-Region.

Markt in Oxkutzcab, dem Zentrum der Obstkultivierung in Yucatán

Etabliertes Haus – **Hotel Plaza:** Calle 23, Ecke Calle 26, Tel. 997 972 04 84, www.hotelplazayucatan.com, DZ ab 360 Peso. Gepflegtes Mittelklassehotel in historischem Gebäude, es gibt einen sicheren Parkplatz.
Bescheiden – **Hotel Sierra Sosa:** Calle 26 No 199-A, Tel./Fax 997 972 00 08, DZ ab ca. 300 Peso. Einfache Unterkunft nahe der Plaza.

Essen & Trinken

Es ist sehr bedauerlich dass Los Almendros, die legendäre Urzelle der Renaissance yucatekischer Kochkunst, am Ort seines Ursprungs die Tore hat schließen müssen und nur noch in den touristischen Hochburgen Merida (s. S. 165) und Cancún vertreten ist, Seither ist Ticul wieder eine gastronomische ›Wüste‹, in der man zwar satt werden kann, der Gaumen des Gastes aber nicht gerade verwöhnt wird.
Für den späten Hunger – **Pizza la Gondola:** Calle 23, Ecke 26A, Tel. 997 972 01 12, 8–13 und 17–23 Uhr. Vorteil dieses nahe der Plaza gelegenen Restaurants ist die lange Öffnungszeit, auch Pizza und Pasta sind nicht übel. Hauptgerichte ab ca. 50 Peso. Die mittelgroße Pizza reicht für 2 Personen.

Infos

Verkehr

Bus: Der Busbahnhof liegt in der Calle 24 hinter der Kirche. Häufig Verbindungen der 2. Klasse mit Mérida (1,5 Std.), Felipe Carrillo Puerto (4 Std.), gelegentlich mit Chetumal (6 Std.). Einige 1.-Klasse-Busse nach Cancún (9 Std.) und Playa del Carmen (ca. 7 Std.).
Collectivos: Mit Sammeltaxis geht's vom Collectivo-Terminal (Ecke Calle 24 u. 25) in die umliegenden Ortschaften.

Nördlich von Ticul ► N 3

Wer von Ticul aus nach Mérida fährt, kann unterwegs mehrere schöne Stopps entlang der YUC 18 einlegen. Reizvoll sind die kleinen Ortschaften mit ihren Kolonialkirchen (s . S. 200), aber auch einige Cenotes und Höhlen.

Höhlen von Tzabnah ► N 3

Die in der Ortschaft Tecoh (s. S. 201) liegenden Höhlen »Palast des Königs« beeindrucken durch ihre riesige unterirdische Halle, die der Kathedrale von Mérida ähneln soll. Überdies gibt es hier tiefe Spalten, Stalagmiten, Stalaktiten und etliche unterirdische Cenotes, ein durchaus unübersichtliches Gewirr von Gängen – das man nicht allein betreten sollte, denn der Legende zufolge sind hier ein Maya-Prinz und eine Prinzessin spurlos verschwunden. So warten denn auch geduldig Führer am Eingang.

Cenotes von Cuzamá ► N 3

Die drei Cenotes mit so schönen Namen wie »Liegender Fels«, »Baum der Ameisen« und »Neun Wassertropfen« befinden sich etwas außerhalb der Ortschaft Cuzamá, die man von Acancéh (s. S. 201) aus auf einer nach Südosten führenden Nebenstraße nach ca. 16 km erreicht. Stalaktiten, Stalagmiten und bis ans Wasser hinabreichende Baumwurzeln verleihen dem Ort einem romantischen Zauber.

Aktiv & Kreativ

Baden – Bereits die Anfahrt mit einer Kutsche von der Hacienda Chuncanan, auf deren Grund die Cenotes liegen, ist ein Erlebnis. Das Wasser ist glasklar, teilweise nur auf glitschigen Leitern zu erreichen. Hat man sie überwunden, empfängt einen das erfrischende Nass.

Infos

Öffnungszeiten: Höhlen und Cenotes tgl. 8–17 Uhr

Uxmal und Umgebung

Für die Strecke von Mérida nach Uxmal hat der Mietwagenfahrer die Wahl zwischen der kurzen Strecke entlang der YUC 261 und der längeren über Tecoh, Mama und Ticul (YUC 18). Bei der Fahrt über die YUC 261 besteht zwar die Möglichkeit zum Besuch der restaurierten Hacienda Yaxcopoil aus der Blütezeit der Sisalwirtschaft (s. S. 171), ansonsten aber erwartet den Reisenden eine recht eintönige Fahrt. Die YUC 18 bietet hingegen zahlreiche Abwechslungen und bedeutende Zeugnisse kolonialer Architektur (s. S. 200).

Uxmal ! ► M 4

Die etwa 80 km südlich von Mérida gelegene Ruinenstadt gehört neben Tulum und Chichén Itzá zu den am häufigsten besuchten historischen Sehenswürdigkeiten Yucatáns und präsentiert sich dem Betrachter als beeindruckendes Beispiel der spätklassischen Maya-Epoche. Da der Besuch Uxmals sich von den Badeorten der Karibikküste nicht mehr als Tagesausflug unternehmen lässt, herrscht – anders als in Tulum und Chichén Itzá – eine eher geruhsame, friedliche Atmosphäre, in der das Singen der Vögel noch nicht gänzlich von den Kommentaren dozierender Reiseleiter übertönt wird.

Geschichte

Ohne Zweifel spielte die Stadt während ihrer Blütezeit (7.–10. Jh.) auch politisch eine führende Rolle in der Puuc-Region, wurde jedoch, wie die anderen Städte dieser Zone auch, aus bisher unbekannten Gründen verlassen und damit aufgegeben. Die erste Kunde stammt aus dem 16. Jh. Aber erst 1841 wurden die Ruinen in vorbildlicher Weise von den unermüdlichen Maya-Forschern Stephens und Catherwood dokumentiert. ›Zu meiner Verwunderung stieß ich sogleich auf ein weites, offenes Gelände, das mit Ruinenhügeln, großen Gebäuden und pyramidenartigen Bauten übersät war; großartig und in gutem Erhaltungszustand, reich verziert und ohne dass ein Busch die Sicht behindert hätte – ein malerischer Effekt, fast so eindrucksvoll wie die Ruinen von Theben«, beschrieb Stephens die erste Begegnung mit der »dreifach Gegründeten«, so die Übersetzung des Namens Uxmal. Erste wissenschaftliche Grabungen unternahm der in Chiapas lebende Däne Frans Blom (s. S. 73) 1929, gefolgt von zahlreichen, bis in unsere Tage reichenden Kampagnen. Heute weist die etwa 800 x 700 m große Fläche vorzüglich restaurierte Gebäude auf, sodass ein mehrstündiger Rundgang durchaus lohnt.

Pyramide des Wahrsagers

Der Weg vom Eingangsgebäude führt direkt zum eigenartigen **Templo del Enaño** (oder Pirámide del Adivino), der einen für die Maya-Architektur ungewöhnlichen ovalen Grundriss aufweist. Wie in Chichén Itzá ist auch diese Pyramide mehrfach überbaut worden. Die älteste Struktur datiert aus dem Jahre 569, die jüngste aus dem 10. Jh. Zur Spitze des 38 m hohen, von drei Tempeln im Puuc- und Chenés-Stil gekrönten Bauwerks führen zwei steile Treppen in einem Winkel von etwa 60°. Auch sie darf man, wie viele andere Stätten, nicht mehr erklimmen.

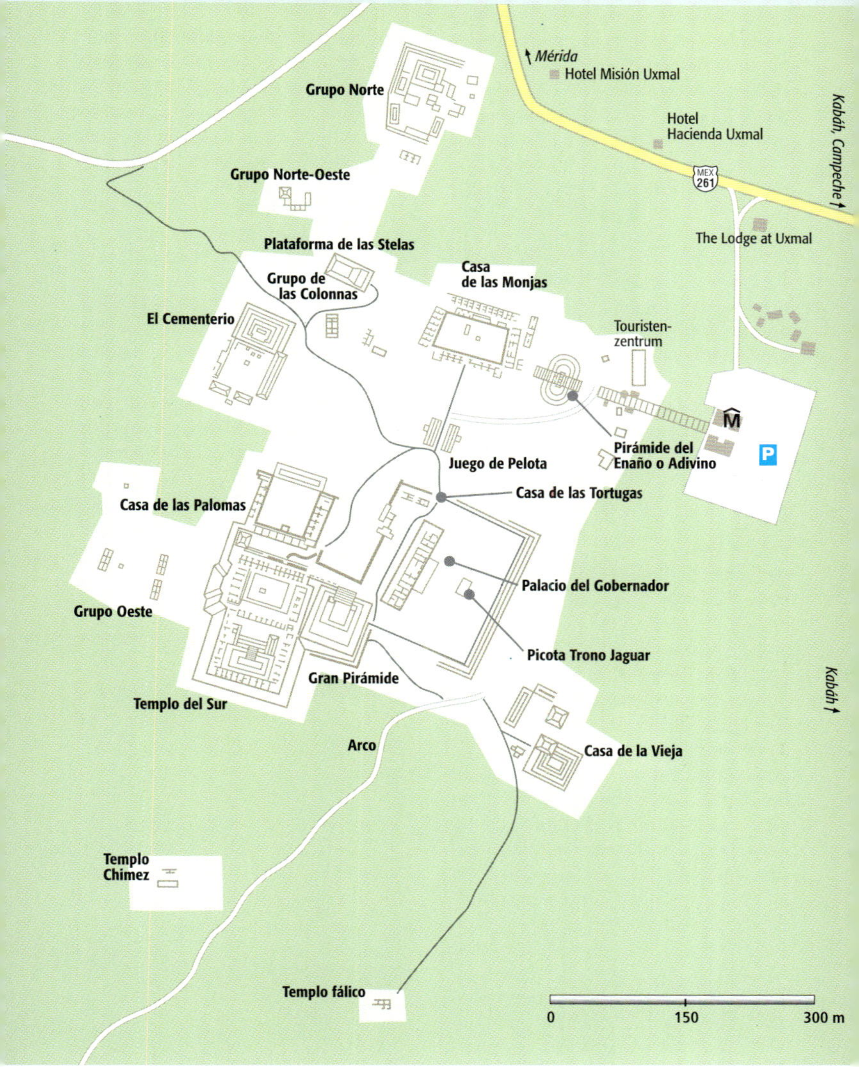

Viereck der Nonnen

Zu Füßen der Pyramide liegt das sogenannte **Cuadrángulo de las Monjas** (Viereck der Nonnen) – eine irreführende Bezeichnung, die auf Pater López de Cagullodo, den ersten europäischen Besucher, zurückgeht. Er war der Ansicht, dass hier zum Opfertod bestimmte Vestalinnen das ewige Feuer gehütet hätten. Die Flügel der Casa sind auf unterschiedlicher Ebene um einen Innenhof (65 x 45 m) angeordnet, den man durch einen Bogen mit Kraggewölbe betritt. Die Fassaden verkörpern den Puuc-Stil in besonders reiner Form. Der untere Teil besteht aus glatt aneinandergefügten Quadern, durchbrochen von großen, fast quadratischen Eingängen. Darüber zieht sich, durch zwei Simse eingefasst, ein breiter dekorativer Fries über die gesamte Länge. In ausgewogener Harmonie wechseln geometrische Muster mit stilisierten Masken, Maya-Hütten und Schlangenmotiven. Die Gebäudeecken werden wirkungsvoll durch die geschwungenen Rüsselnasen des Regengottes Chac akzentuiert.

Plattform des Gouverneurspalastes

Über den noch nicht ausgegrabenen, ehemals etwa 40 m langen **Juego de la Pilota** (Ballspielplatz) gelangt man zu einer künstlichen Plattform, an deren nordwestlicher Ecke die **Casa de las Tortugas** (Haus der Schildköten) ihren Platz hat, ein kleiner Tempel, dessen schönen Fries Rundplastiken dieses Tieres schmücken. Unmittelbar daneben erhebt sich mit dem auf einer künstlichen Terrasse angelegten **Palacio del Gobernador** (Palast des Gouverneurs) eines der herausragenden Zeugnisse präkolumbischer Architektur. Das 100 m lange, 12 m breite und 8 m hohe Bauwerk besticht durch seine Ausgewogenheit, die perfekte Materialbeherrschung und die künstlerische Gestaltung des ornamentalen Schmuckwerks. Der mächtige Fries wird durch Stufenmäander, Flechtornamentik und Reihen von Chac-Masken zum Leben erweckt. Über 20 000 einzelne Steine waren nötig, um dieses eindrucksvolle Mosaikband zu schaffen.

Große Pyramide und Taubenhaus

Von der südwestlichen Ecke des Gouverneurspalastes gelangt man unmittelbar auf die freigelegten Stufen der neunstufigen **Gran Pirámide** (Großen Pyramide). Der vor allem in der Mittagshitze mühsame Aufstieg lohnt allemal, bietet sich doch von hier oben ein großartiger Rundblick über das Ruinengelände. Von der westlichen Kante der Plattform hat man einen schönen Blick auf die **Casa de las Palomas** (Haus der Tauben). Einem Taubenschlag nicht unähnlich, dominiert hier im reinen Puuc-Stil die gut erhaltene durchbrochene Crestería, der kammartige Dachaufsatz, das ansonsten weitgehend zerstörte Gebäude.

Weitere kleinere Tempel

Zu den erst teilweise ausgegrabenen Komplexen zählen die **Casa de la Vieja**

(Haus der alten Frau), der sogenannte **Templo fálico** (Phallus-Tempel) mit seinen phallusartigen Wasserspeiern und der **Cementerio** (Friedhofsgruppe) mit Schädelmotiven.

Übernachten

Die Unterkunftsmöglichkeit ist begrenzt und relativ teuer: Wer mit dem Mietwagen unterwegs ist, kann in Ticul (s. S. 199) günstig übernachten.

Luxus mit Abstrichen – **The Lodge at Uxmal:** am Eingang zu den Ruinen, Tel. 998 976 21 02, www.mayaland.com, DZ ab ca. 180 US-$. Luxuriöses Hotel, teils in traditioneller Maya-Architektur mit Pool in üppigem Garten, das Restaurant lässt zu wünschen übrig (langsamer Service, überteuert), Zimmer mit und ohne Klimaanlage.

Gediegen – **Hotel Hacienda Uxmal:** gegenüber der Zufahrt zu den Ruinen, Tel. 01 800 719 54 65, www.mayaland.com, DZ ab 160 US-$. Zur Mayaland-Gruppe gehörende traditionelle Anlage (die Archäologen residierten hier) in weitem Park mit Pool, Wohneinheiten mit Veranden, auf denen Schaukelstühle zum Betrachten des Sonnenuntergangs einladen; von Reisegruppen bevorzugt, keine Gäste unter 21 Jahren, mittelmäßiges Restaurant.

Preisgünstig – **Hotel Misión Uxmal:** Carretera Mérida–Campeche, km 78, Tel. 998 976 20 22, kostenlos in Mexiko 01 800 900 3800, www.hotelesmision.com.mx, DZ ab ca. 50 US-$. Etwa 2 km von den Ruinen auf einem Hügel gelegene moderne Hotelanlage mit allen Annehmlichkeiten und gutem Preis-Leistungs-Verhältnis, Pool, Restaurant (Frühjahr 2011 im Umbau).

Meisterstück präkolumbischer Architektur: der Palast des Gouverneurs in Uxmal

Überreich mit Masken des Chac geschmückte Fassade des Codz Poop in Kabáh

Essen & Trinken

Es gibt keine Restaurants außerhalb der Hotels.

Infos

Informationen

Eine **Touristeninformation** befindet sich im Eingangsgebäude der Ruinenstadt, tgl. 8–17 Uhr. Zudem gibt es ein kleines Museum, Restaurant (bis 22 Uhr), Gepäckaufbewahrung und Parkplatz.

Verkehr

Ein **Tourbus** fährt tgl. um 8 Uhr ab Mérida (2. Klasse-Terminal Calle 70), über Uxmal, Kabáh, Labná und Sayil. Rückkehr in Mérida ist um ca. 16 Uhr. Unterwegs legt der Bus 30-minütige Aufenthalte in Kabáh, Labná und Sayil ein. Auf dem Rückweg hält er in Uxmal für 1,5 Std. Wer auf der Hinfahrt in Uxmal den Bus verlässt, kann um 14.30 Uhr wieder zusteigen.

Licht- & Tonschau

Der Eintritt zur Ausgrabungsstätte beinhaltet eine Licht- und Tonschau, 20 Uhr im Sommer, 19 Uhr im Winter (für Übersetzungen, auch in Deutsch, kann man Infrarotempfänger mieten, gewünschte Sprache angeben).

Kabáh ▶ M 5

Das recht bescheidene Zeremonialzentrum Kabáh liegt 23 km südlich von Uxmal. Die MEX 261 führt mitten durch das Ausgrabungsgelände und unterteilt es in eine westliche und eine östliche Gruppe. Bisherige Rekonstruktionen befassten sich vornehmlich mit den östlich der Straße liegenden Gebäudekomplexen.

Palast der Masken

Unter ihnen zieht der sogenannte Palast der Masken ein besonderes Interesse auf sich. Lang gestreckt und auf einer Plattform ruhend, steht das Gebäude in seiner Architektur zwar ganz in der Tradition der Puuc-Region, beschreitet jedoch in seiner Dekoration neue Wege. Statt des üblichen Wechsels von Ornamenten und stilisierten figürlichen Darstellungen ist die Fassade hier ausschließlich mit den Masken des Chac überzogen und so zum steingewordenen Hymnus an den Leben spendenden Regengott geworden. Seiner rüsselartigen Nase, die früher einmal ein faszinierendes Spiel aus Licht und Schatten geboten haben dürfte, verdankt der Palast seine Bezeichnung Codz Poop (eingerollte Matte). Und auch der Name Kabáh (»ziselierende Hand«) nimmt Bezug auf die hohe Kunst der präkolumbischen Steinmetze, die hier eines ihrer Meisterwerke schufen. In der östlichen Gruppe jenseits der Hauptstraße markiert ein frei stehender Bogen, ähnlich dem von Labná, wenn auch wesentlich einfacher ausgeführt, den Beginn eines *sacbe*, einer vormals nach Uxmal führenden Maya-Straße.

Infos

www.sacred-destinations.com/mexico/kabah.htm: Infos rund um die Stätte.

Sayil ► M 5

Die aus dem 8. Jh. stammende Stadt mit dem schönen Namen »Ameisenhügel« liegt an einer Stichstraße, die etwa 20 km südlich des Weilers Santa Elena von der MEX 261 abzweigt und nach Xlapak, Labná und Loltún führt.

Dominierend ist der dreistöckige, etwa 70 m lange **Palast** mit seinen galerieartigen Fronten. Die von zahlreichen säulengestützten Türen durchbrochene Wand imitiert mit dicht aneinandergereihten kleinen Säulchen die Holzbauweise der einfachen Hütten. Im Fries darüber erinnern die großen Eckzähne einer hervorspringenden Maske an die Tempel von Río Bec. Daneben befindet sich ein Relief mit Schlangen, die den ›herabsteigenden Gott‹ einschließen, ein Motiv, das als Gottheit der Bienen interpretiert wird (siehe auch Tulum und Cobá). Von den Gebäudeecken blickt, wie in der Puuc-Region üblich, der Regengott Chac mit seiner geschwungenen Rüsselnase.

Vom Palast führt ein etwa 400 m langer Weg in südlicher Richtung zum **Mirador,** einem Gebäude, das von einer Crestería abgeschlossen wurde.

Xlapak und Labná ► M 5

Nur 6 km von Sayil entfernt (an derselben Stichstraße) liegt der **Maya-Tempel Xlapak.** Erhalten geblieben ist ein kleines rechteckiges Bauwerk, das von einem reich dekorierten hohen Fries mit Chac-Masken gekrönt wird.

Während man aus Zeitgründen Xlapak auslassen kann, sollte die Besichtigung von Labná fest in das Programm eingeplant werden. Wichtigstes architektonisches Zeugnis ist der bei den Maya bis dahin völlig unbekannte **Triumphbogen**, der einst zwei Gebäudekomplexe verband. Besonders schön lässt sich hier die Konstruktionsweise des sogenannten falschen Gewölbes erkennen. Das östlich angrenzende Gebäude zeigt in seiner Wand wieder die Nachahmung der Holzbauweise aus senkrecht aneinandergereihten Stämmen. Einige Meter entfernt erhebt sich der **Mirador** mit einer gut erhaltenen Crestería auf einer noch überwachsenen Pyramide.

Infos

Öffnungszeiten: tgl. 8–17 Uhr

Auf Entdeckungstour

Mystischer Untergrund – die Grotten von Loltún

Es ist ein Abstieg in die Unterwelt, etwas bedrückend, aber faszinierend zugleich. Man gewinnt hier Einblicke in eine ganz andere Sphäre der Maya-Kultur, die man sonst nur mit himmelstrebenden Pyramiden verbindet.

Reisekarte: ► N 4/5

Infos: Man folgt der Straße vor Labná nach Osten und biegt bei Yaaxhom ab. Geöffnet tgl. 9–17 Uhr, Besuch nur mit geführter Tour. Unangenehme Begleiterscheinung ist das Verhalten der obligatorischen Führer. Das Trinkgeld ist freiwillig, 50 Peso p. Pers. sind mehr als genug, da die Infos recht spärlich und teilweise falsch sind.

Den Forschern wurde erst sehr spät die Bedeutung der Höhlen als Kultstätte bewusst. Zunächst sahen sie darin nur Wohnorte. Zudem gestaltete sich die Erkundung als ausgesprochen beschwerlich, wovon man sich beim Besuch der heute beleuchteten Höhlen von Loltún kaum mehr eine Vorstellung machen kann.

Von Bergen, Tälern und Monstern

Wiederentdeckt wurde Loltún erst 1959 durch zwei Amerikaner; von den Maya waren die Höhlen allerdings schon seit über 2000 Jahren genutzt.

Bereits die Funktion der Cenotes als Kult- und Opferstätte deutet an, dass die Unterwelt Xibalba bei den Maya eine überaus große Bedeutung hatte. Schon in der Schöpfungsgeschichte »Popol Vuh« spielt sie eine zentrale Rolle. Es ist das Reich der Herren der Unterwelt, die es zu überlisten gilt – was den göttlichen Zwillingen Xbalanké und Hunahpú letztendlich gelingt. Die Maya hatten eine sehr enge Beziehung zur Erde, die sie als beseeltes Wesen empfanden. So ist der Begriff Bergtal mit »Herr der Erde« und Höhle mit »Haus aus Stein«gleichzusetzen, da man glaubte, die Berge seien hohl und von der Gottheit bewohnt. Auch in der Maya-Architektur kommt dies zum Ausdruck. Die Pyramiden repräsentieren die Berge, die oftmals großen Monstermasken an ihren Flanken hingegen die Zugänge zur Höhle. Hinzu tritt als weiteres wichtiges Element das Wasser. Der Regen, so glaubte man, entstehe in den Höhlen, die somit auch Wohnort des Regengottes Chac sind.

Abstieg in die Tiefe

Betritt man die Höhle unter Einbezug dieses Wissens, kommt man dem Weltbild der Maya ein gutes Stück näher. Durch eine breite Öffnung im Fels erfolgt der Zugang, bewacht vom verwitterten Relief eines Herrschers, der als »Krieger von Loltún« bezeichnet wird, jedoch mit den Attributen des Regengottes ausgestattet ist. Er trägt olmekische Züge und dürfte demnach aus der vorklassischen Zeit stammen (600–150 v. Chr.).

Im Labyrinth der Hallen

Loltún kam eine besondere Bedeutung auch als Wallfahrtsort zu, reihen sich hier doch etliche Räume aneinander, die größere Menschenansammlungen aufnehmen konnten. Vor allem kurz vor der im Mai beginnenden Regenzeit pilgerten die Maya hierher und versuchten Chac durch Opfergaben zu besänftigen. Die Opferschalen und Weihrauchgefäße sind nach wie vor an ihrem Ort. Loltúns zentrale Rolle zeigt sich auch in der Ausschmückung mit Reliefs und Malereien, darunter sind Phallusdarstellungen als Fruchtbarkeitssymbole, farbige Handabdrücke und Abbildungen von Skeletten. Vieles aber ist noch rätselhaft.

Zunächst gelangt man in die **Sala de Visitantes** (Saal der Besucher), in der eine Quelle sprudelt. Ein Gang führt zur über 20 m hohen Halle **El Cathedral**, in der zwei Stalagmiten – »lol« (Stein) und »tun« (Blume) – stehen, denen die Höhle ihren Namen Steinblume verdankt. Größte Höhle ist die 30 m hohe und 100 m lange **Sala de Inscriptiones** (Saal der Inschriften), in der sich die meisten Reliefs befinden.

Von der Killerfledermaus Camazotz, die Huanhpú einst den Kopf abbiss, braucht man sich allerdings nicht zu fürchten. Zwar haben Forscher in Loltún tatsächlich Reste der blutsaugenden Riesenfledermaus Desmodus draculae gefunden, sie lebte aber bereits im Erdzeitalter des Pleistozän ...

Das Beste auf einen Blick

Die Golfregion

Highlight!

Campeche: Der ab dem 16. Jh. von Piraten immer wieder heimgesuchte Hafen konnte sein historisches Stadtbild mit der wunderschönen Plaza und den Befestigungsanlagen fast unverfälscht erhalten. S. 219

Auf Entdeckungstour

Entlang der Chenés-Route: Der Besuch abgelegener, im Dschungel verborgener Maya-Ruinen vermittelt noch etwas vom Entdeckergeist der vergangenen Jahrhunderte. Er macht den an Kunst interessierten Besucher mit einem eigenständigen Architekturstil bekannt. S. 216

Tief im Dschungel verborgen – die Ruinen von Calakmul: Nur teilweise ausgegraben, umgibt die größte aller Maya-Stätten nahe der guatemaltekischen Grenze noch immer ein mystischer Zauber. Dazu trägt auch die unberührte, zum Nationalpark erklärte Natur bei. S. 232

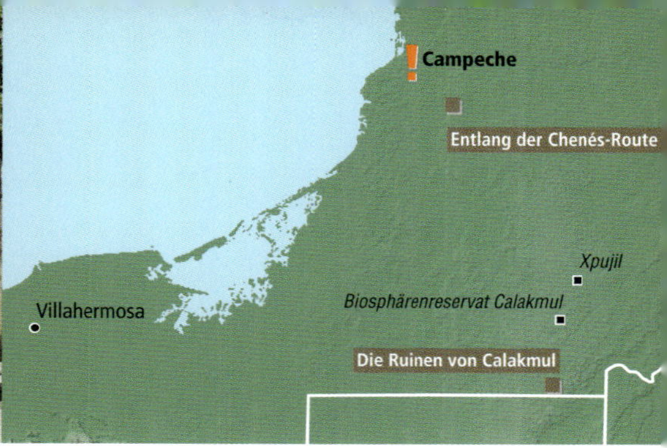

Kultur & Sehenswertes

Rätselhafte Köpfe: Die ›Babyfaces‹ der Olmeken im Parque de la Venta in Villahermosa sind lange vor der Epoche der Maya entstanden. Sie konfrontieren sowohl Besucher wie auch Forscher nach wie vor mit zahlreichen ungelösten Rätseln. S. 228

Ruinen bei Xpujil: Erst spät traten diese im Urwald verborgenen Ruinenstätten der Maya ans Licht der Öffentlichkeit und sind deshalb noch immer umweht vom geheimnisvollen Zauber dieser faszinierenden Kultur. S. 236

Aktiv & Kreativ

Urwaldtouren: Mit ortskundigen Führern kann man Exkursionen tief in den noch ursprünglichen Dschungel des Biosphärenreservats von Calakmul unternehmen. In ihm liegt auch die gleichnamige Ruinenstadt. S. 237

Genießen & Atmosphäre

Casa Vieja in Campeche: Bei einer Margarita – einem Tequila mit Zitrone – von der Galerie des Restaurants im ehemaligen Gouverneurspalast auf das Treiben der Plaza von Campeche zu blicken, bildet den wohlverdienten Abschluss eines ereignisreichen Besichtigungstages. S. 224

Abends & Nachts

Piratenangriff: Mit Kanonendonner, Feuerblitz und Rauchschwaden, früher der Schrecken der Bewohner, lockt heute die Licht- und Tonschau die Touristen vor das alte Stadttor in Campeche. S. 224

Die Golfregion führt touristisch zu Unrecht ein Aschenputteldasein, kann sie doch mit Campeche und Calakmul gleich zwei UNESCO-Welterbe-Stätten vorweisen. Überdies beherbergt sie zahlreiche sehenswerte Maya-Ruinen und Relikte der geheimnisvollen Olmeken. Dieses Volk entfaltete vor mehr als 3000 Jahren eine unvergleichliche Hochkultur wie aus dem Nichts.

Infobox

Touristeninformation

Touristenbüros gibt es in Campeche und Villahermosa.

Internet

www.campechemexico.com.mx (Spanisch) und **www.mexonline.com/stateguide-tabasco.htm** (Engl.): Allgemeine Infos zu den Staaten, Sehenswürdigkeiten und Unterkünften. Fotos und teilweise auch Pläne zu den Ruinen in der Río-Bec-Zone findet man unter **www.mayaruins.com** (Engl.).

Anreise und Weiterkommen

Die Küstenregion ist verkehrstechnisch gut erschlossen. Hauptverkehrsader ist die teilweise mautpflichtige MEX 180, die von Mérida bis Villahermosa und weiter bis Veracruz führt. An 1.-Klasse-Bussen nach Campeche und Villahermosa herrscht auf dieser Strecke kein Mangel. Schöner und weniger befahren ist die MEX 261 von Mérida nach Campeche.

Die Querverbindung von der Golfküste zur Karibikküste (MEX 186) zwischen Escárcega und Chetumal wird derzeit breit ausgebaut. Da die dortigen Ruinen z.T. weit von der Straße entfernt liegen, empfiehlt sich hier ein Mietwagen.

Von Mérida nach Campeche ► M3–K6

Die Hauptroute MEX 180 führt an den kleinen Ortschaften Bécal und Hecelchacán vorbei (s. u.). Eine lohnende und landschaftlich schönere Alternative ist die nur wenig befahrene Nebenstraße MEX 261. Zudem bietet sich hier Gelegenheit zum Besuch wenig bekannter, aber dennoch beeindruckender kleinerer Ruinenstätten (s. S. 216).

Bécal

Die etwa 70 km südlich von Mérida liegende Kleinstadt ist vor allem für die Herstellung der Panama-Hüte, hier *jipilijapas* genannt, bekannt. Die Produktion der aus der Huanao-Palme gefertigten, erstaunlich geschmeidigen Hüte erfolgt in Höhlen, die eine für die Verarbeitung der Blätter konstante Temperatur und Luftfeuchtigkeit aufweisen. Die Herstellung der Hüte wurde Mitte des 19. Jahrhunderts zum Höhepunkt des Sisalbooms aus Panama übernommen und ist bis heute ein wichtiger Wirtschaftszweig in der Region.

Hecelchacán

Etwa 30 km südlich von Bécal und 60 km nördlich von Campeche gelegen, lohnt dieser Ort einen kurzen Stopp wegen des sehenswerten, an der Plaza gelegenen **Museo Arqueológico del Camino Real** (Mi–Mo 9.30–17.30 und Di 9.30–16 Uhr). Gezeigt werden hier Funde aus der in der Nähe gelegenen Inselnekropole Jaina, die für ihre außergewöhnlichen naturalistischen Terrakotta-Figuren berühmt geworden ist. Die zwischen 200 und 1000 n. Chr gefertigten Plastiken verdienen nicht nur durch die hohe Kunstfertigkeit Bewunderung, sie vermitteln aufgrund

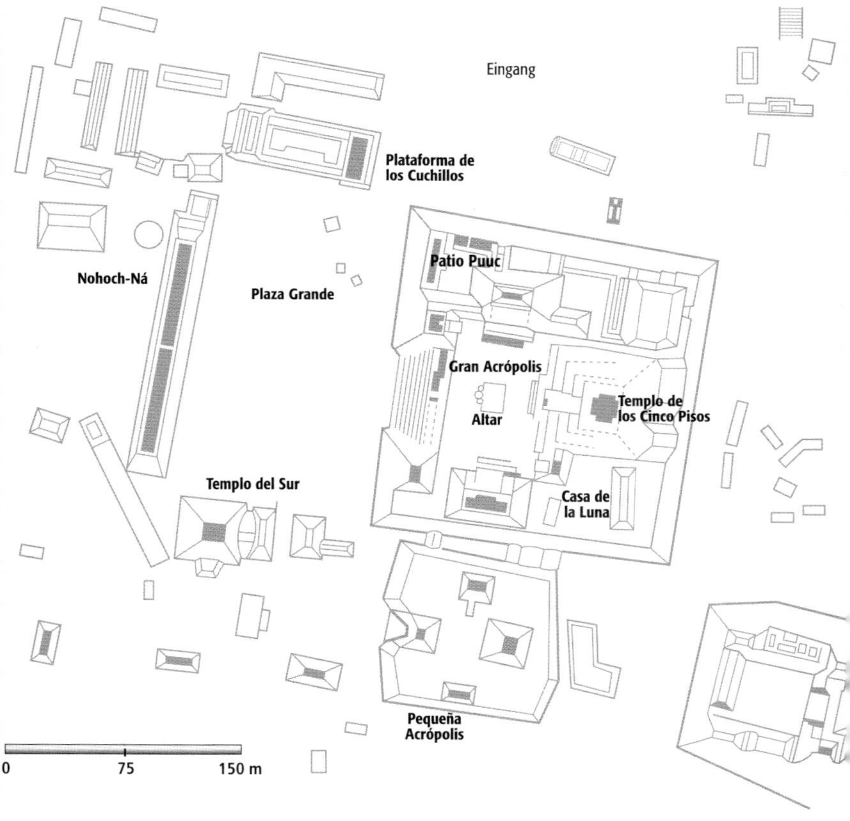

der unterschiedlichen Charaktere von Fürsten, Tänzern und Ballspielern auch einen tiefen Einblick in die damalige Lebensweise der Maya.

Überdies ist der Ort für seine authentische yucatekische Küche berühmt. An den rings um die Plaza errichteten Ständen kann man sich davon selbst überzeugen. Auch hier ist natürlich das traditionelle *Conchinita pibil* (geröstetes Schweinefleisch) der beliebteste Snack.

Abstecher nach Edzná

► L 6

Das am Rande der Chenés- und Puuc-Zone, etwa 60 km landeinwärts von Campeche gelegene Kultzentrum ist die am leichtesten zu erreichende Ruinenanlage der Chenés-Region und überdies die lohnendste. Sie verdankt ihren Namen »Haus der Masken« den hier gefundenen Stuckdekorationen und spielt aufgrund ihrer ▷ S. 219

Auf Entdeckungstour

Entlang der Chenés-Route

Die im Dschungel verborgenen Maya-Ruinen vermitteln noch etwas vom Entdeckergeist der vergangenen Jahrhunderte. Ein Besuch macht den an Kunst interessierten Reisenden mit einem eigenständigen Architekturstil bekannt.

Reisekarte: ► M 6–M 7

Ausgangspunkt: Die Ortschaft Hopelchén bietet sich als geeigneter Ausgangspunkt für diese Tour an. Sie liegt an der Straße, die von der MEX 261 abzweigt und nach Xpujil führt.

Infos: Wer die Ruinen von Hochob oder Tarasqueño besuchen möchte, ist auf einen Mietwagen angewiesen. Die Übernachtungsmöglichkeiten unterwegs beschränken sich auf die Kleinstadt Hopelchén. Sie ist mit dem Bus von Campeche, Mérida und Xpujil aus erreichbar. Es fehlt hier allerdings bisher an Unterkünften für gehobene Ansprüche.

Im ersten Abschnitt folgt diese Tour durch das Landesinnere der MEX 261, die in Mérida beginnt und in ihrem nördlichen Teil als Puuc-Route bekannt ist. Nach Süden hin schließt sich die Chenés-Zone an, die eine Vermittlerrolle zwischen der noch weiter südlich liegenden Río-Bec- und der Puuc-Region spielte. Ein besonderes Merkmal dieses Gebietes sind die sogenannten Chultunes, Becken zum Auffangen von Regenwasser, die hier in Ermangelung natürlicher Cenotes angelegt werden mussten. Denn wir befinden uns nun südlich der Serra de Ticul in hügeliger Landschaft, wo der Untergrund nicht mehr von einer mächtigen Kalkplatte gebildet wird, die Voraussetzung für die Ausbildung von Karst und damit der Einbruchbecken. Auch diese Region war zu Zeiten der Maya dicht besiedelt und hat sogar einen eigenen Stil hervorgebracht. Gekennzeichnet ist er durch üppigen plastischen Steinschmuck, der die dreigeteilten Fassaden der Tempel und Paläste in ihrer gesamten Höhe überzieht. Wichtigstes Motiv sind Monstermasken, die den Regengott Chac repräsentieren und oftmals als Zugang zu den Gebäuden ausgebildet sind. Sie sind Symbol auch für den Eingang zur Unterwelt, in der Chac (Abb.) sein Reich hat (s. S. 210).

Überwiegend sind die Ruinen im Chenés-Gebiet noch nicht ausgegraben und somit für den normalen Touristen kaum zugänglich oder lohnend. Die meisten liegen etwas abseits der Verbindungsstraße Hopelchén-Xpujil.

Weg in die Unterwelt

Das erste Relikt der Maya-Kultur dieser Region, auf das man bei der Fahrt über die MEX 261 stößt, sind die außergewöhnlichen **Grutas de Xtacumbilxuna'an** (Di–So 10–17 Uhr). Sie liegen kurz hinter der Ortschaft Bolonchén de Rejón. Lange dienten sie den Maya als Brunnen und Kultstätte. Die Höhlen wurden erstmals von Stephens und Catherwood 1841 beschrieben und überdies in einem großartigen Bild festgehalten, das eine breite, bis zum Wasser hinabführende hölzerne Leiter zeigt. Heute ist der Cenote trocken, aber die beleuchteten Höhlen mit ihren Stalagmiten und Stalaktiten beeindrucken nach wie vor. Man kann Kopfhörer ausleihen und die Beschreibungen sogar auf Deutsch genießen.

Die Fahrt geht weiter nach Süden zum Ort **Hopelchén,** der sich als Ausgangspunkt für weitere Erkundungen empfiehlt. Man zweigt nun von der MEX 261, die jetzt nach Westen verläuft, ab und fährt südlich auf der nach Xpujil führenden Straße.

Treppen und Monstermasken

Nach etwa 33 km führt rechts eine 2 km lange, sehr holprige Piste nach **Tabasqueño** zu den teilweise stark restaurierten Ruinen, die auf einem bewaldeten Bergplateau liegen. Wie viele andere Stätten der Maya-Kultur wurde auch diese von Teobert Maler entdeckt. Ihre Blütezeit erlebte sie zwischen dem 7. und 10. Jh. Bedeutendstes Bauwerk ist die Struktur I mit einem breiten Treppenaufgang und einer für den Chenés-Stil typischen Monstermaske als Zugang.

Maislager

Noch weitere 15 km sind es bis zur Kreuzung in **Dzibalchén,** wo man nach rechts auf eine ca. 13 km lange Stichstraße zu den Ruinen von **Hochob** abbiegt. Sie gelten als herausragendes Zeugnis des Chenés-Stils. Der Name, »Der Ort, an dem man Mais lagert«, stammt wohl von Bauern aus neuerer Zeit, die hier ihre Ernten aufbewahrten. Auch diese Ruinen wurden 1887 von Teobert Maler entdeckt. Zentrum der Stadt, die zwischen dem 6. und 8. Jh. blühte, ist ein großer, erhöht liegender Platz, um den sich mehrere, heute stark zerfallene Bauten gruppierten. Sehenswert ist vor allem der sogenannte ›Palast‹ (Struktur II), ein lang gestreckter Bau an der Nordseite, dessen Fassade reich mit Masken des Regengottes Chac geschmückt ist.

Am Hang des Hügels haben die Maya die Chultunes angelegt. An der Südostecke der Anlage befinden sich die Überreste eines zweiräumigen Tempels mit Türmen und Scheintüren, wie sie auch für die Architektur der südlich anschließenden Río-Bec-Region charakteristisch sind.

Im Stil von Río Bec

Die Ruinenstätte **Dzibilnocac** liegt nahe der Ortschaft Iturbide, etwa 22 km nordöstlich von Dzibalchén. Vor allem während des Kastenkriegs wurde sie zur Errichtung einer Garnison in Iturbide als Steinbruch genutzt und somit stark in Mitleidenschaft gezogen. Erstmals in der Neuzeit wurde die Stätte von Stephens und Catherwood 1841 besucht, 40 Jahre später von Teobert Maler fotografisch festgehalten. Herausragendes Bauwerk ist das ca. 70 m lange Zeremonialzentrum, ein Bau mit ehemals drei steil aufragenden Türmen im Stil von Río Bec. Den östlichen, noch gut erhaltenen Turm krönt ein Scheintempel.

Man kann weiter der Hauptstraße nach Xpujil folgen oder aber nach Hopelchén zurückkehren und von dort die Fahrt auf der MEX 261 über Edzná (s. S. 215) fortsetzen.

Nützliche Adressen in Hopelchén:

Touristenbüro: Casa de la Cultura, Calle 20, Tel. 996 822 00 89, Mo–Sa 8–15 Uhr.
Hotel Arcos, Calle 23, an der Plaza,Tel. 996 100 87 82, DZ ab 200 Peso. Kleines sauberes Stadthotel mit Parkplatz.
La Gondola: Calle 23, Nr. 208, Ecke Calle 26 A, Tel. 972 01 12, 8–13, 17–23 Uhr, gute Pizza, üppig bestückt.

Hopelchén mit seiner Wehrkirche ist Ausgangspunkt für die Chenés-Route

etwa 700 Jahre währenden Existenz eine wichtige Rolle als Vermittler zwischen der Klassik des Südens und der Spätklassik des Nordens. Unter dem Einfluss verschiedener regionaler Strömungen entwickelte Edzná im Laufe der Jahrhunderte etliche Neuerungen, die sich später in der Puuc-Region wiederfinden sollten. Der Bogen der Architektur spannt sich von der Frühklassik (200–500 n. Chr.), in der Städte wie Palenque und Tikal (Guatemala) ihre Blütezeit erlebten, bis zur Spätklassik (500–900 n. Chr.), als sich die Kultur der Maya nach Nordyucatán verlagerte. Auch hinsichtlich der Bewässerungstechnik dürfte Edzná für die Puuc-Region Modellcharakter gehabt haben. In Ermangelung von Cenotes hatten die Bewohner ein ausgeklügeltes System aus Reservoirs, den Chultunes, angelegt, die die Versorgung der Bevölkerung sicherstellten und durch ein verzweigtes Kanalnetz die Be- und Entwässerung der landwirtschaftlichen Nutzflächen ermöglichten.

Ruinenstätte

Die wichtigsten Bauwerke Edznás konzentrierten sich um die weiträumige, heute grasbewachsene **Plaza Grande.** Ihre Westseite wird in der gesamten Länge von der **Casa de la Luna** (Mondtempel) begrenzt, einer schmalen Plattform, zu der eine breite Treppenflucht emporführt. Den nördlichen Abschluss bildet die ähnliche, jedoch wesentlich kleinere **Plataforma de los Cuchillos** (Plattform der Messer), den südlichen der pyramidenartige **Templo del Sur** (Tempel des Südens).

Sie alle aber sind nur dekoratives Beiwerk und architektonischer Rahmen für die einzigartige **Gran Acrópolis** (Große Akropolis) im Osten. In seltener Harmonie haben die Maya hier Gebäude, Plattformen, Höfe und Treppen zu einem Meisterwerk der Baukunst jener Tage zusammengefügt. Überragt wird das Zeremonialzentrum vom **Templo de los Cinco Pisos** (Tempel der fünf Stockwerke), einer 32 m hohen Stufenpyramide, deren einzelne Etagen von Galerien umschlossen sind und zu deren Heiligtum auf der Spitze der Besucher auf einer breiten Treppe hinaufsteigt. Bekrönt wurde der Tempel von einer Crestería, einem schmalen, durchbrochenen Aufsatz, der früher einmal mit Stuck überzogen war und jene Masken trug, der die Stadt ihren heutigen Namen verdankt (s. o.).

Jedes Jahr vom 1. bis 3. Mai und vom 7. bis 9. August kann der Besucher ein Phänomen beobachten, das in beeindruckender Weise, ähnlich wie in Chichén Itzá (s. S. 181), die Meisterschaft der präkolumbischen Astronomie unter Beweis stellt. Um 17 Uhr tastet sich der Strahl der untergehenden Sonne durch eine schmale Tür des Heiligtums und beleuchtet für einen Moment eine heilige Stele im Zentrum.

Infos

Öffnungszeiten

tgl. 9–17 Uhr, Fr und Sa Licht-Ton-Schau

Campeche ! ► K 6

Die Bemühungen der Stadt, ihr historisches Bild aufzupolieren, wurden 1999 von der UNESCO belohnt. In der Tat gibt es keine schönere Altstadt in ganz Yucatán. Sauber in Pastellfarben verputzte Häuser reihen sich entlang den schachbrettartig angeordneten, kopfsteingepflasterten Straßen, gesäumt von eigentümlich hohen, schmalen Bürgersteigen, die man auf schmalen Stufen erklimmen muss. Geschwungene Gitter vor den Fenstern, historische Straßenlaternen, liebevoll gestal-

Campeche

Sehenswert
1 Kathedrale La Concepción
2 Plaza
3 Casa Seis
4 Zollhaus
5 Baluarte de Santiago
6 Baluarte de la Soledad
7 Puerta del Mar
8 Baluarte de San Carlos
9 Baluarte de San Pedro
10 Baluarte San Francisco
11 Puerta de la Tierra
12 Baluarte Santa Rosa
13 Galeria de Arte Popular
14 Baluarte San Miguel
15 Baluarte San José del Alto

Übernachten
1 Castelmar
2 Hotel Lopez
3 Hotel Del Paseo
4 Hotel Colonial
5 Parroquia

Essen & Trinken
1 Cactus
2 Restaurante Familiar Marganzo
3 Cenaduria Portales
4 Parador Gastronómico de Cockteleros

Einkaufen
1 Bazar Artesana
2 Casa Artesanias Tukulná

Abends & Nachts
1 Casa Vieja
2 Puerta de la Tierra

tete Toreingänge tragen zum fast musealen Charakter Campeches bei.

Stadtgeschichte

Wie so häufig hatten auch hier die Maya bereits vor Ankunft der Spanier eine Siedlung angelegt, der sie den eigentümlichen Namen Ah Kin Pech (Sonnengott Schafzecke) gegeben hatten und der später in verballhornter Form auf den Staat und seine Hauptstadt überging. Im Gegensatz zu ihren Blutsbrüdern an der Karibikküste, die den ersten Spaniern arglos und gastfreundlich entgegentraten, widersetzten sich die am Golf lebenden Bewohner zu Beginn erfolgreich der spanischen Kolonisation. Bereits 1517 waren die ersten Konquistadoren vor der Küste aufgekreuzt; 1531 hatten sie versucht, eine Niederlassung zu gründen, wurden aber rasch von den Indianern vertrieben und vermochten erst 1540 unter Francisco Montejo dem Jüngeren den Ort zum wichtigen Hafen an der Golfküste auszubauen. Der wirtschaftliche Erfolg rief allerdings auch die Piraten auf den Plan, die bereits vier Jahre nach der Gründung einen ersten Angriff wagten. Am schlimmsten wurde die Stadt 1663 heimgesucht, als sich mehrere Piratenverbände zusammentaten, mit über 800 Mann Campeche stürmten, es dem Erdboden gleichmachten und zahlreiche Bewohner in die Sklaverei verschleppten. Der Überfall veranlasste die spanische Krone, Campeche als erste Stadt Nueva Españas mit einer wehrhaften Mauer und zahlreichen Bastionen zu umgeben, die heute zu den wichtigsten Sehenswürdigkeiten zählen. Die Bedrohung durch die Seeräuber endete aber erst 1717, als Don Alfonso Felipe die Hochburg der Flibustier auf der nahe gelegenen Insel Ciudad del Carmen angriff und den Piraten eine verheerende Niederlage beibrachte (s. S. 69).

Nach der Unabhängigkeit von Spanien verlor Campeche rasch an Bedeutung und hatte Mitte des 19. Jh., wie andere Städte der Region auch, unter den Auswirkungen des blutigen Kastenkrieges zu leiden. Erst der Anschluss an das Straßennetz in den 1950er-Jah-

ren und die Entdeckung von Erdöl vor der Küste verhalfen der ehrwürdigen Hafenstadt zu einer bescheidenen Renaissance. In den letzten Jahren profitiert sie auch ein wenig vom ständig anwachsenden Strom der Touristen auf Yucatán, ist aber bisher noch nicht zum viel besuchten Reiseziel aufgestiegen – trotz Welterbe-Status.

Sehenswertes

Das historische Zentrum

Die Sehenswürdigkeiten in Campeche beschränken sich auf den historischen Stadtkern, dessen Mauerring zum großen Teil eingerissen und durch die Ringstraße Avenida Baluartes ersetzt wurde. Glücklicherweise hat man einen Teil der Stadtmauer und die ehemaligen Bastionen (Baluarte) als historische Denkmäler erhalten und liebevoll restauriert. Die wichtigsten liegen an der dem Meer zugewandten Seite in unmittelbarer Nähe der Kathedrale **La Concepción** 1 an der hübschen gartenartig gestalteten **Plaza** 2, die sich als Ausgangspunkt für den Stadtrundgang anbieten. Der Grundstein zur Kirche wurde zwar schon kurz nach der spanischen Eroberung gelegt, die Fertigstellung verzögerte sich jedoch bis weit ins 19. Jh. hinein. Dem Gotteshaus gegenüber liegt die sogenannte **Casa Seis** 3, die mit alten Möbeln eingerichtet einen guten Eindruck spanischer Wohnkultur im 19. Jh. vermittelt (tgl. 9–21 Uhr, freier Eintritt; in der Vorhalle hat das Informationsbüro einen kleinen Tisch, s. S. 225). An der Nordseite wird die Plaza durch das kürzlich renovierte **Zollhaus** 4 flankiert, sodass sich das Zentrum nunmehr als vollständiges historisches Ensemble präsentiert.

Die Befestigungen

Von der Plaza Principal sind es nur wenige Schritte nach Norden zur **Baluarte de Santiago** 5, wo das üppige Grün des kleinen botanischen Gartens Xmuch Haltún (9–21 Uhr) einen reizvollen Kontrast zu den wehrhaften Feldsteinmauern bildet.

Richtung Südwest führt der Rundgang nun zur lang gestreckten **Baluarte de la Soledad** 6, einem Teil der alten Stadtmauer, in der das **Museo de la Arquitectura Maya** seinen Platz gefunden hat (Di–So 8–19.30 Uhr). In den drei bescheidenen Räumen werden vor allem teilweise stark verwitterte Stelen aus Itzmité und Edzná gezeigt. Unmittelbar südlich schließt sich die **Puerta del Mar** 7 (Seetor) an, eines der ehemals vier Stadttore, das vor Aufschüttung des Landes noch unmittelbar am Meer lag.

Folgt man der Straße weiter in Richtung Südwesten, gelangt man bald zur **Baluarte de San Carlos** 8, einer kanonenbestückten Bastion mit kleinem **Museum zur Stadtgeschichte** mit interessanten alten Fotos und einem Modell (Di–Fr 8–20, Sa 8–14, So 9–13 Uhr). Die dunklen Verliese im Untergeschoss wurden als Militärgefängnis genutzt.

Die anderen ehemaligen Befestigungen von Campeche – **San Pedro** 9, **San Francisco** 10 mit der daneben liegenden **Puerta de la Tierra** (Landtor) 11 und **Santa Rosa** 12 – liegen weiter entfernt an der meerabgewandten Seite der Altstadt und sind nur nach längerem Fußmarsch durch Hitze und Verkehrsgewühl zu erreichen. In der Baluarte San Pedro hat die **Galeria de Arte Popular** 13 ihren Platz gefunden, die eine hübsche Sammlung lokaler Handwerkskunst präsentiert (Mo–Sa 9–21, So bis 14 Uhr).

Festungen der Umgebung

Im Norden und Süden der Stadt wurden auf Erhebungen große Festungen zum Schutz der Stadt angelegt, die heute restauriert sind und jeweils ein Museum aufweisen.

Etwa 4 km südwestlich erhebt sich auf einem Hügel am Meer die **Festung San Miguel** 14, die größte Festung Campeches, von deren kanonenbestückter oberer Plattform man einen schönen Blick über den Hafen hat. Der Komplex beherbergt überdies das sehenswerte **Museu Arqueolócico de Campeche** (Di–So 9–19.30 Uhr), das vor allem Funde aus Calakmul, Edzná und der Campeche vorgelagerten Begräbnisinsel Jaina zeigt (s. S. 214).

Die Anlage **San José del Alto** 15 bildet das nördliche Gegenstück zu San Miguel. Über eine Zugbrücke gelangt man in das Innere, wo das **Museo de Barcos y Armas** (Schiffs- und Waffenmuseum) den Besucher erwartet (Di–So 8–20 Uhr).

Übernachten

Gemütlich im Zentrum – **Hotel Castelmar** 1: Calle 61, Nr. 2, zw. Calles 8 und 10, Tel. 991 811 12 04, 01 800 010 15 15 (gebührenfrei), www.castelmarhotel.com, DZ ab 74 US-$. An der alten Befestigungsmauer gelegenes Hotel mit 22 Zimmern, das seine koloniale Herkunft gekonnt präsentiert.

Moderner Chic – **Hotel Lopez** 2: Calle 12, Nr. 189, Tel. 981 816 33 44, DZ ab ca. 42 US-$. Mit schmiedeeisernen Gittern geschmackvoll gestalteter schmaler Innenhof, von dem die funktionalen Zimmer abgehen.

Gepflegt und zentral – **Hotel Del Paseo** 3: Calle 8, Nr. 215, Col. San Ramon, Tel. 981 811 00 77, www.hoteldelpaseo.com, DZ ab 45 US-$. Das moderne Hotel hat ebenfalls um einen schmalen Innenhof angelegte Zimmer, die etwas plüschig wirken.

Backpackers Liebling – **Hotel Colonial** 4: Calle 14, Nr. 122, zwischen Calle 55 und 57, Tel. 981 816 22 22, DZ ab 350 Peso. Sehr beliebte, preiswerte Unterkunft in ehemaligem Kolonialbau mit nach wie vor nostalgischem Touch. Saubere kleine, gemütliche Zimmer liegen um einen zentralen Innenhof.

Für den schmalen Geldbeutel – **Hostal La Parroquia** (Jugendherberge) 5: Calle 55 Nr. 8, zw. Calle 8 und 10, www.hostalparroquia.com, pro Person 90 Peso. Neue Jugendherberge in historischem Gewand, nur einige Schritt von der Plaza in einem ehemaligen Kolonialgebäude. Es gibt Dorms, zwei Doppel- und ein Vierbettzimmer.

Essen & Trinken

Keinesfalls vegetarisch – **Cactus** 1: Av. Malecon Justo Sierra, Tel. 981 811 14 53. Nicht etwa ein vegetarisches Restaurant, wie der Name vermuten lässt, verwöhnt hier die Gäste, sondern ein populäres Steakhaus, das etwas südlich des Zentrums gelegen ist. Hauptgerichte ab ca. 160 Peso.

Bodenständig – **Restaurante Familiar Marganzo** 2: Calle 8, Nr. 267, gegenüber dem Seetor, Tel. 981 813 89 81, tgl. 7–23 Uhr. Rustikales Ambiente mit guter mexikanischer, aber auch internationaler Küche, von Touristen gern besucht. Abends spielen Mariachi-Musikanten. Hauptgerichte ab ca. 90 Peso.

Immer offen – **Parroquia** 5: im gleichnamigen Hostal, Calle 55, Nr. 8, Tel. 981 816 80 86, 24 Std. geöffnet. Cafeteria ohne Schnörkel, preiswertes Frühstück und schmackhafte mexikanische Gerichte. Hauptgerichte ab 50 Peso.

Familiär – **Cenaduria Portales** 3: Calle 10, Portales de San Francisco, Tel. 981 811 14 91, tgl. 18–24 Uhr. Von einheimischen Familien bevorzugtes Traditionsrestaurant mit regionaler Küche an der schönen Plazuela de San Francisco.

Umfassend – **Parador Gastronómico de Cockteleros** 4: siehe Mein Tipp.

Mein Tipp

Parador Gastronómico de Cockteleros 4

Zahlreiche kleine, einfache palapagedeckte Restaurants vereinen sich hier zu einem Food-Center und konkurrieren mit frischen Fischgerichten um die Gunst der Besucher. Man sollte sich von den einfachen Ständen nicht abschrecken lassen. Besseren *Cevice,* den rohen, in Limonensaft marinierten Fisch, als hier muss man lange suchen.

Av. Pedro Sains de Baranda, am Nordende der Küstenpromenade Malecón, ca. 2,5 km vom Zentrum entfernt, tgl. 9–16 Uhr.

Einkaufen

Handwerkskunst – **Bazar Artesanal** 1: Plaza Ah Kin Pech am Malecón (Promenade), tgl. 10–22 Uhr. Geboten wird eine Vielzahl typischer Handwerksprodukte der Region. Man kann den

Welterbewürdig: Campeche mit seinen pastellfarbenen Hausfassaden

Handwerkern sogar in ihren Miniwerkstätten über die Schulter schauen.

Für Andenkenjäger – **Casa Artesanias Tukulná** 2: Calle 10, Nr. 133, www.tukulna.com, Mo–Sa 9–20, So 10–14 Uhr. Auch hier ein umfangreiches Angebot von der Hängematte über Panama-Hüte *(jipilijapas)* bis zu Stoffen und Schiffsmodellen in einem restaurierten Kolonialgebäude. Wer auf der Reise nicht in die Kleinstadt Bécal kommt (s. S. 214), hat hier Gelegenheit, im Untergeschoss einen Blick in eine nachgebaute Höhle für die *jipilijapa*-Produktion zu werfen.

Abends & Nachts

Sundownerspot – **Casa Vieja** 1: Calle 10, Nr. 319A, Tel. 981 811 80 16, tgl. 8.30–0.30 Uhr. Man sitzt im 1. Stock des ehemaligen Gouverneurspalastes an der Plaza mit wundervollem Blick von der Galerie. Empfehlenswert für den Sundowner, weniger für das Essen. Hauptgerichte ab ca. 80 Peso.

Piratennacht – **Puerta de la Tierra** 2: an der Puerta de la Tierra (Landtor, Calle 18): Di, Fr und Sa um jeweils 20.30 Uhr abendliche Licht- und Tonshow mit dem schönen Titel ›Piratennacht‹.

Infos & Termine

Informationen

Oficina de Turismo: Im Centro Cultural Casa Seis, Calle 57 zw. Calle 8 und 10 an der Plaza, Tel. 981 816 17 82, www.portal.camp.gob.mx, tgl. 9–21 Uhr.

Verkehr

Der Haupt-Busbahnhof (ADO) von Campeche liegt in der Neustadt an der Patricio Trueba, erreichbar über die Av. Central, ca. 2 km südlich der Altstadt. Verbindungen der 1. Klasse u. a. nach Mérida (2,5 Std. via MEX 180), Cancún (mehrfach tgl., 7 Std.), Palenque (3 x tgl., 6 Std.) sowie Villahermosa (mehrfach tgl., 6 Std.). Der Busbahnhof der 2. Klasse liegt an der Av. Gobernadores, ca. 2 km östl. der Altstadt. Von hier bestehen Verbindungen u. a. nach Hopelchén, Uxmal und Xpujil.

Feste

Karneval: Febr./März. Karneval wird bereits seit 1582 eine Woche lang mit Kostümierung und Paraden besonders ausgiebig gefeiert.

Von Campeche nach Villahermosa ► K 6– D 10

Auf dem Weg von der Stadt Campeche Richtung Süden ist deutlich erkennbar, dass die touristische Infrastruktur hier noch in den Kinderschuhen steckt. Dafür erhält man einen unverfälschten Einblick in das tägliche Leben der Fischerdörfer, aber auch das Vordringen der Erdölindustrie, liegen doch vor der Küste ergiebige Lagerstätten, die von Ölbohrplattformen erschlossen werden und somit immer wieder Gefahren für die Flora und Fauna heraufbeschwören. Früher einmal verlief die Hauptverbindungsstraße zwischen Yucatán und dem Hochland von Mexiko entlang der Küste, vorbei an Lagunen, die zum Teil noch mit Fähren überwunden werden mussten. Heute schwenkt sie hinter Champotón als MEX 261 ins Landesinnere ab.

Champotón ► K 7

Vor allem Mexikaner lieben diesen kleinen, etwa 60 km südlich von Campeche liegenden Küstenort und kommen gern am Wochenende, um in einem der zahlreichen Restaurants im

Kreise ihrer Familie zu tafeln und sich zu entspannen. Spektakuläres darf der verwöhnte Tourist nicht erwarten, dafür aber einmal mehr einen Blick in die einheimische Lebensart. Lohnend ist der Besuch vor allem Anfang Dezember, wenn die Bewohner mit Prozessionen, Kulturveranstaltungen und sportlichen Wettbewerben ausgelassen die Feria Anual zu Ehren der ›Unbefleckten Empfängnis‹ *(inmaculada)* begehen.

Der recht betriebsame Fischerhafen an der Mündung des gleichnamigen Flusses war allerdings schon in präkolonialer Zeit ein wichtiger Umschlagplatz für die im Hochland begehrten Produkte wie Vogelfedern, Kakaobohnen und Honig und überdies das Tor für den toltekischen Einfluss auf Yucatán. Als Francisco Hernández de Córdoba 1517 mit seinem Schiff vor der Maya-Siedlung aufkreuzte, wurde er trotz der Überlegenheit seiner Feuerwaffen vom Häuptling Moch-Couoh und dessen Kriegern in die Flucht geschlagen. Auch der Empfang der zweiten Expedition 1518 unter Juan de Grijalva war alles andere als freundlich und veranlasste den Seefahrer, den Ort »Puerto de Mala Pelea« zu nennen (Hafen des üblen Handgemenges). Erst Francisco de Montejo d. J. vermochte sich auf seinem erfolgreichen Eroberungszug 1541 mit den Maya von Champotón gegen die Stämme im Norden zu verbünden und damit auch in diesem Küstenort festen Fuß zu fassen. Wie Campeche litt Champotón im 17. und 18. Jh. unter den Angriffen der Piraten und wurde mehrfach geplündert, bis die 1719 errichtete Festung, deren Reste am Südrand der Stadt noch zu sehen sind, den Bewohnern Schutz bot. Sehenswert ist die Küstenpromenade mit den unzähligen Fischerbooten und den geduldig auf ihre Chance wartenden Pelikanen.

Laguna des Términos ▶ G 9

Die MEX 180 folgt von Champotón der Küste zunächst durch kaum besiedeltes Gebiet bis hinunter zur tief ins Land greifenden Lagune von Términos, die durch die schmale, 35 km lange und maximal 2,5 km breite **Isla del Carmen** vom Meer getrennt ist. Zwei Brücken, die **Puente de Zacatal** im Westen und die **Puente de la Unidad** im Osten, verbinden sie mit dem Festland. Die Gesamtfläche der Lagune beträgt über 2500 km² bei einer Länge von über 75 km, die Tiefe allerdings nur 3 bis 4 m.

Die Namen der Insel und Lagune gehen auf die Entdeckung von Juan de Grijalva im Jahre 1518 zurück, der glaubte, hier das Ende des Festlandes erreicht zu haben. Er hielt das nördlich angrenzende Yucatán für eine Insel. Wie die Lagunen in Yucatán ist auch sie ein wahres Naturparadies, das 1974 unter Schutz gestellt wurde.

Zwischen dem Golf von Mexiko und der Lagune herrscht ein steter Wasseraustausch. Etwa alle neun Tage ist das Wasser komplett erneuert. Dadurch ist aber auch die Bedrohung des Ökosystems allgegenwärtig. Denn unmittelbar vor der Küste liegt das größte mexikanische Ölfeld mit unzähligen Bohrinseln, wodurch es immer wieder zu erheblichen Verschmutzungen kommt. Aber auch Hurrikane und Überschwemmungen gefährden das Ökosystem.

Sabancuy

Am nördlichen Rand, noch auf dem Festland, liegt das Fischernest, das durchweht ist vom tropischen Wind, fern jeglicher Hektik. Mit dem Boot kann man sich auf schmalen Kanälen durch die Randzonen der Lagune fahren lassen. Es gibt einige kleine Fischrestaurants, und auf einer 60 km langen Straße gelangt man unmittelbar

Monumentales ›Babyface‹ aus der Olmekenkultur im Museum Parque la Venta

wieder auf die MEX 180 (Campeche–Villahermosa).

Villahermosa ► D 10

Obwohl der Ölboom Villahermosa, die Hauptstadt des Bundesstaates Tabasco überrollt hat, wird sie ihrem Namen, »schöne Stadt«, durchaus noch gerecht. Die Stadtväter haben sich alle Mühe gegeben, das reichlich fließende Geld in die Verschönerung ihrer Metropole zu stecken, wovon durchaus auch der Besucher profitiert. Durch Überschwemmungen wurde die Stadt 2008 jedoch erheblich in Mitleidenschaft gezogen.

Stadtgeschichte

Auf seinem Zug nach Mexiko-Stadt landete Cortés 1519 nahe der heutigen Stadt und gründete nach erbitterter Auseinandersetzung mit den Bewohnern die Niederlassung Santa María de la Victoria. Den fortwährenden Angriffen feindlicher Indianer ausgesetzt, konnte sich der Ort allerdings nicht lange halten. Erst nach der Festigung spanischer Macht durch die Eroberung Yucatáns wurde auch dieser Küstenstrich im Jahre 1540 befriedet. Aufgrund der nun einsetzenden Bedrohung durch Piraten verlegte man Santa María 1596 unter dem neuen Namen Villahermosa de San Juán Bau-

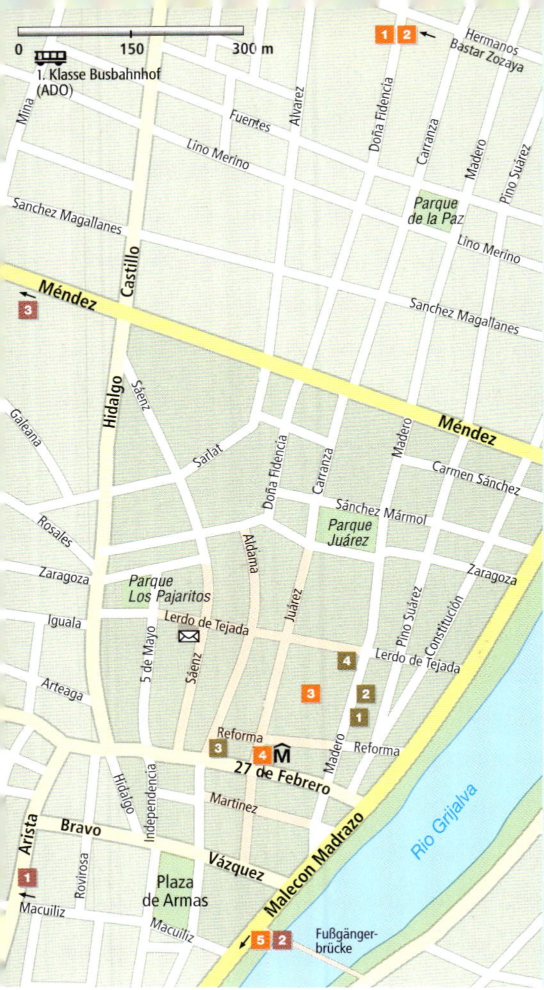

Villahermosa

Sehenswert

1. Parque de la Venta
2. Kulturzentrum Tabasco 2000
3. Zona Remodelada
4. Museo de Historia
5. CICOM und Anthropologisches Museum

Übernachten

1. Best Western Madan
2. Olmeca Plaza Hotel
3. Howard Johnson
4. Provincia Express

Essen & Trinken

1. La Lupita
2. Los Tulipanes
3. Jangada

tista weiter ins Landesinnere ans Ufer des Río Gríjalva. Über die Jahrhunderte dämmerten die Siedlung und der ganze Staat Tabasco am Rande der historischen und wirtschaftlichen Entwicklungen dahin, bis der Ölboom nach dem Zweiten Weltkrieg das Füllhorn über Villahermosa ausschüttete und die Stadt auf heute 300 000 Einwohner anwachsen ließ.

Sehenswertes

Parque de la Venta 1

Di–So 8–17 Uhr, Di–So Licht- und Tonschau 20, 21 und 22 Uhr

Allein der Parque de la Venta, ein archäologisches Freilichtmuseum mit angeschlossenem Zoo, würde bereits den Abstecher nach Villahermosa rechtfertigen. Etwa 3 km westlich des Zentrums an der Durchgangsstraße gelegen, präsentiert er in einer wundervollen Verschmelzung von Natur und Kunst sowohl die Tier- und Pflanzenwelt der Region als auch die großartigen kulturellen Errungenschaften der noch immer von vielen Rätseln umwobenen Olmeken. Seine Entstehung verdankt das Freiluftmuseum der Ölexploration, die auch vor der archäologischen Fundstätte La Venta in den 130 km westlich gelegenen Küstensümpfen nicht haltmachte. Dort hatten vor etwa 3000 Jahren die Olmeken auf einer erhöht liegenden Erdscholle eines ihrer Zentren, das erst 1925 sein Geheimnis preisgab. Durch Zufall war ein Indianerjunge auf den ersten der insgesamt vier Monumentalköpfe gestoßen, die heute die Prunkstücke des Parks darstellen. Über die Bedeutung der negroiden Gesichter mit dem schutzhelmartigen Kopfschmuck ist viel gerätselt worden. Wahrscheinlich stellten sie Herrscher oder Priester dar, vielleicht waren sie aber auch Abbilder von Gottheiten. Merkwürdigerweise fand man alle in der Erde vergraben und mutwillig beschädigt. Der Park beherbergt aber noch zahlreiche andere Relikte aus der La-Venta-Kultur, insbesondere Tierdarstellungen, einen Altar und die Stele eines bärtigen Mannes.

In das Grün der tropischen Vegetation ist ein Zoo eingebettet. Leider können sich viele der Tiere dort nicht mehr frei bewegen, sondern müssen eingezwängt hinter Betonmauern den Tag verbringen. Somit ist der ehemals paradiesische Charakter verloren gegangen. Dennoch ist der Park eine Oase in der Stadt und einen Besuch allemal wert.

Das moderne Villahermosa

Gewissermaßen als Kontrapunkt erhebt sich nur ein paar Schritte entfernt der Stolz der Stadtväter, das **Kulturzentrum Tabasco 2000** 2, mit modernem Einkaufszentrum, einem Planetarium und dem neuen Rathaus.

Das historische Stadtviertel

Nicht auslassen sollte der Besucher Villahermosas historisches Stadtzentrum **Zona Remodelada** 3, das vorzüglich restauriert und zur Fußgängerzone erklärt wurde und zum Flanieren und Entspannen unter schattigen Bäumen einlädt. Am südlichen Rand ist in einem wunderschönen alten Stadthaus mit Kachelfassade das kleine **Museo de Historia** 4 untergebracht, das sich v. a. der Geschichte der Stadt und des Staates Tabasco widmet (Av. Juárez, Ecke 27 de Febr., Di–Sa 10–20, So 10–17 Uhr).

CICOM und Anthropologisches Museum 5

Periférico Carlos Pellicer, Tel. 662 312 63 44, Di–So 9–20 Uhr

Ganz im Zeichen von Kunst und Kultur der mesoamerikanischen Völker steht das CICOM – Centro de Investigación de las Culturas Olmeca y Maya – am Ufer des Río Gríjalva ein Stück südwärts des Zentrums. Hauptanziehungspunkt dieser modernen Forschungsstätte für die Kultur der Maya und Olmeken ist das **Museo Regional de Antropología,** das auf drei Etagen die Geschichte der beiden großen präkolumbischen Völker präsentiert. Die Schautafeln/Exponate werden leider nur in Spanisch erläutert. Durch die Flut von 2007 hat es beachtlichen Schaden genommen. Es soll 2011 wieder eröffnet werden.

Übernachten

Aufgrund der hier angesiedelten Erdölindustrie gibt es etliche auf Geschäftsleute zugeschnittene 4- und 5-Sterne-Hotels, die aber an den Wo-

Ausflug nach Comalcalco
Dieses Zeremonialzentrum der Maya – ca. 5 km nordwestlich von Villahermosa nahe der Küste – wurde auf natürlichen Erhebungen in der Sumpflandschaft an einem Nebenarm des Río Gríjalva errichtet und hatte seine Blütezeit etwa zwischen 600 und 800 n. Chr. Es unterscheidet sich von den anderen Ruinenstätten vor allem durch die Wahl des Baumaterials. In Ermangelung geeigneter Kalksteinblöcke, wie sie sonst üblich waren, verwandten die Bewohner gebrannte Ziegel zur Errichtung ihrer Tempelanlage. Die 5 cm dicken und 25 x 19 cm messenden Steine wurden aus Lehm geformt und in Holzkohleöfen gebrannt, um dann mit einem Mörtel aus Muschelkalk weiterverarbeitet zu werden. Stilvergleiche in Architektur und Reliefgestaltung zeigen eine Verwandtschaft zum älteren Maya-Zentrum Palenque am Rande des Berglandes von Chiapas (s. S. 256). Die Überreste der Stadt konzentrieren sich auf drei Bezirke, von denen die Nordgruppe mit ihrer großen gestuften Pyramide der wichtigste ist. Einen schönen Ausblick über das umliegende Land hat man vom Hügel mit den Resten der Palastanlage. Busse verkehren etwa alle 15 Min. vom Terminal 2. Klasse an der Javier Mina in Villahermosa.

chenenden oft preiswerter sind als unter der Woche.

American Style – **Best Western Madan 1**: Av. Francisco I Madero 408, Tel. 662 314 05 18, www.bestwestern.com, DZ ab 60 US-$. Traditionshotel mit nostalgischem Ambiente, zugeschnitten auf US-amerikanische Geschäftsleute, nur für Nichtraucher!

Modern und gepflegt – **Olmeca Plaza Hotel 2**: Av. Francisco I. Madero 418, Tel. 01 0800 201 09 09, www.hotelolmecaplaza.com, DZ ab ca. 600 Peso, an Wochenenden preiswerter. Zentral gelegen am Rande der Altstadt (Zona Remodelada), gute Ausstattung.

Businesslike – **Howard Johnson 3**: Idama 404, Zona Luz, Tel. 993 314 46 45, www.hjvillahermosa.mx, DZ ab 700 Peso, an Wochenenden preiswerter. Modernes Geschäftshotel, recht kleine, gemütliche, klimatisierte Zimmer.

Ordentlich und zentral – **Provincia Express 4**: Lerdo de Tejada 303, Ecke Madero, Tel. 993 314 53 76, Fax 662 314 54 42, DZ ab 550 Peso inkl. Frühstück. Hübsches, recht neues Hotel in der Fußgängerzone der Altstadt.

Essen & Trinken

Alles aus dem Meer – **La Lupita 1**: Buenavista 202, Tel. 993 354 32 55, www.mariscoslalupita.com.mx. Leckere Meeresfrüchte zu erschwinglichen Preisen. Wie wäre es mit der Spezialität *Pigua al mojo de ajo* (Krabben mariniert in Knoblauch)? Hauptgerichte ab ca. 90 Peso.

Lokalkolorit – **Los Tulipanes 2**: Carlos Pellicer Camara 511, Tel. 993 312 92 09. tgl. 13–21 Uhr, So Büfett. Gilt als das beste Restaurant für die Tabasco-Küche. Zu den Spezialitäten zählt *Carne salada con chaya* (gesalzenes Fleisch mit Kräutern). Hauptgerichte ab ca. 130 Peso.

Für Fischliebhaber – **Jangada 3**: Paseo de la Choca 126, Tel. 993 317 60 50, tgl. 12.30–19 Uhr. Büfettrestaurant mit vielfältigem Angebot an Meeresfrüchten in zahlreichen schmackhaften Variationen. Natürlich findet man hier auch den regionalen Süßwasserfisch *pejelagarto,* Bestandteil vieler lokaler Gerichte. Preis ca. 400 Peso/Person ohne Getränke.

Infos

Informationen

Staatliches Touristenbüro: Av. de los Ríos, im Komplex Tabasco 2000 (s. S. 229), Tel. 993 316 36 33, Mo–Fr 8–17 Uhr, www.tabasco.gob.mx/turismo.

Verkehr

Flughafen: 13 km östlich, zu erreichen nur mit dem Taxi.
Bus: Die Busbahnhöfe liegen nebeneinander an der Javier Mina, nahe der Durchgangsstraße MEX 180, ca. 2 km vom Stadtzentrum entfernt. Fahrten mit 1.-Klasse-Bussen gibt es u. a. nach: Mexiko-Stadt (auch Luxusbusse von ADO und UNO, 14 Std.), Campeche (häufig, 6 Std.), Cancún (auch Luxusbusse von ADO und UNO, nachts, 14 Std.), Mérida (mehrfach tgl., 9 Std.), Palenque (mehrfach tgl., 2,5 Std.), San Cristóbal (2x tgl., 7 Std.), Tuxtla Gutiérrez (mehrfach tgl., je nach Route 4–9 Std.).

Archäologische Zone von Río Bec

Durch dünn besiedelten, trockenen Buschwald zieht sich das Band der Asphaltstraße, der MEX 186, nur hin und wieder gibt es eine kleine Siedlung. Sogenannte *topes,* in die Fahrbahn eingelassene Schwellen am Ortsein- und -ausgang, zwingen zum Abbremsen, ansonsten würde man die wenigen Häuser links und rechts kaum wahrnehmen.

Umso verwunderlicher, dass sich im 7. Jh. hier ein bedeutender Siedlungskern mit zahlreichen Orten herausgebildet hatte, von denen die meisten bis heute noch nicht ausgegraben sind. Der Besuch dieser Ruinenstätten, die nur mit dem Mietwagen zu erreichen sind, lohnt vor allem für den Reisenden, der seine Kenntnisse über die Kultur der Maya vertiefen möchte.

Wichtigstes Stilelement dieser Zone ist der ornamentale Reichtum der Fassadendekoration, der den Gebäuden einen barocken Charakter verleiht und später in abgemilderter Form auch in die Architektur der Puuc-Region eingeflossen ist.

Erst ganz allmählich öffnet sich die höchst interessante Region von Río Bec an der Grenze der Staaten Campeche und Quintana Roo dem Tourismus. Da die Ausgrabungsarbeiten der weit verstreut liegenden Ruinenstätten nach wie vor in den Anfängen stecken, umweht die von der Vegetation überwucherten Bauten noch der Hauch des Geheimnisvollen, der die Fantasie der Besucher beflügelt. Die ersten Ruinen dieser Region wurden zu Anfang des 20. Jh. entdeckt und nach dem angrenzenden kleinen Fluss Río Bec (Fluss der Eichen) benannt. Die ursprünglichen Namen sind nicht bekannt. Wie die erst 1990 erfolgte Entdeckung von Balamku zeigt, birgt der Wald noch manche Überraschungen.

Der Besuch der abgelegenen Ruinenstätten ist nach wie vor mit relativ großem Aufwand verbunden (Geländewagen), sodass sich die Beschreibungen auf jene Ausgrabungsstätten beschränkt, die auch für den Touristen problemlos zu erreichen sind, nicht alle freilich mit einem Mietwagen. Zentraler Ort, kaum mehr als eine Kreuzung, ist Xpujil.

Fries von Balamku

► L 9

Erst im Jahr 1990 stießen Grabräuber auf die nur knapp 3 km abseits der Straße in der Nähe der Ortschaft Conhuas (ca. 60 km westlich ▷ S. 235

Auf Entdeckungstour

Tief im Dschungel verborgen – die Ruinen von Calakmul

Der Besuch der tief im Urwald liegenden größten bekannten Maya-Siedlung Yucatáns zählt sicherlich zu den großartigsten Eindrücken, die der Besucher bei einer Reise auf den Spuren der Maya erleben kann. Seit 2002 ist sie UNESCO-Welterbe.

Reisekarte: ► M 10

Anfahrt: Über die 60 km lange, sehr schmale Stichstraße von der MEX 186 durch das Biosphärenreservat. Bei der Einfahrt muss man eine Gebühr entrichten.

Öffnungszeiten: tgl. 8–17 Uhr

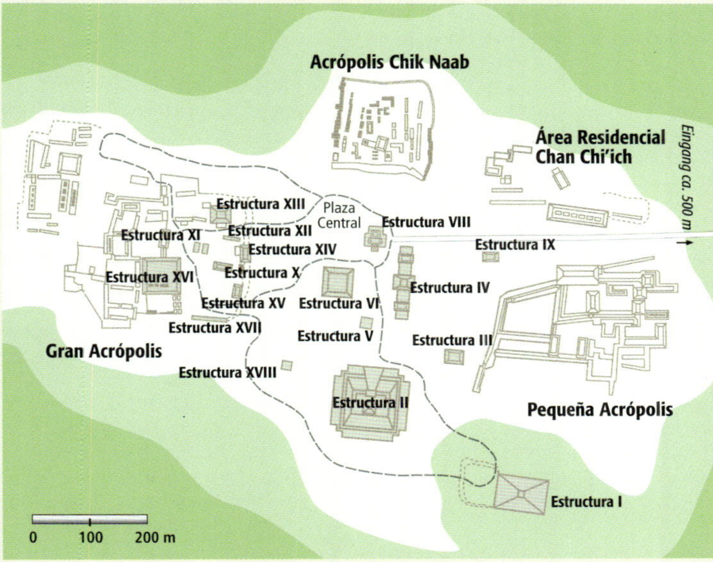

Ruinenstätte Calakmul

Die ausgedehnte Ruinenstätte liegt nahe der guatemaltekischen Grenze inmitten des neu geschaffenen, grenzübergreifenden Naturschutzgebiets ›Maya Biosphere‹. Berühmt geworden ist die Maya-Siedlung, die der amerikanische Botaniker Cyrus Lundell 1931 entdeckte, durch zahlreiche Stelenfunde, die Überreste der wahrscheinlich höchsten Pyramide des Maya-Reiches und wertvolle Grabbeigaben.

Die Ruinenstätte erstreckt sich über eine Fläche von mehr als 30 km^2 und zählte einmal über 5000 Gebäude. Restauriert sind bisher nur wenige, vor allem jene um die **Gran Acrópolis** (Große Akropolis) und die **Plaza Central** (Zentrale Plaza) Die **Pequeña Acrópolis** (Kleine Akropolis) und die **Acrópolis Chik Naab** sind weitgehend noch vom Dschungel überwuchert.

Kampf um die Vorherrschaft

Calakmul war im 6. Jh. der große Widersacher Tikals. Den Höhepunkt der Macht erreichte die Stadt zwischen 520 und 550 n. Chr. unter der Herrschaft Tuujn K'ab Hix (Beobachter des Himmels), musste sich dann aber im Jahre 695 Tikal geschlagen geben. Die letzten Stelendatierungen stammen aus dem Jahre 909, danach geriet Calakmul allmählich in Vergessenheit und wurde von der Natur zurückerobert.

Fahrt durch den Urwald

Nach der kurvenreichen Fahrt erreicht man das Eingangsgebäude (ein neues Zentrum näher an der Hauptstraße ist im Bau). Auf breiten Wegen geht es zunächst durch den Wald zu einer Gabelung mit einer Hinweistafel. Dort hat man die Wahl zwischen einem kurzen, mittleren und einem langen Rundgang. Für Letzteren benötigt man mehrere Stunden. Der kurze Weg (links) führt direkt zur Plaza. Hält man sich rechts, erreicht man nach etwa 20 Minuten die Große Akropolis.

Von Pyramiden umschlossen

Relativ wenige Besucher gelangen bis hierher, und so kann man im Schatten der Bäume den von zahlreichen ehemaligen Pyramiden und Gebäuderesten beherrschten Platz der Akropolis in aller Ruhe genießen. Von den meisten Bauwerken sind nur noch Reste vorhanden, zu denen oftmals breite Treppen hinaufführen, so zur Struktur XIII, die von einem Tempel gekrönt wird. Zahreiche stark verwitterte Stelen umschließen das Geviert, in dessen Mitte sich noch die Reste des Ballspielplatzes finden.

Blick aus luftiger Höhe

Hauptanziehungspunkt Calakmuls ist die Plaza Central, die an ihrer Südseite von einer mächtigen Pyramide, der Struktur II, beherrscht wird. Mit über 40 m ist sie eines der höchsten Maya-Bauwerke überhaupt. Noch darf man sie besteigen, um den großartigen Fernblick über den menschenleeren, flachen Buschwald zu genießen, der nur durch die Spitzen weiterer Pyramiden ringsum unterbrochen wird. Aufsehen erregten die in der Struktur II gemachten Funde der Grabkammer des Herrschers Yuknoom Yich'aak K'ak (Ende 7. Jh.) und die überbauten Reste eines Palastes mit vollständig erhaltenem Reliefschmuck (nicht zugänglich).

Tief im Buschwald liegen die Pyramiden von Calakmul

von Xpujil, nahe der Abzweigung nach Calakmul) gelegene Maya-Stadt. Die kurz darauf in Aktion getretene Altertumsbehörde INAH legte einen exquisit gearbeiteten, ehemals farbigen Stuckfries frei, der zwischen 550 und 650 n. Chr. entstanden ist und den oberen Abschluss eines Gebäudes bildete. Er zeigt u. a. drei Frösche, aus deren Mäulern Menschen quellen. Die Tiere krönen Masken des Regengottes Chac. In der Wahl des Motivs, seiner Größe von 17 m Länge und 4 m Höhe sowie der künstlerischen Ausführung ist der Fund einzigartig und mit keinen bisher entdeckten Werken zu vergleichen. Der Fries befindet sich in einem geschlossenen Raum, den der Wächter (gegen Trinkgeld) gern öffnet. Fotos mit Blitz sind nicht erlaubt.

Chicanná ▶ N 9

Nur 3 km südwestlich von Bécan liegt die kleine Tempelanlage Chicanná. Mit ihren verstreuten Bauten (Gruppen A–D) gehörte sie möglicherweise einmal zu Becán, obwohl kaum Ähnlichkeiten erkennbar sind. Den Gebäuden fehlt zwar die Monumentalität der großen Nachbarstadt, dafür aber beeindrucken die Fassaden durch ihren dekorativen Schmuck.

Anlage der Ruinen

Das Zentrum (Gruppe A) bestand aus einem Platz, um den sich nach dem Muster Becáns die wichtigsten Kultbauten scharten, darunter ein **Tempel mit zwei Pyramidentürmen** (Struktur I), von dem heute allerdings nur noch wenig erhalten ist. Gegenüber lag das **Haus der Priester** (Struktur II) mit seiner reich verzierten Fassade. Der nach Westen gerichtete **Haupteingang** ist als weit geöffneter Rachen eines Fabeltiers ausgebildet, das vielleicht Itzamná, den Schöpfergott der Maya, repräsentiert oder Wiz, den Gott der Berge. Weitere großartige Beispiele der ornamentalen Gestaltung finden sich im **Gebäude XX** in der Gruppe D, etwa 300 m nordwestlich des Zentralplatzes, wo uns die übereinandergestaffelten Masken des Regengottes Chac entgegenblicken, eine Komposition, die in Copán ihren Ursprung hat und sich von dort in alle Zonen verbreitete (s. auch Kabáh und Uxmal).

Becán ▶ N 9

Das ehemals bedeutsame Zeremonialzentrum Becán befindet sich nur wenige Kilometer weiter östlich an derselben Straße. Den Namen erhielt der Ort erst von den Archäologen. Er bedeutet in der Maya-Sprache »wassergefüllter Graben« und weist auf den 2 km langen, bis zu 16 m breiten und durchschnittlich 5 m tiefen Graben hin, der die Kultstätte ringförmig umschloss und wohl als Schutz vor feindlichen Angriffen diente. Rätselhaft allerdings ist, welche Feinde die Stadt hatte, zumal sich der Bau über Jahrhunderte hinzog. Angesichts des chronischen Wassermangels in dem Gebiet bezweifeln viele Archäologen heute, dass der Graben jemals mit Wasser gefüllt war.

Anlage der Ruinen

Das natürliche Fundament des aus mehreren Tempelkomplexen bestehenden religiösen Zentrums bildet eine inselartig aus der sumpfigen Umgebung hervorgehobene Kalkscholle. Die für den Laien interessanten Ausgrabungen konzentrieren sich auf die sogenannte **Ostplaza,** eine künstliche, von Gebäuden gesäumte Plattform. Den typischen Río-Bec-Stil repräsentieren hier zwei mächtige **Pyramiden-**

türme an der Südseite (Struktur I). Die gegenüberliegende Nordseite wird von einem bemerkenswerten Bau begrenzt **(Struktur IV)**. Der eine Teil des Gebäudes ruht auf der Plattform, der andere reicht hinunter bis zur Basis. Nur das obere Stockwerk war über eine breite Treppe von der oberen Plattform zugänglich, zu den darunterliegenden Räumen führte eine bescheidenere Treppe von der Nordseite. Die deutliche Zweiteilung der palastartigen Anlage – beide Wohneinheiten waren nur durch eine schmale Innentreppe miteinander verbunden – gab Anlass zu mancherlei Mutmaßungen über das Verhältnis der Bewohner zueinander. Vielleicht lebten oben die Herrscher oder Priester und darunter das Gesinde oder der niedere Klerus.

Xpujil ► N 9

Die kleine, erst 1938 von Archäologen entdeckte Ausgrabungsstätte Xpujil (»Ort der Katzenschwänze«) liegt nur etwa 1 km westlich der gleichnamigen Ortschaft, unmittelbar an der Hauptstraße MEX 186. Merkmal des Kultzentrums ist ein aus drei Türmen bestehender **Komplex,** der teilweise restauriert wurde und einen guten Eindruck der damaligen Architektur vermittelt. Die steilen, in Form eines Dreiecks angeordneten Pyramidentürme mit den gerundeten Kanten waren durch waagerechte Bänder gegliedert und wiesen an ihrer Front Scheintreppen auf, in die große Masken des Regengottes eingelassen waren. Ein besonders schönes Exemplar ist an der Rückseite des mittleren Turms noch erhalten. Zwischen den Pyramiden sind die Reste eines **einstöckigen Gebäudes** mit reich dekorierter und streng gegliederter Fassade erkennbar. Ein wuchtiger, mit Chac-Masken versehener Fries schmückte einst die reliefartig aus der Wand vorspringenden Scheinpfeiler, die wiederum auf einem durchgehenden Fundament stehen.

Übernachten, Essen

Empfehlenswerte Restaurants außerhalb der Hotels gibt es nicht.

Wildnis mit Komfort – **Puerta Calakmul:** km 98, an der Abzweigung der Straße nach Calakmul, Tel. 993 884 32 78, www.puertacalakmul.com.mx, DZ ab 120 US-$. Uriges, komfortables Wildnishotel mit 15 nicht klimatisierten Zimmern, kleinem Pool und ordentlichem Restaurant.

Naturnah – **Río Bec Dreams**: km 142,12 km westl. von Xpujil, 2 km westl. Chicanná, Tel. 983 124 05 01, www.riobecdreams.com, DZ ab ca. 80 US-$. Ökologisch ausgerichtete Dschungellodge mit kleinen Cabañas ohne AC. Die Lodge ist in kanadischem Besitz, was bereits eine große Fahne an der Straße signalisiert. Sehr gutes Restaurant. Die Eigentümer veranstalten auch Touren zu den Ruinenstätten der Umgebung. Die Anlage grenzt zwar an das Biosphärenreservat Calakmul, aber auch an die von Lkw bis in die Nacht befahrene Straße. Parkplatz.

Standard – **Hotel Calakmul:** im Ort Xpujil an der Durchgangsstraße, Tel. 983 871 60 27, DZ ab ca. 550 Peso. Motelartige, moderne Anlage mit recht komfortablen Zimmern mit AC und einigen kleinen Cottages ohne AC. Auch hier muss man mit nächtlichem Lkw-Lärm rechnen. Das Restaurant ist nicht schlecht, aber teuer, die Margaritas sind leider ungenießbar. Ein Parkplatz ist vorhanden.

Genug Platz – **Debliz**: Carr. Escárcega–Chetumal km 151, ca. 2 km westlich von Xpujil, Tel. 983 871 60 60, www.hoteldebliz.com.mx, DZ ab 800 Peso. Sehr ausgedehnte neuere Hotelanlage mit Pool, leider ist es etwas ungepflegt. Die Zimmer ein bisschen muffig, sonst aber schön.

Hormiguero ►N 9

Für den an der Kultur der Maya interessierten Reisenden ist der Besuch dieser abgelegenen, im Urwald verborgenen Maya-Ruinen ein großartiges Erlebnis (s. S. 237/238). Sie liegen 22 km südwestlich von Xpujil nahe der Ortschaft Carrizal. Man zweigt in Xpujil an der Kreuzung nach Süden ab und nach 12 km nach rechts auf eine ganz miese ehemalige Asphaltstraße, die zur Piste verkommen ist, da sich das INAH (Instituto Nacional de Antropología y Historia) und die Gemeinde nicht über den Unterhalt einigen konnten. Dennoch lohnt der Abstecher. Wichtigstes Bauwerk ist die sogenannte **Struktur II** mit ihrer imposanten Südfassade, die, ähnlich wie in Chicanná, als Monsterrachen ausgebildet ist und in ihrem guten Erhaltungszustand als schönstes Beispiel des Río-Bec-Stils gilt. Die Frühphase der Besiedlung wird mit 50 bis 250 n. Chr. angesetzt.

Río Bec A und B ►N 9

Die ersten Ruinen dieser sich über eine Fläche von etwa 100 km² erstreckende Region wurden zu Anfang des 20. Jh. entdeckt. In Anlehnung daran erhielt auch eine größere Ruinenstadt, auf die 1912 zwei Amerikaner stießen, den Namen Río Bec B. Obwohl die beiden Archäologen genaue Untersuchungen durchführten, die zu wichtigen neuen Erkenntnissen führten, konnte Río Bec B von nachfolgenden Forschern nicht mehr lokalisiert werden und war für mehr als 60 Jahre verschollen. Erst 1973 stieß ein Filmteam durch Zufall wieder auf die Ruinen, die als Prototyp für eine charakteristische, nur in dieser Region vorkommende Architektur aus der Spätklassik (ca. 400–1000) gelten. Mittlerweile sind 14 Fundstätten mit der Bezeichnung Río Bec bekannt (Río Bec A-N). Ihr besonderes Merkmal sind einstöckige, auf Plattformen ruhende Bauwerke, begrenzt von steil emporragenden, etwa 15 m hohen Türmen, die sich an den klassischen Pyramiden von El Petén orientieren. Die Fassaden sind reich mit Chac-Masken und geometrischen Mustern dekoriert, ähnlich denen, die in der Puuc-Zone, etwa in Kabáh (s. S. 208), üblich waren.

Am besten ist die **Struktur I** in Río Bec B erhalten, ein von zwei steilen Pyramiden überragter Tempel, der denen von Tikal (Guatemala) auffallend ähnelt, aber später entstanden ist.

Tief im Wald
Neben den Ruinen verdient das Biosphärenreservat Calakmul, der größte Naturpark des Landes, einen Besuch. Auf Dschungeltouren spezialisiert hat sich Servidores Turísticos de la Région de Xpujil y Calacmul (www.ecoturismocalakmul.com.mx).

Infos

Öffnungszeiten
tgl. 8–17 Uhr, dies gilt für alle hier aufgeführten Stätten der Zone von Río Bec.

Verkehr
Oft nur volle Busse zwischen Escárcega und Chetumal. Die Straße wird derzeit breit ausgebaut und ist von Escárcega bis zur Zufahrt nach Calakmul bereits fertig (s. auch S. 21, Tipp).

Lieblingsort

Fratzen und Monster – Hormiguero ► N 9

Die Stätte ist abgelegen und so wenig besucht, dass die andernorts strenge Reglementierungen und Absperrungen nicht nötig sind. Sicher – Hormiguero ist klein, fast intim, dicht von Bäumen umgeben. Aber gerade deshalb erliegt man seinem Zauber, kann die Entdeckerfreuden von Teobert Maler, John L. Stephens und Frederick Catherwood nachvollziehen, ja vielleicht reicht die Fantasie sogar aus, die Plaza mit weiß gewandeten Mayas zu beleben, während die sinkende Sonne die Monstermasken der Fassade immer deutlicher herausmodelliert.

Das Beste auf einen Blick

Chiapas

Highlights!

Ruinen von Palenque: Die von dicht bewaldeten Hängen umschlossene, ehemalige Metropole der Maya gehört zu den eindrucksvollsten Ruinenstätten ganz Mexikos. S. 244

San Cristóbal: Das koloniale Herz des Berglands verzaubert mit seinen kopfsteingepflasterten Straßen, den von Kirchen gekrönten Hügeln und mit indianischem Flair. S. 256

Sumidero Cañón: Durch himmelhohe Felswände bricht sich der Río Gríjalva bei Chiapa de Corzo seinen Weg ins Tal. Mit dem Boot kann man die Schlucht befahren oder von oben entlang einer Panoramastraße den Blick in die Tiefe wagen. S. 278

Auf Entdeckungstour

Bonampak und Yaxchilán – Ruinenstätten voller Zauber: Bis vor Kurzem waren Yaxchilán und Bonampak nur schwer zu erreichen. Heute stehen sie bereits auf dem Programm der Veranstalter und Individualtouristen, bezaubern aber dennoch durch ihre Abgeschiedenheit. S. 252

Bei den Tzotzil-Maya nahe San Cristóbal: Nur mit sachkundiger Führung sollte man die noch in traditioneller Lebensweise verhafteten Indio-Dörfer rings um San Cristóbal besuchen. S. 266

Entlang der Grenzstraße Carretera Fronteriza: Über 300 km führt die Carretera Fronteriza durch teilweise noch unberührten Bergwald an der guatemaltekischen Grenze entlang. S. 272

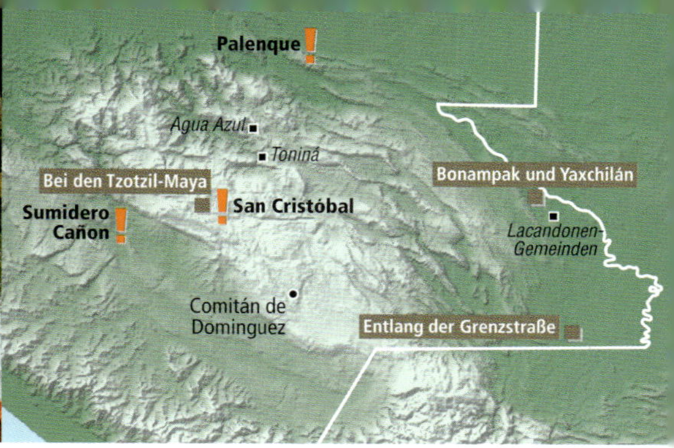

Kultur & Sehenswertes

Toniná: Nur wenige Besucher finden den Weg zu den abgelegenen, nur teilweise ausgegrabenen Ruinen nahe der Stadt Ocosingo. S. 249

Comitán: Die Uhren gehen in der ehemals spanischen Niederlassung etwas langsamer. An den Wochenenden ziehen die Mariachi-Musikanten über die gepflegte Plaza und bringen gegen einen Obolus ihre Ständchen dar. S. 265

Aktiv & Kreativ

Unterwegs im Urwald: Einige Gemeinden der Lacandonen bieten unternehmungslustigen Reisenden Ausflüge in den Wald ihrer Region – zu Fuß oder mit dem Kanu. S. 249

Sprachen lernen in San Cristóbal: Ein schöneres Umfeld, sich in die spanische Sprache zu vertiefen, gibt es kaum, und so sind denn auch die Plätze sehr begehrt. S. 264

Genießen & Atmosphäre

Baden in den Kaskaden von Agua Azul: Einen geruhsamen Badetag an den wild schäumend aus dem Bergland herabstürzenden Gewässern lässt sich nach anstrengenden Besichtigungstagen kaum jemand entgehen. S. 249

Abends & Nachts

Abends im Gartenrestaurant: Don Mucho's in der ›Backpacker-Enklave‹ El Panchán ist der abendliche Treffpunkt der Globetrotter-Szene in Palenque. Akustischer Leckerbissen hier ist das dumpfe Rufen der Brüllaffen, abgelöst von zeitgemäßer Musik. S. 243

Maya-Musical – Palenque Rojo: Jeden Abend erwacht in San Cristóbals Theater Zebadua die Geschichte des Fürsten Pakal aus Palenque zu neuem Leben. S. 264

Tiefland von Chiapas

Infobox

Touristeninformation

Touristenbüros gibt es in Palenque, San Cristóbal de las Casas, Comitán de Domínguez und gleichermaßen in Tuxtla Gutiérrez.

Internet

www.travelchiapas.com: Sehr ausführliches Portal mit vielen Hinweisen zu Sehenswürdigkeiten, Ausflugsmöglichkeiten, Unterkünften (Engl.).

www.mundochiapas.com: Sehr ausführliches Portal mit zahlreichen Hinweisen zu Geografie, Sehenswürdigkeiten, Verkehr, Unterkunft, Gastronomie usw. (Span.).

www.chiapas.at: Engagierte Website einer österreichischen Aktivistengruppe zum Thema Zapatistas. Sie liefert viele Hintergrundinformationen, allerdings ist sie einseitig ausgerichtet.

Anreise und Weiterkommen

Verkehrsmäßig ist das **Tiefland** (s. S. 242) gut erschlossen. Es bestehen direkte Langstrecken-Busverbindungen unter anderem mit Mérida, Cancún und Playa del Carmen. Die nähere Umgebung wird von Sammeltaxis bedient.

Das **Bergland** (s. S. 256) hat eine sehr gute touristische Infrastruktur. Ausgenommen ist noch die abgelegene Region entlang der Grenze zu Guatemala (Selva Lacandona), die jedoch allmählich durch Öko-Projekte Touristen anlockt. Entlang der durchgehend asphaltierten Carretera Fronteriza (s. S. 272) verkehren auch zunehmend öffentliche Verkehrsmittel.

Palenque ► G 12

Die kleine Ortschaft trägt eigentlich den Namen Santo Domingo und blickt auf eine bis ins 17. Jh. zurückreichende Geschichte. Das touristische Interesse jedoch beschränkt sich auf ihre profanen Funktionen als Verkehrs- und Versorgungsknotenpunkt für die Besucher der nahe gelegenen Ruinenstadt gleichen Namens. Das Städtchen hat das Beste daraus gemacht und bietet zahlreiche Unterkünfte aller Kategorien und manch nettes Restaurant. Überdies empfiehlt sich Palenque als Ausgangsort für interessante Exkursionen in das Bergland von Chiapas (s. S. 256), die Waldgebiete des Petén und nach Tikal in Guatemala. Hauptachse ist die Avenida Juárez, an der sich auf dem kurzen Stück bis zur erhöht liegenden Plaza einige Reisebüros, preiswerte Hotels sowie mehrere Restaurants aneinander reihen.

Die Szene der Traveller hat dagegen inzwischen ihr neues Domizil in der Nähe der Ruinen gefunden, einem von schmalen Sandwegen durchzogenen Waldstück namens **El Panchán** (mehr Infos dazu unter www.elpanchan.com). Bei der Anreise zu diesem Nationalpark sollte man jedoch gut aufpassen, denn die Einfahrt direkt vor dem Mauttor links (km 4,5) ist leicht zu übersehen.

Übernachten

Man hat in Palenque die Wahl zwischen Unterkünften in der Stadt oder ruhiger und im Grünen gelegenen Häusern entlang der zu den Ruinen führenden Straße.

… im Ort

Moderner Klassiker – **Best Western Maya Palenque** 1: Ecke Merle Green, Av. Juárez, Col. Cañada, am Mayakopf, Tel. 916 345 07 80, www.bestwestern.com, DZ ab ca. 60 US-$. Größere Anlage mit funktionalen hellen Zimmern, klimatisiert, mit Pool. Parkplatz.

Farbenfroh – **Maya Tulipanes** 2: Calle Cañada 6, Col. Cañada, Tel. 916 345 02 01, 01 800 714-47 10, www.mayatulipanes.com.mx, DZ ab 53 US-$. Auf großem Gelände im Grünen, etwas eigenwillige Bauweise, klimatisiert, mit Pool, ruhig, WiFi. Parkplatz.

Traditionell – **Hotel Palenque** 3: Av. 5 de Mayo 15 (an der zentralen Plaza), Tel. 916 345 01 88, hotelpalenque@prodigy.net.mx, DZ ab 500 Peso. Alteingesessenes Mittelklassehotel mit schönem Garten und Pool, klimatisiert.

Im Geist der Maya – **Xibalba** 4: Calle Merle Green No 9, Col. La Cañada, Tel. 916 345 04 11, www.hotelxibalba.com, DZ ab 38 US-$. Liebevoll gestaltete Hotelanlage mit zahlreichen Versatzstücken der Mayakultur, günstig nahe der Busse zu den Ruinen gelegen.

… an der Straße zu den Ruinen

Wasserreich – **Chan-kah Resort** 5: Carretera a las Ruinas, km 3, Tel. 916 345 11 34, www.chan-kah.com.mx, DZ ab 1600 Peso. Eigenwillige Anlage auf riesigem Gelände mit 80 komfortablen, klimatisierten Wohneinheiten mit Terrasse und einem seeartigen Pool auf drei Ebenen, Restaurant. Parkplatz.

Unterm Palapadach – **La Aldea** 6: Carretera a las Ruinas, km 2,8, Tel. 916 345 16 93, hotellaaldea.net, DZ ab 800 Peso. An einem Hang liegende, geräumige, sehr ansprechende strohgedeckte neue Cabañas mit Veranda und exquisiten Bädern, Restaurant, schöner Fernblick ins Tal. Parkplatz.

Versteckt – **Margarita & Ed** 7: Carretera a las Ruinas, km 4,5 (El Panchán), Tel. 916 348 42 05, DZ ab 350 Peso. Sehr beliebtes Hotel mit großen hellen Zimmern, teils mit AC. Im Wald von El Panchán unter hohen Bäumen , auf denen zuweilen Brüllaffen turnen. Parkmöglichkeit für etwa vier Autos.

Essen & Trinken

Waldoase – **Don Mucho's** 1: El Panchán, Tel 916 341 82 09, www.elpanchan.com, tgl. 7.30–22.30 Uhr. Gartenrestaurant im ›Backpackerrefugium‹ El Panchán. Große Auswahl einheimischer und vorwiegend italienischer Gerichte. Spezialität Steinofenpizza. Abends zuweilen Musikdarbietungen. Relaxte Atmosphäre. Hauptgerichte ab ca. 80 Peso.

Beliebt – **Maras** 2: Av. Juárez 1, an der Plaza, Tel. 916 345 15 76, tgl. 7–24 Uhr. Beliebter Treffpunkt der Globetrotter, mexikanische und italienische Küche. Hauptgerichte ab 60 Peso.

Populär – **Maya** 3: Av. Hidalgo, an der Plaza, Tel. 916 345 02 16, tgl. 8–23 Uhr. Bei Einheimischen populäres Restaurant, ohne besonderes Ambiente, aber mit guter mexikanischer Kost. Hauptgerichte ab 65 Peso.

Kaffeehaus Chiapas – **Café de Yara** 4: Av. Hidalgo 66, Ecke Abasolo, Tel. 916 345 27 38, tgl. 7–23 Uhr. Europäisches Flair und eine große Auswahl an guten Snacks. Zu empfehlen für ein ausgiebiges Frühstück. Ab 30 Peso.

Infos

Informationen

Oficina de Turismo: Av. Juaréz, Ecke Abasolo, Mo–Sa 9–21, So bis 13 Uhr

Verkehr

Bus: Der Busbahnhof der **1. Klasse** (ADO, OCC), auch genutzt von den

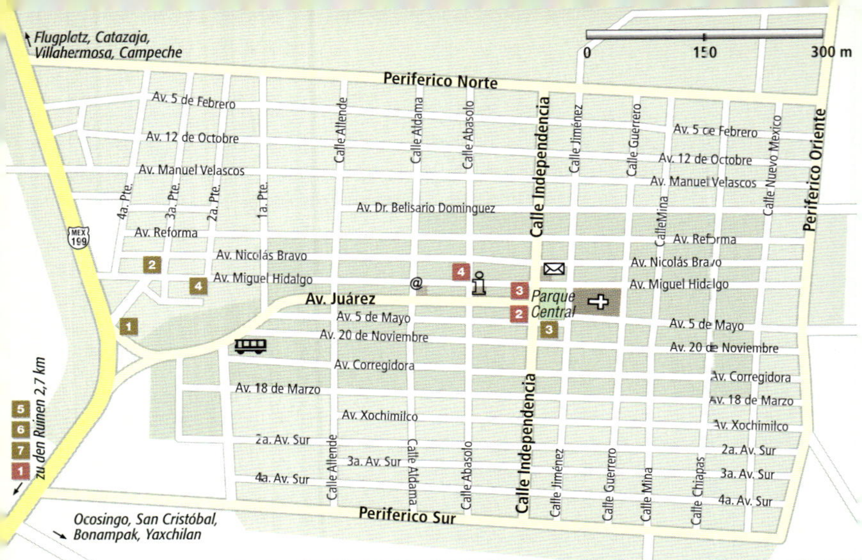

Palenque

Übernachten
1 Best Western Maya Palenque
2 Maya Tulipanes
3 Hotel Palenque
4 Xibalba
5 Chan-kah Resort
6 La Aldea
7 Margarita & Ed

Essen & Trinken
1 Don Mucho's
2 Maras
3 Maya
4 Café de Yara

Bussen der 2. Klasse von TRF, liegt an der Av. Juárez, der Hauptzufahrtsstraße in unmittelbarer Nähe des Zentrums. Verbindungen bestehen u. a. mit San Cristóbal, Tuxtla Gutiérrez, Villahermosa, Cancún/Playa del Carmen (nachts), Mérida (nachts).

Mehrfach täglich gibt es auch eine Busverbindung **(Linea Comitán Lagos Montebello)** entlang der Carretera Fronteriza (s. S. 272) über Frontera Corozal, Benémerito las Américas nach Comitán (8 Std.). Die Busse fahren von der Velasco Suarez nördlich des Zentrums ab. Mit ihnen gelangt man auch in die Nähe von Bonampak (Abzweigung Lacanjá).

Zwischen der Stadt und den Ruinen (ca. 8 km) verkehren fortlaufend **Minibusse** vom Mayakopf-Denkmal am Ortseingang. Man kann auch zwischendurch zusteigen.

Ruinen von Palenque! ► F 12

Die vielleicht eindrucksvollste Ruinenstadt ganz Mexikos, die ursprünglich den Namen Baak trug, verdankt ihren besonderen Reiz der Verschmelzung aus tropischer Waldlandschaft mit fremdartiger Architektur. Sie macht dem Besucher noch heute verständlich, warum gerade Palenque die Fantasie der Forscher immer wieder aufs Neue anregte. Schon beim ersten Blick auf die Gesamtanlage wird man von der einzigartigen Harmonie gefangen genommen, mit der die Gebäude in die hügelige Landschaft eingefügt worden sind. Trotz massiver Steinbauweise und der fehlenden Kenntnis, Säulen als Dachstützen zu verwenden, vermochten die Architekten den Gebäuden durch technische Kniffe eine bis dahin unbekannte Leichtigkeit zu verleihen.

Geschichte

Entdeckt wurden die Ruinen zwar schon 1773 durch den spanischen Pater Ordóñez y Aguiar, aber noch lange waren die im Urwald versunkenen Tempel und Pyramiden von Geheimnissen umwittert und gaben Anlass zu Spekulationen über die Herkunft ihrer Bewohner. In der damals üblichen eurozentrischen Vermessenheit konnte man sich nicht vorstellen, dass ein altamerikanisches Volk diese kulturellen Leistungen vollbracht haben könnte, und schrieb die Bauten fremden Einwanderern zu. Im Gespräch waren Ägypter, die verlorenen Stämme Israels oder gar Phönizier und Inder. Die Stadt im Urwald, die den Namen des benachbarten Dorfes erhielt, wurde sehr bald zu einem Anziehungspunkt für abenteuernde Amateurarchäologen, die den Ruinen zum Teil beträchtlichen Schaden zufügten. Erst das Zeichentalent Catherwoods, gepaart mit dem forschenden Geist von Stephens, rückte Palenque Mitte des 19. Jh. in das Licht objektiver Betrachtung. Es dauerte aber noch fast ein Jahrhundert, ehe der Däne Frans Blom mit den **ersten Ausgrabungen** begann. Bis heute sind die Arbeiten im Gange und werden wohl noch Jahrzehnte fortgeführt werden müssen, um nur die wichtigsten Bauwerke freizulegen und zu rekonstruieren.

Die Geschichte der Stadt lässt sich aufgrund zahlreicher Funde und datierter Stelen recht genau nachzeichnen. Palenque lag im Herzen des klassischen Kulturraums **Usumacinta** und hatte engen Kontakt zum benachbarten Petén. Die Gründung dürfte im frühen 6. Jh. in der Übergangsphase der Präklassik zur Klassik erfolgt sein, als sich die Maya-Kultur weiträumig zu verbreiten begann. Seine Blütezeit erlebte Palenque zwischen dem 6. und 9. Jh., ehe es wie die anderen Städte der Region auch aufgegeben wurde und verfiel. Dass Palenque nach Jahrzehnten militärischer Niederlagen Anfang des 7. Jh. wieder an seine glorreiche Vergangenheit anknüpfen konnte, war allein dem **Herrscher K'inich Janaab Pakal** zu verdanken. Fünf der Tempelanlagen des Areals sind ihm zuzuschreiben. Der Herrscher starb hochbetagt im Alter von 81 Jahren am 28. August 683 und wurde unter dem Tempel der Inschriften beigesetzt.

Die Tempelanlage

Tempel der Inschriften

Dominierend erhebt sich rechter Hand der **Templo de las Inscripciones** (Tempel der Inschriften; Abb. S. 246) vor der dunklen Wand des Tropenwaldes. Auf der obersten Plattform der achtfach gestuften Pyramide ruht das Heiligtum mit fünf großen Türöffnungen und einem Dach, das dem der einfachen Hütten nachempfunden ist. Das Gitterwerk der **Crestería** (Dachkamm), das ursprünglich den Abschluss der Tempelpyramide bildete, ist hingegen nicht mehr erhalten. Seinen Namen verdankt das Bauwerk den über 600 Hieroglyphen, die an der Innenwand des Heiligtums eingemeißelt wurden.

Auf der oberen Plattform, die derzeit für Besucher gesperrt ist, ent-

Ruinenstätte Palenque

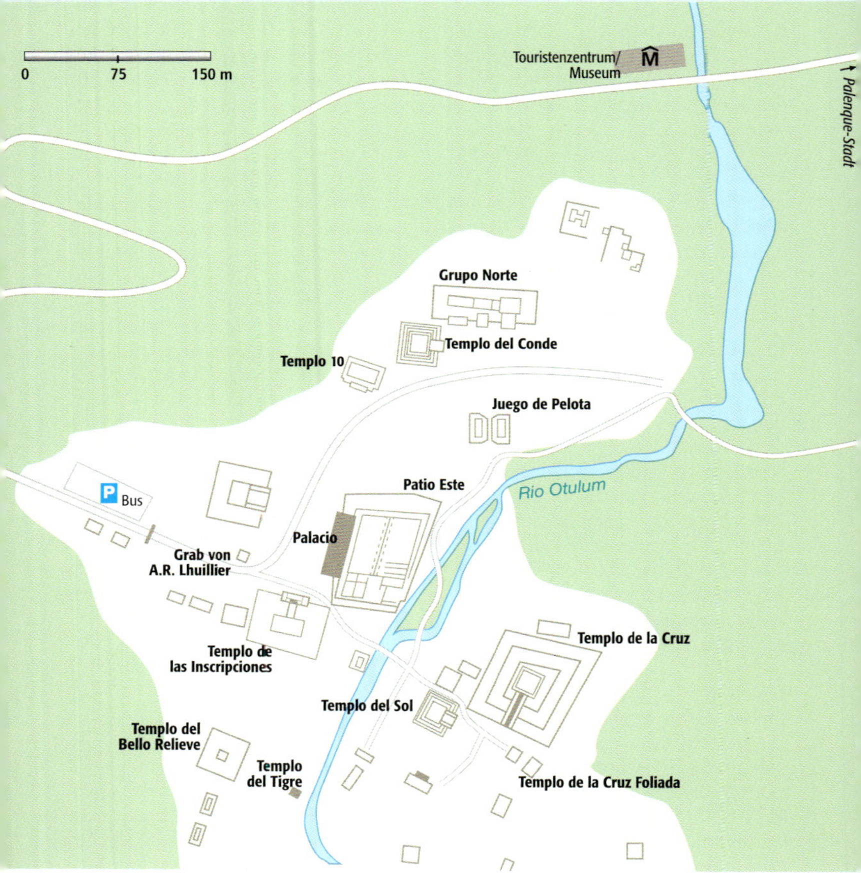

deckte der Archäologe Alberto Ruz Lhuillier im Jahre 1949 den Zugang zu der tief im Innern verborgenen, für Besucher ebenfalls nicht mehr zugänglichen Grabkammer Pakals. Eine originalgetreue Rekonstruktion der Gruft befindet sich im Archäologischen Museum in Mexiko-Stadt. Die aus Kalkstein gefertigte Grabplatte zeigt den Weg des Verstorbenen ins Jenseits; als Maisgott entsteigt er dem Rachen der Unterwelt.

Der Fund von Palenque bedeutete den Abschied von der These, dass die Pyramiden Mexikos, anders als die im alten Ägypten, ausschließlich kultischen Zwecken dienten und nicht als Grablege. Später stießen Forscher auf weitere Grablegen unter den Pyramiden von Tikal in Guatemala, Copán, dem bedeutenden Maya-Zentrum in Honduras, sowie in Calakmul (s. S. 232). 1994 wurde unter dem rechts des Tempels der Inschriften liegenden Tempel

XIII ein Sarkophag mit einem rot gefärbten weiblichen Skelett gefunden. Als Beigaben fand man Teile einer Jademaske, Fragmente eines Diadems und Perlen.

Palast

Aus der luftigen Höhe von 21 m hätte man von der oberen Plattform des Tempels der Inschriften einen umfassenden Blick über die Ausgrabungen. Die Struktur des zu Füßen liegenden **Palacio** (Palastes) ist komplex: Sie umfasst verschachtelte Höfe wie auch galerieartig angeordnete Gebäude. Die Baugruppe liegt auf einer 10 m hohen, etwa 100 m langen und 70 m breiten Plattform, die an der Ostseite zum kleinen Fluss Otulum abbricht und früher von allen Seiten her durch Treppen erreichbar war. Die Aufgänge an der Nord- und Westseite sind bereits rekonstruiert, die übrigen noch unter Geröll und Gras begraben.

Bemerkenswert ist der vierstöckige Turm, der möglicherweise als Observatorium diente. Im eingesenkten Hof an der Nordostecke bewachen lebensgroße Stelen mit Figurendarstellungen die Treppenzugänge, und überall lassen sich die architektonischen Details studieren, denen Palenque seine Eleganz verdankt. Dass der Komplex zumindest teilweise profanen Zwecken diente, beweist die Existenz einer Toilettenanlage mit Wasserspülung, die Ausgrabungen ans Licht beförderten.

Tempel der Ostgruppe

Jenseits des Flusses, der von den Maya zum Teil unterirdisch durch die Stadt geleitet wurde, stehen drei nur teilweise ausgegrabene Pyramiden. Zunächst erreicht man den **Templo del Sol** (Tempel der Sonne) mit recht gut erhaltener Crestería und einem Relief des Himmelskörpers im Kultraum. Noch besser erhalten ist der Dachkamm des schräg gegenüberliegenden **Templo de la Cruz** (Tempel des Kreuzes), der als höchstgelegener Bau Palenques überdies einen schönen Blick bietet. Seinen Namen verdankt der Tempel einer großen Relieftafel aus feinem Sandstein an der inneren Rückwand (heute im anthropologischen Museum in Mexiko-Stadt), deren zentrales Motiv, der kosmische Baum, eine kreuzförmige Anordnung erkennen lässt.

Fast von der Vegetation überwuchert erscheint der **Templo de la Cruz Foliada** (Tempel des Blattkreuzes) unmittelbar vor dem steil ansteigenden Berghang. Erdbeben und der Zahn der Zeit haben das Dach und Teile des Gewölbes einstürzen lassen, ermöglichen dadurch aber einen guten Blick auf die Konstruktionsmerkmale der Maya-Architektur.

Die nördlichen Gebäude

Vorbei am **Juego de Pelota** (Ballspielplatz), der unter der Vegetation vergraben liegt, erreicht man im Nordwesten den noch nicht freigelegten Tempel 10 und den restaurierten **Templo del Conde** (Tempel des Grafen). Mit diesem Namen soll die Pyramide an die schillernde Persönlichkeit des Grafen Frédérik von Waldeck erinnern, der während seiner Ausgrabungszeiten 1831–1833 hier oben sein Domizil aufgeschlagen hatte.

Oberhalb dieser Pyramide erstreckt sich die **Grupo Norte** (Nord-Gruppe), die aus mehreren kleinen Tempeln besteht. Auf einem schmalen Fußweg kann man von hier zum Besucherzentrum gelangen.

Infos

Öffnungszeiten: tgl. bis 16.30 Uhr. Minibusse zw. Stadt und Ruinen 6–19 Uhr.

Gesäumt vom dichten Urwald stürzen die Wasserkaskaden des Misol-Há in die Tiefe

Von Palenque nach San Cristóbal

Die knapp 200 km lange Strecke entlang der MEX 199 ist vor allem im ersten Abschnitt bis zu den Wasserfällen von Agua Azul landschaftlich außergewöhnlich reizvoll. In unzähligen Kurven windet sich die Straße durch den dichten Bergwald.

Ein Wermutstropfen für Mietwagenfahrer sind die unzähligen, oftmals versteckt liegenden *topes,* Schwellen, die höchste Aufmerksamkeit verlangen, sowie die wenigen Gelegenheiten, einen der langsam dahinkriechenden Lastwagen zu überholen.

Wasserfälle bei Palenque

► F 12

Das noch weitgehend mit tropischem Regenwald bestandene Bergland von Chiapas bietet mit den Wasserfällen ein überaus lohnendes Ziel für einen Tagesausflug ab Palenque.

Misol-Há

Misol-Há ist auf einer 2 km langen Stichstraße erreichbar, die etwa 20 km südlich von Palenque von der nach San Cristóbal de las Casas führenden Route (MEX 199) abzweigt. Das Wasser stürzt von der Höhe in einen 30 m tiefer gelegenen Felskessel, der sich als natürliches Schwimmbad anbietet. Es gibt sogar eine kleine Unterkunft vor Ort.

Agua Clara

Der Name ist in der Tat zutreffend: Das kühle klare Wasser des Rio Tulijá, den man etwa 30 km nach der Abzweigung von Misol-Há erreicht, staut sich hier in einem 300 m langen und 80 bis 100 m breiten Becken, gesäumt von üppiger Vegetation und überspannt von einer Hängebrücke mit schönem Blick über die Flusslandschaft.

Agua Azul

Noch spektakulärer sind die Kaskaden von Agua Azul (Blaues Wasser), zu denen eine 5 km lange Fahrstraße 12 km weiter südlich von der MEX 199 abzweigt (ca. 60 km von Palenque entfernt). Zahlreiche Wasserfälle durchbrechen hier in faszinierenden Kaskaden das dicht bewaldete Bergland. Dazwischen liegen ausgewaschene natürliche Becken, die ebenfalls zum Schwimmen einladen. Man sollte jedoch die Warntafeln und Mahnkreuze für ertrunkene Touristen ernst nehmen und nur an den Stellen baden, die als ungefährlich gelten (in der Nähe des Parkplatzes). Ein schmaler Pfad führt über kleine Brücken und Stege in eine bezaubernde Dschungellandschaft hinauf. Da bereits mehrfach von Überfällen berichtet wurde, sollte man die Ausflüge nicht allein unternehmen.

Infos

Anfahrt: Der Besuch wird von allen Reisebüros in Palenque als Tagesausflug angeboten. Kleine Comedores (Essenstände) in Agua Azul und ein bescheidenes Restaurant in Misol-Há sorgen für das leibliche Wohl.

Mein Tipp

Besuch bei den Lacandonen ▶ J 13
Allmählich entdecken die bisher zurückgezogen lebenden Lacandonen den Tourismus als Einnahmequelle und öffnen ihre Gemeinden auch für fremde Besucher. So machten sie auch etwa die Ansiedlung Campamento Río Lacanjá zugänglich. Sie liegt 140 km von Palenque entfernt nahe der Kreuzung San Javier an der Straße nach Bonampak (ausgeschildert). Man kann sogar in einfachen Cabañas übernachten (DZ 480 Peso). Von hier aus lassen sich in Begleitung der Einheimischen die Ruinen von Bonampak und Lacanjá gut erreichen (s. auch S. 72) (www.ecochiapas.com/lacanja, tgl. 8–17 Uhr, Eintritt 35 Peso).

Ocosingo ▶ F 13

Der in bewaldeter Hügellandschaft an der nach Palenque führenden Straße gelegene Ort (98 km von San Cristóbal entfernt) ist vor allem als Ausgangspunkt für den Besuch der Ruinen von Toniná von Bedeutung. Anfang 1994 geriet Ocosingo als eines der Zentren der zapatistischen Untergrundbewegung in die Schlagzeilen und erlitt erhebliche Zerstörungen durch die Auseinandersetzungen zwischen Militär und Aufständischen. Heute dient die geschäftige Kleinstadt den vielen Dörfern ringsum als Versorgungszentrum.

Infos

Bus: Zahlreiche Verbindungen von Ocosingo mit San Cristóbal (98 km), mehrfach tgl. auch mit Palenque (120 km); da viele Busse nur auf der Durchfahrt sind *(en paso)*, sind sie häufig entsprechend voll.

Toniná ▶ G 13

Die Ruinenstadt Toniná, 15 km westlich von Ocosingo, war ein bedeutendes Kultzentrum der Maya während der Spätklassik (ca. 500–800 n. Chr.). Festungsartig lehnten sich die heute meist verfallenen Bau- ▷ S. 255

Lieblingsort

Morgens auf dem Río Usumacinta ► H 13–J 14

Kurz nach Sonnenaufgang gibt sich der Usumacinta, der Grenzfluss zwischen Mexiko und Guatemala, noch geheimnisvoll. Nebel schweben über dem Wasser, verschleiern die Wand des Urwalds zu beiden Ufern. Das Boot zieht mit schäumendem Kielwasser unbeirrt seine Bahn über die Untiefen. Hin und wieder eine kleine Hütte am Ufer, davor ein Kanu, dann gewinmnt wieder die Natur die Oberhand. Das Ziel meiner Fahrt, die in Fronteriza Corozal begonnen hat, ist Yaxchilán. Die Ruinenstadt ist nach 45 Minuten erreicht, die Bootsfahrt selbst aber bereits ein nicht unwesentlicher Teil dieses großartigen Ausflugs.

Enduro

Auf Entdeckungstour

Bonampak und Yaxchilán – Ruinenstätten voller Zauber

Lange waren diese abgelegenen Ruinenstätten vom Mythos umgeben und nur dem abenteuerlustigen Reisenden zugänglich. Auch hier haben sich die Zeiten geändert: Von Palenque aus lassen sie sich gefahrlos auf bequemer Straße besuchen. Ihren Zauber haben sie beibehalten.

Reisekarte: ► J 13/14

Infos: Mit dem Wagen bis zur Abzweigung bei Lacanjá (ca. 145 km), dann für die restlichen 8 km bis **Bonampak** ein Taxi der Lacandonen. **Yaxchilán** ist nur per Boot von Frontera Corozal (170 km von Palenque) aus erreichbar (Hin- und Rückfahrt jeweils 40 Min., für bis zu 3 Personen 300 Peso/Boot). Das Boot wartet etwa 2 Stunden an den Ruinen.

Die Regenwaldzone im östlichen Chiapas gehört nach wie vor zu den schwer zugänglichen Regionen Mexikos. Zahlreiche Ruinenstädte beweisen aber, dass die Ufer beiderseits des Río Usumacinta in der klassischen Epoche der Maya-Kultur (5.–9. Jh.) dicht besiedelt waren. Der Fluss diente als wichtigster Handelsweg zum Warenaustausch zwischen den Maya-Völkern des Hochlandes und denen der Waldregion. Im 9. Jh. erloschen auch diese Orte und gerieten in Vergessenheit. Bis in unsere Tage aber lebten hier die Nachfahren der Maya, die Lacandonen, noch unberührt von kolonialer oder westlicher Zivilisation im Einklang mit der Natur (s. S. 72).

Eine späte Entdeckung

Das kleine Zeremonialzentrum Bonampak am Río Lacanjá war den hier lebenden Lacandonen als Wallfahrtsort zwar schon immer bekannt, aber erst 1946 wurde es durch den Amerikaner Charles Frey ins Licht der Weltöffentlichkeit gerückt. Zur archäologischen Sensation wurde Bonampak dann durch die Entdeckung hervorragend erhaltener Wandmalereien in den drei Hauptkammern des Tempels durch den amerikanischen Fotografen Giles Healey. Der machte, durch Freys Berichte aufmerksam geworden, eine Reportage über das Land der Lacandonen. Frey ertrank 1949 auf einer Expedition nach Bonampak beim Versuch, ein Mitglied der Gemeinde aus den Fluten des Río Lacanjá zu retten.

Ort der bemalten Wände

Im Gegensatz zu Yaxchilán sind kaum Gebäude erhalten. Man betritt die Anlage von Süden her über die ausgedehnte **Gran Plaza,** die an der Westseite von einigen Ruinen, der sogenannten **Grupo Quemado,** gesäumt wird. Aufmerksamkeit verdient zunächst die im Zentrum der Plaza unter einem Schutzdach errichtete Stele I. Sie zeigt den letzten Herrscher Chaan Muan II., der den Thron im Jahre 776 bestieg, auf dem Höhepunkt seiner Macht.

Die Hauptgebäude unter der Bezeichnung Acrópolis liegen erhöht auf Terassen im Norden an einem Hang. Wichtigstes ist das dreiräumige **Gebäude der Malereien,** dem die Stadt ihren Namen ›Ort der bemalten Wände‹ verdankt. Der Aufgang wird durch zwei Stelen flankiert, die ebenfalls Chaan Muan II. darstellen. Der Gemäldezyklus in den drei Kammern dokumentiert in Lebensgröße und voller Dramatik wahrscheinlich Ereignisse aus der Regierungszeit Chaan Muans. Raum 1 zeigt Vorbereitungen für Tanzfeierlichkeiten, Raum 2 Schlachtszenen und die Gefangennahme und Opferung der Feinde, Raum 3 das Tanzritual und das Blutopfer adliger Frauen. Um Details zu erkennen, sollte man eine Taschenlampe im Gepäck haben.

Ihren guten Erhaltungszustand verdanken die Malereien einem dünnen Kalksinterüberzug, der sich im Laufe von 1200 Jahren als Schutzfilm über die Farbe legte und sie so in ihrer ursprünglichen Frische konserviert hat. Unsachgemäße Behandlung durch die ersten Archäologenteams ließen jedoch den Zauber fast über Nacht verblassen. Erst in den 1980er-Jahren wurden die Malereien sorgfältig restauriert und erstrahlen fast im alten Glanz. Da die Atemluft der Besucher in den engen Kammern die Bilder erneut zu schädigen droht, hat die Regierung eine Schließung in Erwägung gezogen, wodurch sich der Besuch dann aber kaum noch lohnen würde (eine naturgetreue Replik des ›Tempels der Inschriften‹ findet man im Freigelände des Archäologischen Museums von Mexiko-Stadt). Wer den Weg auf die Spitze des Pyramidenhügels nicht scheut, den kleine Heiligtümer mit interessanten Reliefs krönen, der wird mit einem schönen Blick belohnt.

Folgt man von San Javiér der Carretera Fronteriza (s. S. 272) ein Stück weiter bis Cruzero Corozal und biegt dort ab, erreicht man das Ufer des Río Usumacinta in Frontera Corozal, nicht zu verfehlender Ausgangspunkt für die Bootstour nach Yaxchilán (s. S. 250).

Schriftgeheimnisse

Yaxchilán am Ufer des Usumacinta, der in diesem Abschnitt die Grenze zu Guatemala bildet, war in der Blütezeit der klassischen Maya-Kultur ein wichtiges Herrschaftszentrum des südlichen Tieflandes. Entdeckt wurden die im Wald verborgenen Ruinen 1881 von dem deutschen Ingenieur Edwin Rockstroh, erstmals näher erforscht und mit dem Namen ›Ort der grünen Steine‹ belegt von dem rastlosen Maya-Forscher und Fotografen Teobert Maler. Licht ins Dunkel der Geschichte brachte aber die Erkenntnis Heinrich Berlins, dass die Steleninschriften Bezug auf historische Ereignisse nehmen.

Obwohl die Entzifferung noch manche Fragen aufwirft, ermöglichen die Glyphen, eine recht genaue Chronologie abzulesen, die bis 320 n. Chr. zurückreicht. Den Höhepunkt der politischen Macht erlangte Yaxchilán danach unter den Herrschern Sechs-Tun Yaxun Balam, der von 630 bis 681 die Geschicke der Stadt lenkte, und seinem Sohn Itzam Balam, der 61 Jahre regiert haben soll, ehe er hochbetagt im Jahre 742 starb. Sein Nachfolger, der wohl erst nach zehnjährigen Thronstreitigkeiten 752 an die Macht kam, verwandelte die Stadt durch ein gewaltiges Neubauprogramm in eine der glanzvollsten Metropolen der Maya. Die letzten Inschriften stammen aus den Anfängen des 9. Jh., als auch Yaxchilán von dem noch immer rätselhaften Untergang der klassischen Maya betroffen wurde und im Urwald versank.

Das Zermonialzentrum

Der Weg von der Anlegestelle durch den Wald endet auf der **Gran Plaza**, einem etwa 300 m langen Platz, gesäumt von ehemals fast 100, überwiegend auf Terrassen angeordneten Bauwerken. Tafeln vor den einzelnen Ruinen erläutern deren Bedeutung. Zu den herausragenden künstlerischen Zeugnissen gehören die steinernen **Türbalken** mit ihren ausdrucksstarken Reliefs (Struktur XXXIII) und die **Stelen** (auf dem Hauptplatz und vor Struktur 22). Nicht auslassen sollte man den Aufstieg zum etwas abseits gelegenen höchsten Tempel der Stadt **(Struktur XLI).** Von einem Dach geschützt, findet man etliche sehr gut erhaltene Relieftafeln.

Übernachten in geheimnisvoller Atmosphäre

Wer den Zauber von Yaxchilán verspüren möchte, sollte in Frontera Corozal am Ufer des Usumacinta übernachten. Beste Unterkunft ist das **Hotel Escudo Jaguar** (Tel. 00502 53 53 56 37, www.escudojaguarhotel.com, DZ in Cabañas ab ca. 300 Peso). Das Hotel ist häufig von Gruppen gebucht. Nicht ganz so gut ist das gegenüberliegende **Centro Ecotourístico Nueva Alianza** (Tel. 00502 53 53 13 95, DZ ab 150 Peso, ohne Bad). Die Hütten sind recht muffig, das Restaurant aber ordentlich. Zu beachten wäre noch, dass die Anwohner an der Carretera Fronteriza bisher noch am guatemaltekischen Telefonnetz hängen.

werke in mehreren Stufen an einen Hügel, der steil aus dem Tal emporsteigt. Von den oberen der fünf Terrassen, auf denen auch die einzigen noch erkennbaren Gebäudereste stehen, genießt man einen weiten Blick über die Landschaft von Chiapas.

Die Ruinen wurden erstmals vom spanischen Hauptmann Dupaix 1807 aufgesucht, 1839 von Graf von Waldeck und einige Jahre später von den Forschern Stephens und Catherwood. Berühmt geworden ist Toniná – der Name bedeutet »steinernes Haus« – vor allem durch seine in der Maya-Kunst seltenen **Vollplastiken**, die eine gewisse Ähnlichkeit mit den Figuren von Copán in Honduras aufweisen. Die schönsten von ihnen haben ihren Platz im kleinen Museum der Ruinenstadt gefunden. Die vielen Darstellungen von Gefangenen deuten auf eine eher kriegerische Vergangenheit der Stadt, die durch zahlreiche Knochenfunde von offenbar geopferten Kriegern gestützt wird.

Rings um die Gran Plaza

Vom Eingang führt ein Pfad hinauf zur Gran Plaza, an deren Rand der **Ballspielplatz** liegt. Die Südseite des künstlich eingeebneten zentralen Platzes nimmt der **Templo de la Guerra Cósmica** (Tempel des kosmischen Kriegs) ein, an der Nordseite ragt ein terrassierter Hang auf. Interessant ist der zwischen der ersten und zweiten Plattform errichtete Zugang zur Unterwelt, einem künstlich geschaffenen Labyrinth mit Gängen und dunklen Kammern. Es ist Teil der von den Maya der Spätklassik gern nachgebauten mythischen Landschaft, in der einst die Götter agierten. Über dem Eingang liegt rechter Hand auf der nächsten Terrasse der **Palacio de las Grecas y de la Guerra** (Tempel des Zackenmusters und Krieges) mit einem Zickzack-Motiv, das möglicherweise die Gottheit Quetzalcóatl repräsentiert.

Auf der nächsten Plattform verdient das **Mural de las Cuatro Eras** (Tempel der vier Weltzeitalter) Beachtung. Die Stuck-Paneele aus dem 8. Jh. zeigen Opferungsszenen gefangener Krieger, eingebunden in das kosmologische Weltbild der vier Zeitalter. Toniná war in jener Epoche offenbar in ständige Auseinandersetzungen mit seinen mächtigen Nachbarn Palenque sowie Calakmul verwickelt. Im Jahre 711 gelang es sogar, Palenques König K'an Hoy Kitam gefangen zu nehmen und wie üblich den Göttern zu opfern.

Auf der höchsten Plattform lag der von mehreren Tempeln umschlossene Königspalast. Am besten erhalten ist der **Templo del Monstruo de la Tierra** (Tempel des Erdmonsters) mit seinem noch gut erhaltenen Dachkamm. Die höchste Plattform der Akropolis wird vom **Templo del Espejo Humeante** (Tempel des rauchenden Spiegels) eingenommen, der erst im 9. Jh. entstand, als Toniná, wie die anderen Stadtstaaten auch, bereits im Niedergang begriffen waren.

Infos

Öffnungszeiten

Die Anlage ist zu besichtigen tgl. 8–17 Uhr, das Museum von 9–16 Uhr.

An- und Weiterfahrt

Die Ruinenstätte ist nur mit Mietwagen, Taxi oder einem Collectivo (Sammeltaxi) von Ocosingo aus erreichbar. Hinter Ocosingo dann weitet sich das Tal und leitet über zur Hochebene, in der San Cristóbal liegt. Etwa 12 km vor dem Ziel im Südwesten mündet die MEX 199 in die von der guatemaltekischen Grenze und Comitán kommende MEX 190.

San Cristóbal de las Casas ! ► E 14

Die in eine hügelige Umgebung eingebettete, etwa 150 000 Einwohner zählende Stadt gehört zu den schönsten Kolonialorten Mexikos und damit zu den bevorzugten Zielen der Touristen, obwohl sie nach wie vor nur über spektakuläre Bergstraßen zu erreichen ist. Bis zum nächsten Flughafen in Tuxtla Gutiérrez fährt man 130 km über kurvenreiche Straßen hinab ins 1500 m tiefer gelegene Tal des Río Gríjalva, und nach Palenque führt eine über 240 km lange Route durch den Bergregenwald der nördlichen Sierra.

Stadtgeschichte

Der im März 1528 als Chiapa de Españoles gegründete Ort diente zunächst als Mittelpunkt der Encomienda Chamula, die Bernal Díaz de Castillo zugesprochen worden war. Die wenigen Spanier lebten um den heutigen Zócalo im sogenannten Viertel El Recinto, die unterschiedlichen Stämmen angehörenden indianischen Hilfskräfte in umliegenden eigenen Vierteln – eine Ghettobildung, die sich noch in den heutigen Namen wie Barrio de Mexicano, Barrio de Tlaxcala und Barrio de Cuxtitali widerspiegelt. Im Laufe der Jahrhunderte hat die Niederlassung mehrfach ihren Namen geändert. Zwischen 1531 und 1535 hieß sie San Cristóbal de los Llanos, nannte sich dann bis 1829 Ciudad Real de Chiapas, trug ab 1844 im Gedenken an den bedeutenden Kirchenmann und Indianerfreund Pater Bartolomé de las Casas den Namen San Cristóbal de las Casas, zwischen 1934 und 1944 Ciudad de las Casas und erhielt dann wieder den noch heute gültigen Namen San Cristóbal de las Casas. Der Namenspatron war von 1543 bis 1551 Bischof von Chiapas und versuchte vergeblich, die Interessen der Indios gegen die Großgrundbesitzer durchzusetzen.

Bis 1892 nahm San Cristóbal auch die Hauptstadtfunktion wahr, musste sie dann aber an das aufstrebende Tuxtla Gutiérrez abtreten. Die Bevölkerung wuchs zunächst nur langsam und ihre Zahl blieb über zwei Jahrhunderte fast konstant. Noch 1682 zählte die Stadt nur 3755 Einwohner darunter 570 Spanier, 1710 Mestizen, 755 Mulatten und Schwarze sowie 130 Indios. Im 18. Jh. wurde San Cristóbal hinsichtlich der Einwohnerzahl sogar von Orten wie Cometán und Venustanio Carranza weit überflügelt. Eine der Hauptursachen für die Stagnation der Bevölkerungszahl dürfte der Mangel an landwirtschaftlicher Nutzfläche gewesen sein, der wiederholt zu Hungersnöten geführt hat, zumal aufgrund der isolierten Lage eine Versorgung von außen kaum möglich war. Von Beginn an wurden die ansässigen Indios von den Spaniern ausgebeutet. Wie damals üblich, waren sie als Teil der Encomienda zu Zwangsabgaben an den Großgrundbesitzer verpflichtet, die sie als Sach- oder Dienstleistungen zu erbringen hatten.

Wiederholt haben vor allem die kämpferischen Chamulanen gegen die Unterdrückung und Ausbeutung rebelliert, mussten sich jedoch jedes Mal der Feuerkraft der spanischen Waffen beugen. Der größte Aufstand fand im Jahre 1712 statt, als ein vereintes Indio-Heer auf San Cristóbal marschierte und die Stadt belagerte. Eine weitere erfolglose Auflehnung entzündete sich an der Erscheinung der ›sprechenden Steine‹ im Jahre 1868, die ähnlich wie die ›sprechenden Kreuze‹ (s. S. 141) das Wort Gottes verkündet haben sollen. Erst im Januar 1994 hielt die zapatistische Freiheitsarmee San Cristóbal für einige Tage besetzt, ehe sie freiwillig abzog, um den Kampf im Petén fortzusetzen.

Stadtzentrum

Rund um die Plaza

Mit seinen unzähligen, meist zweistöckigen Häusern und den gepflasterten Straßen hat sich San Cristóbal wie kaum eine andere Stadt Mexikos sein koloniales Bild auf einer recht ausgedehnten Fläche fast unverfälscht bewahrt. Mittelpunkt der Altstadt ist der **Zócalo** 1, auch Plaza 31 de Marzo genannt, der noch bis Beginn des 20. Jh. als Markt diente und heute mit seinen Bäumen und Bänken den ruhenden Pol bildet.

An der Nordwestecke überragt ihn die **Kathedrale** 2, deren Grundstein die Spanier bereits am Tage der Stadtgründung im Jahre 1528 legten. Damals entstand eine bescheidene Kirche mit dem Namen Nuestra Señora de la Asunción, die 1533 fertiggestellt war und 1538 durch eine Papstbulle in den Rang einer Kathedrale erhoben wurde. Noch 1692 bestand der Bau vollständig aus Adobe (Stampflehm) und war alten Quellen zufolge in schlechtem Zustand. Ihr heutiges Gesicht erhielt die Kirche erst Mitte des 18. Jh., wobei sich die Baumeister am Stil der Kathedrale von Antigua Guatemala orientierten, die 1680 fertiggestellt worden war. Wie in mexikanischen Kirchen üblich, prangt auch hier das Innere in üppigem Barock mit vergoldeten Altären wie dem Retablo de los Reyes aus dem Jahre 1790. Die beiden Kapellen sind der Virgen de Guadalupe und der Virgen de la Concepción geweiht.

Im 17. Jahrhundert entstand auf dem noch freien Grundstück neben der Kathedrale die **Iglesia de San Nicolás Tolentino** 3, ein bescheidener, rechteckiger Kirchenbau, bei dessen Innengestaltung die für Chiapas typische großzügige Verwendung von Holz besonders gut zum Ausdruck kommt.

Die westliche Front der Plaza beherrscht der weiß leuchtende Palacio Municipal 4, dessen Bau sich von 1885 bis ins 20. Jh. hineinzog. Errichtet wurde er in der sogenannten Neoklassik von Flores, die etwa ein halbes Jahrhundert zuvor in Guatemala erstmals in Erscheinung getreten war und sich wahrscheinlich auf ein 1858 publiziertes Werk des Architekturtheoretikers Vignola stützte. Mit seiner symmetrischen, durch 17 Arkadenbögen aufgelockerten Front gehört das Rathaus von San Cristóbal zu den schönsten

Zapatisten

Die nach dem 1919 erschossenen Freiheitshelden Emiliano Zapata benannte marxistisch orientierte Bewegung, die sich offiziell als ›Ejercito Zapatista de Liberación Nacional‹ (EZLN, Zapatistische Nationale Befreiungsarmee) bezeichnete, trat erstmals am 1. Januar 1994 öffentlich in Erscheinung. Die überwiegend aus der Indiobevölkerung bestehenden Anhänger besetzten unter dem Befehl ihres legendenumwobenen Anführers Subcommandante Marcos mehrere Ortschaften und Städte im Hochland, darunter San Cristóbal und Ocosingo. Ziel war der Kampf um mehr Autonomie der indigenen Bevölkerung.

Lieblingsort

Im Abendsonnenlicht – Kathedrale in San Cristóbal 2

Es ist bestimmt kein Zufall, dass sich die Fassade der Kathedrale der Abendsonne zuwendet, in den letzten Strahlen ihre ganze Schönheit entfaltet und dass der davorliegende Platz groß genug für ein breites Publikum ist. Indios der Umgebung treffen hier zusammen, Jugendliche mit Gitarre, Touristen mit Kamera. Je tiefer die Sonne sinkt, desto länger wird der Schatten des Kreuzes auf dem Hauptplatz, bis er fast mit der Fassade der Kirche verschmilzt – eine perfekte Inszenierung aus kolonialer Zeit, die ich immer wieder gerne betrachte. Bis heute rührt auch die Stadtverwaltung nicht daran – und dass unter dem Platz eine Tiefgarage liegt, merkt man nicht.

Beispielen dieses lateinamerikanischen Architekturstils. Während des Aufstandes 1994 hielt die zapatistische Freiheitsarmee das Gebäude besetzt.

An der Südostecke der Plaza dominiert die strenge koloniale Front des Hotels Santa Clara, das auch als **Casa Diego de Mazariegos** 5 ausgegeben wird. Es ist allerdings sehr zweifelhaft, dass der Stadtgründer hier residiert hat. Nach historischen Quellen soll sein Haus an der Südwestecke der Plaza gestanden haben, wobei allerdings nicht ganz klar ist, auf welcher Seite der von Nord nach Süd am Rathaus vorbeiführenden Straße Miguel Hidalgo. Unlängst wurde die Verbindungsstraße zwischen dem Zócalo und dem Konvent Santo Domingo, die Avenida 20. de Noviembre, zur Fußgängerzone *(Andador Touristico)* erklärt. Gleiches gilt für das erste *quadra,* den ersten Block, der von der Plaza nach Osten führenden Real de Guadalupe und die Hidalgo, die südliche Verlängerung der Noviembre bis zum Templo y Arco del Carmen. Dadurch ist der Autoverkehr in der Stadt, der in den letzten Jahren erheblich zugenommen hat, etwas entschärft worden.

Iglesia del Convento Santo Domingo 6

Zugang links neben der Hauptfassade der Kirche, geöffnet Mo–Sa 9–14 und 16–18 Uhr

San Cristóbals bedeutendstes Sakralbauwerk liegt fünf Blocks *(quadras)* nördlich der Plaza zwischen der Avenida Géneral Utrillo und der Avenida 20 de Noviembre. Das Kloster der Dominikaner war nach dem in Antigua Guatemala das zweite auf dem Boden der Neuen Welt und die erste Niederlassung des Ordens in Chiapas. Nach einjähriger, beschwerlicher Reise waren die Padres auf Anordnung Bartolomé de las Casas am 12. März 1545 aus Salamanca kommend in San Cristóbal eingetroffen, wurden aufgrund ihrer indiofreundlichen Haltung von den Spaniern aber rasch wieder vertrieben und zogen sich nach Chiapa de Corzo zurück. Ein Jahr später bekamen sie von der Stadtverwaltung einen Platz für ihr geplantes Kloster zugewiesen, verbunden mit der Erlaubnis, über 16 000 indianische Arbeitskräfte der Encomienda (Landzuteilung an verdiente Soldaten, inkl. Tributpflicht), zum Bau ›auszuleihen‹. Durch den Widerstand der weißen Großgrundbesitzer, die gegen die ›Zweckentfremdung ihrer Indios‹ opponierten, ging die Arbeit jedoch nur langsam voran, sodass Kirche und Kloster erst 1551 fertiggestellt werden konnten. Im Laufe der weiteren Jahrhunderte hat der Komplex zahlreiche Änderungen und Erweiterungen erfahren und verkörpert nunmehr den barocken Stil des ausgehenden 17. Jh.

Die nach Westen ausgerichtete Hauptfassade besticht durch ihren reichen floralen Schmuck, die gedrehten Säulen und die in Nischen angeordneten Heiligenfiguren; der Seitenzugang zeigt hingegen Einflüsse aus dem benachbarten Guatemala, dem der Orden in jener Zeit unterstand. Das Klostergebäude dient heute als Museum der Indiogenossenschaft San Jolobil (Haus der Weber), die sich große Verdienste um die Wiederbelebung der alten Handweberei erworben hat.

Templo de Caridad 7

Unmittelbar neben der Kirche Santo Domingo erhebt sich der wesentlich kleinere **Templo de Caridad** (Kirche der Barmherzigkeit), der zum Kloster des Ordens San Juan de Díos gehörte und aus dem beginnenden 18. Jh. stammt. Auch er hat sein Vorbild in der guatemaltekischen Stadt Antigua. Die Baukosten wurden durch Steuern aufgebracht, die man den Indios abpresste. Dadurch aber wurde auch der große Aufstand von 1712 ausgelöst. Der angebaute Flügel diente früher als Hospital und beherbergt heute das **Centro de los Altos,** ein Museum zur Stadtgeschichte (Di–So 10–17 Uhr). Am anderen Ende des Gebäudes liegt das Weberzentrum **San Jolobil** mit einer informativen Präsentation der lokalen Textilverarbeitung. Das Gelände um die beiden Kirchen hat sich zum wichtigsten **Kunsthandwerksmarkt** der Stadt entwickelt, der vor allem Produkte der Umgebung für die Touristen feilbietet, mittlerweile aber von Händlern aus ganz Mexiko aufgesucht wird und somit etwas von seinem Lokalkolorit verloren hat.

Markt 8

Ein Besuch am Markt, ein Stück weiter die Straße Géneral Utrillo hinauf, ist ebenfalls lohnenswert, obwohl er viel vom früheren Flair eingebüßt hat.

Museo de la Medicina Maya 9

Salomon Gonzáles Blanco 10, Tel. 967 678 54 38, www.medicinamaya.org, Mo–Fr 10–18, Sa und So 10–17 Uhr

Das kleine Museum nördlich des Marktes dokumentiert die vom Niedergang bedrohte traditionelle Medizin der indigenen Bevölkerung. Im Mittelpunkt der Ausstellung stehen besonders befähigte Heiler, deren Wirkungsstätten hier gezeigt werden. So findet man einen kleinen Garten mit Heilkräutern, und auch die für die Zeremonien wichtige Herstellung von Kerzen ist veranschaulicht.

Iglesia del Carmen 10

Von den zahlreichen Kirchen sind einige weitere sehenswert. Dazu zählt vor allem die fünf Blocks südlich der Plaza liegende Kirche (Ecke Avenida Miguel Hidalgo/Calle Domínguez) aus dem 16. Jh. Das Besondere ist der abgesetzte, aus Platzmangel über einer Straße errichtete Glockenturm, der 1677 entstand und die befestigten Tore von Segovia in Spanien zum Vorbild haben soll. Die reich geschmückte Fassade im guatemaltekischen Stil steht im Kontrast zu einem relativ nüchternen Innenraum.

Aussichtspunkte

Folgt man der an der Kirche vorbeiführenden Straße (Domínguez) gen Westen, erreicht man die Treppe zum **Mirador** 11, der einen allerdings durch Stromleitungen getrübten Blick über die Stadt bietet und zu dem Frauen aus Sicherheitsgründen nicht allein hinaufsteigen sollten. Auf dem höchsten Punkt steht die **Iglesia de San Cristóbal** 12, im 17. Jh. errichtet und später klassizistisch erweitert. Reizvolle Aussicht gewährt auch der weithin sichtbare **Cerro de Guadalupe** 13 am Ende der gleichnamigen, von der Plaza Richtung Osten führenden Straße.

Museo del Ambar de Chiapas 14

Di–So 10–14 und 16–19 Uhr, www.museodelambar.com.mx

Unterhalb der Iglesia del Calvario, an der Plazuela de la Merced, beweist dieses kleine Museum, dass Bernstein auch in Chiapas gefunden wird. Gezeigt werden exquisite, etwa 30 Mio. Jahre alte Stücke mit Einschlüssen von Insekten. In dem kleinen Geschäft kann man sogar hübsche Unikate erwerben.

Casa Na Bolom 15

Guerrero 33, nur mit Führung, tgl. 16.30 Uhr, www.nabolom.org

Den nachhaltigsten Einblick in das Leben der Indiobevölkerung, aber auch in die Verwüstungen des Lacandonen-Waldes durch den immer weiter fortschreitenden Kahlschlag gewinnt der Besucher in der bereits zur Kultstätte

San Cristóbal de las Casas

Sehenswert
1 Zócalo
2 Kathedrale
3 Iglesia de San Nicolás Tolentino
4 Palacio Municipal
5 Casa Diego de Mazariegos
6 Iglesia del Convento Santo Domingo
7 Templo de Caridad
8 Markt
9 Museo de la Medicina Maya
10 Iglesia del Carmen
11 Mirador
12 Iglesia de San Cristóbal
13 Cerro de Guadalupe
14 Museo del Ambar de Chiapas
15 Casa Na Bolom

Übernachten
1 Casa Mexicana
2 Diego de Mazariegos
3 Mansíon del Valle
4 Real de Valle
5 Hospedaje Margarita
6 Los Camellos

Essen & Trinken
1 El Fogón de Jovel
2 El Jardin de Coba
3 Naturalissimo
4 TierrAdentro
5 Café museo café

Aktiv & Kreativ
1 Instituto de Lenguas Jovel

Abends & Nachts
1 Palenque Rojo

gewordenen Residenz des Ehepaars Frans und Gertrude Blom. Sie liegt ca. 7 Blocks nordöstlich der Plaza. Der bereits 1963 verstorbene Däne Frans Blom gehört zu den Entdeckern zahlreicher Maya-Ruinen und hat früh Forschungen in La Venta, Uxmal und Palenque betrieben, bevor finanzkräftige amerikanische Universitäten den Ruhm für sich beanspruchten. Seine 1993 im Alter von 93 Jahren verstorbene Frau hatte sich als Fotografin vor allem dem Stamm der Lacandonen in den Wäldern des Petér gewidmet (s. S. 72). Ihre Dokumentierung, die sie über Jahrzehnte betrieb, belegt in erschütternder Weise den Niedergang dieses Volkes und die systematische Zerstörung seines Lebensraum. Das Haus bietet auch Unterkunftsmöglichkeiten.

Übernachten

Edel antik – **Casa Mexicana 1**: 28 de Agosto, Nr. 1, Tel. 967 678 06 98, www.hotelcasamexicana.com, DZ ab 100 US-$. Sehr gepflegtes Kolonialhotel mit antiken Möbeln. WiFi.

Gediegen – **Diego de Mazariegos 2**: 5 de Febrero , Nr. 1, Tel. 967 678 08 33, www.diegodemazariegos.com, DZ ab 90 US-$. Geschmackvolles Kolonialhotel in zwei Gebäudekomplexen. WiFi.

Stilvoll – **Mansíon del Valle 3**: Calle Diego Mazariegos, Nr. 39, Tel. 967 678 68 68, Fax 678 25 81, DZ ab 800 Peso. Klassisch eingerichtetes Kolonialhotel mit 65 Zimmern und hübschem Innenhof.

Versteckt – **Real de Valle 4**: Real de Guadalupe 14, Tel. 967 678 06 80, hrvalle@mundomaya.com.mx, DZ ab 400 Peso. Der leicht zu übersehende Eingang in der Fußgängerzone führt in einen großen, glasüberdachten Innenhof. Funktionale Zimmer, etliche (etwas dunkler) auch im angegliederten Neubau.

Beliebte Herberge – **Hospedaje Margarita 5**: Real de Guadalupe 34, Tel. 967 679 12 21, www.mundomaya.com.mx/casamargarita, DZ ab 450 Peso. Einfache, sehr saubere Zimmer mit Bad um einen netten Innenhof. Internet.

Afrikanisch – **Los Camellos 6**: Real de Guadalupe 110, Tel. 967 116 00 97, http://loscamellos.over-blog.com, DZ mit Bad ab 240 Peso, Dorm. 70 Peso. Poppiges Hotel in französischem Besitz mit viel Atmosphäre und afrikanisch eingerichteten Zimmern. WiFi.

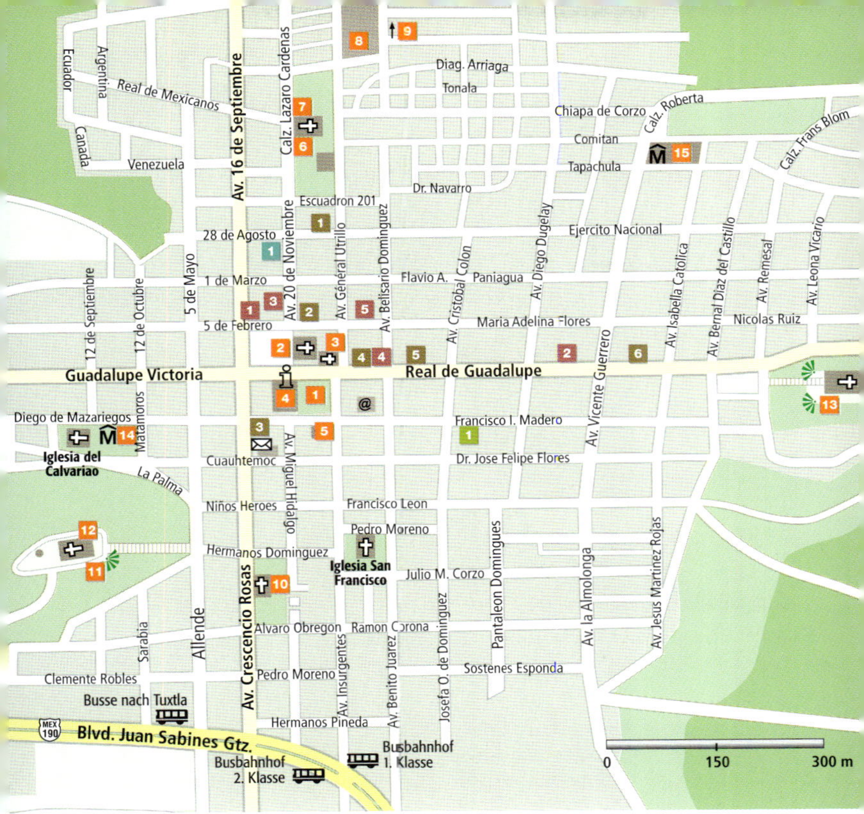

Essen & Trinken

Lokalkolorit – **El Fogón de Jovel** 1: Av 16. Sept. Nr. 11, Tel. 967 678 11 53, www.fogonjovel.com, tgl. 14–16 und 20–22 Uhr. Traditionsrestaurant mit Schwerpunkt einheimischer Chiapaneca-Küche. Spezialität: *Tamales Chiapaneco*. Hauptgerichte ab 80 Peso. Abends Marimba-Kapelle im großen Innenhof.

Französisch angehaucht – **El Jardin de Coba** 2: Real de Guadalupe 74, Tel. 967 674 55 28, tgl. 13–22 Uhr. Gemütlich im europäischen Stil, dekoriert mit Kinoplakaten, eines der wenigen Restaurants mit Kamin und schönem Innenhof. Spezialität Chateaubriand und Crêpes. Gute Weinauswahl. An Wochenenden Musikdarbietungen. Hauptgerichte ab 80 Peso.

Gesundheitsbewusst – **Naturalissimo** 3: Av. 20 de Noviembre in der Fußgängerzone, Tel. 967 899 97, tgl. 7–23 Uhr. Vegetarisches Restaurant in glasgedecktem Innenhof, tgl. wechselnde Mittagsmenüs, Sa und So Büfett 71 Peso. Hauptgerichte sonst ab 40 Peso, hervorragende Säfte.

Revolutionär – **TierrAdentro** 4: Real de Guadalupe 24, Tel. 967 674 67 66, tgl. 8–23 Uhr. Ökologisch ausgerichtetes Café der Zapatistas mit biologisch angebauten Kaffeesorten der Coope-

Breites Angebot in der Straßenküche in San Cristóbal

rativa Autonoma Zapatista und leckeren Snacks ab 40 Peso. Sehr zu empfehlen auch für ausgiebiges Frühstück.

Kosten und lernen – **Café museo café** 5: Flores 10, Tel. 967 678 78 76, Mo–Fr 7–22, Sa und So 8–21 Uhr. Kaffee-Museum, liebevoll gemacht, Kaffeeausschank unterschiedlicher in Chiapas angebauter Sorten. Der Westen des Berglandes ist Mexikos Hauptangebiet für hochwertigen Kaffee.

Aktiv & Kreativ

Habla espanol? – **Instituto de Lenguas Jovel** 1: Francisco I. Madero 45, Tel. 967 678 40 69, www.institutojovel.com. Das Institut bietet kompetenten Sprachunterricht in kleinen Gruppen oder als Einzelunterricht in angenehmer Atmosphäre; deutsche Miteigentümerin.

Abends & Nachts

Maya-Musical – **Palenque Rojo** 1: Teatro Zebadua, Tel. 967 116 11 34, www.palenquerojo.com, Mi–So 20 Uhr. Spektakuläres, farbenprächtiges, folkloristisch angehauchtes Musical über das Leben der Maya unter dem Herrscher Pakal von Palenque.

Infos & Termine

Informationen

Touristenbüro: im Rathaus an der Plaza, Tel. 967 678 06 65, Mo–So 8–20 Uhr. Sehr hilfsbereit, schwarzes Brett mit guten Informationen.

Internet: www.mundomaya.com.mx: Durchaus hübsch gemachte Website, die aber nur wenig wichtige Informationen enthält, dazu einige Links zu Chiapas.

Verkehr

Flug: Der nächste größere Flugplatz liegt in Tuxtla Gutiérrez.

Bus: San Cristóbal verfügt über mehrere Busbahnhöfe an der Durchgangsstraße Tuxtla–Comitán. Vom Busbahnhof der 1. Klasse (DCC-Terminal, Panamericana, Ecke Insurgentes) bestehen Verbindungen u. a. nach: Campeche (ca. 11 Std., nachts), Cancún/Playa del Carmen (mehrfach nachts, ca. 16–18 Std.), Comitán (häufig, ca. 2 Std.), Mérida (ca. 13 Std., nachts), Palenque (häufig, ca. 5 Std.), Villahermosa (2x tgl., ca. 7 Std.). Die Busse nach Mérida und Cancún/Playa del Carmen sollte man frühzeitig buchen. Ein zentrales **Buchungsbüro** für alle Linien ist Ticket Bus, Real de Guadalupe 5a in der Fußgängerzone nahe der Plaza, Tel. 967 678 85 03, tgl. 7–22 Uhr.

Collectivos: Starten neben dem Busbahnhof nach Tuxtla Gutiérrez und Comitán.

Mietwagen: Die ca. 200 km lange Straße von Palenque nach San Cristóbal wird von den einheimischen Autofahrern wegen ihrer vielen Kurven, vor allem aber der unzähligen, oftmals unmotiviert und zudem ohne Markierung angebrachten *topes* gefürchtet. Besonders schön ist nur der erste, durch dichten Bergwald führende Abschnitt von Palenque bis Ocosingo. Wesentlich schöner, aber auch mit über 500 km viel länger ist die Fahrt über Comitán und die Carretera Fronteriza, vorbei an Bonampak mitten durch den Selva Lacandona (s. S. 252).

Stadtrundfahrt

Etwa stdl. zw. 10 und 19 Uhr startet der Tranvia von der Ecke Insurgentes/Domínguez zu einer Stadtrundfahrt.

Feste

Zahlreiche Feste zu Ehren der lokalen Heiligen in den einzelnen Stadtteilen, z. B. **El dulce nombre de Jesús** (Jan., im Barrio Cuxtitali), **Fiesta de San Cristóbal** (17.–25. Juli, Stadtfest).

Umgebung von San Cristóbal ► E 13/14

Reserva Ecológica Huitepec

Di–So 9–15 Uhr

Auf Betreiben der Umweltorganisation Pronatura wurde etwa 4 km außerhalb San Cristóbals an der nach Chamula führenden Straße an den Hängen des 2700 m hohen Cerro de Huitepec ein Ökosystem geschaffen, das bis in die Nebelwaldregion des Gipfels reicht und mehr als 40 Vogelarten beherbergt.

Infos

Infos und Führungen: Pronatura, Pedro Moreno Nr 1, San Cristóbal Tel. 967 678 50 00, www.wiserearth.org.

Comitán de Domínguez ► F 15

Die etwa 85 000 Einwohner zählende Kleinstadt liegt 98 km südlich von San Cristóbal und nahe der guatemaltekischen Grenze in 1600 m Höhe. Sie ist nach San Cristóbal die bedeutendste Siedlung des südlichen Berglandes von Chiapas, wird aber aufgrund ihrer Lage abseits der Haupttouristenroute nur recht selten besucht, obwohl sich der Abstecher durchaus lohnt.

Stadtgeschichte

Die Geschichte Comitáns ist eng mit dem **Orden der Dominika-** ▷ S. 270

Auf Entdeckungstour

Bei den Tzotzil-Maya nahe San Cristóbal

Vorsichtige Kontakte mit Tzotzil, Tzeltal und mit Chamulanen, religiöse Ehrfurcht bei Kerzenschein und Weihrauch in der Kirche von Chamula, bunter Markttrubel in Zinacantán, indianische Töpferkunst in Amantenango de Valle.

Reisekarte: ► E 13/14

Info: Die Dörfer lassen sich zwar mit öffentlichen Verkehrsmitteln (Collectivos) auf eigene Faust besuchen. Es empfiehlt sich jedoch, einen sachkundigen Führer zu engagieren, der mit der Mentalität vertraut ist. Spezialisiert hierauf ist der Franzose Francois Cyril (der auch ein wenig Deutsch und gut Englisch spricht): Calle 28 de Agosto Nr. 19, Tel. 967 118 48 81, cyril_francois@yahoo.com

Die noch tief in ihren Traditionen verwurzelten Gemeinden der Indios gehören zu den beliebtesten Ausflugszielen im Umkreis von San Cristóbal de las Casas, obwohl die Einheimischen den Fremden sehr reserviert gegenüberstehen. Touristen sollten sich deshalb mit äußerster Zurückhaltung bewegen. Insbesondere gilt dies für Film- und Fotoaufnahmen sowie für das Betreten von Privatgrundstücken und Kirchengebäuden.

Selbstbewusste Chamulanen

Das etwa 10 km nordwestlich von San Cristóbal liegende San Juan Chamula erreicht man, sofern man sich nicht einer Tour anvertraut, mit Combis (Minibussen). Sie fahren zwischen 4 und 18 Uhr regelmäßig in San Cristóbal von der Calle Honduras ein Stück nordwestlich des Marktes ab. Der Ort – die sicherlich eindrucksvollste Indio-Siedlung – wurde nach der Niederlage des Volkes bei Chiapa de Corzo im Jahre 1528 von den Spaniern als neue Niederlassung gegründet – für die indianischen Bewohner aus drei benachbarten Gemeinden. Zunächst widersetzten sich die Chamulanen jeglicher Christianisierung, obwohl die Dominikaner bereits kurz nach ihrem Auftreten vor Ort eine erste Kapelle errichtet hatten, deren Ruinen am Ortsrand noch erhalten sind.

Ganz haben sich die Chamulanen dem neuen Glauben bis heute nicht unterworfen, sondern geschickt ihre alte Götterwelt mit dem Monotheismus des Christentums verschmolzen: Christus ist nach ihrer Vorstellung vom Kreuz gestiegen, um als Sonne wiederaufzuerstehen. Das ausgelassen gefeierte, mehrtägige Karnevalsfest vor der Fastenzeit erinnert auch an die fünf ›verlorenen Tage‹ am Endes eines jeden Maya-Jahres, die ganz im Zeichen der Geisterbeschwörung standen. In immer größerem Maße spielt dabei der Cargo-Kult in Verbindung mit dem Alkoholkonsum eine Rolle. Folge der Exzesse ist eine Verarmung der Familien und immer häufiger die Konvertierung zum evangelischen Glauben. Dem Schwund ihres Einflusses begegnen die Kaziken (Gemeindevorsteher) mit Enteignung und Vertreibung der Konvertierten.

Seit 1964 mussten 30 000 Chamulanen ihre Gemeinde verlassen und siedeln nun in Elendsquartieren rings um San Cristóbal. Als sich Samuel Ruiz, der Bischof von Chiapas, gegen den Alkoholmissbrauch wandte, verordneten die Kaziken dem gesamten Dorf, aus der Kirche auszutreten und sich der orthodoxen Gemeinde von Tuxtla Gutiérrez anzuschließen. Die Aktivitäten der Zapatistas in den 1990er-Jahren aber haben auch der Selbstherrlichkeit der chamulanischen Autoritäten einen Dämpfer versetzt und die Rückkehr der ersten Vertriebenen in ihr Heimatdorf ermöglicht.

Ein Juwel an der großen Plaza

Kristallisationspunkt der chamulanischen Glaubenswelt ist die im 17. Jh. errichtete **Kirche.** Der einschiffige Bau folgt dem Muster der alten Kirche, erfuhr jedoch in seinen Proportionen einige Änderungen, die das Gebäude schmaler und höher erscheinen lassen. Das Portal ist in bunten Farben mit stilisierten Figuren, Schmetterlingen und Pflanzenmotiven verziert. Über dem Zugang liegt ein Fenster in einer tiefen Nische. Wie sehr die Glaubensvorstellungen der Chamulanen von denen der traditionellen katholischen Kirche abweichen, wird sofort nach Betreten des Gotteshauses deutlich. Den Besucher empfängt ein leeres Kirchenschiff ohne Bestuhlung. Spärliches Kerzenlicht, Weihrauchschwaden und silhouettenhaft auf dem Boden kauernde, betende Indios verwandeln den Raum in eine mystische Welt, die jeden gefangen nimmt. Man fühlt sich den Göttern der Maya näher als den Heiligen der römisch-katholischen Kirche, auch wenn deren Symbolfiguren, angetan mit farbenprächtigen Gewändern, von den Wänden ringsum herabblicken.

Zum Betreten der Kirche ist ein **Erlaubnisschein** erforderlich, den das kleine Touristenbüro an der Plaza ausstellt. Fotografieren und Filmen sind bereits auf dem Vorplatz strengstens untersagt und werden mit Konfiszierung der Kamera geahndet. Auch das Fotografieren von Personen ist nicht gestattet. Neben der Kirche wurde ein kleines Dorfmuseum eingerichtet (9–16 Uhr). Jeden Sonntag, dem wöchentlichen Markttag, füllt sich der Platz vor der Kirche mit traditionell gekleideten Bewohnern der umliegenden Dörfer – aber auch mit Touristengruppen, die mit Ausflugsbussen von San Cristóbal anreisen.

Farbenfroh kostümiert

An großen Festtagen, besonders an Karneval, verwandelt sich Chamula in einen bunten Hexenkessel aus kostümierten Fahnenschwingern, Musikanten mit Gitarren, Trompeten und Akkordeon, angeführt durch prächtig gekleidete Honoratioren mit silberbeschlagenen Stöcken als Insignien ihrer Würde (Abb. S. 31).

Eine wichtige Rolle spielt der Posh, ein alkoholisches Getränk, das als Teil des schamanischen Rituals bereits in präkolumbischer Zeit bis zur Betäubung genossen wurde, um im Rausch Kontakt zur Götterwelt aufzunehmen. Seit einigen Jahren schon sind die Feste, die auch erhebliche Aggressionen freisetzen, für die Kamera jedoch tabu.

Besonders lohnend ist der Besuch San Juan de Chamulas zum sonntäglichen Markt

Kaum weniger lebhaft geht es bei der Fiesta de San Juán vom 22. bis 25. Juni zu, bei der neben dem religiösen Ritus des Kleiderwechsels der Heiligen auch Tänze und Pferderennen als weltliche Unterhaltung im Mittelpunkt der Feierlichkeiten stehen.

Bei den Pflanzenfreunden

Das Dorf **Zinacantán,** ca. 10 km nordwestlich von San Cristóbal und 8 km von Chamula gelegen, lässt sich recht einfach von Chamula aus zu Fuß erreichen. Wer die 8 km scheut, kann ein nach San Cristóbal fahrendes Colectivo bis zur Abzweigung nehmen und hat dann nur noch etwa 3 km vor sich. Vor Zinacantán verkehren regelmäßig Minibusse nach San Cristóbal.

Der lang gestreckte Ort gilt als der traditionellste in Chiapas und hat ebenfalls ein Fotografierverbot für das Innere der Kirche, das Areal davor und den Friedhof erlassen. Mit seinen Wellblechhütten und der Kirche am Ende der Straße ist er weit weniger eindrucksvoll als Chamula und eigentlich nur während der Feste San Lorenzo (August) und San Sebastián (Januar) besuchenswert. Die Männer tragen dann rot-weiß gestreifte Ponchos und flache runde Hüte aus Palmenfasern, von denen farbige Bänder herabbaumeln. Die Kreuze am Ortseingang, an Weggabelungen und Brunnen gelten als heilige Bäume, die den Menschen beschützen und den Zugang zur Unterwelt markieren.

Zinacantán ist darüber hinaus berühmt für die Kultivierung von Blumen und Herstellung geschmackvoller Webereien, die vor Ort, aber auch in San Cristóbal angeboten werden.

Die Gemeinde der Weber

Das Dorf **Tenejapa,** 30 km nordöstlich von San Cristóbal gelegen, wird von den Tzeltal bewohnt und ist ebenfalls von San Cristóbal aus mit Collectivos und einfachen Bussen zu erreichen. Aufgrund der Entfernung finden Touristen aber nur selten den Weg hierher. Man sollte auch in diesen Ort am Sonntag kommen, wenn Markt abgehalten wird und die Frauen nach wie vor mit Stolz ihre farbenprächtig bestickten Huipiles, die traditionellen Gewänder der Region, tragen. Man sieht sofort, dass die Weberei und Stickerei hier auf höchstem Niveau betrieben wird.

Sehenswert ist die dem Heiligen San Ildefonso geweihte **Kirche** aus dem 18. Jh. mit ihrer weißen, durch kräftiges Rot belebten Fassade. Wie in Chamula und Zinacantán ist auch hier das Fotografieren im Innern nicht gestattet.

Das Karnevalsfest in Tenejapa findet zu Ehren des Heiligen Ildefonso vom 20. bis 23. Januar statt und lohnt einen Besuch.

Tonwaren auf Schritt und Tritt

Anders als in den meisten Indio-Gemeinden sind Besucher in **Amatenango del Valle** an der nach Comitán führenden Straße, etwa 35 km von San Cristóbal entfernt, gern gesehen. Man erreicht den Ort leicht mit einem der zahlreichen Richtung Comitán fahrenden Busse. Sofort nach der Ankunft ist man von einer Kinderschar umringt, die den Fremden zum Kauf der Tonwaren überreden will, die das Dorf berühmt gemacht haben.

Die Auswahl reicht von gewaltigen Aufbewahrungsgefäßen über Vasen, Teller und Becher bis zu kleinen Figuren, die noch nach altem Verfahren gebrannt werden. Die Töpferei, die nur von den Frauen betrieben wird, basiert auf den Tonablagerungen in der Umgebung. Auch die dem hl. Franziskus geweihte Kirche aus dem 18. Jh. verdient einen Blick.

ner verbunden, die hier unter den Tzeltal-Indios um 1548 eine von nur zwei Padres besetzte Missionsstation gründeten und einige Dörfer anlegten. Der Ortsname wurde möglicherweise dem Nahuátl-Wort Comitlán entlehnt, das »Platz der Töpfer« bedeutet, könnte aber auch auf die Maya-Bezeichnung Balún Canán, »Neue Sterne«, zurückgehen. 1596 erhielt die bescheidene Mission den Status eines Klosters und wurde so zum Mittelpunkt religiösen Lebens dieser Region. In diese Zeit fällt auch der Neubau der ersten repräsentativen Kirche, die den Namen **Santo Domingo de Guzmán** erhielt und noch heute im Zentrum an der Plaza steht.

Über die Entwicklung der Stadt während des 17. und 18. Jh. liegen nur spärliche Nachrichten vor. So ist bekannt, dass die Kirche 1768 weitgehend verfallen war, weil man den Dominikanern die Verwaltung der meisten Pfarreien entzogen hatte und sich das Land in einer schwierigen wirtschaftlichen Phase befand. Damals zählte die Stadt etwa 6000 Bewohner, um 1842 war ihre Zahl sogar auf 5000 zurückgegangen und der Ort zum Umschlagplatz für Schmuggelware aus dem benachbarten Guatemala und Belize verkommen. Am 28. August 1821 hatte sich Comitán als erste Stadt in Chiapas von den Spaniern losgesagt und den Anschluss an die neue Republik Mexiko befürwortet.

Der politische Geist blieb aber auch weiterhin wach in dieser abgelegenen Ecke Mexikos. 1913 opponierte der Arzt und Senator **Dr. Belisario Domínguez,** ein Enkel des Vize-Gouverneurs von Chiapas, öffentlich gegen das brutale Vorgehen des damaligen Diktators Victoriano Huerta, der zahlreiche seiner Gegner hatte beseitigen lassen, und wurde dadurch am 8. Oktober 1913 selbst zum Ziel gedungener Mörder. Im Gedenken an den mutigen Lokalpatrioten änderte die Stadt im Jahre 1934 ihren offiziellen Namen von Ciudad de Santa María de Comitán in Comitán de Domínguez. Auch während der Rebellion von 1994 stand die Stadt im Brennpunkt des Geschehens und war vorübergehend in der Hand der Aufständischen.

Stadtzentrum

Rund um die Plaza

Trotz der bewegten Vergangenheit gibt sich Comitán mit seinen überwiegend weißen Fassaden als eine freundliche, ruhige Stadt, in der die Uhren langsamer zu gehen scheinen als sonst im Lande. Mittelpunkt ist eine ungewöhnlich schöne **Plaza** voller exotischer Bäume, gesäumt von schmiedeeisernen Bänken, auf denen sich in den Nachmittagsstunden Passanten niederlassen.

Die etwas tiefer gelegene Nordseite wird von der **Iglesia Santo Domingo** eingenommen, die von ihrer ursprünglichen Konstruktion nur noch wenig erkennen lässt, seit sie Ende des 19. Jh. eine tiefgreifende Umgestaltung erfahren hat. Bemerkenswert sind die dekorativen Blendbögen an der Turmfassade, bei denen sich die Baumeister vom neoromanischen Stil Europas beeinflussen ließen und sogar Elemente des maurisch geprägten Mudéjar-Stils verwendeten. Ein hübscher Brunnen rundet das Bild ab. Auch das angrenzende ehemalige Kloster, in dem heute die **Casa de la Cultura** untergebracht ist, wurde völlig erneuert und hat damit seinen kolonialen Charakter weitgehend eingebüßt.

Kirchen und Museen

Die Stadt hat noch einige weitere, recht eigenwillige Kirchen vorzuweisen, wie die kitschig wirkende **San José** mit ihrer an Zuckerguss erinnernden Fassadendekoration oder die neugotische **San Carlampio**. Sogar mehrere Museen beherbergt Comitán, darunter das **Wohnhaus des Nationalhelden Dr. Belisario Domínguez** mit einer im Original erhaltenen Apotheke aus dem Beginn des 20. Jh. (Av. Central Sur 29, Mo–Sa 10–18.45 Uhr, So 9–12.45 Uhr). Ferner ist ein kleines **archäologisches Museum** mit interessanten Funden aus der näheren Umgebung einen Besuch wert (1a Calle Sur Ote, hinter der Casa de Cultura, Di–So 9–18 Uhr).

Comitán de Domínguez ist zudem der geeignete Ausgangspunkt für den Besuch der Seenlandschaft von Montebello, die in Nadelwald eingebettet ist (s. S. 273).

Übernachten

Kolonialer Touch – **Hotel del Virrey:** Av. Central Norte, Ecke Blvd. Dr. Belisario Domínguez, Tel. 963 632 18 11, DZ ab 420 Peso. Nette, geschmackvoll eingerichtete Zimmer.

Luftig – **Lagos de Montebello:** Blvd. Dr. Belisario Domínguez Norte 14, Tel. 963 632 11 45, DZ ab 410 Peso. 56 geräumige Zimmer, die zweistöckig um einen Innenhof angeordnet sind. Parkplatz.

Kuschelig – **Hotel Delfin:** an der Plaza gegenüber der Kirche, Tel. 963 632 00 13, DZ ab 350 Peso. Kleine, holzgetäfelte Zimmer um gepflegten, liebevoll bepflanzten Innenhof. Parkplatz.

Essen & Trinken

Gepflegt – **Matisse:** 1A Av. Pte Norte 16, Tel. 963 632 71 52, Di–Sa 11–22 Uhr, So bis 17 Uhr, Mo. geschl. Für eine Kleinstadt handelt es sich um ein erstaunlich gutes Restaurant mit schmackhaften Gerichten, darunter besonders leckeren Salaten. Auch die Weinauswahl ist nicht schlecht. Hauptgerichte ab 80 Peso.

Weiträumig – **La Terraza:** Blvd. Dr. Belisario Domínguez Norte 14, im Hotel Lagos de Montebello, Tel. 963 632 11 45, tgl. 7.30–22.30 Uhr. Hauptgerichte ab 50 Peso.

Urgemütlich – **Alis:** Calle Central Poniente Lic. Benito Juárez, Nr. 21, tgl. 8–18 Uhr. Kleines, liebevoll gestaltetes Restaurant in historischem Gebäude. Spezialität *Platón Chiapaneco.*

Infos

Informationen

Oficina de Turismo: Calle Central Ote 6, Nordseite der Plaza, Tel. 963 632 40 47, www.comitan.com (sehr informativ, leider nur in Spanisch), Mo–Fr 9–19, Sa bis 14 Uhr.

Verkehr

Bus: Der Hauptbusbahnhof liegt an der Ecke der Av. Domínguez (Hauptdurchgangsstraße) mit der Calle 3 Sur Poniente, ca. 1,5 km südwestlich des Zentrums.

Es bestehen Verbindungen nach San Cristóbal und Tuxtla (1. Klasse etwa stündlich, 2. Klasse häufiger), nach Ciudad Cuauhtémoc (guatemaltekische Grenze) sowie nach Mérida. Zu den Lagos de Montebello und entlang der Carretera Fronteriza bis Palenque fährt ein Bus vom Terminal an der 2. Av. Pte. Sur 23 (Av. Aranda) südwestlich der Plaza.

Kleine Stadtrundfahrt

Von der Plaza im Zentrum startet mehrfach täglich, sofern sich genug Fahrgäste einfinden, ein Touristenbähnchen zu einer kleinen Stadtrundfahrt.

Auf Entdeckungstour

Entlang der Grenzstraße Carretera Fronteriza

Vorbei an Ruinen und stillen tiefen Seen, durch unberührten Urwald und über reißende Flüsse führt diese ehemalige Militärstraße entlang der guatemaltekischen Grenze durch den Lacandonenwald (Selva Lacandona).

Reisekarte: ► G 15–K 14

Infos: Entlang der 350 km langen Straße zwischen Comitán und Frontera Corozal gibt es einige kleinere Ortschaften, die von Comitán mit Minibussen angefahren werden. Es ist jedoch ratsam, mit dem Mietwagen zu fahren, da Unterkünfte noch selten oder schwer erreichbar sind.

Die Straße ist sehr gut ausgebaut, man sollte aber in Comitán volltanken. Die nächste größere Tankstelle gibt es erst nach 230 km in Benemérito las Americas.

Die früher nur als Piste existierende Straße wurde vom Militär im Verlauf der Auseinandersetzungen mit der zapatistischen Freiheitsbewegung ausgebaut, um Zugang zu deren abgelegenen Rückzugsgebieten im Lacandonenwald zu erlangen. Seit wieder Ruhe herrscht, profitiert der Tourist von dieser Infrastruktur, auch wenn es nach wie vor etliche Militärkontrollen gibt. Somit gelangt man recht komfortabel auf asphaltierter Straße in bis vor Kurzem fast unzugängliche Regionen und kann in einem großen Bogen bis Palenque fahren, vorbei an wichtigen Ruinenstätten (s. S. 252).

Die Straße mit der Bezeichnung MEX 307 beginnt etwa 20 km südlich von Comitán. Zunächst berührt sie, noch durch landwirtschaftlich genutztes Gebiet verlaufend, die Ruinenstadt **Chinkultic** (etwa 2 km zu Fuß von der Straße).

Regionales Zentrum der Maya

tgl. 8–17 Uhr, evtl. noch geschlossen

Das aus der klassischen Epoche stammende und nur zum kleinen Teil ausgegrabene Zentrum war einmal Mittelpunkt eines Regionalreiches, wurde aber 695 von Hasaw Chan, dem Herrscher des wieder erstarkenden Tikal, angegriffen, wobei der König »Jaguarpranke« in Gefangenschaft geriet und wahrscheinlich den Opfertod starb. Die Stadt existierte aber weiter und wurde, wie das letzte Stelendatum (897) zeigt, erst relativ spät verlassen.

Von Weitem schon kann man die hoch oben auf dem Berg liegende Tempelanlage, die sogenannte Acrópolis, erkennen. Ein langer Treppenweg führt durch den Buschwald bis zur Spitze der kleinen Pyramide. Von hier hat man einen weiten Blick über die Wälder, Seen und Felder bis nach Guatemala hinüber, dessen Grenze nur einige Kilometer südöstlich verläuft. Unmittelbar neben dem Heiligtum fällt der Felsen senkrecht zum grünschimmernden **Cenote Agua Azul** ab, der möglicherweise wie in Chichén Itzá als Opferplatz genutzt wurde.

Im Oktober 2008 kam es zu einer blutigen Auseinandersetzung zwischen Einheimischen und der Polizei, bei der es mehrere Tote auf Seiten der Bevölkerung gab, die die Anlage besetzt hatte. Ursache war ein Streit um die Beteiligung an den Einnahmen und der Vorwurf, der Staat vernachlässige den Unterhalt der Ruinen. Bleibt zu hoffen, dass man bald wieder freien Zutritt hat.

Seenlandschaft in Nadelwäldern

Nur wenige Kilometer weiter beginnt die 1959 zum Naturschutzgebiet erklärte Seenlandschaft von Montebello. Die Region erfreut sich bei den Mexikanern an Wochenenden größter Beliebtheit. Eingebettet in hügelige, mitteleuropäisch anmutende Nadelwaldlandschaft, verteilen sich hier auf einer Fläche von 60 km² etwa 50 größere und kleinere Seen, denen zwar das Spektakuläre eines Agua Azul (s. S. 249) fehlt, die sich aber hervorragend als Ziel beschaulicher Wanderungen eignen. Ein großes Tor markiert die Zufahrt. Die nach links führende Asphaltstraße berührt zunächst die kleinen **Lagunas de Colores,** deren Farbe von Türkis bis ins Dunkelblau spielt, und endet nach ca. 3 km auf einem Parkplatz an der großen **Laguna Bosque Azul** (Restaurant, einfache Übernachtungsmöglichkeit, Bootsvermietung). Auf einem etwa 200 m langen Fußweg kann man von hier aus die Lagunas de Montebello erreichen.

Folgt man am Eingangstor des Parks der Straße nach rechts, erreicht man die **Cinco Lagunas** (Fünf Lagunen), von denen La Cañada als die schönste gilt (ca. 1,5 km vom Parkeingang).

7 km entfernt liegt das Dorf **Tziscao** mit einfacher Unterkunft und Versorgungsmöglichkeit.

Durch den einsamen Bergwald

Danach beginnt es einsam zu werden. Dichter Wald bestimmt nun das Bild, durch den sich die Straße windet, hinauf in die Berge, und so zum Teil spektakuläre Aussichten ins benachbarte Guatemala liefert, so z. B. bei km 377. Ein Stück weiter (ca. 125 km von Comitán) zweigt bei der Ortschaft Nueva Jerusalém eine 12 km lange Piste nach **Las Nubes** ab. Das inmitten des Lacandonenwaldes an Wasserfällen und Stromschnellen des Río Santo Domingo gelegene Zentrum des Ökotourismus (ecoturismo_nubes@hotmail.com) wird von einer Indiogemeinde verwaltet. Die Straße erreicht nun bald die Ebene.

Bei **Chajúl** zweigt eine etwa 80 km lange Piste Richtung Benemérito las Americas ab, die **Las Guacamayas** in der Gemeinde Reforma Agraria am Río Lacantún berührt, ein weiteres Zentrum des Ökotourismus mit Übernachtungsmöglichkeiten (guacamayaescarlata@hotmail.com). Die Region ist berühmt für ihre Roten Aras (Macaws). Bleibt man in Chajúl auf der Asphaltstraße, gelangt man dicht entlang der guatemaltekischen Grenze fahrend in einem großen Bogen durch Weideland ebenfalls nach Benémerito las Americas, wo die Zivilisation wieder beginnt. Von hier sind es noch 200 km bis Palenque.

Übernachtung

Übernachtungsmöglichkeiten entlang der Strecke gibt es in Tziscao an den Seen von Montebello, in Benemérito las Americas und den Reservaten von Las Nubes und Las Guacamayas.

Die Lagunas de Montebello sind ein beliebtes Ausflugsziel

Umgebung von Comitán

Klöster der Umgebung

Rings um Comitán liegen etliche, überwiegend von Dominikanern gegründete und lange verlassene wie weitgehend verfallene Kirchen und Klöster aus der Frühzeit spanischer Besiedlung. Sie lassen sich nur mit dem Taxi oder Mietwagen erreichen.

San José Coneta ► G 16
Am eindrucksvollsten ist sicher die Kirche von **San José Coneta,** etwa 50 km südöstlich und abseits der zur Grenze führenden MEX 180. Stehen geblieben ist nur die imposante Fassade des 1670 errichteten Baus, der Teil eines Dominikanerklosters war. Bereits um 1730 ist die Ortschaft infolge des starken Bevölkerungsrückgangs aufgegeben worden.

Copanaguastla ► F 15
Südlich von Comitán trifft man nach etwa 65 km abseits der nach Chiapa de Corzo führenden Nebenstraße CHS 226 auf die Reste des ehemaligen Dominikanerklosters aus der Mitte des 16. Jh. Der festungsartig wirkende Bau vermittelt noch einen guten Eindruck der damaligen Architektur am Beginn der Kolonisierung. Als die Indios der umliegenden Siedlungen an eingeschleppten Krankheiten starben und Erdbeben die Region immer wieder erschütterten, wurde der Konvent zu Beginn des 17. Jh. aufgegeben.

Soyatitán ► F 15
Um die Mitte des 16. Jh. wurde das Kloster gegründet und brannte 1641 ab. Es liegt nicht weit entfernt von Copanaguastla (ca. 11 km) ebenfalls an der CHS 226. Außer der mächtigen Fassade sind auch noch Teile der Mauern des Innenraums erhalten.

Tal des Río Gríjalva ► D/E 14

In kaum mehr einer Stunde windet sich der Bus auf der neu erbauten Nationalstraße 190 (Maut) von Comitán aus der Kühle des Berglandes hinab in das Tal, in das man immer wieder aus der Vogelperspektive blickt, ehe der Bus die Senke erreicht und schnurgerade auf die Hauptstadt von Chiapas, Tuxtla Gutiérrez, zurollt.

Aufgrund ihrer klimatisch begünstigten Lage und ihrer Topografie hat sich die von Río Gríjalva durchflossene Senke zwischen der Sierra Madre de Chiapas im Süden und der Sierra Los Altos de Chiapas zum wichtigsten Siedlungsraum des Staates entwickelt. Hier war es auch, wo die Spanier schon bald nach der Eroberung Tenochtitláns (Mexiko-Stadt) in Berührung mit der einheimischen Bevölkerung kamen, die sich den Eroberungsversuchen erbittert widersetzte. 1525 versuchte Luis Marín vergeblich eine Befriedung, gefolgt von Diego de Mazariegos, dem 1528 schließlich die ersten Stadtgründungen gelangen. Zunächst ließen sich die Spanier und ihr indianisches Gefolge am Ufer des Río Gríjalva an einem Ort nieder, den sie Chiapa nannten und aus dem sich das heutige Chiapa de Corzo entwickelte. Kurz darauf verlegten sie ihr Domizil weiter in die Berge ins heutige San Cristóbal de las Casas.

Tuxtla Gutiérrez ► D 14

Die etwa 600 m hoch gelegene Hauptstadt von Chiapas (ca. 250 000 Einw.) blickt auf eine nur kurze Geschichte zurück. Zunächst machte Tuxtla seinem aus der Nahuatl-Sprache abgeleiteten Namen »Platz der Kaninchen« alle Ehre, war es doch kaum mehr als ein Name auf der Karte der Kolonialherren.

Erst 1546 nahmen zwei Padres aus San Cristóbal erste Kontakte zu den hier verstreut lebenden Indianergemeinschaften auf. Im Verlauf des 18. Jh. entwickelte sich aus einem dieser Indianerdörfer allmählich eine bescheidene Siedlung, die 1768 ihren ersten Bürgermeister erhielt und 1813 zusammen mit Tonala, Tapachula und Palenque den Status einer Kleinstadt (Villa) verliehen bekam. Zwei Jahre später zählte sie 4000 überwiegend indianische Einwohner, wobei allerdings auch jene mitgezählt waren, die auf ihren Gehöften in der Umgebung lebten.

Die große Stunde der Stadt schlug am 11. August 1892, als der Gouverneur des Staates Chiapas sie zur **Landeshauptstadt** erhob. Einer der Gründe dafür dürfte die unglückliche Rolle San Cristóbals, bis dahin Metropole, in den Auseinandersetzungen zwischen den Liberalen und den Konservativen gewesen sein, bei denen San Cristóbal den österreichischen Herrscher Maximilian unterstützt hatte.

Sehenswertes

Heute erwartet den Besucher eine lebhafte, weit ausgedehnte Großstadt mit modernem Zentrum, die ihr touristisches Interesse vor allem der Nähe zum Sumidero Cañon verdankt.

Mittelpunkt der Stadt ist die weiträumige, von modernen Bauwerken umschlossene **Plaza Cívica,** die an ihrer Nordseite untertunnelt ist. An der Südseite erhebt sich die schneeweiße **Kathedrale San Marcos,** die zwar auf eine Kirche aus dem 17. Jh. zurückgehen soll, nunmehr aber die Züge einer modernen Architektur des 20. Jh. trägt. Der Besuch des Platzes lohnt sich vor allem an Wochenenden, wenn sich in den Abendstunden die ganze Farbigkeit mexikanischen Lebens wie auf einer großen Bühne entfaltet.

Gut 1 km nordöstlich liegt der **Parque Madero** mit dem **Museo Regional de Chiapas** und einem hübschen, auf einheimische Arten spezialisierten **Botanischen Garten** (beide Di–So 9–16.30 Uhr). Abends sollte man – vor allem an den Wochenenden – den **Jardín de Marimba,** neun Blocks westlich der Plaza neben der Kirche Guadalupe, besuchen. Im zentralen Pavillon haben die besonders in Tuxtla beliebten Marimba-Gruppen ihren großen Auftritt, zuweilen begleitet von Tanz.

Übernachten

Luxuriös – **Camino Real Tuxtla**: Blvd. Dr. Belisario Domínguez 1195, 4 km westl. der Plaza, Tel. 961 617 77 77, www.caminoreal.com/tuxtla, DZ ab 100 US-$. Ein komfortables 4-Sterne-Hotel mit gelungenem Interieur und allen Annehmlichkeiten dieser Kategorie. Parkplatz.

Oldfashioned – **Bonampak:** Blvd. Dominguez 180, Tel. 961 613 20 50, DZ ab ca. 90 US-$. Eines der ältesten Hotels in Tuxtla, renoviert, aber nach wie vor mit nostalgischem Touch, sehr zuvorkommender Service. Das Haus liegt etwas außerhalb des Zentrums. In der Lobby befindet sich eine bemerkenswerte Kopie der Wandmalereien der Ruinen von Bonampak. Es gibt einen Parkplatz und ein gutes Restaurant.

Zentrale Lage – **María Eugenia:** Av. Central Oriente 507, Tel. 961 613 37 67 71, www. mariaeugenia.com.mx, DZ ab ca. 1000 Peso. Sehr gepflegtes, etwas plüschiges älteres Hotel mit Pool nahe

der Plaza. Die Zimmer, die zur Hauptstraße hinausgehen, können evtl. etwas laut sein. Ansonsten gutes Preis-Leistungs-Verhältnis, im Haus gibt es auch ein beliebtes Restaurant (s. u.).
Beliebt und preiswert – **Catedral**: 1a Av. Norte Oriente Nr. 367, Tel. 961 613 08 24, DZ ab 250 Peso. Das Catedral ist ein verschachteltes, zentral gelegenes Hotel mit kleinen, sauberen Zimmern. Sehr freundlich.

Essen & Trinken

Folkloristisch – **Las Pichanchas**: Av. Central Ote 337, etwas außerhalb des Zentrums, Tel. 961 612 53 5, tgl. 12–24 Uhr. Einheimische Spezialitäten *(Tamales* und *Sopa de Chipilín)*, schönes Ambiente im Innenhof. Exzellente Folkloredarbietungen und Marimbamusik. Hauptgerichte ab ca.100 Peso.
Auf dem Präsentierteller – **Trattoria San Marco:** Plaza San Marco, hinter der Kathedrale, Tel. 961 612 69 74, tgl. 8–24 Uhr. Man sitzt schön unter Arkaden bei Pasta und großer Auswahl an Pizza mit Blick auf die flanierenden Passanten. Hauptgerichte ab 70 Peso.
Fleischlos – **Nah Yaxal:** 6a Calle Pte Norte 124, Tel. 961 613 96 48, Mo–Sa 7–22, So bis 16 Uhr. Treffpunkt der Vegetarier. Besonders beliebt für ein ausgiebiges, gesundes Frühstück mit Müsli, Saft und Früchten. Hauptgerichte ab ca. 60 Peso.

Einkaufen

Landestypisches – **Casa de las Artesanías de Chiapas:** Blvd. Domínguez 2035, ca. 2 km westl. der Plaza, Tel. 961 612 22 75, Mo–Sa 10–20, So bis 15 Uhr. Große Auswahl landestypischer Souvenirs. Angeschlossen ist ein kleines ethnografisches Museum.

Mein Tipp

Ein Hort für die bedrohte Fauna von Chiapas
Zu den größten Attraktionen Tuxtlas gehört der im Süden liegende Zoológico Miguel Álvarez de Toro (ZOOMAT). Der im Jahre 1942 eröffnete Zoo wurde nach seinem Direktor, einem engagierten Naturschützer, benannt. Dieser hatte sich auf die überaus artenreiche Fauna von Chiapas spezialisiert. Zu sehen sind neben Schmetterlingen, Spinnen und Vögeln auch Raubkatzen, der Besucher erhält dabei zugleich vorbildliche Erläuterungen und deutliche Hinweise auf die Schutzbedürftigkeit der Tiere (Di–So 9.30–17.30 Uhr).

Infos

Informationen

Oficina de Turismo: Die Touristeninformation befindet sich in der Unterführung an der Nordecke der Plaza, Calle Central Norte/2a Norte Ote, Tel. 961 612 55 11, Mo–Sa 9–21, So bis 14 Uhr.

Verkehr

Flug: Der Flugplatz liegt etwa 8 km südwestlich des Zentrums. Die Verbindungen nach Mexiko-Stadt sind direkt, zu anderen Zielen wie Mérida oder Cancún nur mit Umstieg in Mexiko-Stadt.
Bus: Die Busse der 1. Klasse ADO, UNO, OCC fahren vom neuen Busterminal OCC im Westen der Stadt (Blvd. Antonio Pariente 551. Col. Cafetales, Tel. 961 125 1580). Verbindungen existieren u. a. nach Palenque, San Cristóbal und Villahermosa.

Chiapa de Corzo ▸ D14

Obwohl die kleine Kolonialstadt am Río Gríjalva zu den ältesten Niederlassungen in Chiapas zählt, steht sie ganz im Schatten der nur 15 km entfernten Metropole. Aufgrund ihrer interessanten Kolonialbauten und der geruhsamen Atmosphäre sollte man den Abstecher dennoch nicht versäumen.

Der Ort wurde als spanisch-indianische Siedlung im Jahre 1528 von Diego de Mazariegos während seiner Eroberung von Chiapas gegründet. Gut 20 Jahre später fanden die Dominikaner freundliche Aufnahme durch die Großgrundbesitzer, die ihnen einen Platz und Arbeitskräfte zur Errichtung einer Kirche und eines Klosters zuwiesen. Ob sofort mit den Bauarbeiten begonnen wurde, ist ungeklärt. Erst vom Ende des 16. Jh. liegt uns ein Bericht über eine stattliche Anlage vor, die damals als eine der schönsten und größten in Nueva España gepriesen wurde. Am 21. Oktober 1863 war der Ort Schauplatz eines erbitterten Gefechts zwischen den konservativen Anhängern Kaiser Maximilians und den liberalen Kräften unter Leitung des Gouverneurs Ángel Albino Corzo, dem die Stadt heute ihren Namen verdankt.

Rings um die Plaza

Herz der Kleinstadt ist die weiträumige baumbestandene Plaza, deren Zentrum ein allseitig offenes achteckiges **Brunnenhaus** in Gestalt einer Krone ziert, das eine merkwürdige Mischung aus italienischen, gotischen und arabischen Stilelementen zeigt.

Die Westseite der Plaza begrenzt der massive Komplex des Dominikanerklosters mit seiner **Iglesia Santo Domingo,** die Ende des 16. Jh. möglicherweise auf den Fundamenten einer älteren Dorfkirche entstand. Einen sehr schönen Blick über die Stadt hat man von dem Hügel unmittelbar südöstlich der Plaza, dem **›Fuerte Independencia‹.** Hier oben wurde am 21. Oktober 1863 die Entscheidungsschlacht zwischen den Royalisten und den Anhängern von Benito Juárez ausgetragen.

Sumidero Cañón ! ▸ D 13

Größte Attraktion der Ortschaft aber ist der sich hier öffnende Cañon des Río Gríjalva, der auch als Sumidero Cañón bezeichnet wird. Bis über 1000 m steigen die Wände beiderseits des aufgestauten und deshalb fjordartig wirkenden Flusses fast senkrecht aus dem Wasser. Die steilen Felsen sind mit Moosen und Farnen bedeckt, Wasserfälle stürzen in die Tiefe und zahlreiche Vogelarten wie Kormorane, Reiher und Pelikane; sogar Alligatoren haben hier ihr Revier.

Bootsfahrt durch den Cañón

Unter der Brücke befinden sich die Anlegestellen der Ausflugsboote. Sie nehmen max. 12 Passagiere auf, die in einer etwa 2-stündigen Exkursion durch die Schlucht jagen (Kopfbedeckung, Sonnenschutzmittel und winddichte Jacke nicht vergessen). Der Fluss lässt sich etwa 35 km bis zum Staudamm von Chicoasen mit dem Boot befahren.

Fast noch dramatischer ist der Blick von einem der **Miradores** (Aussichtspunkte) an der Panoramastraße, die ein Stück entlang der Canyon-Kante verläuft. Man erreicht sie von Tuxtla Gutiérrez mit dem Taxi, sofern man keinen Mietwagen zur Verfügung hat.

Übernachten

Klassisch – **La Ceiba:** Domingo Ruiz 300, Chiapa de Corzo, Tel. 961 616 07 73, DZ ab ca. 700 Peso. Hübsches, klimatisiertes 4-Sterne-Hotel mit etwas einfachen, aber komfortablen Zimmern. Pool, Restaurant.

Essen & Trinken

Im Grünen – **Jardines de Chiapa**: Madero 395, Chiapa de Corzo, Tel. 961 616 01 98, tgl. 10–22 Uhr. Gemütlicher begrünter Innenhof. Gute Fischgerichte. Hauptgerichte ab ca. 90 Peso.

Infos & Termine

Verkehr

Bus: Chiapa de Corzo liegt an der Hauptroute Tuxtla Gutiérrez–San Cristóbal. Von Tuxtla fahren Minibusse (Transportes Chiapa–Tuxtla, Av. 2a Sur Oriente/Ecke Calle 2a Oriente Sur, 2 Blocks südöstl. der Plaza) nach Chiapa, Fahrzeit ca. 20 Min.

Regelmäßig auch Busse **2. Klasse** vom zentralen Busterminal in Tuxtla Richtung San Cristóbal: Mit diesen kann man von Chiapa de Corzo hinauf nach San Cristóbal fahren, die Fahrtzeit beträgt ca. 1 Std.

Feste

Januar: Chiapa de Corzo ist über die Grenzen hinaus bekannt für seine ungewöhnlichen Feste im Januar (zw. 9. und 21.). *Parachicos,* junge Männer mit blonden Perücken und Masken, als spanische Konquistadoren verkleidet, tanzen am 15., 17. und 20. Januar durch die Straße. Höhepunkt ist eine ›Seeschlacht‹ auf dem Fluss am 21. Januar, die mit einem Feuerwerk abgeschlossen wird.

Rasend schnell durchschneidet das Boot das Wasser des Sumidero Cañón

Sprachführer Spanisch (mexikanisch)

Ausspracheregeln

In der Regel wird Spanisch so ausgesprochen wie geschrieben. Treffen zwei **Vokale** aufeinander, so werden beide einzeln gesprochen (z. B. E-uropa). Die **Betonung** liegt bei Wörtern, die auf Vokal, n oder s enden, auf der vorletzten Silbe, bei allen anderen auf der letzten Silbe. Liegt sie woanders, wird ein Akzent gesetzt (z. B. teléfono).

Konsonanten:

c	vor a, o, u wie k, z. B. casa; vor e, i wie englisches th, z. B. cien
ch	wie tsch, z. B. chico
g	vor e, i wie deutsches ch, z. B. gente
h	wird nicht gesprochen
j	wie deutsches ch, z. B. jefe
ll	wie deutsches j, z. B. llamo
ñ	wie gn bei Champagner, z. B. niña
qu	wie k, z. B. porque
y	am Wortende wie i, z. B. hay; sonst wie deutsches j, z. B. yo
z	wie englisches th, z. B. azúcar

Allgemeines

guten Morgen/Tag	buenos días
guten Tag (ab 12 Uhr)	buenas tardes
guten Abend/gute Nacht	buenas noches
auf Wiedersehen	adiós
Entschuldigung	perdón
hallo/wie geht's	hola/¿Qué tal?
bitte	de nada/por favor
danke	gracias
ja/nein	sí/no
Wie bitte?	¿Perdón?

Unterwegs

Haltestelle	parada
Bus/Auto	autobús/coche
Ausfahrt/-gang	salida
Tankstelle	gasolinera
rechts	a la derecha
links	a la izquierda
geradeaus	todo recto
Auskunft	información
Telefon	teléfono
Postamt	correos
Bahnhof/Flughafen	estación/aeropuerto
Stadtplan	mapa de la ciudad
alle Richtungen	todas las direcciones
Eingang	entrada
geöffnet	abierto/-a
geschlossen	cerrado/-a
Kirche	iglesia
Museum	museo
Strand	playa
Brücke	puente
Platz	plaza/sitio

Zeit

Stunde	hora
Tag	día
Woche	semana
Monat	mes
Jahr	año
heute	hoy
gestern	ayer
morgen	mañana
morgens	por la mañana
mittags	al mediodía
abends	por la noche
früh	temprano
spät	tarde
Montag	lunes
Dienstag	martes
Mittwoch	miércoles
Donnerstag	jueves
Freitag	viernes
Samstag	sábado
Sonntag	domingo

Notfall

Hilfe!	¡Socorro!
Polizei	policía
Arzt/Zahnarzt	médico/dentista
Apotheke	farmacia
Krankenhaus	hospital
Unfall	accidente

Schmerzen	dolores
Panne	avería

Übernachten

Hotel	hotel
Pension	pensión
Einzelzimmer	habitación individual
Doppelzimmer	habitación doble
mit/ohne Bad	con/sin baño
Toilette	servicio/baño
Dusche	ducha
mit Frühstück	con desayuno
Halbpension	media pensión
Gepäck	equipaje
Rechnung	cuenta

Einkaufen

Geschäft/Markt	tienda/mercado
Kreditkarte	tarjeta de crédito
Geld	dinero
Geldautomat	cajero (automático)
Lebensmittel	víveres
teuer	caro/-a
billig	barato/-a
Größe	talla/tamaño
bezahlen	pagar

Zahlen

1	uno	17	diecisiete
2	dos	18	dieciocho
3	tres	19	diecinueve
4	cuatro	20	veinte
5	cinco	21	veintiuno
6	seis	30	treinta
7	siete	40	cuarenta
8	ocho	50	cincuenta
9	nueve	60	sesenta
10	diez	70	setenta
11	once	80	ochenta
12	doce	90	noventa
13	trece	100	cien
14	catorce	150	cientocincuenta
15	quince	200	doscientos
16	dieciséis	1000	mil

Die wichtigsten Sätze

Allgemeines

Sprechen Sie Deutsch/Englisch?	¿Habla Usted alemán/inglés?
Ich verstehe nicht.	No entiendo.
Ich spreche kein Spanisch.	No hablo español.
Ich heiße …	Me llamo …
Wie heißt Du/ heißen Sie?	¿Cómo te llamas/ se llama?
Wie geht es Dir/ Ihnen?	¿Cómo estás/ está Usted?
Danke, gut.	Muy bien, gracias.
Wie viel Uhr ist es?	¿Qué hora es?

Unterwegs

Wie komme ich zu/nach …?	¿Cómo se llega a …?
Wo ist …?	¿Dónde está …?
Könnten Sie mir bitte … zeigen?	¿Me podría enseñar …, por favor?

Notfall

Können Sie mir bitte helfen?	¿Me podría ayudar, por favor?
Ich brauche einen Arzt.	Necesito un médico.
Hier tut es mir weh.	Me duele aqui.

Übernachten

Haben Sie ein freies Zimmer?	¿Hay una habitación libre?
Wie viel kostet das Zimmer pro Nacht?	¿Cuánto vale la habitación al día?
Ich habe ein Zimmer bestellt.	He reservado una habitación.

Einkaufen

Wie viel kostet …?	¿Cuánto vale …?
Ich brauche …	Necesito …
Wann öffnet/ schließt …?	¿Cuándo abre/ cierra …?

Zubereitung/Spezialitäten

a la plancha	gegrillt
a la tampiqueña	Fleisch mit Gemüsebeilagen, Reis, Tortilla und Guacamole
al ajillo	in Knoblauchsoße
ahumado/-a	geräuchert
asado/-a	gebraten/gegrillt
brocheta	Spieß
cochinita pibil	im Bananenblatt gegartes Schweinefleisch mit Achiote-Sauce
crudo/-a	roh
empanizado/-a	paniert
frito/-a	frittiert
gambas al ajillo	Krevetten in Knoblauchöl
guisado/-a	geschmort
hervido/-a	gekocht
plátanos fritos	frittierte Bananen

Snacks und Suppen

bocadillo	belegtes Brötchen
burritos	gerollte Weizentortillas mit Füllung
caldo de pollo	Hühnersuppe
empanadas	gefüllte Teigtaschen (Fleisch od. Gemüse)
enchiladas	Tortillas in Sauce mit Füllung
huevos fritos	Spiegeleier
huevos rancheros	Spiegelei auf Tortilla mit Tomatensauce
huevos revueltos	Rührei
jamon	gekochter Schinken
pan (tostado)	(getoastetes) Brot
panecillo	Brötchen
quesadillas	Weizenmehltortillas, mit Käse gefüllt und gegrillt
queso	Käse
sopa de lima	Suppe mit Huhn, Tortillastreifen und Limonensaft
tacos	gefaltete Maistortillas mit Füllung
tortilla	dünne Mais- oder Weizenmehlfladen
tostadas	belegte Maistortillas

Fisch und Meeresfrüchte

atún	Thunfisch
almeja	Muschel
camarón	Garnele
cangrejo	Krebs
cevice	roher, in Limonensaft marinierter Fisch
langosta	Languste
mariscos	Meeresfrüchte
pescado	Fisch

Fleisch und Geflügel

aves	Geflügel
cabrito/chivo	Zicklein
carne	Fleisch
carne en salsa	Fleischstücke in Soße
chuleta	Schweinekotelett
cerdo	Schweinefleisch
conejo	Kaninchen
cordero	Lamm
escalope	Schnitzel
milanesa	paniertes Rinderschnitzel
pato	Ente
pavo	Truthahn
pechuga de pollo	Hähnchenbrust
picadillo	Hackfleisch
pollo	Hühnchen
rés	Rind
salchicha	Würstchen

Gemüse und Beilagen

aceituna	Olive
achiote	Annattobaum-Samen
aguacuate	Avocado
ajo	Knoblauch
alcachofa	Artischocke
arroz blanco	weißer Reis
berenjena	Aubergine

calabaza	Kürbis
cebolla	Zwiebel
ensalada	Salat
espinaca	Spinat
fideo	Nudel
frijol negro	schwarze Bohne
guacamole	Avocado-Dip
guisante	Erbse
jitomate	Tomate
judía verde	grüne Bohne
lechuga	grüner Blattsalat
lenteja	Linse
papa	Kartoffel
papas fritas	Pommes frites
pepino	Gurke
pimiento	Paprikaschote
puré de papas	Kartoffelbrei
remolacha	rote Bete
verdura	Gemüse
zanahoria	Möhre

Nachspeisen und Obst

arroz con leche	Milchreis mit Zimt und Zucker
cake	Torte
cereza	Kirsche
coco	Kokosnuss
flan	Eierpudding
fresa	Erdbeere
galleta	Keks
guayaba	Guave
helado	Eiscreme
limón	Limone
manzana	Apfel
melón	(Honig-)Melone
naranja	Apfelsine
natillas	Cremespeise
pastel	Kuchen
piña	Ananas
plátano	Banane
sandía	Wassermelone
toronja	Grapefruit
uva	Weintraube

Getränke

agua (con/sin gas)	Wasser (mit/ohne Kohlensäure)
agua mineral	Mineralwasser
batido	Milchshake
café	Kaffee
café con leche	heller Milchkaffee
cerveza	Bier
champán	Sekt
hielo	Eis
jerez	Sherry
jugo	Saft
leche	Milch
margarita	Longdrink aus Tequila, Orangenlikör und Limettensaft
rón	Rum
tequila	aus Agaven gewonnener Schnaps
vino blanco/tinto	Weiß-/Rotwein

Im Restaurant

Ich möchte einen Tisch reservieren.	Quisiera reservar una mesa.
Die Speisekarte, bitte.	El menú, por favor.
Weinkarte	carta de vinos
Die Rechnung, bitte.	La cuenta, por favor.
Vorspeise	entrada/ primer plato
Suppe	sopa
Hauptgericht	plato principal
Nachspeise	postre
Beilagen	guarnición
Tagesgericht	plato del día
Gedeck	cubierto
Messer	cuchillo
Gabel	tenedor
Löffel	cuchara
Glas	vaso
Flasche	botella
Salz/Pfeffer	sal/pimienta
Zucker/Süßstoff	azúcar/sacarina
Kellner/Kellnerin	camarero/camarera

Abbildungsnachweis

Aubert, H.-J., Bonn: S. 8, 10 o. li., 10 o. re., 10 u. li., 10 u. re., 11 o. li., 11 u. li., 11 u. re., 18, 31, 56, 70, 98, 102/103, 104 li., 104 re., 107, 112/113, 130/131, 142/143, 150/151, 171, 187, 192/193, 196 li., 196 re., 197, 200, 206/207, 208, 210, 213 li., 218, 234, 238/239, 240 li., 250/251, 252, 258/259, 272, Umschlagrückseite

Bildagentur Huber, Garmisch-Partenkirchen: S. 20 (Pavan Aldo), S. 105 li., 119 (Johanna Huber), S. 38/39, 66, 77 li., 100, 157 (R. Schmid)

DuMont Bildarchiv, Ostfildern: 23, 25, 41, 58/59, 69, 80, 154 li., 184, 212 li., 212 re., 224/225, 227, 240 re., 268, 274 (Kay Maeritz),

laif, Köln: S. 110, 154 re., 170 (Franck Prignet/Cover), S. 153 (Eid), S. 29, 241 li., 264, 279 (Patrick Frilet/hemis.fr), S. 189 (Goisque/Le Figaro Magazine), S. 34, 51, 146/147, 248, 266 (Heeb), S. 125, 138/139 (hemis.fr), S. 63, 155 li., 167 (Hub), S. 47 (Le Figaro Magazine), S. 52 (NOAA/UPI), Umschlagklappe vorn (Siemers), S. 9, 54/55, 76 re., 76 li., 86/87, 95, 134 (Tophoven), S 72 (VU)

LOOK-foto, München: Titelbild, 144 (age fotostock), S. 176/177, 202 (Jan Greune)

Mauritius, Mittenwald: S. 216 (age), S. 11 o. re., 64/65, 158/159 (imagebroker/Egmont Strigl), S. 74/75 (imagebroker/Karlheinz Irlmeier), S. 232 (Oxford Scientific), S. 12/13 (Westend 61)

Picture Alliance/dpa, Frankfurt am Main: S. 60 (Ralf Hirschberger)

Textquellen

Zitat S. 204, zitiert bei: Incidents of Travel in Central America, Chiapas and Yucatan, New York 1841–1843 (dt.: Victor von Hagen, Auf der Suche nach den Maya, Reinbek 1981, S. 214)

Kartografie

DuMont Reisekartografie, Fürstenfeldbruck

Umschlagfotos

Titelbild: Tempel der Krieger in Chichén Itzá

Umschlagklappe vorn: Hängematten an einem Strand an der Riviera Maya

Hinweis: Autor und Verlag haben alle Informationen mit größtmöglicher Sorgfalt geprüft. Gleichwohl sind Fehler nicht vollständig auszuschließen. Alle Angaben erfolgen ohne Gewähr. Bitte, schreiben Sie uns! Über Ihre Rückmeldung zum Buch und über Verbesserungsvorschläge freuen sich Autor und Verlag:

DuMont Reiseverlag, Postfach 3151, 73751 Ostfildern,
info@dumontreise.de, www.dumontreise.de

2., aktualisierte Auflage 2011

Redaktion/Lektorat: Christiane Wagner, Susanne Pütz
Grafisches Konzept: Groschwitz/Blachnierek, Hamburg
Printed in China

FSC www.fsc.org MIX Paper from responsible sources FSC® C002957